デザイン史フォーラム編（藤田治彦責任編集）

近代工芸運動とデザイン史

Modern Craft and Design Movements

思文閣出版

序文　近代工芸とモダンデザイン

藤田治彦

「近代工芸」運動という言葉を耳にすることはあまりない。少なくとも「近代デザイン」運動と較べれば、非常に稀である。しかし、少なくとも十九世紀から二十世紀初頭にかけての造形芸術では、「クラフト」「デコラティヴ・アート」「アール・デコラティーフ」「クンストゲヴェルベ」と国によって名称は異なるが、「近代工芸」運動と呼ぶべきものがその重要な一部をなしていた。それが「近代デザイン」運動に変化していったともいえる。

デザイン史の古典、ニコラウス・ペヴスナー（1902-1983）の『近代運動の先駆者たち（モダン・デザインの展開）』の副題は「ウィリアム・モリスからヴァルター・グロピウスまで」である。モリスとグロピウスという個人名を運動や組織の名称に変えるならば、同書の副題は「アーツ・アンド・クラフツ運動からバウハウスまで」となるだろう。デザイン史の古典として知られるが、もし近代デザインをバウハウスや同時代の構成主義や抽象美術の動向との関連のなかで確立したものととらえるならば、『近代運動の先駆者たち（モダン・デザインの展開）』は、むしろ「モダン・デザイン前史」であった。実際のところ、一九一九年にヴァイマールに開校したころのバウハウスには、ドイツの表現主義とともに、イギリスのアーツ・アンド・クラフツ運動の影響が色濃い。

十九世紀から二十世紀にかけての造形芸術のなかには、「近代デザイン運動」というよりは「近代工芸運動」としてとらえたほうが適切な動向が少なくない。「近代デザインの先駆者」とされるモリス自身、「デザイン」ではなく、多くの場合「装飾芸術」や「クラフト」といった言葉で関連活動を論じている。また、バウハウスに象徴される一九二〇年代のヨーロッパ大陸（ドイツ・フランスなど）を近代デザイン成立の時と場としてとらえるにしても、そこでは「デザイン」という言葉はほとんど使われていない。

「デザイン」という言葉が世界中に広まったのは第二次世界大戦後である。それまでは、あるいはそれ以後も、かなりのあいだ「工芸」「装飾」あるいは「造形」等を意味する異なった言葉が各国で使われ、国によってはいまでもそうである。にもかかわらず、関連の歴史を語るとき、私たちは、「デザイン」という言葉に影響され、語る範囲をせばめてしまってはいないだろうか。「近代デザイン」に代わる「近代工芸」の、あるいは「近代工芸」としてとらえなおしたほうがもっと豊かな、もうひとつの近代史があったのではないだろうか。

　このような発想から、科研基盤研究(B)「近代工芸運動の総合的国際比較研究」（平成十六―十八年度）が構想・実施され、平成十九年三月四日、大阪国際会議場において国際フォーラム「工芸運動と芸術の近代」を開催して三年間の調査研究を総括した。その成果は、国際フォーラム論文集『工芸運動と芸術の近代』（二〇〇七年三月）および『近代工芸運動の総合的国際比較研究』（二〇〇七年三月）として公表されている。

『国際デザイン史――日本の意匠と東西交流』『アーツ・アンド・クラフツと日本』に続く思文閣出版「デザイン史フォーラム」シリーズの三冊目として出版された本書『近代工芸運動とデザイン史』は、上記の科研基盤研究の研究代表者・分担者と研究協力者に、さらなる協力者を加えて実現したものである。少なくとも「近代」「工芸」という切り口を設定することによって、ドイツ語圏の工芸博物館、工芸学校、近代工芸工房、フランス語圏の装飾美術館や産業芸術の運動など、「近代デザイン」という設定では抜け落ちてしまう、各国の重要な動向がひろいあげられたように思われる。全世界を網羅するどころか、アジアあるいは日本でさえ、部分的にしか扱っていないが、本書は各国の芸術を専門とする各章執筆者の最新の研究成果の集積である。この研究会に参加、協力された、セインズベリー日本藝術研究所のニコル・ルーマニエール所長にも感謝したい。

　従来、近代美術や近代建築に比べ近代デザインの教育に使用できる文献、とくに日本語文献は限られていた。デザイン史あるいは近代工芸史といった授業に対する要請はあるが、詳細な情報を掲載した書籍に事《こと》欠いていた。大学における研究の社会的還元が強く求められる現在、本書がその欠落を多少なりとも埋めることができれば幸いである。各章の執筆者の皆様はもとより、本書のもとになった研究成果報告集『近代工芸運動の総合的国際比較研究』と本書巻末の関連年表それぞれの編集担当者、竹内有子と櫻間裕子の両氏をはじめ、デザイン史フォーラム事務局を支えてくれている大阪大学大学院文学研究科美学研究室の関係各位に感謝したい。

目次

第二部　欧米の近代工芸運動とアジア

第一部　ヨーロッパの近代工芸運動

ラファエル前派からアーツ・アンド・クラフツ運動へ

藤田治彦

はじめに

アーツ・アンド・クラフツ運動はいつ始まったのか。「アーツ・アンド・クラフツという言葉が広く使われるようになったのは一八八八年だが、運動自体は、モリス・マーシャル・フォークナー商会設立の一八六一年あるいは、それに先駆ける、一八五九年からのレッド・ハウスの建設と共同による内装や家具製作に実質的に始まっていた」。この説明は大枠では正しいが、厳密ではない。実際には、その運動名のもととなったアーツ・アンド・クラフツ展覧会協会の成立は一八八七年であり、ウィリアム・モリス（1834-1896／図1）は、レッド・ハウス以前のレッド・ライオン・スクエア時代に、オックスフォード大学以来の親友エドワード・バーン＝ジョーンズ（1833-1898）らと共同で家具製作を始めていた。こと細かな指摘のようだが、このような事実の再確認の積み重ねから、いままで明らかにされていなかったさまざまな側面が見えてくるだろうと思われる。それによって、世界的に重要な反アカデミズム運動としてのアーツ・アンド・クラフツ運動の歴史的位置付けが明確になるだろう。

ラファエル前派からホガース・クラブへ

一八四八年九月、ロンドンでラファエル前派が生まれた。中心となったのはウィリアム・ホールマン・ハント（1827-1910）、ダンテ・ゲイブリエル・ロセッティ（1828-1882）、ジョン・エバレット・ミレイ（1829-1896）の三名で、そこに、二人の画家、ジェイムズ・コリンソン（c.1825-1881）とF・G・スティーヴンズ（1828-1907）、彫刻家のトマス・ウールナー（1825-1992）、そしてロセッティの弟、ウィリアム・マイケル・ロセッティ（1829-1919）が加わり、正確にはラファエル前派兄弟団（Pre-Raphaelite Brotherhood）を名乗った。略称「ＰＲＢ」である。

図1　ウィリアム・モリス
1877年

彼らは、イギリスではロイヤル・アカデミーを中心とした、盛期ルネサンス以来のアカデミズムに盲従する保守主義に反発し、ラファエッロ以前、つまり、初期ルネサンスの虚飾のない典雅さや、明るく澄んだ色彩の再生などを主張した。その主張、作品、そして会派の名称は、アカデミーとその支持者たちの反発を招いたが、美術評論家で社会思想家のジョン・ラスキン（1819-1900）は彼らを支持すると同時に、大きな影響を与えた。ラスキンは『現代画家論』（第一巻一八四三年・第二巻一八四六年）のなかでルネサンス以来のヨーロッパ絵画が形式化し、現実をあるがままに描いていないと指摘、ラファエッロ絵画の無味乾燥性を批判しており、すでにラファエル前派の思想的基盤はラスキンによって据えられていたのである。ローマ滞在中に、やはりラファエッロの初期作品までを評価したドイツの反古典主義画家集団ナザレ派を知り、明快な線と色で自然や日常生活を描いたフォード・マドックス・ブラウン（1821-1893）の影響も無視できない。ロセッティは、ロイヤル・アカデミーに通ったが、ブラウンからも直接に絵を学んでいた。

しかしながら、一八五二年のウールナーのオーストラリア渡航に始まり、ハントも一八五四年から二年間エジプトに赴くなど、同派は一八五〇年代前半には事実上の解散状態におちいっていた。ミレイは最大の支持者ラスキンと不仲になる。一八五四年夏に、夫との離婚が成立したラスキン夫人エフィーは翌年ミレイの妻となった。それ以前に、ミレイがロイヤル・アカデミーの準会員に選ばれたことも、同派解体の引き金になっていたかもしれない。もうひとりの中心人物ロセッティは作品を発表することがほとんどなくなっていた。

ロセッティは、ブラウンと相談しながら、ロイヤル・アカデミーとは別の展覧会組織の形成を、遅くとも一八五二年の十一月には始めていた。一八五六年と翌五七年にはランガム・プレイスのアトリエで小規模な展覧会を開き、一八五七年六月にはラッセル・プレイス四番地で最初のグループ展を開催した。関係者は同年夏のロイヤル・アカデミー展にも応募したが、落選するか、入選しても展示のさいにはぞんざいな扱いを受けたとされる[1]。

ラファエル前派誕生からちょうど十年、一八五八年の春から夏にかけて、ホガース・クラブ（The Hogarth Club）旗揚げのための会合がロンドン、レッド・ライオン・スクエアのモリスとバーン＝ジョーンズのアパートメントなどを使って開かれた。ふたりはブルームズベリ北西端のアッパー・ゴードン・ストリート一番地に一八五六年夏から部屋を借りて共同生活を送っていたが、同年中に同じブルームズベリの南東端レッド・ライオン・スクエア一七番地に引っ越した（図2）。ロセッティが別の画家と一八五〇年前後に住んでいた場所であった。モリスとバーン＝ジョーンズは、ともに聖職者を志してオックスフォード大学のエクセター学寮に入学したが、在学中、モリスは建築に興味を抱いて当時オックスフォードにあったG・E・ストリート（1824-1881）の事務所で徒弟修業を行い、バーン＝ジョーンズはロンドンに出て、ロセッティのもとで画家修業に入った。その後、モリスも志望を建築から絵画に転じ、ロンドンでの共同生活が始まったのである。

一八五八年四月の会合でホガース・クラブの運営方法などが決められ、参加を募る書簡が関係者に送られた。運営委員となったのは、マドックス・ブラウン、バーン＝ジョーンズ、W・M・ロセッティ、J・S・スタナプ（1829-1908）、F・G・スティーヴンズの五名で、ジョージ・P・ボイス（1826-1897）、アーサー・ヒューズ（1832-1915）、モリス、ヘンリー・ウォーリス（1830-1916）他の署名も添えられていた。ミレイは参加を辞退したが、旗揚げのさいには加わっていなかったホルマン・ハントも年内には参加した。レッド・ライオン・スクエアで開かれた可能性の高い五月の会合までには、建築家ストリートら数名が加わり、同年中には、さらにヴァランタイン・プリンセプ（1838-1904）、W・B・スコット（1811-1890）、ラスキ

図2　レッド・ライオン・スクエア17番地　ホガース・クラブ(手前)とモリス・マーシャル・フォークナー商会(奥)ゆかりの地(ロンドン)

ン、A・C・スウィンバーン（1837-1909）、G・F・ボドリー（1827-1907）、フレデリック・レイトン（1830-1896）、J・H・ポーレン（1820-1902）らも参加した。[2] ウィリアム・ロセッティはホガース・クラブという名称の由来について次のように記している。

ホガースはイギリス美術最初の偉大な人物であり、いまなお最大の人物の一人であり続けているので、そう命名された。マドックス・ブラウンは（同クラブの他の企画者はいうまでもなく）この見解を喜んで受け入れたが、多分、彼こそがその会名の提案者だったと思う。[3]

ウィリアム・ホガース（1697-1764）に次ぐ十八世紀イギリス美術の重要人物といえば、ロイヤル・アカデミーの初代院長ジョシュア・レナルズ（1723-1792）だが、レナルズはイギリス美術界の要人ではあってもイギリス美術の代表者とはいえない。むしろ、盛期ルネサンス以来のヨーロッパのアカデミズムに盲従するイギリス美術の保守主義の基礎をつくった画家・理論家であった。ラファエル前派その他、イギリスの反アカデミズムの人々にとってのヒーローはホガースなのであった。

ホガース・クラブの最初の大規模な展覧会は一八五九年の一月から二月にかけて開かれた。ロセッティは《ボルジア》など四点の水彩画を、ブラウンも数点の絵画を出品した。レイトン、ボイスなども出展した可能性のあるこの展覧会の全体的な質について、ロセッティは落胆したが、弟子バーン＝ジョーンズの上達ぶりに慰めを見出したようだ。[4] 二回目の展覧会は同年の夏に開催され、ウォーリス、ブラウン、ロセッティらの作品が展示された。小規模の展覧会が冬にかけて行われ、バーン＝ジョーンズによるオックスフォードのクライスト・チャーチ大聖堂のステンドグラス《聖フライズワイドの窓》の下絵も展示された。

ホガース・クラブは最初の展覧会の年から波乱の幕開けであった。ブラウンは、一八五九年の夏の展覧会に家具のデザインも出そうとしたが出展を断られ、それに抗議して辞表を提出、出品作品すべてを撤去した。結局、説得されて会にとどまったが、クラブ発足の中心人物ブラウンでさえもそのような行動に出なければならぬほど、ホガース・クラブは異質な人々の集まりになっていたのである。

ホガース・クラブは、ロイヤル・アカデミーに対抗して結成された最大規模の組織であり、油彩画中心のアカデミー展に対して、水彩画ばかりかステンドグラス下絵や絵付家具も受け入れるなど、革新的な側面を持つ美術展組織であった。しかし、ブラウンの家具デザインをめぐる騒動に見られるように、メンバー全員の意思は統一されていたわけではない。小規模で秘密結社的性格のあったラファエル前派のあり方への反省からか、ホガース・クラブは最初から組織の拡大を図り、あまりにも異なった種類の多くの人々を取り込みすぎたのである。ロイヤル・アカデミーと保守層に敵視されることを恐れた会員はクラブから距離を置き、積極的な関与を避けるようになった。このようにして、イギリス美術における革新派最大の旗揚げとなったホガース・クラブは、創設後数年で解体することになる。

ホガース・クラブからモリス・マーシャル・フォークナー商会へ

同年末にはホガース・クラブが解散することになる一八六一年、モリス・マーシャル・フォークナー商会が、三月二十五日にモリスとバーン=ジョーンズの住まいのすぐ近く、レッド・ライオン・スクエア八番地の宝飾工房の上階を借り、四月十一日に正式発足した。二階はオフィスとショールーム、その上は工房で、地階には窯を備えて、ステンドグラスとタイルの制作の場とした。ここをロセッティは「トプシーの実験室」と呼んだ。トプシーというのはモリスのニックネームである。モリスは、数年後に商会を移すことになるクイーン・スクエアから東に伸びる通り、グレート・オーモンド・ストリートの労働者学校で会ったガラス職人ジョージ・キャンプフィールドを職工長として雇い入れた(4)。

商会のパートナーは、モリス、バーン=ジョーンズ、レッド・ハウスの設計者フィリップ・ウェッブ(1831-1915)、チャールズ・フォークナー(1834-1892)、アーサー・ヒューズ、ロセッティ、マドックス・ブラウン、そしてP・P・マーシャル(1830-1900)の八名で、少なくとも半数はホガース・クラブの会員だった。ただし、ヒューズはまもなく商会を離脱する。各人一ポンドを出資したが、モリスの母エマからの借入金が百ポンドだったので、社会的信用を得るために堅実な職業の二人の名を加えモリス・マーシャル・フォークナー商会としたものの、事実上モリスの会社であった。

図3　クィーン・スクエア（ロンドン）

同商会は一八六五年、クイーン・スクエア二六番地に移転（図3）、一八七五年には単独経営のモリス商会となり、一八八一年にはロンドン南郊のマートン・アビーにより大きな工房を構え、発展を続けた。

アート・ワーカーズ・ギルドの形成

モリス・マーシャル・フォークナー商会の成功は、人々の生活を美しく豊かなものにするという、それまでにはほとんど試みられなかった事業への他の参入を招いた。アーサー・リバティ（1843-1917）は住宅やファッションのスタイルを変えることが仕事になると確信し、モリス商会への改称の一八七五年、リージェント・ストリートにリバティ商会を創設した。両商会はライバルであると同時に、取引相手ともなる。

一八七七年、自らが中心となって古建築物保護協会（The Society for the Protection of Ancient Buildings）を創設し各種講演を行うようになると、モリスの影響はますます大きく、ラスキンの思想的影響もあいまって、商会がマートン・アビーに新工房を構えた一八八一年頃には、事業的成功を第一の目標とはしない、アーティストや建築家による理想主義的な近代工芸ギルドが創設されるようになる。ラスキンとモリスの思想、モリス商会による実践などの影響下に形成されたグループのなかには、ラスキン自身によるセント・ジョージのギルド（次節参照）は別として、センチュリー・ギルド（一八八二年創設）やギルド・オブ・ハンディクラフト（一八八八年創設）など重要な組織が他にもいくつかあるが、もっとも重要なものが、いまなお活動を継続しているアート・ワーカーズ・ギルド（The Art-Workers' Guild）であることに異論の余地はない。このギルドから生まれたアーツ・アンド・クラフツ展覧会協会（The Arts and Crafts Exhibition Society）と同展覧会によって「アーツ・アンド・クラフツ」という言葉と理念が定着したということからも、そのギルド名が「アーツ・アンド・クラフツ」史上から消えることはない。また、その同じギルドから、一九一五年にデザイン・アンド・インダストリーズ（ＤＩＡ）協会が生まれたことも重要である。アート・ワーカーズ・ギルドは、デザイン史においても忘れることのできない組織なのである。

アート・ワーカーズ・ギルドには二つの源がある。一つは「ザ・フィフティーン」と呼ばれた芸術家グループであり、もう一つは、セント・ジョージ芸術協会であった。「ザ・フィフティーン」はデザイナーのルーイス・F・デイ（1845-1910）や画家でイラストレーターのウォルター・クレイン（1845-1915）ら、十数名のアーティストたちのグループで、一八八二年以来、自分たちの「クラフトの諸分野について思うことを語り合う機会を持ちたいという感情に応え」、月に一度会員の家やアトリエに集った。(5) この場合の「クラフト」は、絵画・彫刻・建築なども含む造形芸術の「仕事」ほどの広い意味の言葉、あるいは控えめな表現である。その他のメンバーで名前が知られているのは、ヘンリー・ホリデー（1839-1927）、ヒュー・スタナス（1840-1908）、T・M・ルーク（1842-1942）、G・T・ロビンソン、J・D・リントン（1840-1916）といった画家やデザイナー、J・D・セディング（1838-1891）といった建築家、そして彫刻家のジョージ・シモンズ（1843-1929）であった。セディングはのちに「アーツ・アンド・クラフツの教会」と呼ばれるようになる、スローン・スクエアのホーリー・トリニティ聖堂（一八八八－九〇）を設計することになる建築家である。

翌一八八三年には建築の分野で同様の動きが興った。当時のイギリスを代表する建築家、リチャード・ノーマン・ショー（1831-1912）の弟子と事務所員たちが芸術と建築について語り合う会をつくったのである。この会は、ブルームズベリのセント・ジョージ聖堂（ニコラス・ホークスモア設計）近くで会合を持つことが常だったので、セント・ジョージ芸術協会と呼ばれた。この協会のおもな関心あるいは懸念は、建築における芸術的基盤の揺ぎと、ますます広がる、建築と芸術との距離であった。ロイヤル・アカデミー関係者の興味が絵画に集中する一方で、王立建築家協会ではますますサーヴェイヤー（測量技師・土地家屋鑑定士）が多数を占めるようになりつつあった。そのあいだで、意匠設計を行ういわゆる建築家やデザイナーたちには、堅固な基盤がなかったのである。このような意識のもと、建築家だけではなく画家や彫刻家などをも加えた、より大きな組織の必要性が痛感されるようになってきていた。

このような考えを中心になっておし進めたのは、ショーのおもな五人の弟子、E・S・プライアー(1857-1932)、ジェラルド・ホーズリー(1862-1917)、W・R・レサビー(1857-1931)、マーヴィン・マカートニー(1853-1932)、アーネスト・ニュートン(1856-1922)らであった。「諸芸術の統合」を共通の理想とした、当時ほとんど二十代のこれらの若者たちは、「諸芸術のクラフツマンとデザイナーのギルド」をつくるために、「ザ・フィフティーン」を含む関係者に、一八八四年一月に会合を開こうという案内状を送付した。結局、画家・彫刻家・デザイナー、さらに数名の建築家が加わって二五名のグループとなり、一八八四年一月十五日にチャーリング・クロス・ホテルで最初の拡大会合が開かれた。プライアーの提案で、アート・ワーカーズ・ギルドという会の名称が決定されたのは、同ホテルで三月十一日に開かれた二回目の会合でのことだった。アート・ワーカーズ・ギルドの初代マスター(マイスター)には、彫刻家のジョージ・シモンズ、会計にはデイが就任した。二代目と三代目のマスターは、引き続き旧「ザ・フィフティーン」のメンバー、セディング(一八八六-八七)とクレイン(一八八八-八九)が務めた。

このギルドの歴史には、後述する一八八七年のアーツ・アンド・クラフツ展覧会協会創設と、翌年の第一回展覧会の開催という特筆すべき一ページが書き込まれることになるが、ギルド自体も発展を続け、一八九〇年までには会員数一五〇を超え、そこにはイギリスを代表するアーティスト、クラフツマン、そして建築家も含まれていた。邦訳するならば「芸術同業者組合」または「芸術労働者ギルド」ということになるが、決して無名芸術家の集まりではなく、まさに時代の要求をとらえて発展した組織だったのである。住宅建築の近代化に主導的な役割を果たすことになるC・F・A・ヴォイジー(1857-1941)は一八八四年から参加しており、一九二四年にはマスターになっている。ハリソン・タウンゼンド(1851-1928)は一八八八年に入会し、一九〇三年にマスターを務め、エドウィン・ラッチェンズ(1869-1944)は一九〇三年に入会し、一九三三年にマスターを務めている。

アート・ワーカーズ・ギルドが一九一三年以来本拠を構えているクイーン・スクエアはモリスの商会のオフィスや工房があったモリスゆかりの地である(図4)。ギルド本部の六番地の建物の奥にあるトゥループス・ホールにあるマスターの座の背後には、モリスの胸像が壁のニッチに納められてギルド・ホールに集うメンバーたち

図4　アート・ワーカーズ・ギルド
クィーン・スクエア6番地
（ロンドン）

を今も見下ろしている。とはいえ、モリスとアート・ワーカーズ・ギルドとの関係はかなり微妙なものであったようだ。モリスは一八九二年にそのマスターに就任するが、創設会員ではなく、一八八八年に初めて会員に推挙されたさいには、承認投票で、ロンドンのクラブ社会でいう「ブラック・ボール」つまり入会反対票が投じられた。しかし、ある投票検査人の「完全に不法だが、全く正当化しうるいかさま」によって事《こと》なきをえたという。[6]

アーツ・アンド・クラフツ展覧会協会の創設

ギルドという名称を採用したが、アート・ワーカーズ・ギルドはそこでメンバーが制作を行う工房ではなく、いわばロンドンのクラブのひとつであった。内部では自由闊達に議論が行われたが、公的な論争には加わるべきではないという申し合わせがあり、そのようないかにもクラブ的といえる性格のすべてが、同時期に創設されたギルドがほとんど消滅あるいは実質的に解体したのちも、二十一世紀の今日にいたるまで同ギルドを生きながえさせてきた理由なのであろう。ギルドの創設準備会議となった一八八四年一月十五日のチャーリング・クロス・ホテルでの会合で、シモンズは自分たちで展覧会を始めるのは賢明ではなく、アート・ワーカーズ・ギルドは会員間の社会的交流の場としてあるべきだろうという見解をすでに述べている。

しかし、クレインは画家のホルマン・ハントやジョージ・クローゼン（1852-1944）らと、美術も装飾美術もともに展示される展覧会の構想を練っていた。もっとも大胆だったのはクレインで、ロイヤル・アカデミー展とは別の、さまざまな諸芸術が参加する国をあげての展覧会の構想を抱いていた。一八八六年に創設されたニュー・イングリッシュ・アート・クラブ（NEAC）もこの動きには無縁ではなかった。この「諸芸術全国展 National

Exhibition of the Arts」実現への試みは、一八八七年まで続いた。

一八八七年二月十九日、金工家W・A・S・ベンソン（1854-1924）はチェルシーで開かれた、この全国展企画のクラフト関係者の会に招かれた。同様の会合は、画家・彫刻家・版画家・建築家のあいだでも開かれてきたが、この頃までには、そのような大構想は実現困難であることが明らかになりつつあった。ベンソンは同日の議題を書いた紙の裏に、自分が専門とするランプのスケッチとともに次のようなメモを記している。「例えばグローヴナーで冬に展覧会を開催するように装飾芸術部門が動くことは可能だろうか」「装飾小委員会を非公式に開催してはどうか」(7)。現在ヴィクトリア・アンド・アルバート美術館に保存されているこのメモが、アーツ・アンド・クラフツ展覧会協会創設へ向けての最初の一歩とされる。「グローヴナー」というのは、一八七七年にニュー・ボンド・ストリートにできていた反アカデミー的性格のグローヴナー・ギャラリーのことであり、「冬」というのはロイヤル・アカデミーの年次展である「夏」展を意識してのことであろう。

これが契機となって準備委員会が設けられ、クレインが委員長、ベンソンが事務局長となり、一八八七年三月二十二日の会合では、デイ、マカートニーらも加わり、「合同芸術 The Combined Arts」のための展覧会への支持を仰ぐ書簡をアーティストとクラフツマンたちに発送することを決めた。五月十一日には二五名からなる委員会がつくられ、五月二十五日の会合で、装丁家T・J・コブデン＝サンダーソン（1840-1922）が提起した「アーツ・アンド・クラフツ展覧会協会」という会名が決定した。

第一回アーツ・アンド・クラフツ展覧会は、結局、グローヴナー・ギャラリーの近く、リージェント・ストリートのニュー・ギャラリーで翌年十月に開催されたので、その年がアーツ・アンド・クラフツ展覧会協会の創設年とされることが多いが、実際には同会の設立は一八八七年なのである。

反アカデミズムとしてのアーツ・アンド・クラフツとイギリスの造形教育

このような歴史を振り返って、ほぼ明らかになることは、一八八七年に成立したアーツ・アンド・クラフツ展覧会協会は、一八五八年から六一年まで、わずか数年間であったが、ステンドグラス下絵や絵付家具なども含む諸芸術の展覧会を開催したホガース・クラブの再興だともいえることである。また、それは、一七六八年のロイヤル・アカデミー創設以来、繰り返し行われてきたイギリス美術の保守性とアカデミズムに対する批判の最大のもので、その成果のほどは、その後のイギリスの美術教育に与えた影響の大きさからもうかがうことができる。

また、その影響は世界的なものでもあった。フランスを中心に十九世紀のヨーロッパを見るならば、近代美術の革命は、絵画という枠組みのなかでおこった。印象派とそれに続く新印象派あるいは点描主義の影響は周辺諸国に波及し、各国における反アカデミズム美術の根幹を形成した。それに対して、イギリスでは、近代美術の革命は、芸術という枠組自体の再構築の運動として進められた。アーツ・アンド・クラフツの革命であり、その世界的影響のほどは、本書の各章に示されている通りである。点描主義的作品を描く画家から出発し、アーツ・アンド・クラフツ運動の影響下、工芸・デザイン、そして建築へと転じ、アール・ヌーヴォーの代表者の一人、バウハウスへとつらなるヴァイマールの工芸学校の指導者となったアンリ・ヴァン・ド・ヴェルド（1863–1957）などは、このふたつの革命が生み出した象徴的人物であろう。この意味で、二十世紀の造形芸術は、イギリスとフランスという両極を震源とする、まったく異なった、しかしともに非常に重要な、ふたつの革命の波の重なりから生じたのである。

イギリスの造形芸術教育制度は、他のヨーロッパ諸国、とくにフランスのそれとは大きく異なる。イギリスのロイヤル・アカデミーは、「王立 Royal」の名の使用を認められただけの団体であって、国立ではない。美術学校のロイヤル・アカデミー・スクールも同様である。イギリスが国として創設したのは、一八三七年開設の官立デザイン学校（Government School of Design）であった。同校は、一八五〇年代からはサウス・ケンジントン博物館と一対で、ヨーロッパ各国の学校付設博物館のモデルとなった。

しかしながら、一八七五年に画家エドワード・ポインターが校長になると、美術への傾きが強くなり、ロンドン市内でアーツ・アンド・クラフツ展が始まる一八八八年には、四二六名の学生中、四分の三が美術学生になり、いわば美術学校化した。一八九六年にはヴィクトリア女王からロイヤル・カレッジ・オブ・アート（ＲＣＡ）の名称の使用を許可された。(8)

一八九八年には、RCAの校長にウォルター・クレインが就任し、アート・ワーカーズ・ギルドの思想にもとづいた「アーツ・アンド・クラフツ」的改革に着手する。この改革は、二年前の一八九六年にロンドン・カウンティー・カウンシル（LCC）がセントラル・スクール・オブ・アーツ・アンド・クラフツを創設したさいに、レサビーが中心となってすでに始められていた（図5）。この学校はアマチュアの美術ではなく、実践的諸芸術「アーツ・アンド・クラフツ」の教育のために、実際に制作に携わっている専門家を非常勤講師として活用した。クレインがRCAに招聘した教師のなかには、コブデン＝サンダーソンも含まれている。

クレインのRCA在任期間は短かった。しかし、退任後も教育庁の美術教育委員として引き続き改革に携わり、RCAは一九〇一年にデザイン・建築・彫刻・絵画の四部門に再編成された。デザインはレサビー、建築はベレスフォード・パイト、彫刻はエデュアード・ランテリ、絵画はジェラルド・モイラが長となり、彼ら全員を含めスタッフのほとんどが、アート・ワーカーズ・ギルドのメンバーであった。ステンドグラスはクリストファー・ホワール（1849-1924）、カリグラフィーはエドワード・ジョンストン（1872-1944）が教えた。クラフトの授業は、それまでのように装飾デザインの一部としてではなく、独立して行われるようになった。

図5　セントラル・スクール・オブ・アーツ・アンド・クラフツ（現 Central Saint Martin's Collge of Art and Design、ロンドン）

このような改革の試みは、その後、力点をデザインへと移して継続され、第二次世界大戦直後の一九四六年にはロイヤル・カレッジ・オブ・アートをロイヤル・カレッジ・オブ・デザインと改称しようとする提案がなされるまでになった。その改称は実施されずRCAという校名のまま今日にいたっているが、クラフトとデザインを重視したイギリスの造形教育の歴史と現状は、西欧諸国のなかでひときわ異彩を放っている。その伝統は、官立デザイン学校という、官製の反アカデミズムの流れだけではなく、アート・ワーカーズ・ギルドとアーツ・アンド・クラフツ運動という在野の反アカデミズムの流れを汲む、イギリスの造形芸術教育の独自の歴史なのである。

（1） Deborah Cherry, The Hogarth Club: 1858-1861, *The Burlington Magazine*, Vol. CXXII, No. 925, April 1980, p. 237.
（2） Ibid., p. 238.
（3） Nicholas Salmon with Derek Baker, *The William Morris Chronology*, Thoemmes Press, Bristol, 1996, p. 29.
（4） Ibid., p. 29.
（5） Isobel Spencer, *Walter Clane*, New York, 1975, pp. 101-102.
（6） Peter Stansky, *Redesigning the World: William Morris, the 1880's, and the Arts and Crafts*, Princeton University Press, Princeton, 1985, pp. 173-202.
（7） Meg Sweet, 'From Combined Arts to Designer Craftsmen: The Archives of the Arts and Crafts Exhibition Society,' *CRAFT HISTORY ONE*, Combined Arts, Bath, 1988, pp. 8-19.
（8） Anthony Burton, *Vision & Accident, The Story of the Victoria & Albert Museum*, V&A Publications, London, 1999, pp. 127-128.

ジョン・ラスキンとセント・ジョージのギルド

川端康雄

はじめに――中世主義者ラスキン

「センチュリー・ギルド」「アート・ワーカーズ・ギルド」「ギルド・オブ・ハンディクラフト」というように、アーツ・アンド・クラフツ運動に関連して英国でヴィクトリア朝（1837-1900）後期（特に一八八〇年代）に設立された複数の工芸家集団は、組織名に「ギルド」（guild）の名を冠するものが多い。本来「ギルド」とは、ヨーロッパ中世における商人・手工業者などの同業者組合を指す語である。こうした組合は、製品の管理、技術の独占や技術水準の維持、組合員の用益の保護などを目的とした相互扶助団体として中世後期に勢力を持ち、都市経済に大きな影響力をおよぼしたが、近代産業の勃興にともない、十七世紀以後は衰退していった。したがって「ギルド」とは中世期を即座に連想させる語なのであり、ヴィクトリア朝期に新組織がその語を復活させた背景には、「中世主義」（Medievalism）と呼ばれる、中世の諸芸術や社会制度への顕著な傾倒がある。その主要な提唱者の一人が批評家、社会思想家であるジョン・ラスキン（1819-1900／図1）その人にほかならない。本稿では、ラスキンが設立した「セント・ジョージのギルド」（The Guild of St George）の理念と実践に注目し、それが後続の近代工芸運動の展開にどのようにつながっていくのかを見ていきたい。

ジョン・ラスキンは、裕福なシェリー酒商人の一人息子としてロンドンに生まれた。幼少時から英才教育を施され、英国湖水地方やイタリアの古都などを旅行し、その風景美と建築美を愛するようになった。早くも一八四三年（ラスキン二十四歳）に、『現代画家論』の第一巻を刊行している。これは風景画家Ｊ・Ｍ・Ｗ・ターナー（1775-1851）の擁護のために書きはじめたものだった。さらに『建築の七灯』（一八四九年）『ヴェネツィアの石』（全三巻、一八五一－五三年）を刊行し、美術批評家としての名声を確立した。一八四八年にＤ・Ｇ・ロセッティ

(1828-82) ら若手画家たちが結成した「ラファエル前派兄弟団」の作品が酷評を受けたさいには、これを擁護する論陣を張っている。その後、同時代の功利主義的な経済学に反対して、独自の経済論を展開した。その代表的著作が『この最後の者にも』(一八六二年)である。

『ヴェネツィアの石』のほぼ中心に位置する第二巻第六章「ゴシックの本質」は、ゴシック建築の様式の特徴を語るだけでなく、中世の職人と近代における工場労働者の仕事の質を対比的に論じ、後者の問題点(特に「労働の疎外」の問題)を痛烈に批判した上で、「労働における人間の喜びの表現としての芸術」の理念を示した章として名高い。ウィリアム・モリス(1834-96)はこの章だけを自身のプライヴェート・プレスであるケルムスコット・プレスで一八九二年に印刷刊行している。それに附した序文のなかでモリスは、これがラスキンによる「最も重要な著作のひとつであり、将来、今世紀(十九世紀)の数少ない必須かつ不可欠の言説のひとつとみなされるであろう」と断言している。じっさい、その思想の根幹をモリスは確かに受けつぎ、理論面でいわばそれがモリスの一連の「レッサー・アーツ」(小芸術)論にいたっている。ひいてはこれがアーツ・アンド・クラフツ運動につながっていくわけだから、ラスキンの著作をアーツ・アンド・クラフツ運動の源流と見ることが可能である。

図1　ジョン・ラスキン

ラスキンの中世主義の特徴を端的にいうならば、それは同時代の社会制度に対する批判原理であったということができる。それは中世のゴシック芸術に対する単なる懐古趣味ではなく、産業革命以後に出てきたさまざまな社会問題を読者に認識させ、その解決法を模索させるための手だてなのだった。

『フォルス・クラヴィゲラ』での「労働者」への語り

一八七〇年代のラスキン(彼の五十歳代)の主要な仕事のひとつは、オクスフォード大学スレイド美術講座教授の職だった。一八七〇年に就任記念公開講義をおこなって以来、一八七八年に病気で辞任するまで(一八八三年から二年間復帰するが）、さまざまな主題の講義をおこない、その多くを講義録として公刊した。フィレンツェを中心とするトスカーナ美術を論じた『フィレンツェのアリアドネー』（一八七三年）『アルノの谷』（一八七四年）もそこに含まれる。また、『フィレンツェの朝』（一八七五－七七年）のような美術観光案内書も書いていて、アカデミックな世界での教育活動にとどまらず、一般読者にとっての芸術の案内人《チチエローネ》となることを志向していたことがうかがえる。[1] そうした案内書の読者は、当然ながら、大陸に旅行する余裕がある上層階級を想定していた。

その一方で、ラスキンはこの時期にそれとはさらに異なる読者層にむけた発言をおこなってもいる。それが『フォルス・クラヴィゲラ』（*Fors Clavigera*）であった。これは副題に「イギリスの労働者・勤務者への手紙」（Letters to the Workmen and Labourers of Great Britain）とあり、一八七一年から七八年にかけて月刊で出版された八十七通の公開書簡である（さらにこれは中断をはさんで一八八〇年から八四年までさらに九通の書簡が発表された）。もとより書簡とはパーソナルな伝達形式であって、じっさい、ラスキンは以前の著作に比べて、『フォルス』のなかでより一層自身の胸襟を開き、心情を吐露している。同時にそれが「公開」書簡というかたちによって、パブリックな性格を帯びる。

タイトルのラテン語はローマ詩人ホラティウスの詩句に由来し、直訳すると「運命、その棍棒を持つ者」となるが、そこには重層的な意義が込められている（ラスキンは第二書簡でそれを詳細に解説している）。そこで扱われたトピックは、同時代の労働の様態から、時事評論、ラスキン自身の自伝的回想、美術批評まで多岐にわたる（訴訟騒ぎを招いたJ・M・ホイッスラー（1834-1903）の絵画に対する名高い批評、というか悪罵《あくば》の言葉もそこに含まれる）。ラスキンはその執筆者のみならず、編集者と出版者の役割も担った。

副題には「イギリスの労働者・勤務者への手紙」とある。ここでの「労働者」は、むろん労働者階級の人間を含みはするが、それだけに限定されず、肉体労働、知的労働の区別なく、あらゆる種類の「有用」な仕事に勤《いそ》しむ者（あるいは「有用」な仕事を志向する者）をも包含するものだった。じっさい、『フォルス』執筆の主眼となっているのは、すべての人間に「運命」（フォルス）づけられた労働のあるべきかたちを追求することであった。第五書簡（一八七一年五月）では、人間にとって有益なだけでなく、「生」に必須のものとして、「清浄な空気と、水こういう。

と、大地」、それに「称賛、希望、愛」をあげて、それを細かく論じている。その流れの延長上に、「セント・ジョージのギルド」の萌芽ともなる、ユートピア的共同体の設立にむけた具体的な提言が出てくる。ラスキンはこういう。

私は金持ちではないし……私の財産の大半は、すでに美術労働者（art-workmen）の扶養や、多少なりとも公益に資するその他の対象のために費やしてきました。私に残されたものは何であれ、その十分の一を……今年のクリスマスの日に、英国の法律が与えうる最も安全な仕方で、永久にあなた方に移譲します。今後私が稼ぐすべてについて、そのタイズ（十分の一）を加えるという約束もします。多少なりとも手を差しのべてくださる方はおられるでしょうか。そうした基金の目的は、英国の土地の購入と獲得に取りかかり、そして徐々に――どんなに時間がかかっても――それを増やしていくことです。そうした土地は、建築用地ではなく、英国人の手で、彼ら自身の手で耕作するためのものです。動力は、風や波の力を借りて。……援助が得られるのならば、次のような条件においてです――私たちは、英国の土地のいくつかの小区画を、美しく、平和で、実り多きものとするように努めます。そこでは蒸気機関は使わぬし、鉄道も置きません。そこではすべての生き物が世話を受け、配慮されます。病人をのぞいて、悲惨な境遇の者はいません。死人を除いて、怠け者はいません。そこでは放縦《リバティ》はなく、既定の法や任命された者に素直に従属します。そこには平等はなく、より良きものをすべて認め、より悪しきものをすべて叱責します。……物の運搬には、動物もしくは私たちの背中を、あるいは荷車か船を使います。庭にはたくさんの花と野菜、畑にはたくさんの麦と草があり、煉瓦はほとんどないでしょう。音楽と詩もあるでしょう。子どもたちには舞踏と歌を習わせましょう。(2)

この理想の表明においても中世主義的な特徴が色濃く出ている。基金のために、ラスキンは自身の財産の「タイズ」（tithe）を寄付すると宣言している。そもそも「タイズ」とは、中世以来、キリスト教会の運営と聖職者の生計維持、また貧民・病人の救済のために、信徒に賦課されていた貢租で、農産物や畜産物などの現物納に加え、現金納もあった。その額は一般に収穫の一割程度だったため、「タイズ」（十分の一）という語が使われた。制度上、それは近代にも残存していたが（十九世紀中に廃止）、この語を用いること自体が、中世封建時代の制度を思い起こさせる。蒸気機関や鉄道を拒否している点についても、近代文明の産物を拒否したラスキンらしい。

だが、このくだりでおそらく現代の読者を当惑させると思われるのは、「リバティ」（ラスキンの意図を汲んで「放縦」と訳したが、もちろん「自由」という意味を有する）や「平等」といった観念を否定している点であろう。じっさい、『フォルス』に見られるラスキンの社会観は、民主主義とは逆で、家父長主義的、あるいは中世的な階層秩序（現世では王を頂点とし、貴族、地主階級、製造業者、職人と下り、それぞれの階層がその上の階級に依存するとされる）を是とするものであり、ラスキンにとってのそうした中世の理想的な形態は騎士道の倫理に見出されるものであった。(3)

このような価値観によって、ラスキンは、「無神論的な自由主義」へと堕落した英国を復興すべく、中世のギルドの機構をモデルとした組織を構想した。一八七一年のクリスマス・シーズンに出された第十二書簡（一八七一年十二月二十三日付）において、ラスキンはこう書いた。「お約束のクリスマスの贈り物をします。正味七千ポンドのコンソル公債です。これは私の財産のタイズに相当する額です」。それは「セント・ジョージ基金《ファンド》」に充てられます——とラスキンはつづける——その目的は『フォルス・クラヴィゲラ』で述べられた諸条件に従って、「イングランドとスコットランドの土地を購入し、それを人間の労働によって、可能なかぎり実り多くかつ美しく、耕作すること」(4)にあります。読者諸賢にはこれに賛同していただき、自分がしたように、「タイズ」を供与していただきたい——そうラスキンは呼びかけたのである。その基金による組織を彼はまず「セント・ジョージの会社《カンパニー》」と命名したが、営利団体と誤解されるのを避ける意味もあり、その後、一八七五年に「セント・ジョージのギルド」と改名した。(5)ラスキン自身が初代のギルド長（これも中世風に「マスター（親方）」と命名した）となった。

セント・ジョージのギルド——その理念と実践

一八八二年に刊行した小冊子『セント・ジョージのギルドの性質と目的についての総論』の冒頭で、ラスキンはこう述べている。

このギルドはもともと、耕作地とは名ばかりの、田舎における不毛な、あるいは放置された地域から、適正な労働の使用によって、食糧をもたらす土地をいかに回復しうるかを示そうとの意図で創設された。この当初の目的には、さらに大規模な、二つの究極の目的が関連している。すなわち、農業労働によって生計を得ている人々に、いかなる性質・程度の洗練された教育を与えることができるかを示すこと。そして最後に、社会の上層階級に属する人々の一部に訴えて、彼らが目下大好きな戦争の仕事よりも、そのような仕事のほうがより立派で、より高度な思想とより高貴な喜びと結びつくものであるということを納得させることである[6]。

ラスキンの仕事は、全般的に、実践面では大きな効果をもたず、むしろ理念の点で重要な影響をおよぼしたと評価される。セント・ジョージのギルドについてもおそらくそれが当てはまるのであろう。というのは、このギルドの計画は、ラスキンの期待した通りには運ばず、この組織への参加者（「コンパニオン」と名づけられた）として「タイズ」を供与する篤志家もほんの一握りの者にとどまったからである。一八七四年までに得られた寄付はわずか二百ポンドだった。

図2　セント・ジョージの博物館（シェフィールド郊外のウォークリー）、同博物館は1875年から1890年までここに置かれていた（*Works*, vol. 30, plate II）

それでも、土地の提供はあった。主要なものをあげると、一八七七年にバーミンガム市長のジョージ・ベイカー（?-1910）がウースターシャーのビュードリーにある森林地二十エーカーを寄付した（ベイカーはラスキン没後に二代目の「マスター」となっている）。また、G・T・トールボット（1824-1916）が一八七四年に北ウェールズ、バーマスにある八軒のコテージを寄贈した。もっとも、法律的な障壁があって、ギルドが土地の保有を正式に認められたのは一八七八年秋に法人化されてからのことだった。さらに、シェフィールドの郊外に十三エーカーの土地を購入した。スカーバラ近郊のクラフトンにも四分の三エーカーほどの土地を入手した。

前述のように、ギルドの本来の目的は、前近代の階層秩序に従いつつ、競争原理による社会とは別の、友愛に貫かれた「農業労働者」の共同体を構築することであり、そこで健全な労働に勤しむ者は正当な賃金を受け取り、また、学校や図書館、博物館などを通しての教育もほどこされる。つまり教育機関としての側面にも十分な配慮がなされたのであり、ラスキンの本領はなによりもその方面に発揮された。

ギルドの図書館に収められるべき書物群をラスキンは選定し、それを彼は「牧羊者文庫」と名づけ、ジョージ・アレン社から刊行した。文庫にはクセノポンの『家政論』、ヘシオドス『仕事と日』、ウェルギリウス『農耕詩』、同『アエネイス』といった古典から、『騎士の信仰（サー・ハーバート・エドワーズ伝）』、ジェレミアス・ゴッテルフ（1797–1855）のスイスを描いた物語などが含まれた。また、『セント・ジョージの学校で用いるための英語の韻律法の諸要素』（一八八〇年）というのもあり、各地で「セント・ジョージの学校」の設立を計画していたことがこの書名からもうかがえる。

また、一八七五年にシェフィールドの地でラスキンは「セント・ジョージの博物館」を設立した。最初は郊外のウォークリーにあるコテージにこの博物館をもうけた（図2）。収蔵品はラスキン自身のコレクションを基礎にし、さらに資金も提供した。ヴィクトリア朝の博物館といえば、剝製と化石、考古学標本などが定番の展示品だが、ギルドの博物館はそれとは趣きが異なり、ラスキンの芸術観と自然観を例示する教材となるような、あらゆる美しい形態のコレクションを備えるように図られた。まずは古典絵画の巨匠《オールド・マスター》たちの絵画の実物、あるいはその模写作品がある（図3）。さらに、中世の彩飾写本、彫刻作品、それに建築物の写真図版や素描があった。ラスキンの好みを反映して、ビザンチン、ゴシック、また初期ルネサンスの建物の記録が多いが、それらは風化もしくは「修復」工事によって破壊の危機に瀕していると思われたものであり、ラスキンは長年にわたって自身で描きためたものに加えて、新たにT・M・ルック（1842–1942）やフェアファクス・マリー（1849–1919）などの若手の画家たちを雇って、そうした古建築や景観を模写させた。鉱石や準宝石などの地質学の標本、それにトマス・ビューイック（1753–1828）の鳥類学の木版画集なども重要なコレクションの要素だった（図4・5）。ライブラリーもうけた。この博物館の最初のキュレイターを勧めたのは、ヘンリー・スウォン（1825–89）で、彼はロン

図３　ラスキンの模写、カルパッチョ作《聖ゲオルギウス〔セント・ジョージ〕と龍》より（鉛筆、インク、セピア、ホワイト／1872年／シェフィールド、ラスキン·コレクション）
ヴェネツィアのスクオーラ・ディ・サン・ジョルジョ・デリ・スキアヴォーニにあるカルパッチョによる連作「聖ゲオルギウスの生涯」（1502-7年）の１枚を模写したもの。セント・ジョージのギルドを設立しようとしていたラスキンにとって、「不滅の騎士道を体現」していると見えたこの作品はとりわけ意義深いものだった。

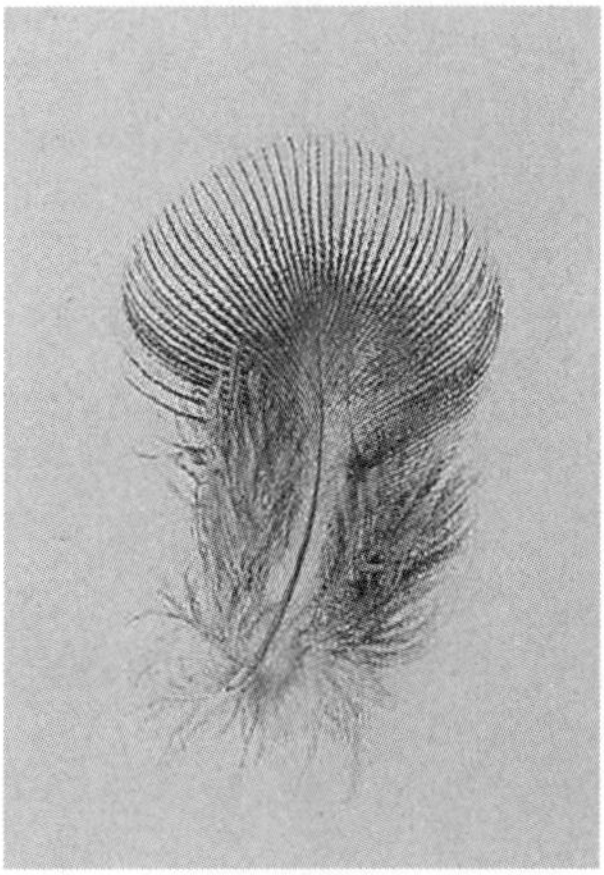

図５　ラスキン《孔雀の胸の羽の習作》（水彩／1873年／同上）

図４　ラスキン《オークの枯葉》（水彩／1879年／同上）

ドンの労働者学校《ワーキングメンズ・コレッジ》でのラスキンの教え子だった。ギルドの博物館は一八八〇年代にかなり拡充され、一八九〇年にはシェフィールド市内のミアズブルック・パークに移転した。

ギルドの博物館に収蔵する作品の選定において、ラスキンは、ただ鑑賞して美しいものというよりも、労働者の教育にとって有用であるものを重視した。また選定だけでなく、作品の展示の仕方にもこだわり、かなり口を出している。じっさい、従来のように名作を時系列で並べるという仕方を取らず、自然物のさまざまな側面と芸術作品とを学際的に混ぜ合わせて、見学者が能動的に展示の場にかかわれるように図ったという点で、ラスキンのおこなった作品の配列は斬新なものであった(7)。当時の美術館・博物館での展覧会の展示形態を折りにふれて批判していたラスキンは、みずから手がけたギルドの博物館において、抱いていた理想をある程度実現したのだといえる。

ラスキンの遺産

セント・ジョージのギルドにおける農業共同体の試みは、ラスキンの願った通りには運ばなかった。当時の保守的な週刊誌『スペクテイター』は、「ラスキン氏のユートピアは、節度と実行可能性の点で、その先行者たちにひけをとらぬものであろう」(一八七九年三月二十二日付)と皮肉をこめてコメントしているが、ラスキン自身も、一八八四年に出した『セント・ジョージのギルドの収支計算書』の末尾に「この、願わくは、退屈ではない、デンマーク・ヒルのドン・キホーテの物語(8)」などと書いていて(デンマーク・ヒルはラスキンの住居のあったロンドンの地名)、思い通りにならぬ現状を自嘲気味に表現している。ラスキン全集の編者たちは、「あいにく、セント・ジョージの農場は、多量の失望という産物をのぞけば、ほとんど何も生産しなかった。『フォルス・クラヴィゲラ』の頁に描かれたラスキンの理想のセツルメントは魅力的だが、現実はしばしばあまりにも不快もしくはグロテスク――時としてその両方――なのであった(9)」と総括している。ラスキン自身の精神状態の悪化ということもあった。一八七八年に最初の分裂症状を示し、一八七九年のバーミンガムでのギルドの第一回総会は病欠し、八九年には事実上知的生活は「マスターの報告」を代読させた。一八八〇年代に入るとその分裂症状が悪化し、八九年には事実上知的生活は不可能となり、湖水地方のコニストン湖畔、ブラントウッド村に隠居して十年ほどの余生を過ごすことになる。

しかしながら、ギルドは立ち消えになることはなく、ラスキン没後も存続した。土地の購入や寄贈もあった。形態が異なってはいるが、ラスキンの時代よりも、むしろ現在のほうがギルドの活動は活発であるといえる。その拠点であるラスキン・ギャラリー（コレクションはギルド所蔵）は、セント・ジョージの博物館を再生させたものである。博物館は、一九六三年以後レディング大学に移されていたが、一九八五年にシェフィールドに戻された。一九七〇年に改訂された「趣意書」では、セント・ジョージのギルドの目的は「田舎のエコノミー、インダストリアル・デザインと工芸の技術《クラフツマンシップ》、そして諸芸術の鑑賞といった分野において、ジョン・ラスキンが『フォルス・クラヴィゲラ』の表題のもとで刊行した労働者たちへの書簡で述べられている諸原則に従って、教育と訓練の振興をはかる」[10]こととされた。シェフィールド市の助成も得て、ギルドはギャラリー（二〇〇一年以後、ラスキン・ギャラリーは同市の「ミレニアム・ギャラリーズ」の一部をなしている）での展覧会のみならず、各種セミナー、ラスキン講座の組織、さまざまな工芸の助成など、幅広い活動をしている[11]。

さらに、ラスキン没後百年に当たる二〇〇〇年には、ラスキンに関わるさまざまな公的活動の連携を目的として、「ラスキン・トゥデイ」（Ruskin Today）が発足した。その活動の一環として、二〇〇六年九月二十四日にはロンドン市内で“Big Draw National Launch 2006”というイヴェントを成功させた。数千人規模の人々が参加してサマーセット・ハウスの建築などをスケッチする催しで、素描を指導したラスキンの狙いを今日に生かそうとする、まさに「今日のラスキン」の名にふさわしい試みだった。

ふりかえってみれば、自然環境と景観の保全についてのラスキンの提唱は、オクタヴィア・ヒル（1838-1912）らが一八九五年に設立したナショナル・トラストにつながるし、教育問題への提言は勤労者への社会科学教育の促進をはかって一九〇三年に創設された「労働者教育協会」に生かされたのであり、ラスキンの播いた種は、「多量の失望という産物」のほかにも、多方面で豊かな実りをもたらしたのだといえる。ラスキンの胚珠はすでに同時代にウィリアム・モリスにおいて肥沃な土壌を見出し、モリスをへて、アーツ・アンド・クラフツ運動に関連するさまざまな工芸ギルドとなって開花したのであった。

（1）『フィレンツェの朝』のまえがきでラスキンはこう述べている。「思うに、オクスフォードの教授となって私が果たすべき真の義務は、そこでの講義だけでは全うできない。イタリアを旅する人々に私の力で案内をしてさしあげる仕事もすべきであろう。……以下の文章は、願わくは、説明されている当の場所で、あるいは言及されている絵画の前で読まれたならば、有用だと思っていただきたい（拙訳）」（*The Library Edition of the Works of John Ruskin*, eds, E. T. Cook and Alexander Wedderburn, 39 vols., London, 1903-12, vol. 23, p. 293 ——以下 *Works* と略記）。

（2）*Works*, vol. 27, pp. 95f.

（3）以下を参照。Alice Chandler, *A Dream of Order*, Lincoln: University of Nebraska Press, 1970, p. 206（アリス・チャンドラー／高宮利行監訳『中世を夢見た人々』、研究社、一九九四年、三一〇頁）。こうした「反民主主義」的傾向をもちながらも、ラスキンの思想がモリスの社会主義の主要な源泉になったのみならず、草創期の英国労働党の主要メンバーにも（本人たちが自認するように）重要な影響をおよぼしたのは注目に値する。

（4）*Works*, vol. 27, pp. 199f.

（5）この「セント・ジョージのギルド」という名称も、中世後期に英国に存在していた。ノリッジにおける「セント・ジョージのギルド」（Gild of St. George）は、十四世紀後半に、セント・ジョージ、すなわちイングランドの守護聖人である聖ゲオルギウスの加護のもとに、「死者を含む会員のために祈禱をし、慈善活動をおこなう組織」として創立された（唐澤達之「イングランド近世年におけるフラタニティの変容」、『イギリス都市史研究』、日本経済評論社、二〇〇四年、一四八頁）。この組織は、英国の宗教改革にともない、十六世紀半ばに「セント・ジョージのカンパニー」（the Company and Citizens of St. George）に名称変更した（同前書一四八－九頁）。

（6）*Works*, vol. 30, p. 45.

（7）以下を参照。Susan P. Casteras, "'TheGerm of a Museum, Arranged First for *Workers in Iron*': Ruskin's Museological Theories and the Curating of the Saint George's Museum," in Harriet Whelchel (ed.), *John Ruskin and Victorian Eye*, New York: Harry N. Abrams, 1993, p. 206.

（8）*Works*, vol.30, p. 130.

（9）*Ibid.*, p. xxxiv.

（10）以下のセント・ジョージのギルドのリーフレットに引用されている。Anthony Harris (Master of the Guild of St. George), *An Introduction to The Guild of St. George*, Sheffield: The Ruskin Library, n.d.

（11）同ギャラリーのホームページを参照（http://www.sheffieldgalleries.org.uk/coresite/html/ruskin.asp）。

ケルト・デザインと二十世紀の「有機」思想——ヴォリンガー、ブルトン、ライト——

鶴岡真弓

はじめに——ケルト再発見とヨーロッパの探求

ヨーロッパの古層の代表的な装飾（オーナメント）として知られる「ケルト文様（Celtic Ornament）」は、およそ二五〇〇年以上もの歴史をもっている。古代、中世、近現代と、いくつもの「リヴァイヴァル＝再生」を繰り返しながら息づいてきた。

なかでも典型的な「ケルト渦巻（Celtic Spiral）」は、紀元前の中央ヨーロッパの器物の装飾に現れ、さらに一〇〇〇年以上下った初期中世、ケルト文化圏である、ブリテン諸島の修道院で制作された福音書写本の傑作『ケルズの書』など、書物装飾に黄金時代をもたらした（図1）。

図1　『ケルズの書』のケルト文様

つまり今日にいう「ケルト・デザイン」は、はるかキリスト教以前に十分に開花し、中世初期の装飾として「リヴァイヴァル」したものである。書物芸術としてケルト系聖書写本の三大写本である『ダロウの書』（六八〇年ごろ）、『リンディスファーン福音書』（六九八年ごろ）、そしていま述べた『ケルズの書』（八〇〇年ごろ）は、キリスト教図像を凌《しの》ぐ生命を無限に自己増殖させる文様で装飾し尽くされている。

しかし中世十二世紀以降、ブリテン諸島ではアングロ＝サクソン（イングランド）が支配的となり、ケルト的要素は本流のデザインとしては姿を消した。しかしまた数世紀以上を経た近代十九世紀後半、総合的な「装飾スタイル」を模索するヨーロッパのただ中に、「伝統」のオーナメントとして蘇った。それはケルト文化圏であるアイルランドやスコットランドの「ナショナル・アイデンティティー」を表象するオーナメントであるのみならず、インターナショナルな装飾様式「アール・ヌーヴォー」の有機的デザインと連動して愛好・応用されていった。今日では、建築からグラフィック・デザイン、アクセサリー、タットゥー、舞台衣装にまで、ポピュラーな装飾的意匠として用いられている（図2）。

図2　リヴァイヴァルのケルト十字架

ところでそうした「ケルト・デザイン」は、今述べたように、当然「ヨーロッパの伝統」に属する表現であると考えられている。それは間違いではないが、中心となる文様の生成の前史をたどれば、そうとはいえない。ヨーロッパとアジアを地続きでつなぐ「ユーラシア（筆者の用語ではユーロ＝アジア）」世界の、造形交流のダイナミズムと深く関係してくるからである。

ヨーロッパ＝西洋＝中心という自明性を、批判的に乗り越えようとする現代思想家のひとりジャック・デリダ（1930-2004）は、その著『他の岬』（*L'Autre cap*, 1991）で、「ヨーロッパ」とはユーラシア大陸の西の「岬」に花開いた文明であると書いた。ヨーロッパは結果的に世界史の「中心」に際立つ近代を迎えることになるにせよ、自己のアイデンティティーや出自を探求すればするほど、そこもまた他地域と同じように、ユーラシアの一角を占める一員なのである。そもそもヨーロッパ諸言語は、ユーラシア東西を跨《また》ぐインド＝ヨーロッパ語族という一大グループに属していることが、十九世紀には明らかになった。ちなみにわが国では童話や民話の紹介者としてのみ知られるグリム兄弟はインド＝ヨーロッパ比較言語学者であり、「ヨーロッパのグリム童話」も、インド、イランとヨーロッパの神話・伝説との照応をきっかけとして世に出たのである。

言語の世界がそうであれば、造形の世界も例外ではなく、ユーロ＝アジア世界の交流のダイナミズムが、ヨーロッパの古層に蓄積されてきたことも明らかになっており、「ケルト・デザイン」は、二五〇〇年以上の古さをもつことにおいて、このことと深くかかわっている。先史から現代まで波のように反復されるダイナミックな、文明の（とくに東西）交流のただなかに、特異な造形が生まれていった。つまりデリダのいう「岬＝ヨーロッパ」の古層において洗練・完成された文様《オーナメント》には、広くユーロ＝アジア世界で共有された重要なメッセージが、鮮烈に打ち込まれているということである。

さて、そうした要にある「ケルト・デザイン」の近代における復活は、この螺旋状のデザインに託されたイメージの原初的な強烈さの発見にあると思われる。「ケルト・デザイン」の最大の特徴である無限の螺旋構造も、ユーラシアの北方ステップ・ルートを軸とする大陸を貫いて存在するが、古代・中世を通じてケルトはこの螺旋状形態の「強度」や「速度」感において際立つ、生命的・有機的なデザインを洗練化させていった。ここに二十世紀の芸術・デザイン・思想に影響を与える理由があった。

十九世紀後半から、アイルランドやスコットランドなどケルト文化圏のみならず、ロンドンやパリやプラハなど諸都市のデザイナーによって見出され、二十世紀には思想家や芸術家にさまざまなかたちで刺激を与えた。それは産業社会の近代経済システムが加速する転換期において、直接新たなデザイン作品を産み出すということばかりか、表現に生命感や有機性を創造させようとする者に、内的な省察と方向付けをもたらした。

たとえば文学界ではアイルランドのジェイムズ・ジョイス（1882-1941）が、自然主義文学によって失われた「言葉」そのものの生命感を恢復させるために、文体なき文体を創造するが、彼はその「言葉の再生」のヒントを中世の『ケルズの書』のケルト文様の構造から得たと告白していることは有名である。説明の道具と成り果てた言葉が、渦巻や組紐や動物文様から生命を得て息を吹き返したのだ。

あるいは神智学から有機農業まで生命の神秘を創造につなげた思想家ルドルフ・シュタイナー（1861-1925）は、いわゆるシュタイナー学校の教科にケルト組紐文様の描出を組み込み、人間の想像力恢復のトレーニングに用いた（クッツリ『フォルメンを描く〈1〉——シュタイナーの線描芸術』参照）。彼は「ケルト・デザイン」を、二十世紀西洋社会の合理主義に抵抗する、内的成長をうながすメソッドとして教育に活用した。ケルト組紐文様の蛇行し螺旋を描く「フォルメン（形態）」に生命の運動を見出し、描く人間主体がこの線をたどりながらそれを体現せんとする。このメソッドは全世界のシュタイナー式の教育現場で現在も続けられている（図3）。

また、歴史家・記号論者のエーコ（1932-）は、ジョイスの『フィネガンズ・ウェイク』の文体と、ケルト文様の「構造」の共鳴に注目し、ヨーロッパの古い伝統のなかに、古典とは異なるもうひとつの修辞学を見つけ出した（鶴岡『ジョイスとケルト世界』参照、平凡社ライブラリー）。

あるいはフランス現代思想家のドゥルーズ（1925-95）とガタリ（1930-92）は『千のプラトー』（*Mille Plateaux*, 1980）のなかで、遊撃的身体の表象として、ケルトを含む北方の「動物組紐文様」をイメージし記述した（これはヴォリンガーの『抽象と感情移入』を参照してのものだろう）。

図3　シュタイナーの「ケルト組紐文様」

そしてまた、直接に文様《オーナメント》を採用しているのではないが、二十世紀を代表する建築家フランク・ロイド・ライト（1867-1959）の「有機的建築（オーガニック・アーキテクチャー）」の思想もまた、彼の出自のウェールズのケルト神話から得たインスピレーションと深くかかわっていた。ケルトの神「タリエシン」は、彼の自邸であり創造現場である「タリアセン」となって建設される。有名な自伝には最初の「自然」への感動がウェールズの故郷の象徴たるものからもたらされたことが告白されている（ライトについては本稿の最後に論じる）。

このように多様な創造的な刺激が、ケルト・デザインの形態・構造から与えられた二十世紀がある。それは「ケルト的なもの」の文明的背景と装飾的オーナメントの個性が、ヨーロッパとユーロ＝アジア世界の基層にある生命と自然の観念に深く関係していることに要因があるだろう。

この小論では、近代アカデミズムの美術史では、いわゆる「蛮族の美術」に分類されていた「ケルト美術」「北方美術」の「文様《オーナメント》」の「有機的形態」が、十九世紀から二十世紀の転換期に復活した経緯を、美術史学、思想、デザインの三つの角度から解説する。そこでは近代がいかに「生命的なデザイン」を（アジアやアフリカの非ヨーロッパからではなく）当のヨーロッパの古層から再発見しようとしたかが浮かび上がってくるだろう。最後に、ケルト文化圏からの出自をもつモダニズムの巨匠フランク・ロイド・ライトの思想が、いかに彼の「ケルト意識」と結びついたのかについて考察しよう。

ケルト・リヴァイヴァルとヨーロッパ

あらためていえば「ケルト文明」とは、今から二七〇〇年前の中央ヨーロッパ（オーストリア・ハルシュタット）で育まれた鉄器文化を考古学的源とするヨーロッパの基層の文化・文明である。現在それは「アイルランド」「スコットランド」「ウェールズ」「コーンウォール」「マン島」「ブルターニュ」などに、言語と習俗、そしてその個性的な装飾的デザインを伝えている。

ケルト文明は、そのもとがあった大陸のオーストリア、フランス、スイスから、チェコ、ポーランドまで、ヨーロッパ諸国において展開したため、十九世紀後半から考古学的発掘がなされ、各国や地方の博物館には、必ずケルトの典型的文様が施された青銅器・鉄器・土器・木彫などが収集・展示されている。

すでに述べたように、こうした「ケルト文様」のデザインは、近代ヨーロッパの美術史学、思想、実践的デザインの転換に刺激を与えてきた。

十九世紀後半には「ケルト文様」は、ネオ・ロココやネオ・バロックの装飾とともに、アール・ヌーヴォー様式を生成させる要素として浮上し、ケルトの出自に直接関係しないデザイナーの下でも、さまざまな機会に表現された。たとえば女優サラ・ベルナールのポスター制作で活躍したアルフォンス・ミュシャ（1860-1939）の有名な「ハムレット」（一八九九年）では、ハムレットの頭上の装飾的アーチに『ケルズの書』のページからそのまま取り出して貼り付けたようなデザインになっている（図4）。あるいは、マドセンが指摘したように、ロンドン郊外のコンプトン村のワッツ礼拝堂の内装や、シカゴのスコット百貨店ファサード装飾などは、ケルト文様の構造に霊感を受けている。

図4　ミュシャ「ハムレット」（部分）

いっぽう、世紀末のインターナショナルな装飾・デザインのムーヴメントと絡み合いながら、アイルランドやスコットランド、ウェールズ、ブルターニュなどのケルト文化圏では、「ナショナル・アイデンティティー」としてのケルト・デザインが開花した。

聖堂や世俗建築の内装、伝統的装束から、銀や白銀のアクセサリー、クリスマス・カード、装丁にいたるまで、ケルトのデザインが取り入れられ、スコットランドの西の果ての島、アイオナにもケルトのアクセサリーを次々に生み出す「工房」や「ブランド」も生まれた。ダブリンの墓地にはケルト十字架が立ち、その文様の細部が中世の手本から盛んに引用された。ちなみにマン島出身のデザイナー、アーチボールド・ノックス（1864-1933）のケルト・デザインを売り出した、ロンドンのリバティー百貨店の創業者アーサー・リバティー（1843-1917）の墓はノックスのデザインしたケルト十字架である。

そして二十世紀後半にアールヌーヴォーの再評価が始まり、「装飾」が復活していくが、一九六〇年代後半からのポストモダニズムのムーヴメントにおいて、建築・デザインの「装飾主義（オーナメンタリズム）」が湧きおこり、「装飾の復権」の時代に入り、ケルト・デザインも、第二のリヴァイヴァルのときを迎える。七〇年代にケルト語の言語復興が教育現場でおこなわれ、パブリックな空間や印刷物のロゴや、商店の装飾に「ケルト」が登場するようになる。

図５　ケルト・デザインのDVDジャケット

八〇年代後半から九〇年代初頭にかけては、「ワールド（西欧中心主義の外の世界）」の音楽や映像の発信と相俟って、「ケルト」はいっそうポピュラーとなった。たとえばＢＢＣ制作のＴＶドキュメンタリー『ケルト人』（一九八六年）の音楽にはアイルランド出身のエンヤが登用され、それを契機に彼女の音楽は「ワールド・ミュージック」として大ヒットを記録していくが、そのパッケージはアイルランドの風景や中世の装飾芸術などの「ケルト」のイメージで埋め尽くされるようになった（図５）。

アイルランドやスコットランド、ブルターニュ、あるいはカナダのノヴァ・スコシアまで、パブのインテリア・デザイン、セーター、ペンダントやイヤリングやスカーフに、名物の装飾として表現される。Ｔシャツにケルトの文様は、若い人々の人気を集め、冷戦崩壊後の一九九〇年代から世界中で愛好されるようになり、ポピュラーである。

さて、あらためていえば、そうして近現代に蘇ったケルト文様の特質についてケルト文化研究者のシャーキー博士（『ミステリアス・ケルト』）は、このように述べている。

ケルト美術は、「濃密で、永遠に変容する世界」を喚起して途切れず続いてきた。すなわちそれは「詩的で芸術的な意識の王国」である。芸術家は、「自然」のうごめく法則を表し、想像力を示した。

この「変容」とは、生と死が始まりと終わりのある線分の両端としてではなく、生死が不断の有機的な再生運動としてイメージされる。生は死を背負って生まれてくるが、それゆえに再生を繰り返しながら持続する、それが生の本質であり実態であるという直観が、「変容」の神話や表現の根底にあるといえるかもしれない。これはきわめて普遍的な人間の生への実感であり、ケルトに限るわけではないが、それを「デザイン」し、オーナメントとしてメッセージするという方法において、ケルトは顕著であるといえる。

このようなケルト的デザインの本質について説明するには、そもそも人間という生き物にとって「デザイン」は、なぜ生成したのか、なぜ必要なのか、という一般の根本動機を想起するとわかりやすいだろう。「デザイン Design」という語と概念は、ラテン語の Designare（しるし付けする）を源とし、何もない状態に徴＝シグナルを示し、指で方向を指し示すことを含意した。「構想」や「設計」という訳語が与えられているのはそのためである。

では何ゆえに、人間は、「しるし付けし」「方向を示し」「構想」「設計」するのか。それは人間の予測不可能な「生」ゆえにである。ヒトは誰もが量り知れない確率で偶然この世に生まれ、その瞬間から「生」を歩き出さねばならない。その歩みは模索の繰り返しであり、偶然の連続であり、あらかじめ定められている「方向」がないのが生き物の生（死）である。

里程標なき道を歩む「私たちヒト」に、ディゼーニョ＝デザインは、おおいなる「方向」性と、世界への「認識」の契機を与える。表現手段はさまざまであれ、先史から現代までの優れて印象的なデザインは、この重要な事実を一貫してメッセージしてきた。デザインとは、それが人間の五感と知性に訴える限り、あくまで具体的な素材と鍛錬された技法を駆使し、生き物にたいする深い思慮をめぐらし、限りある自然的人為的条件の下で最大の「意味」を発揮しようとする。

宇宙・自然に生起する現象のなかに、私たち存在は例外なく組み込まれており、自然環境が問題化する現代においてはなおさら、そうした「生命のリアリティとデザインの関係」が認識されるところである。かつての人々がそうであったように、私たちもまた、「デザイン」とは、私たち人間の生の根本にかかわって、生に指針を示すことを動機としている。

つまり「デザイン」とは「近代」の術語であるが、このように人間のもつ有機的「生命観・自然観」という根本的な観念にかかわるとき、その発生の原初に濃密にかかわる概念となるということがわかるであろう。「ケルト・デザイン」が、近代のただなかにリヴァイヴァルしたことが、これにかかわってくる。

ところで、「ケルト」を通してみると、近代ヨーロッパにおける諸学問が掘り下げた「ヨーロッパのルーツ」の探求と、最終的には、人間にとっての「普遍的なものの探求」は、十九世紀におけるデザインのムーヴメントと、文字通り有機的にからみあっていたことがわかってくるだろう。

冒頭にも述べたが、アーツ・アンド・クラフツ・ムーヴメントが沸騰する十九世紀後半、まさにヨーロッパにおいてヨーロッパの精神的ルーツを明らかにする学問、なかでも前述したインド＝ヨーロッパ語比較言語学が深化していったが、そのことと「ケルト」への関心の高まりは、パラレルなものである。言語学・考古学・神話学を通して、「ケルト」はヨーロッパの古い文明と言語をもった文化とされ、その精神文化の特徴は、自然の神秘を直観しそれを美術や詩歌に表現する力のあることとされた。イングランドの批評家マシュー・アーノルド（1822-88）や、アイルランドの詩人イェイツ（1865-1939）、オスカー・ワイルド（1854-1900／父親は医者にしてケルト考古学界に貢献した人物）は、それぞれの立場から、ヨーロッパの芸術の最古層にケルトが存在することを説いた。

すなわち、近代ヨーロッパの芸術・思想・デザインの模索のなかに「ケルト性（Celticness）」が浮上した理由を整理すれば、次のおよそ三つの意義と一体となっていたと考えられる。

（1）ひとつはケルト文様、ケルト・デザインは、すでに繰り返したように、「ナショナル・アイデンティティー」のシンボル、表象としてデザインに活用された。十九世紀初頭の英国からの独立運動にともなってリヴァイヴァルし、建築、インテリア、グラフィック、金工、服飾から、独立運動で英雄的な生涯を送った人物の墓石など、デザインの隅々にまでケルト文様は活用された。フランス国の一部でありながら、ケルトの伝統文化がきわめて濃く、今日でも「独立」を求めているブルターニュでも、このことは同様である。

これを復活させるのが、アーツ・アンド・クラフツ・ムーヴメントの現場の人々であり、『ケルズの書』の装飾が、クリスマス・カードのデザインとなり、中世のアイルランド建築の「円塔」がシンボルとなった。修道院の尼僧の手工から生まれたアイリッシュ・レースなども、「伝統」として産業博覧会に出展され、アイルランドのアーツ・アンド・クラフツ・ムーヴメントの「ホーム・インダストリー」の筆頭として注目される。

(2) 同時にケルト文様は、アイルランド人のためのケルト・デザインであるのみではなく、アイルランドを二十世紀なかばまで植民地としてきた大英帝国の「古代性《アンティキティ》」のステイタスの証明としても活用された。

英国は、現在も北アイルランドを領有し、スコットランド、ウェールズ、コーンウォール、マン島という「島のケルト」文化圏を、アングロ・サクソン＝イングランドが統治し、英国はヨーロッパの基層文明「ケルト」を、ブリテン島に有してきた。中世初期にブリテン島に侵入したアングロ・サクソンが、土着のケルトを征し、何世紀も支配してきたという、政治的優位性を表象させる、重要な徴《しるし》としてケルト文様を、デザインに露出させた。

「ケルトを最古の詩人」とまで讃えた、マシュー・アーノルドが意識したように、ドイツと英国はライバルであるが、大英帝国は、古い文明「ケルト」、すなわちヨーロッパの祖先であるインド＝ヨーロッパ語族のうち、東の雄であるインドのサンスクリット（『ヴェーダ』の言語）と対抗できる、西方の雄たる文明をもっているという自負を表明する。英国は、ケルトを自国の文明として示すことで、同じゲルマン民族のドイツを凌ごうとした。

「文明の古さ」というステイタスをもつ覇権国として、英国はケルトを示したのである。第一回世界万国博覧会（一八五一年）の会場となったロンドンのクリスタル・パレスに、「ケルト十字架」が際立って飾られたことに、それは典型的に現れている。ヴィクトリア女王がアイルランドの至宝『ケルズの書』や「タラ・ブローチ」を観に行幸することや、そこからレプリカが生まれるなど枚挙に暇はない。

（3）しかし、ケルトのリヴァイヴァルは、上述したケルト文化圏と、これを支配した大国との歴史的関係だけでは説明できない。

先に引用したシャーキー博士の言葉通り、「変容」を繰り返す有機的・再生的なデザインの一貫性は、文化的背景がちがっても、生命デザインとしてブリテン諸島を越えて近代ヨーロッパ人の感性と知性に訴えた。ヨーロッパが、その「自明の中心性」を揺るがせる「他者」（アジア・アフリカなど）と本格的に向き合う十九世紀と二十世紀であったればこそ、ヨーロッパのなかの非ヨーロッパであった「ケルト」が、旧来の古典的歴史観や伝統的美術史学に、それまでにない省察の機会を与え、抽象・装飾・工芸・デザインの領分を浮かび上がらせていく。以下ではその状況を三つの具体例でみていこう。

北方の抽象・装飾・文様の発見

「ケルト美術」や「ケルト文様」と呼ばれる表現は、近代十九世紀から二十世紀の「正統」西洋美術史学では「蛮族の美術」と呼ばれた。アルプス以北の文明・文化に属し、調和や均衡を旨とする古典的造形とは対照的で、理想的自然主義の具象表現を得意とはしないゆえである。それはヨーロッパの外部または異形として、「ヨーロッパ美術」からは「分離」されてきたわけである。

しかしヨーロッパが植民地経営や侵攻によって、「東方」との現実的かかわりを深めていく時局を迎える十九世紀末から二十世紀初頭に、その見方に変化が現れる。

とくに、大英帝国に次いで産業を発展させ国力を高めたドイツ語圏にして、ヨーロッパの外部の「東方」と接してきた蓄積のある中央ヨーロッパの学界、ウィーン学派は、古典的歴史観を覆《くつがえ》し、美術史に対して「工芸史」、描写的自然主義に対して「抽象・装飾」という問題を「フォーマリストの様式論」的考察で展開した。政治的には「古典」に対抗する「北方」の歴史を構築することが、現実的要請としてあったが、それを超えて普遍的な、装飾論・工芸論が打ち出された。リーグル（1858-1905）の最初の著作は『古代オリエントのカーペット』（一八九一年）であり、『様式論――装飾文様史の基礎』（一八九三年）や、『古代末期工芸』（一九〇一年）が著わされ、ヴォリンガー（1881-1965）の『抽象と感情移入』（一九〇八年）における「民族芸術論」「装飾理論」がそれに続くのである。それは二十世紀初頭のキュビズムの発進や文化人類学の本格的始まりをバックボーンとしていたことも重要である。ウィーンは、世紀末デザインの都であり、ヨーロッパのなかの「東方」であり、オリエントに最も近い都であった。

リーグルの「芸術意志《クンスト・ヴォーレン》」の理論を継いだヴォリンガーは、カンディンスキーの「抽象」絵画を後押しする批評も展開しながら、プリミティヴィズムの発見に寄与し、足元のヨーロッパのケルトやゲルマンの美術を評価した。それらはその非具象性や反自然主義や装飾性を評価するゆえに、十九世紀末から二十世紀初頭における、①有機的装飾様式の流行、②近代抽象美術の発動、③民族学の創始など、複数の時局的ムーヴメントと相俟って浮上した。「蛮族の美術」は二十世紀という時代＝時局の到来によって、ヨーロッパ人自身の視覚を変革させた。ヨーロッパ内部にも複数の造形やデザインの源泉があることが明らかにされ、しかもそれはヨーロッパの古典美術の単純な対立項などではなくなったのである。

さて、こうした「抽象・文様・装飾」への評価は、ドイツ語圏ばかりではなく、古代にガリアと呼ばれ「ケルト」の国であったフランスでも、鮮やかにおこった。

すでに述べたように、ケルト文様の魅力といえば、その緊張感ある螺旋構造、繰り返し再生する反転のフォルムにある。空間芸術でありながら、高速で変容する生命の、不断に蠢く「時間」を視覚させる形である。その増殖する生命的なデザインは、フランスの古代「ガリア」にも展開した。二十世紀の芸術の変革者たらんとするシュルレアリストは、意識下の夢の世界を発見するのと同じように、美術史上「外部」や「異形」とみなされてきたそれらの造形に、むしろ西欧文明の閉塞を打ち破るエネルギーをみたのである。

注目すべきは、アンドレ・ブルトン（1896-1966）が自国フランスの古代ガリア（ケルト文明）の野蛮な造形（コインの図像やデザイン）を熱く論じたことである。ブルトンにとって「ガリア」とは、「アジア・アフリカ」のような「外部」「他者」の地平から、ヨーロッパを解体し再生させる未知の力の表象となった（当時、日本からパリに留学中だった岡本太郎はブルトンの語る「ガリア」の造形を知り、のちの一九七四年にアンドレ・マルローとの対話「世界芸術の運命」のなかでその抽象性・異形性ゆえの現代性を語ることになる)。

これら諸国での「ケルト・デザイン」の再発見は、私たちが普通そう呼ぶところの「ヨーロッパの」造形・美術・デザインに、そもそも「多様な源」があったことを、ヨーロッパ自身が新鮮に発見したことを示している。と同時に、それは「ヨーロッパ」が「ヨーロッパ」のみで形成されたのではなく、その文明と接触したさまざまな地域の要素を飲みこみながら形成されたことを、文明論のみならず造形の歴史のなかに見出すことになった(のちにゴンブリッチが『秩序の感覚(装飾芸術論)』を著わすとき、その動機に彼が幼いころ母のもとに商人が売りにくる異国的な工芸品への記憶をあげているような、そうした「異なるもの」「他者」に触れる経験の重要度が「ヨーロッパ」文明の見直しのなかで浮上する)。

ではブルトンによる「ケルト(ガリア)」発見は、何を表明したのだろうか。

ブルトンが発見したガロ=ローマのデザイン

彼の国のフランスは、その国名の元となるフランク族の系譜をひくと同時に、古代において「ガリア」と呼ばれたケルト文明の国であり、紀元前一世紀、そこにカエサル率いるローマが侵入し、古典と北方が融合したガロ=ローマ美術が形成された。「デフォルメされた神像」や「文様」が表現の主役となった。

なかでもブルトンが注目したのは、ガリアのコインの超自然主義的な抽象/文様であった。紀元前一世紀のガリアの造形は、森羅万象のうごめきを直観するかのような表現を保ったもので、それをブルトンは「古典の堕落」ではなく、斬新なヨーロッパの「抽象の先駆」たるものとして捉えた。そのデフォルメされた像は、図像の主題的な意味ではなく、表現的意味を発揮している。つまり、「内容主義のアート」を、豊かな「形式主義のデザイン」へと変容させる力を予見させるものとして再発見されたのであった。

ガロ=ローマ期のケルト・コインに表されている「文様」的造形は、外来のローマ美術の簡略化というレヴェルにはとどまらない。紀元前一世紀に金貨を鋳造したパリシイ族(現パリ周辺にいたガリアのケルトの一族)のコインは、「馬」の上の空間に網目と点でできた文様が表されているなどが典型で、表《おもて》にはアポロン像を抽象化・様式化した横顔が表され、とくに髪の毛は曲線と渦巻文様と化している。髪の毛という自然ではなく、文様がもたらす純粋造形が出現しているのだ（図6）。

つまりこうしたパリシイ族に例をみるようなケルト・コインに頻繁に表されている曲線や渦巻や点の造形は、外来の具象像の造形的な意味価値を超えて、抽象的・文様的造形が一個の自律した表現形式となっていることを力強く示していると考えられた。ギリシア・ローマ人にとって、アポロンやゼウスという神々が社会を加護し力を与える神聖なシンボルであるように、ケルト社会にとってダイナミックにコイン上に展開する抽象的・文様的造形は、彼らの社会が要請した表象に当たるものであり、神聖な美的造形である。

この造形の魅力は、フランスの中世ロマネスク美術研究の大家アンリ・フォシヨンのもとで学び、アイルランドに渡ったフランソワーズ・アンリ（ヘンリー）女史（1902-82）が、「島のケルト」の聖書装飾写本の文様美術にみとめたような、「具象の穴にも、抽象の穴にも落ちずに、その中間を縫って進む」両義的な形態、またそれより高次の複雑さをもった多義的な形態にあるともいえる。

また、このような造形・デザインは、「島のケルト」の七―九世紀にスコットランドで盛んにつくられた数多くの「ピクトの石彫」と比較することができる（図7）。ピクトの石彫は為政者の武勲などを浮き彫りで刻んだ墓石ないし記念碑であるが、それらの文様は渦巻や三日月や組紐などであり、為政者である死者の姿を取り囲む霊力のようなものとして表され、死後にもそれが絶えずに力を発揮するように願いを込めて刻まれているようにみえる。ガロ＝ローマ期のケルト・コインの文様的造形も、そうした支配階級の「力」や「呪力」のシンボルとして表現された可能性があると考えられている。

図6　パリシイ族のコイン

図7　ピクトの石彫

ヨーロッパ美術史の「正統」であった、「三次元のイリュージョン」の表現が、ポスト印象派を経てピカソのキュビズムによって解体されるのが一九〇七年頃であり、その同じ年に、前述したヴォリンガーの『抽象と感情移入』が論文となり、翌年刊行されたのは、たんなる偶然ではない。ケルト文様のような、「北方」ヨーロッパの造形が、「東方」美術と「未開」美術に並んで、「抽象」というキー概念の下に浮き彫りにされたのである。

「北方」は、地中海世界の「古典」が「具象」表現を成熟させたのに対して、それとは対極的に「抽象」的な表現に個性を発揮した。ギリシア・ローマの具象表現は、対象（自然）との調和的・親和的な関係をもつゆえに対象に感情移入でき、ありのままの姿を視覚化する具象的な描写をおこない、いっぽう自然にたいして不安をもつ環境のなかにあった北方人は、己の頭のなかで世界を「構成」したという、環境と芸術意志の関係を説く文明論的な解釈である。ピカソが「アヴィニョンの娘たち」（ニューヨーク近代美術館蔵）の絵画表現でそうしたように、美術史学によるこの「抽象の発見」は、ヨーロッパ美術史の「正統」を解体させた。

この「解体」が、ガロ＝ローマ時代のケルト美術を足下の遺産とするフランスのシュルリアリストらによる「ガリア美術」の評価につながった。造形の外部からあらかじめ与えられる「概念的意味」に依存せず、その構成的な形態で自在なヴィジョンを表していく造形的想像力の価値が照射された。シュルレアリストの主張は、ヨーロッパ美術史の修正を誘発する挑戦において、「ケルト美術」の有効性を示している。いずれにしてもケルトの造形が、（ブリテン諸島とはまったく別の動機をもって）ガロ＝ローマの遺産をもつフランスにおいて、シュルレアリストの有機的記述の方法であるオートマティスムの実験と呼応するかのように、その創作と批評の射程のなかに浮かび上がったことは特記すべきである。

ケルト神話とフランク・ロイド・ライト――「タリアセン」と「タリエシン」

さて、以上において、真に有機的な形態へ迫らんとする近代のデザイン精神へ、ケルト的要素が刺激を与えたことをみてきたが、それは、より大きな規模で、二十世紀の建築家の思想にも現れたことを、最後に指摘しておきたい。

その優れた一例は、日本に帝国ホテル（一九二三年竣工）などの記念碑的建築を残した、アメリカのフランク・ロイド・ライトの代表的建築「タリアセン（Taliesin）」にかかわるものである（図8）。

この建物は、自邸かつ教育の現場として建設されたが、一度ならず災難に遭遇しながらも、繰り返し「再生」して今日に遺されたことで知られている。

ライトが「故郷」ウィスコンシン州の小麦畑のなかの丘に建てた、自邸にして仕事場、不思議な名の「タリアセン」は、ウェールズからの移民したライトの祖父が開拓した谷間の土地を一望に納める場所に建てられた。

この理想の集住体は一九一一年に完成されたが、そこはあの「ヨブ記」のような運命にみまわれ続けた。聖書の主人公「ヨブ」は神に何度も験され、不幸のどん底を潜り抜けた男で、最も不運な人間であると同時に、最強の精神をもった父とされる。ライトは自邸「タリアセン」においてヨブさながらの運命に直面したことは、ライトを考える時どうしても避けられない要素である。放火、殺人、落雷の火事。離婚、怨念、訴訟、負債による差し押さえと、つぎつぎにこの二十世紀を代表する建築を不幸が襲ったことは知られている。

図8　ライト「タリアセン第三」

> 焼け残った仕事場の奥の小さな寝室に、私は「タリアセン第一」からの生き残りとして留まっていた。……美しい丘の斜面に火事が残した黒い暖炉の口は、私の生活——全生涯——に記された黒焦げの醜い傷痕のように思われた。（フランク・ロイド・ライト『自伝』、樋口清訳、中央公論美術出版、一九八八年）

しかしそのつど、蘇生しつづけたのが「タリアセン」だった。それは「建築」にとって一体どのような事態なのか。「タリアセン」を知るとき、私たちは「建築／作品」を、完成したモノとして尊崇する態度を揺るがされる。

ライトの「タリアセン」はフェローシップ活動などの活動を含めれば数

度蘇生した。まず初期、自邸と仕事場と教育的共同作業場として「故郷」ウィスコンシン州の田舎に最初の「タリアセン」を建設。ヨーロッパに恋の逃避行をしたライトは帰国後スキャンダル扱いされ、一から再出発するため一九一〇年前後ごろから構想され実現されたものであった。しかしこの「タリアセン第一」は一九一四年、使用人が七人を監禁し放火、殺害するという悲劇にみまわれた。右の言葉はその時のものである。ライト自ら筆をとった『自伝』のロマン主義的な叙述はつとに知られるが、窮地のありさまはその記述以上であったかも知れない。

しかしライトは直ちに黒こげの「タリアセン」を「タリアセン第二」として「再建」する。ところが一九二五年、今度は落雷で火災にみまわれる。しかしこれも「タリアセン第三」として再生させる。

一九三七年から五六年には、アリゾナ州フェニックスに、荒野と建築が一体となる「タリアセン・ウェスト」を建設し、一九三二年にはウィスコンシン州ヒルサイドで「タリアセン・フェローシップ」(一九三二―五二年)を開始していた。

そして晩年の一九五四年、ニューヨーク、ホテル・プラザ・アパートメントに「タリアセン・イースト」を開く。故郷の「タリアセン」は生き延びて、現在私たちが見ることのできるのが、「タリアセン第三」なのである。

こうして「タリアセン」という名の「建築」と「理想」が、ライトによって生涯護られ続けたことがわかる。ライトと「タリアセン」は——何人かの妻や恋人との関係と正反対に——生涯一度も離れることはなかった。いったい「タリアセン」とは何者なのか。

「タリアセン」はライトにとって「故郷」であり、未来を開く学生や芸術家を招いてワークし思考する理想の「共同体」空間でもあった。しかし「タリアセン」というその名、「タリアセン」という地上の場所は、いかなる意味でライトの理想や夢想たりえたのか、ということである。

二十世紀建築の内なる「ケルト」

自邸を建てることになった「丘」をシンボリックに語るライトの胸の内に、その秘密が隠されていた。

「祖父母がそれぞれの感覚において丘に属していたように、この丘に属する家というものがあるに違いない」とライトは書いている。この「家」とは「タリアセン」のことであり、「祖父母」は母方の祖先のケルト系「ウェールズ人」を指している。ライトは祖先の故郷がウェールズであることを誇らしげに語っていたといわれる。そして『自伝』の「序曲」で語られる、ウィスコンシン州の故郷の「丘」の風景は、彼が最初に経験した「自然」であった。ライト建築の「自然哲学」となる思索の根底に、ライトの内なる「ウェールズ人の感覚」があったと想像してもよい告白である。

ライト自身による『自伝』はロマンティシズムやミスティシズムに彩られているが、むしろそのことこそが、著わし手の世界観を吐露させている。「畑」「雪の白い毛布」「朝の太陽の輝き」「汚れない白」という詩のような描写のみならず、そこの自然は「ブロンズ色に織り上げられた草むら」「金属的な直線の小枝」「光の型模様」を組み立てていると書き、「ウェールズ」というルーツをサブリミナル効果のように点滅させている。そしてフランク少年は伯父に手を引かれて丘の斜面を「憑かれたように」登って行き、やがて頂に着く。その時振り返った伯父の顔を「満足の笑みが、その力強いウェールズ人の顔に輝いた」と形容したのである。いったいこれはどういう意味なのか。

ライトは自邸に冠する「タリアセン」の名は、ハヴェイの仮面劇からヒントを得た。このユニークな名前は、「輝く顔（かんばせ）・眉」の意で、これは母方の先祖のウェールズに伝わるケルト神話の詩人「タリエシン（Taliesin）」のことであった。建築「タリアセン」とは、まさに詩人「タリエシン」のことなのである。

「タリアセン」とはウェールズの詩人の名前だった。ドルイド僧でもあるこの吟遊詩人はウェールズの芸術の栄光を讃えた。このウェールズ語は字義通りに言えば〝輝ける額〟という意味である。ウェールズにはこれにまつわる神話も多い」とライトは詳しく書いている。

タリエシンは、中世のブリタニア（イギリス）の『ブリトン人の歴史』（八三〇年ごろ編纂）に伝えられたウェールズの詩人で、ケルトの伝統の祭司・予言者・賢者たる「ドルイド」であった。また『タリエシン物語』には「タリエシン」が、めくるめく変身を繰り返す魔法使いを母として生まれ、捨てられるが、数奇な運命ののちに王宮に昇ることが書かれていて、そこには「魔法」「変身」「誕生」「予言」「幸福」の象徴がちりばめられている。ライトは「タリエシン」について神話学者も驚くような知識と親しみをもって頻繁に語っていたのだった。

ライトは建築「タリアセン」が完成したときのことをこうも明言している。「その丘に〈輝く眉〉が始まり」、その建築は「〈眉〉の上に損なわれることなく立ち上がっていた」。

「丘」をそのタリエシンの顔に見立て「眉」を建築とみなして建てた。二〇〇エーカー、自給自足、自家発電、水道、給油、娯楽施設、材料は石と樹木、屋根は丘の陵線にそい、木造の壁は砂地と同じ色、機能的なのに自然的・秘境的・神秘的な傾向をもつ、聖なる場所の様相を帯びる。

ライトは建築「タリアセン」にウェールズの故郷の「自然」の幻を再現するお定まりの環境望郷建築ではなく、「丘＝自然」を神話的に哲学的に人類学的に明確な次元でとらえ、「建築」をモノとしてでなく「実感的記憶」の象徴として、その聖なる傾斜の頂《いただき》に生かしめたと解釈できないだろうか。母方の伯父と丘を登り、草花を発見したように、「丘と建築」「自然と建築」を結合されたものとして見る思想である。

「建築は自然から発生したものであり、ここアメリカにあっては、アメリカの大地に根づいたそこから生まれ出づるものである」とライトは書いた。

少年時代に父親が家庭を捨てて出て行ったライトの生い立ちは、神話における「父無しで生まれたタリエシン」の数奇な運命と蘇生力に似ている。それを彼自身に結び付けていたかどうかはともかくも、その運命は似ていた。「タリアセン」の一マイル先に石切り場があったという。丘を見晴るかす森にオークの樹が生えている。ケルト語でオークの木は「ドゥル」というが、自伝によれば、その語を含む名の土地が今日も「タリアセン」を「布のように」「織物のように」包んでそよいでいるという。

なおライトは、ウェールズに「帰った」とき、母方のファミリー・ネーム「ロイド」を墓に確認している。アルファベットの「L」が二つ連続する「Lloyd」はウェールズのユニークな綴り字になる姓である。

ライトの自邸「タリアセン」には、かつて帝国ホテル建設計画のメンバーも滞在し、その建築の驚異的な再生の歴史を目撃している。日本人にとってもその再生の神話は記憶すべきものであったのだ。

日本の軽井沢には、「自然と生命」を感じようとそこに集った幸福な文人たち、外国人たちの別荘が現在でも保存されている。その地区の一角は「軽井沢タリアセン」と呼ばれ、自然と建築、自然とデザインの永遠の対話を、ライトの「タリアセン」の思想から聴き取ろうとしている。いかにも『美しい村』や『風立ちぬ』を書いた、昭和初期の作家堀辰雄の軽井沢別荘には、芥川龍之介（1892-1927）や、その心の恋人であった松村みね子（1878-1957）が集ったが、この二人はアイルランドのケルト神話や文学を翻訳している。また、いうまでもなく芥川の東大の卒論は焼失したが、それはウィリアム・モリス（1834-96）にかんするものだった。タリエシン（タリアセン）というケルトの神が、アーツ・アンド・クラフツ・ムーヴメントと、社会主義、共同体による創造、モダニズムと、ケルトと日本をも、結びつけている。

「タリアセン」は、ライトの有機的建築（オーガニック・アーキテクチャー）を表現する永遠の理想、シンボルであった。もし彼に「タリエシン」がいなければ、巨匠ライトの構想＝デザインは、魂のレヴェルで成り立たなかったにちがいない。

ライトとケルト神話は偶然に結びついたのではなかっただろう。ライトがタリアセンを再生させ、つぎつぎにさらなるタリアセンを建設していったその根底には、モダニストが引き寄せ蘇らせたケルトの神タリエシンがいた。

このように、紀元前七〇〇年にさかのぼるケルトの造形・デザインは、現代人が最も求める、有機的な無限の生命と自然を直観させるものを示唆してきた。ヴォリンガーやブルトンが北方＝反古典の美術として発見した「ケルト文様」や、ライトが生涯霊感を受けていた「ケルト神話」に反映する、真に有機的な再生の原理。それは、二十世紀のデザイン・思想に、まさに再生する哲学をもたらしたといえるのではないだろうか。

帝国ホテルの建設には、日本の大谷石や、愛知県知多半島の常滑産の土で焼かれたレンガが用いられ、ロビー・ホールの装飾は、ごつごつとした自然の土ないし岩のような様相をみせていた。「タリアセン」の室内で設計に没頭する、ウェールズの子孫（ライト）の一枚の写真がある。それは、二十世紀のインテリアとしての太古の洞窟のようである（図9）。

図9　タリアセンの仕事場のライト

デザインとは、人間による、長い文明の蓄積のうえに「再生」を繰り返し邁進していくものである。神話のなかのタリエシンのように、「変容」と「有機性」を特徴とする「ケルト文様」は、そのことを無言のうちに物語っているようだ。

インド＝ヨーロッパ語族の東の雄インドに対し、西の雄ケルトは、その文明を、最も古い「原初」にもつ。それゆえに二十世紀のヨーロッパが中心から脱皮し、新しい世紀のデザインをかたちづくろうとするとき、その原初性は、おおいなる霊感源となった。その意味でケルトがもたらしたものは、ヨーロッパにおいて最も深い古層から持続してきた「再生のデザイン」であるということができるだろう。

〔参考文献一覧〕

A la rencontre des Dieux Gaulois, un défi à César, catalog d'exposition, Lattes et Saint-Germain-en-Laye, 1999.
Allason-Jones, L., *Women in Roman Britain*, British Museum Publications, 1989.
Allen, D., *Catalogue of the Celtic Coins in the British Museum, with supplementary material from other British Collections, Volume III*, British Museum Press, London, 1995.
Allen, R., *Celtic Art*, London, 1993.
Birkhan, H., *Kelten, Bilder ihrer Kultur*, Verlag der Österreichischen Akademie der Wissenschaften, Wien, 1999.
Breeze, D.J., *Roman Scotland*, London, 1996.
Breton, A., *Le Surrealisme et la Peinture*, Edition Gallimard, Paris, 1965.（アンドレ・ブルトン『シュールレアリスムと絵画』、瀧口修三・巖谷國士監修、人文書院、一九七五年）
Brown, T. (ed.), *Celticism*, Amsterdam, Atlanta, 1996.
Buvot, P., *La Douix de Chatillion-Sur-Seine, Ligue Spéléologique de Bourgone*, Service Régional de l'Archéologie, 1996.
Caesar, *Commentarii de bello Gallico, BC 51-52*.（カエサル『ガリア戦記』、近山欣次訳、岩波文庫、一九四二年）
Cunliffe, B., *The Celtic World*, Constable, London, 1992.（カンリフ『図説　ケルト文化史』、蔵持不三也訳、原書房、一九九八年）

Collis J., *Oppida*, Sheffield, 1984.
Deleuze, G.et Guattari, F., *Mille Plateaux*, Minuit, coll. «Critique», Paris, 1980.（ジル・ドゥルーズ、フェリックス・ガタリ『千のプラトー』、宇野邦一ほか訳、河出書房新社、一九九四年）
Demoule, J-P., *Les Gailois*, Hachette, 1995.
Derrida, J., *L'Autre cap: suivi de La Democratie Ajournée*, Minuit, 1991.（ジャック・デリダ『他の岬――ヨーロッパと民主主義』、高橋哲哉・鵜飼哲訳、みすず書房、一九九三年）
Duval, A., *L'art celtique de la Gaule au Musée des antiquités nationales*, Paris, 1989.
Duval, P-M., *Les Celtes*, Gallimard, Paris, 1977.
Egloff, M., *Des Premiers Chasseurs au Debut du Christianisme, Histoire de Pays de Neuchatêl*, Edition Gilles Attinger, Hauterive, Suisse, 1989.
Eluère, Ch., *L'Europe des Celts*, Edition Gallimard, Paris, 1992.（エリュエール『ケルト人』、鶴岡真弓監修、創元社、一九九四年）
Fawcett, R., *Scottish Abbeye and Priories*, London, 1994.
Fichtl.Stephan., *La Ville Celtique*, Paris, 2000.
Fol, A., *The Thracian Treasure from Rogozen, Bulgaria*, Sofia, 1988.
Fraser, J., *The Etruscas, Were They Celts ?*, Edinburgh, 1879.
Gersbach, E., *Die Heuneburg bei Hundersingena.d.* Donau, Heuneburg museums verein, 2001.
Gimbutas, M., *The Goddesses and Gods of Old Europe: 6500–3500BC, Myth and Cult Images*, London.1978, 1982.（マリア・ギンブタス『古ヨーロッパの神々』、鶴岡真弓訳、言叢社、一九八九年）
Gourvil, F., *Langue et littérature bretonnes (1952, reissued 1976), and Théodore-Claude-Henri Hersart de La Villemarqué (1815–1895) et le "Barzaz-Breiz" (1839–1845–1867)*, 1960.
Green, M., *The Gods of the Celts*, Alan Sutton, Gloucester 1986.
Green, M., *Dictionary of Celtic Myth and Legend*, Thames and Hudson, London, 1992.
Guide des Musées Archéologiques de France, Archeologia, Dijion, 1994.
Henry, F., *Irish Art*, Methuen, London, 1971.
Henry, F., *The Book of Kells*, London, 1974.
Jacobstal, P., *Early Celtic Art*, London, 1944.
James, S., *Exploring the World of the Celts*, London, 1995.（ジェイムズ『図説ケルト』、井村君江監修／吉岡晶子・渡辺充子訳、東京書籍、二〇〇〇年）
Jope, E.M., *Early Celtic Art in the British Isles*, Oxford, 2000.

Jullian, C., *Histoire de la Gaule*, Paris (6vols), 1889-1926.

Kandinsky, W., *Über das Geistige in der Kunst*, 1912.（カンディンスキー『抽象芸術論——芸術における精神的なもの』、西田秀穂訳、美術出版社、一九五八年）

Kutzli, R., *Formen, Creative Form Drawing: Workbook 1 (Learning Resources: Rudolf Steiner Education Series)* Hawthorn Press Ltd, Taschenbuch, 1990.（クッツリ『フォルメンを描く〈1〉——シュタイナーの線描芸術』、石川恒夫訳、晩成書房、一九九八年）

Laing, L. et J., *Celtic Art*, Thames and Hudson, 1992.

La Tour, H. de. et Fischer B., *Atlas de Monnaies Gauloises*, Paris, 1991.

Les Celtes et Les Arts du Feu, Dossiers d'Archéologie, 258, novembre, 2000.

Les Ibères, Ministorio de Educación y Cultura, Españã, 1997.

Les Monnaies d'Or Gauloises, Musée Bargoin, Clermont-Ferrand, 2000.

Mbinogion.（『マビノーギオン』中野節子訳、JULA出版局、二〇〇〇年）

Maier, B., *Lexikon der keltischen Religion und Kultur*, Stuttgart, Kroner 1994.（マイヤー『ケルト事典』、鶴岡真弓監修・平島直一郎訳、創元社、二〇〇一年）

Megaw, R. and V., *Celtic Art*, London, 1989.

Museo Numantino, Junta de Castilla y León, 1990.

Meehan, B., *The Book of Kells*, Thames and Hudson, 1994, 1996.（ミーハン『ケルズの書』、鶴岡真弓訳、創元社、二〇〇二年）

Musée d'Histoire de Marseille l'Antiquité, Marseille, 1988.

Paris, R., *Chatillion-sur-Seine*, Edition S. A. E. P. Colmar-Ingersheim, 1981.

Petit, J-P. et Schaub, j., *Bliesbruck Reinheim, Parc archéologique européen*, Imprimerie National Édition, 1995.

Piggott, S., *The Druids*, Thames and Hudson, London and New York, 1985.（ピゴット『ケルトの賢者　ドルイド』、鶴岡真弓訳、講談社、二〇〇〇年）

Price, M. J., *Coins*, Methuen, London, 1980.

Ritchie, A., *Picts*, Historic Scotland, Edinburgh, 1989, 1991.

Ross, A., *The Pagan Celts*, B.T.Batsford LMD, London, 1986, 1970.

Rome Faces the barbarian, catalogue of exhibition, Cultural Centre Abbaye of Daoulas, 1993.

Sweeney, Robert L., *Frank Lloyd Wright: An Annotated Bibliography*, 1978.

Szabo,M., 'The Origins of the Hungarian Swaord Style', *Antiquity* 51: 211-19, 1977.

The Celtes, exposition catalogue, Venice, 1991.

Twombly, Robert C., *Frank Lloyd Wright: His Life and His Architecture*, 1979.

谷川正己『タリアセンへの道』、鹿島出版会、一九七八年
谷川正己「積み上げられた手仕事」、『F・L・ライトがつくった土のデザイン：水と風と光のタイル』、INAXミュージアムブック、二〇〇七年
鶴岡真弓『ケルト／装飾的思考』ちくま学芸文庫、筑摩書房、一九八九年
鶴岡真弓『装飾の神話学』、河出書房新社、二〇〇七年
鶴岡真弓『ジョイスとケルト世界』、平凡社ライブラリー、一九九七年
鶴岡真弓『ケルト美術』、ちくま学芸文庫、筑摩書房、二〇〇一年
鶴岡真弓「ユーラシア文明交流――ケルトから視る」、『東西南北』、和光大学、二〇〇二年
鶴岡真弓・松村一男『ケルトの歴史』、河出書房新社、一九九九年、二〇〇八年
Thuillier, J-P., *Les Étrusques*, Gallimard, Paris, 1990.
Venturi, R., *Storia della Critica D'Arte*, Roma, 1945, 1948.（ヴェントゥーリ『美術批評史』、辻茂訳、みすず書房、一九七一年、一九七七年）
吉村作治編集「イベリアの光と影」、『アーキオ』一〇号、ニュートン・プレス、一九九九年
Worringer, W., *Abstraktion und Einfühlung*, 1908.（W・ヴォリンゲル『抽象と感情移入』、草薙正夫訳、岩波文庫、一九五三年）

二十世紀初頭イギリスの芸術家コロニー——ブルームズベリー・グループ——

要真理子

はじめに

ユニヴァーシティ・カレッジ・ロンドンや大英博物館などが位置するロンドンのブルームズベリー地区は、テムズ川北岸のチェルシーと並んで知識人の居住区として知られ、チャールズ・ディケンズの屋敷跡も姿をとどめている。小説家ヴァージニア・ウルフ（1882-1941）もまた、この地域と所縁の深い人物である。一九〇四年、父親レズリー・スティーヴンの死後、彼女は、姉のヴァネッサ（1879-1961）、兄のトゥビー、弟のエイドリアンとともにブルームズベリー地区ゴードン・スクエアに転居する。まもなくトゥビーが、彼のケンブリッジ大学時代の友人たちを自宅に招くようになり、この集まりを契機として「ブルームズベリー・グループ」と呼ばれる知的サークルが誕生することとなったのである。[1]

メンバーには、若き日の経済学者メイナード・ケインズ、美術批評家のクライヴ・ベル（のちのヴァネッサの夫）、ジャーナリストのディズモンド・マッカーシー、文筆家のレナード・ウルフ（のちのヴァージニアの夫）、小説家のリトン・ストレイチーらがいた。もっとも、彼らの多くは上層中流階級に属し、その職業からも明らかなように複数の文化的社会的集団を横断し多様な交流をもった。たとえば、ストレイチーの従兄弟で画家のダンカン・グラント（1885-1978）は、ケンブリッジ大学出身者ではなかったが、スティーヴン家に出入りしていたし、ディズモンドの妻モリーもグループに含まれる。ヴァージニアとヴァネッサはトゥビーを通じてメンバーと知り合い、ヴァネッサがクライヴと婚約をする一九〇六年頃には姉妹はグループの中心的存在になっていた。結婚前の淑女が同年代の男性と人前で会話をしたり、肩を並べて歩いたりすることが無作法とされた時代に、男女が夜更けまで語り合ったり、喫煙室に同席したりといった彼らのような自由奔放なふるまいは世間から非難を浴びた。

こうしたふるまいの基底にある彼らの倫理観は同時代の先端的な思想を反映しているのだが、(2)二十世紀の前半においてはグループとしての文化的価値を見出されえず攻撃されることが多かった。経済学者のジョン・ジュークスは、ブルームズベリー・グループを「イコノクラスティック（因習破壊的）」ないし「左翼の三文文士の集まり」とみなし、次のように述べる。「彼らは叡智の欠如と混乱させたいという悪意ある欲望から常に社会をかく乱する因子となっていた(3)」。

本稿では、このような同時代の社会常識とは相容れない若者たちの信条や行動が、イギリスモダニズムを象徴する芸術活動へと展開していく経緯を考察する。はじめに、一九一〇年と一二年に開催された「ポスト印象派展」をとりあげる。この展覧会の企画者ロジャー・フライ（1866-1934）との出会いによって、ブルームズベリー・グループ全体がモダンアートへと惹きつけられていったのである。つぎに、フライが展覧会後に創設した、オメガ工房とヴァネッサとグラントが制作と生活の場を共有することになる「チャールストン・ハウス」について言及する。(4)フライによって鼓舞されたブルームズベリー・グループの芸術的志向は、その後ロンドンとチャールストンの二つの場所を行き来するなかで培われていく。彼らの活動は、組織と個人という二面性をもっていた。

ロジャー・フライと二つのポスト印象派展

一九一〇年にクライヴ・ベルが駅のホームで再会した相手こそ、ケンブリッジ大学の同窓ロジャー・フライであった。フライは、初期イタリア美術の専門家であると同時にモダンアートの擁護者でもあり、二人の再会は彼がちょうどフランス現代美術の展覧会を構想していたときだった。汽車のなかでクライヴと企画展の話題で意気投合したフライは、やがてブルームズベリー・グループのメンバーと親交を深めるようになる。

当時のイギリス美術界では、フレデリック・レイトンやローレンス・アルマ＝タデマに代表されるロイヤル・アカデミーの新古典主義風の主題画が流行していた。ナショナル・ギャラリーの年次展で見られるのもほとんどそのような絵画であり、事実、ロイヤル・アカデミーとナショナル・ギャラリーの間には癒着があった。他方、アカデミーへの反発から新組織も創設されてはいたものの、たとえばニュー・イングリッシュ・アート・クラブのような団体では、フランス印象派風の絵画が好まれていた。こうした状況に憤っていたフライは、アカデミックと印象派風、そのいずれでもない「新しい美術」の道を開くために展覧会を組織した。それがまさしく、一九一〇年の「マネとポスト印象派たち」展であった。

この展覧会では、そのタイトル通り、マネと印象派以降のフランスの現代アーティストたちが包括的に紹介された。言い方を換えれば、「ポスト印象派」と称された画家たちの間には、同時期のフランスで活動していたという以外には、共通の理念も共通の表現もなかったのである。マネの作品九点をはじめ、セザンヌ、ゴッホ、ゴーギャン、ほかにはスーラ、シニャック、クロス、ドニやヴラマンクが展示された。一九一〇年のイギリスにおいて、セザンヌやゴッホ、ゴーギャンは、専門家の間でこそ知られていたにせよ、マティスやピカソを知る人はほとんどいなかったので、これは記念すべき出来事だった。ところが、人々の反応は好ましいものではなく、ゴッホについては「変質者」、セザンヌに対しては「へたくそ」「ペテン師」という中傷が浴びせられた。フライが賞賛したこれらの作品は、文学的な主題や落ち着いた色彩を好むイギリス国民の趣味とは明らかに一線を画していた。「この展覧会はきわめて悪い冗談か、さもなければペテンである……これらはどう見ても芸術作品ではない……ポルノまがいの見せ物のようだった……(5)」と詩人ウィルフレッド・ブラントは日記に書き記している。

世間の反応をよそに、イギリスの若い芸術家たちはこの展覧会に熱狂した。ブルームズベリー・グループの面々も展覧会を手助けし、なかでもディズモンド・マッカーシーは展覧会の幹事を務め、フライの考えに基づいてカタログの序文を書いた(6)。ダンカン・グラントとヴァネッサ・ベルは、フライの芸術観に共感し、セザンヌやマティスの手法を自らの絵画に取り入れた。具体的には、再現模倣や物語性を排除し、画面の構成を工夫した。一九一二年の「第二回ポスト印象派展」では、フランス現代美術だけでなく、彼らのような自国の若い芸術家の作品も展示されるようになる。ブルームズベリーの芸術家だけでなく、フライはスレード美術学校出身のウィンダム・ルイス（1882-1957）、オーガスタス・ジョン、ジャン・マルシャンといった若い作家たちも支援していた。

二つのポスト印象派展のおかげで、セザンヌの神話は着実に人々の間に浸透していったが、残念ながら、若い芸術家たちがことさら信奉したピカソとマティスの評価は低かった。案の定、キュビスムやフォーヴィスムをまねた若い芸術家たちの絵画は売れなかったし、彼らの生活は好転しなかった。そこでフライは、彼らの貧困救済のために、売れない絵画や彫刻ではなく、人々が気軽に入手できる生活用品にポスト印象派風のデザインを適用して製作・販売することを提案し、場所を提供することにした。このようなフライの工房設立の企図は、同時代の複数のメディアで報じられた。たとえば、『ペルメル・ガゼット』では、次のように伝えられた。「ポスト印象派絵画を応用美術へと拡大し、そうすることで壁の装飾や室内装飾品やあらゆる種類の装飾家具という形で、我々の家庭にこれを完全に行き渡らせるのだ……。ついでに言えば、絵だけ描いていてはおそらく生活できないであろう芸術家に金になる仕事を与えられるかもしれない[7]」。

オメガ工房における試み

一九一三年四月の終わりには、『スケッチ』と『アート・クロニクル』が、フライの工房創設をとりあげ、その目的を「ポスト印象派を家庭用の装飾と家具へと応用すること」と発表した[8]。これは、『ペルメル・ガゼット』が伝えたフライの企図の一つ目に相当する。このとき、フライが工房の経営モデルに選んだのが、同時代のパリのデザイナー、ポール・ポワレのアトリエ・マルティーヌであった。インテリアの総合事業を目指したアトリエ・マルティーヌでは、ラウル・デュフィのような芸術家がデザイナーとして参加していたり、付設のデザイン学校の生徒の素人的なデザインが商品として採用されるなどフライが参考にしていた点は多い。こうした商品の特徴を全面に打ち出した宣伝のおかげで、「芸術家支援」という社会的な目的以上に、オメガ工房＝ポスト印象派風の家具という図式がことさら強調されてしまったのである。

同年の五月十三日には、フライの事務弁護士トーマス・ウィザーズがオメガ工房（omega workshops Ltd.）の協定書を提示し、翌十四日にブルームズベリー地区に隣接するフィッツロイ・スクエア三十三丁目の事務所を資本金一〇〇〇ポンドで有限会社として登録した[9]。協定書にはフライとダンカン・グラントの二人が署名し、ベル夫妻がその証人となった[10]。

フライ、グラント、ベル夫妻の四人はこの時期、イタリア旅行に出かけており、フライはこのときフレスコやモザイクを丹念に調査している。ジュディス・コリンズが指摘するように、フライは自らの試みを前衛運動とみなすのではなく、むしろ歴史的な文脈に位置づけたかったようである[11]。フライの声は、オメガ工房の設立企図を伝えた『ペルメル・ガゼット』に残されている。

我々は無秩序で反伝統的だと非難されているが、実際には由緒正しい伝統であると我々が信じている方向へと芸術を引き戻そうとしているのだ……タブローに限定された絵はその力強さを失いやすく、その一方で、真実のデザインの学び舎となるのは、記念碑的な絵画、すなわち壁に描かれた絵画なのである[12]。

この記述どおり、壁の装飾はオメガ工房のメインの仕事の一つとなった（図1）。フライは当時流行した「大理石模様の」量産壁紙を嫌い、芸術家の手仕事を推奨した。「室内装飾業者が販売しているような、なめらかでむらのない淡色紙にきわめて単純な図案がプリントされた壁紙は、痩せて貧しく見えるだろう。これに対して、ここにある壁紙は、均質な表面となるよう意図されているわけではない。芸術家によってまず荒く手早く塗られたおかげで、豊かさと陽気さを有している[13]」。イタリアでフレスコやモザイクの技術を熱心に見学していたヴァネッサとグラントはフライとともにオメガ工房の共同経営者となり、その後の活動において主要な役割を担うようになる。

図1　オメガ工房による室内装飾

ところで、ポスト印象派のデザインの背後に隠れてしまった、フライの若い芸術家たちの貧困救済という社会的使命感に燃えた設立の動機は、ジョン・ラスキンやアーツ・アンド・クラフツ運動を連想させる[14]。実際、オメガ工房で行われた室内装飾や彩色家具の共同制作はアーツ・アンド・クラフツのギルドの活動と類似点があった。オメガ工房では公平さを保持するために芸術家の匿名性が要求され、誰のデザインかは明かされることなく、代わりに大半の商品にはΩのマークが刻印された。工房には、ポスト印象派展を通じて新しい美術の動向に関心を持ち始めていた中流階級と一部の上流階級の人々が訪れた。

あいにく、公平さを重視するフライの方針は、すぐに少数の芸術家たちの反発を生むことになる。たとえば、オメガ工房に参加した若い芸術家の一人であったウィンダム・ルイスは、当初、芸術家が一貫して製品を製作・販売するオメガ工房の経営構造を「工業生産による中間搾取がなくなる試み」と称賛していたものの、やがて製品による利益が工房の全ての作家に週三〇シリングずつ等しく分配されるということに不満を覚えるようになった。さらに、一九一三年のデイリー・メイル社主催「理想の住まい」展で展示されたオメガ工房の家具のなかにルイスが手がけたマントルピースがあったのだが、これはルイス自身がこだわった「彫り」の部分で彼が作業を放り出してしまったため、工房の別の作家によって彩色され仕上げられたものだった[15]。オメガ工房で遂行された共同制作は、ルイスのテクスチュアといった芸術家の個性を隠してしまうことにもなったのである。

この共同制作という方式は、オメガ工房が短命だった理由の一つとされる「素人的な経営と製作」にもかかわってくる。オメガ工房では、中世のギルドで行われ、アーツ・アンド・クラフツ運動でも継承された非近代的な共同制作と同時代的な量産システムを組み合わせた、一見すると奇妙な生産方式が取り入れられていた。具体的にいえば、オメガの装飾家具のほとんどは、その構造体の組み立てを職人や工場に委託され、こうして組み立てられた製品の表面に、仕上げとして工房の作家たちが彩色を施したのである（図2）。生産工程が一つの緊密な芸術家共同体のなかで完結していたアーツ・アンド・クラフツの工房経営とは異なり、ちょうど同時代のヘンリー・フォードの自動車工場で労働者が製品の全体像を知らぬまま製造ラインに配置されるような仕方で、オメガ工房でも装飾の支持体となる部分は、既存の家具工場に外注されたり、単純に中古品が流用されたりした。というのもフライにとって重要だったのは、何といっても芸術家のデザインがそのまま反映される「仕上げ」だったからである。この「仕上げ」によって、一つ一つの製品には作家の個性が表現されるのだが、その一方で製品におけるその個性の

図2　オメガ工房の装飾家具

表現が仕上がりのバラツキや素材との乖離を示していたのも事実である。芸術家たちは支持体の構造や素材にかんしては全くの素人であり、フライも彼らの技術がその方面で洗練されることをとくに望んではいなかった。後年、ヴァージニア・ウルフは、オメガ工房について次のように書いている。

時々失敗もあった。ひび割れが生じ、椅子の脚が取れ、ニスがにじんだ。怒る顧客をなだめ、新しい方法を見つけなければならなかった。デザインどおりに作って、しかも役立つものにできる、信頼できる大工や室内装飾業者や職人を裏通りに探し、見積書や請求書にも目を注がねばならなかった。(16)

加えて、フライがポスト印象派に見出し、オメガ工房の製品に応用した色彩表現や抽象的な構成は、安易に模倣できるものであり、やがて既存の量産家具店でも類似のデザインが安価で並ぶようになった。当然ながら、人々は似たようなデザインならば、素材と適合した実用性のある安価な商品を選ぶ。利潤はデザインの創案者の手には入らず、結果として技術力のある二番手の方へと流れていったのである。

しかしながら、フライの経営戦略はマイナス面ばかりではない。一九一〇年代、オメガ工房が事業展開した時期は、先にも触れたように大量生産方式を推進したフォーディズムの時代と重なる。オメガ工房の商品は、芸術家のデザインを反映させることで、本体は同一の形状をもちながら、装飾と彩色という点で一つ一つが異なる仕上がりになっていた。さらに、生産工程に芸術家が直接関与したり、そこで顧客の希望を取り入れたりすることもあった。このような、スタイルのヴァリエーションに注目したオメガ工房の商品戦略は、一九一〇年代にあって、GMに代表されるポスト・フォーディズムの時代を先取りした注目すべきものだった。すなわち、オメガ工房が理念として掲げた「芸術的表現性」はその後のデザイン界では戦略の手段として用いられるものである。ここから、オメガ工房という組織は、デザイン史のなかでアーツ・アンド・クラフツ運動を二十世紀モダンデザインへと架橋する役割を担っていたと考えることができよう。

チャールストン・ハウス

こうしたオメガ工房の実験的な試みは一九一九年にいったん終止符を打つ。短命であるがゆえに、工房閉鎖の原因として、先述の「素人的な経営と製作」が強調されることが多いが、実際には人的な要因も大きかった。一九一四年に勃発した第一次世界大戦に参戦したアンリ・ドゥーセら工房のメンバーの死去、設立数ヵ月後の、ウィンダム・ルイス、フレデリック・エチェルズ、カスバート・ハミルトン、エドワード・ワッズワースら芸術家四人の離脱なども閉鎖と無関係ではない。一九一三年の「理想の住まい」展以来、工房の作業や利益の分配に関して反感をもっていたルイスは、その年に、レベル・アート・センター（Rebel Art Centre）を立ち上げ、文学者や芸術家を巻き込んだヴォーティシズムと呼ばれる前衛芸術運動へと身を投じていく。絵画表現における表面的な類似からブルームズベリー・グループのヴァネッサ・ベルとダンカン・グラントもヴォーティシズムの作家として紹介されることもあるが(17)、新しい美術を伝統の流れに位置づけようとするフライのもとで室内装飾や家具の彩色を続けた彼らと伝統美術への反抗を絵と言葉によって攻撃的に表現したルイスとでは、その思想においても行動においても乖離が見られる。ヴォーティシズムはキュビスムよりもむしろ、フライが距離を置いた未来派に近かった。

一九一六年、オメガ工房は活動半ばに、再度転機を迎える。工房の主要な作家、ヴァネッサ・ベルが彼女の子どもたちとダンカン・グラント、そして彼の友人ディヴィッド・ガーネットとともにイースト・サセックス州のチャールストンに転居したのである(18)。もちろん、その頃のオメガ工房は相変わらず芸術家の制作と販売の場として機能し続けていた。とはいえ、こうした状況下で、ヴァネッサらの転居が意味するのは、一時期であれ、ブルームズベリー・グループの芸術活動の拠点がロンドンとチャールストンに分散したということである(19)。一九一〇年代の前半、一見すると、グループはロジャー・フライに先導されているかに思われた。クライヴ・ベルはフライの理論に基づいて『芸術』という著作を発表した。メイナード・ケインズはフライの勧めで作品を購入し、モダンアートの庇護者となった。そして、芸術と社会を結びつけようとする彼らの欲求は、オメガ工房において結実した。その一方で、フライの芸術理論に大きな影響を受けたヴァネッサは、フライの信奉者であると同時にグループの中心的な存在であり続けた。

一九一六年の秋にヴァネッサがフライに宛てた手紙には、彼女たちがこれから住むチャールストン・ハウスの様子が次のように書かれている。

この家は至極無害なストゥッコと石膏で修繕されていて、ツタの葉で覆われている……十七世紀か十八世紀初めの家だと思う（合っているかどうかわからないけど）。とにかくものすごく素敵で、頑丈で簡素。レンガとフリントが混合した平らな壁——この壁にぴったりの平らな窓、そしてすばらしいタイル貼りの屋根。池のそばには柳があってとても美しい。石——あるいはフリント——の壁で庭がぐるりと仕切られていて、斜面には芝生がある。ここには小さな果樹園があって、アッシャムのそれと同じような塀で囲まれた庭ともう一つの芝生。その向こうには柵で仕切られた野原。木の壁。西風から私たちを保護してくれる左右の側面に沿って並ぶニレの木。[20]

室内は、ヴァネッサに「広すぎる」と思わせるくらいで、部屋は寝室だけで一〇室あった。これらの部屋は、台所や居間、浴室、図書室、談話室、客室のほか、ヴァネッサやダンカン・グラントや子どもたちの寝室として使われた。時々やって来るメイナード・ケインズやクライヴ・ベルのために彼ら専用の寝室と書斎も用意された。[21]転居してしばらく、ヴァネッサは室内か庭で制作をしており、アトリエが増築されたのは一九二五年になってからである。部屋全体は、天井が低く、暗い印象を受ける。この家の中で絵画は「タブロー」に限定されていなかった。壁面はもちろん、ドアやベッドやテーブル、小箱やついたてやランプシェード、お盆や陶磁器にいたるまで直《じか》に絵が描かれ、絵画は直接触れることのできる日用品の一部となっていた。主題には、家、家族、友人、庭、風景など身近な世界が選ばれ、まるで個人を表現する行為が家の装飾へと拡大されているようである。彼らの絵画は、往々にして前衛美術の特徴といわれているような挑戦的だったり、反体制的な傾向を有しておらず、いたって抒情的であった（図3）。

振り返れば、第一次世界大戦前にオメガ工房で製作されたヴァネッサとグラントのデザインは、色彩や形態が大胆に配置された抽象が多く、これらはフライの初期のフォーマリスティックな芸術理論を忠実に実践しようとしたものだった。しかし、同時代の人々からすれば、モダンデザインとして称揚すべきどころかこのような「反趣味、反洗練、反経費のオメガ製品は、イギリス人のこぎれいさ好みへの衝撃的な侵害であった」[22]。そして、工房

図3　クライヴ・ベルの書斎

の作家、ヴァネッサとグラントがロンドンからチャールストンへと住居を移したとき、彼らの制作は顧客や社会のためではなく、彼ら自身の私的な生活のために行われるものだという自覚が生まれ、この自覚がデザインに反映される。ギリアン・ネイラーは、チャールストンを、「脱高級化（degentrification）と個性を賞賛するブルジョワの理想的なカントリー・ハウス」とみなし、さらに、「半世紀も前にウィリアム・モリスが『芸術の館』を築いたときと、芸術の役割はもはや変わってしまった」と述べる[23]。ネイラーの見方に従えば、ラスキンやモリス、そしてアーツ・アンド・クラフツ運動から継承した社会改革的な精神は、ブルームズベリー・グループの内部で変形され、チャールストンにおいて芸術家たちは社会ではなく自分自身を創造しようと試みたことになる。因習を打破したり、社会主義思想を唱えたり、政治活動を繰り広げたりしたブルームズベリーの初期の実践は、オメガ工房を経て、チャールストン・ハウスへといたるとき、その目的は大きく変質し、公的関心は薄れ、芸術家個人の表現性の実現のみが残されることとなったのである。

おわりに

こうしてみると、チャールストン・ハウスの生活は個人的楽しみに比重が置かれ、生計を得ることには無関心だったように見えるが、ヴァネッサとグラントにとってオメガ工房とチャールストンでの制作活動はあくまでも連続性をもっていた。二人は、田舎暮らしの間も、知人宅の室内装飾を請け負い、一九三〇年代にはアラン・ウォールトン社をはじめとする複数の製造業者にデザインを提供した。現在では、モダンデザインの一例としてオメガ工房時代よりもむしろこの時期の彼らのデザインに光が当てられることが多い。ただし、この頃には、先述のＧＭ方式に追随する生産システムが採用されるようになっていたし、すでにイギリスでは産業美術家協会

（Society of Industrial Artists）をはじめとするデザイナーの権利を保護する団体も生まれ、メーカーにデザインを提供するさいに生じるトラブルへの対策も考慮されるようになっていた。ここにおいて重要なのは、オメガ工房が一九一〇年代に活動を展開した、という事実である。

オメガに先立つアーツ・アンド・クラフツ運動は、ギルドや工房といった中世的な制度を再び導入するとともに、同時代においては純粋芸術の内部に閉じこめられていた美的理念を工芸品のうちに追求した。その後のモダンデザインの展開から顧みれば、アーツ・アンド・クラフツ運動は、近代の機械的工場生産を拒絶することで、大量生産の合理性のなかで見失われる運命にあった装飾的な手工芸品を美的理念と結びつけることによって救い出したのだ、とも解釈できる。そして、このように顕在化された美的な商品という理念の内部でのみ、商品のデザインにおける手段の変化が可能となる。オメガ工房の試みは、単なる芸術家の個人主義的な実践というだけでなく、美的理念という枠組みのもとで生産工程が変化を達成する下地を用意したといえよう。ただし、芸術家たちは、美的理念を普遍的なものと捉えてはおらず、これを作家の表現性と考えていた。それゆえ、オメガ工房において、ブルームズベリーの芸術家たちは、同時代のアカデミーの下で抑圧されていたこの作家の表現性を、絵画や彫刻だけでなく、商品デザインにも実現しようとする過程で機械的工場生産のシステムを利用したのである。

（1）　実際には、グループの母体はケンブリッジ大学トリニティ・カレッジ時代の談話会「使徒会」と読書会「真夜中会」であったとされ、その誕生時期は、クェンティン・ベルによれば、一八九九年にさかのぼることができるという（See Quentin Bell, *Bloomsbury*, London: Weidenfeld & Nicolson, 1968, p.23）。

（2）　たとえば、一九〇〇年代ケンブリッジ大学のフェローであったG・E・ムーアの『プリンキピア・エティカ』は、彼らから熱狂的に支持された。拙稿「ロジャー・フライの美術批評――ラッセル論理学との関係――」（大阪大学大学院美学研究室紀要『美学研究』創刊号、一九九九年、二七－二九頁）を参照。

（3）　John Jewkes, *Ordeal by planning*, London: Macmillan, 1948, p.28.（この著作のなかで、ジュークスはグループを“Bloomsbury set”と表現している）

（4）　ウルフ夫妻は、一九一七年に、ロンドンの南西部のリッチモンドの自邸で「ホガース・プレス」という名称で手作り製本に着手する。しかし、事業を本格的に展開するのは一九三八年以降のことなので、本稿ではこれに言及しない。

（5）"Blunt Diaries", Fitzwilliam Museum, Cambridge MS 406-1975, pp.51-53.

（6）Desmond MacCarthy, "Post-Impressionists,"Catalogue of an Exhibition of *Manet and the Post-Impressionists*, Grafton Galleries, 8 Nov. 1910 to 15 Jan. 1911, pp.7-13.

（7）*Pall Mall Gazette*, 11 April 1913, p.13.

（8）*Sketch*, 23 April 1913, p.72, *Art Chronicle*, 25 April 1913, p.204.

（9）Judith Collins, *The Omega Workshops*, Chicago: The University of Chicago, 1984, p.47.

（10）*Ibid*., p.47. コリンズの指摘では、四人の署名はイタリア旅行出発前にすでに書かれていたとされる。

（11）*Ibid*., p.46.

（12）*Pall Mall Gazette*, 11 April 1913, p.13.

（13）Roger Fry, "The Artists as Decorator (1917)," *A Roger Fry Reader*, Christopher Reed ed., Chicago: The University of Chicago, 1996, p.209.

（14）フライの友人にはギルド・オブ・ハンディクラフトの設立者C・R・アシュビーがおり、さらにフライ自身、アート・ワーカーズ・ギルドに参加していた。

（15）Isabelle Anscombe, *Omega and After: Bloomsbury and the Decorative Arts*, London: Thames & Hudson, 1981, p.33.

（16）ヴァージニア・ウルフ『ロジャー・フライ伝』宮田恭子訳、みすず書房、一九九七年、二三〇頁。

（17）ダンカン・グラントはウィンダム・ルイスが主宰した「ヴォーティシズム展」に出品しており、フライとルイスが決別した以降もルイスとの交流はあったと思われる。

（18）グラントとガーネットは良心的兵役拒否者であり、オクスフォード郊外にあるオットリン・モレルのガーシントン・マナーで農作業に従事し兵役を逃れていた。

（19）フランシス・スポールディングによれば、ヴァネッサは、チャールストンを一九一六年から三年間住居として、一九一九年以降は休日の間だけ利用したが、再び一九三九年（第二次世界大戦開始）から亡くなる一九六一年までここに住んだという（See Frances Spolding, *Vanessa Bell*, New Haven: Ticknor & Fields, 1983, p.159）。

（20）"Vanessa Bell to Roger Fry, Charleston Autumn 1916," *an artists' home*, the Charleston Trust, 1999.

（21）ヴァネッサとクライヴは法律上夫婦であり、関係も良好であったが、一九一四年以降、ヴァネッサはグラントと恋愛関係になる。ケインズはヴァネッサの転居後、ゴードン・スクエア四十六番地の家を管理する。不思議なことに、チャールストン・ハウスには、ヴァネッサの妹であるヴァージニア・ウルフの部屋がない。このことは決して姉妹の険悪な関係を示すものではなく、それどころかヴァージニアはチャールストンをたびたび訪れている。一九一九年に、姉の家と同じイースト・サセックス州に「モンクス・ハウス」を見つけ、夫のレナードと二人でこれをもう一つの住居とした。彼女は自著のタイトル通り「自分だけの部屋」を手に入れたのである。ヴァージニアの性格を表すかのように、庭も手入れが行き届き、部屋も整然と片付けられていた。ヴァネッサのチャールストン・ハウスとはまったく正反対の様子がうかがえる。モンクス・ハウスでは、どの部屋もオメガの家具が置かれ、椅子や暖炉のタイルなどには彩色が施されているが、壁は一色に統一され、絵がかけられていた。

(22) Frances Spolding, *Vanessa Bell*, p.122.

(23) Gillian Naylor, *Bloomsbury: its Artists, Authors and Designers*, Boston: Little, Brown and Company, 1990, p.19.

[図版出典]

図1 Omega Workshops, *Cadena Café*, 59 Westbourne Grove, July to September 1914, Omega publicity photograph

図2 Roger Fry, *painted cupboard for Lala Vandervelde*, 1916, commercial wardrobe, gessoed and hand-painted, 192 x161 cm, Victoria and Albert Museum

図3 *Clive Bell's Study*, Charleston, The Charleston Trust, East Sussex, Photograph: Susanna Price

ベルギーの近代工芸運動

高木陽子

はじめに

ベルギーは、アール・ヌーヴォーの揺籃の地として知られている。アール・ヌーヴォーの名称は、日本美術商ジークフリート・ビングが一八九五年十二月にパリで開店した装飾芸術のギャラリー名L'Art Nouveauに由来する。ビングが展示のモデルにしたのは、一八九四年、ブリュッセルにオープンしたエドモン・ピカール（1836-1924）のギャラリー「芸術の家（La Maison d'Art）」であった。ここでは、ブルジョア家庭の各部屋に美術作品が飾られているような展示が行われていた。

ビングは、パリのギャラリー開店にあたり、ベルギー人アーティストを重用した。三展示室を担当したのはアンリ・ヴァン・ド・ヴェルド（1863-1957）、便箋や招待状のデザイナーはジョルジュ・レメン（1865-1916）であった。最初のアール・ヌーヴォー建築タッセル邸（一八九三年）を完成していたヴィクトール・オルタ（1861-1947）も、実現はしなかったが、ギャラリーのファサード設計図を残している(1)。

十九世紀を通じて、ベルギーはフランス語を公用語としていた。フランダース地域の言語オランダ語が、行政・教育の公用語として取り入れられるようになったのは二十世紀になってからである。フランス文化との親近性が強い時代背景の下で、用途を持つ芸術は、装飾芸術（l'art décoratif）と表現されていた。

これまで、ベルギーのアール・ヌーヴォーは、新印象主義、象徴主義とならび、前衛的な美術運動の枠組みのなかで論じられることが多かった。既成の造形ジャンル間のヒエラルキーを覆《くつがえ》し、芸術を生活に生かそうとする動きが、前衛性の特徴としてあげられてきたのであった。

そこで本稿では、装飾芸術をめぐる教育とミュージアムの制度を概観することで、アール・ヌーヴォーにいたる近代工芸運動を見直してみたい(2)。

背景

ベルギーは、フランス、ドイツ、オランダに囲まれ、北海をはさんでイギリスと面する小国である。その面積は、おおよそ関東地方に相当する。ヨーロッパの中央に位置することから、中世より交易の十字路であった。十三世紀から十五世紀末まではブリュージュが北ヨーロッパの国際取引の中心地であり、ついで十六世紀以降にはアントワープがその地位を引き継ぎ、ヨーロッパ最大の貿易港として栄え、芸術・科学がこの地で隆盛を極めた。今日のベルギーに相当する地域は、ブルゴーニュ公国、オーストリアからスペインのハプスブルグ家の支配下に置かれ、北ネーデルランドがオランダ連邦共和国として独立した後も、カトリック地域としてスペイン領に残り、自治を許され、自由な商工業の発展を遂げたのであった。やがて、フランスとオランダの統治時代を経て一八三〇年の革命後、一八三一年七月二十日に立憲君主国家として独立した。

ベルギーは大陸の中央に位置する地理的利点に加え、石炭や鉄鉱石などの地下資源に恵まれており、イギリスについで大陸で初めて、一七七〇年から一八四〇年にかけて産業革命を成し遂げていた。北部のフランダース地方ではイギリスの羊毛を輸入したテキスタイル産業が栄え、ゲントが紡績に蒸気機関を使った工業の中心地であった。南部のワロン地方では釘製造業、兵器産業などの金属工業が栄えた。

市民の平等、思想の自由、政教分離をもりこんだ、当時としては極めて進歩的な憲法の下に、自由主義政権は、こちらも伝統となっていた自由経済を支える政策を展開した。中立を宣言していたベルギーにとっては、クリミア戦争（一八五三－五六年）もデンマーク戦争（一八四八－五二・一八六四年）もアメリカ合衆国の南北戦争（一八六一－六五年）も普仏戦争（一八七〇－七一年）も、自国の工業生産をのばすプラス要因として働いた。

一八八四年、工業製品の価格下落のためヨーロッパ全土が深刻な不況におちいり、八六年にベルギー各地で暴動が勃発した。自由経済を政策としていた自由党に代わりカトリック党が政権につく。一方、急進的なリベラリストや社会主義者、都市のプロレタリアートを集めてベルギー社会党が設立されたのは一八八五年であった。その後、世紀末から第一次世界大戦にかけて、電気、蒸気タービン、内燃機関という三つの技術革新によって、ベルギーは再び新たな工業成長を遂げた。

ベルギーにおける装飾芸術の停滞

十八世紀末からアール・ヌーヴォーの誕生にいたるまで、ベルギーの装飾芸術をめぐる組織、教育、ミュージアムの変遷は二期に分けることができる。前期は一八五一年のロンドン万国博覧会で装飾芸術の危機が明らかになるまで、後期は、教育制度と博物館の設立によって、この領域の再構築が図られた時代である。

現在のベルギーに当たる地域では、フランス革命勃発直後の一七九〇年頃、同業者組合（corporation）とギルドのシステムは終焉を迎えていた。旧システムは、産業革命の急速な変化に耐えられなくなっていたのである。装飾芸術の領域でも機械化・分業化が進み、特に製陶・ガラス、インテリア用織物、銀器製造業で大企業による小規模工房の吸収合併が進んだ(3)。その結果、職人の領域とされていた装飾芸術は十九世紀前半に二種のカテゴリーに分断される。伝統的な装飾芸術と、芸術を応用し、生産効率を重視する産業芸術である。誤解されやすいのであるが、産業革命によってすべての装飾芸術の領域が衰退したのではない。職人の技を極めた審美性の追及は、前者によって継続的に行われていた。

一方後者は、手作業を極力減らした分業体制で製造された製品である。伝統の技や審美性よりも、廉価・有用性が重んじられる。意匠はといえば、伝統工芸に似せて、とりわけ実用に焦点をあてて選択される。具体的には、ルイ一五世様式、ルイ一六世様式などフランスのスタイルの影響をうけつつも、地域を代表する歴史主義様式であるネオ・ゴシックやネオ・ルネッサンスが好まれた。勧業博覧会（一八三五・四一・四七年）では、とりわけ安さと有用性をアピールすることで、産業の進歩が展示された。

こうして、審美性を追求する伝統的な装飾芸術と経済性・有用性を追求する産業芸術の分断は決定的となった。一八五一年、工業の最先進国イギリスで開催されたロンドン万博は、ただひとつのセクションを除いて大成功を収めた。独創性の欠如、過去の様式へのこだわりに批判が集まったのが装飾芸術と産業芸術をあわせた領域であった。産業の工業化が進むにつれ、大規模な製造業者が小規模な業者を吸収し、機械化・分業化が行われる過程で職人技は忘れ去られ、西欧諸国の装飾芸術の停滞が明らかになった。

ロンドン万博に安価で有用な産業芸術を出品していたベルギーでは、早速この問題に取り組むためにベルギー産業芸術奨励協会（L'Association pour l'encouragement des arts industriels en Belgique）が組織され、一八五三・五四・五六年に展覧会が開催された。しかし、それは伝統的な職人技、高級品の展示に終わっていた。抜本的な解決策は、教育の改革と装飾芸術と産業芸術に関する博物館の創設を待たねばならない。

産業への応用を目的とした芸術教育の改革

教育システムを内蔵していた同業者組合の解体後、約半世紀の間、芸術と産業に携わる職人を対象とした教育機関は、芸術教育にも産業教育にも存在しなかった。ロンドン万国博覧会後、ベルギー政府は、産業芸術教育がいかなる枠組みで可能となるかを諮問するために、一八五二年に二つの委員会を立ち上げた。一つは、シャルル・ロジェ（1800-1885）が率いる芸術教育委員会、もうひとつは、ヴィシェールによる産業教育委員会である。その結果、両委員会から産業芸術に特化した教育を早急に立ち上げる必要性が指摘された。そして産業や工業の専門家が芸術教育を施すことは不可能であるから、芸術家がこの領域の教育に当たるべきだとの方針が示された。具体的には、美術家養成教育とは別に、図学をはじめとする技術教育課程の後、創造的な造形制作に取り組む構想が提案された。

一八五九年、ロジェを代表とする図案教育改善会議（Le Conseil de perfectionnement de l'enseignement des arts du dessin）が設立され、十九世紀末まで産業芸術に関する教育の主たる議論の場となった。しかし、この諮問機関では、各アカデミーやアートスクールごとに自由なカリキュラムによる教育を行うべきだと考える意見と、産業芸術教育のカリキュラムを制定し視学官によってコントロールするべきだとする主張が対立し、改革はなかなか進まなかった。

それでも一八七〇年頃になると、近代的な要請に応える産業芸術の職人を養成する学校は、ブリュッセルだけでも一五校を数えるようになっていた。学生たちは、技術教育に加え、三段階からなるデッサン教育によってアーティスティックな感性を養ったのであった。つまり、幾何学的なデッサン、立体オブジェのデッサン、最終段階として美術教育のための古典的なデッサンである。

一方、一八六二年に開校した聖ルカ校（Ecole Saint-Luc）は、独自の教育方針を持つ学校である。ベルギー地域では画家もレンガ職人も同等であった中世に、傑出した芸術的繁栄を成し遂げたことから、この学校では中世の手工業をモデルに、産業芸術教育を目指した。

審美的研究とともに、各領域の技術的科学的教育を兼ね備えた装飾芸術に向けたベルギー最初の装飾芸術学校（Ecole des arts décoratifs）がシャルル・ブルス（1837–1914）によって開校したのは、一八八六年、ブリュッセル美術アカデミーの隣りであった。

装飾芸術と産業芸術のための博物館

イギリスでは、一八五一年のロンドン万国博覧会の批評への対応策として、西欧初の装飾芸術と産業芸術の博物館、サウスケンジントン博物館を開設した。その目的は、国民と職人に古今東西の装飾芸術の秀作を見せることによって、彼らの審美的な感性を養うことにあった。

一八六四年にはウイーンとリヨンで、一八六七年にはベルリンで同種の博物館が開館する。パリでは一八六四年に産業応用美術中央連合（l'Union centrale des beaux-arts appliqués à l'industrie, 一八八二年設立の装飾美術中央連合の母体）が設立された。ベルギーで、装飾芸術と産業芸術のための博物館（Musée d'arts décoratifs et industriels）が開館したのは遅れて一八八九年であった。

ベルギーでは、職人と国民の審美教育のため、石膏モデルをはじめとする教育用モデルの展示施設の設立を企画していた。当初は、一点ものの装飾芸術の展示は想定していなかった。

一八七四年にブリュッセルの工業家グループによって開催された装飾・産業芸術展が成功を収め、産業芸術に関する博物館の設立が急務であることが明らかになる。この産業芸術展に成功したグループのメンバーで、のちにブリュッセル市長となるブルスが、博物館の詳細プランを作成した。それは、教育的な展示とともに、一点ものの歴史的作品から現在にいたる装飾芸術のコレクションを備えた博物館であった。結局、ベルギー装飾芸術史の殿堂となる、文化財保存のための博物館設立準備が始まった。

石膏モデルのコレクションは、一五の欧州の国々と美術と装飾芸術の歴史を示す石膏モデルのコレクションを交換するために一八七一年に設立した交換委員会（la Commission des échanges）から引き取った。伝統工芸については、古典美術館（Musée national des antiquités）から古今の装飾芸術が移された。なお、一八七六・八〇・八三・八八年には伝統工芸の回顧展があり、ベルギー地域の古い装飾芸術の美が再発見された背景があった。

こうしてロンドン万博からほぼ三十年が過ぎた一八八九年に、装飾芸術と産業芸術のための美術館 Musée d'arts décoratifs et industriels（今日の Musées royaux d'Art et d'Histoire）が設立された。

アール・ヌーヴォーと近代工芸運動

それでは、こうした装飾芸術の制度改革とアール・ヌーヴォーは、どのような関係にあるのだろうか。ベルギーのアール・ヌーヴォーの作家としては、オルタ、ポール・アンカー（1859-1901）、ギュスターヴ・セリュリエ＝ボヴィ（1858-1910）、ヴァン・ド・ヴェルド、レメンの研究が進んでいる。彼らのうち、オルタとアンカーとセリュリエ＝ボヴィは建築家、ヴァン・ド・ヴェルドとレメンは画家出身で、美術アカデミーの伝統的な美術家教育を受けている。つまり、私たちが知っているアール・ヌーヴォーの作家たちは、美術の領域から装飾芸術を見直した人びとであった。

美術団体二十人会が装飾芸術を振興した背景には、社会改革を目指す急進的な政治運動との密接な関係があった。芸術を応用する産業の大規模化・効率化は、審美的問題だけではなく、職人の失業やそれにともなうモラルの低下といった社会問題を生み出していた。そこで美術家にとって、装飾芸術を制作することは、既存の芸術ヒエラルキーに反する態度の表明であると同時に、社会改革に参加することでもあった。

こうして一八九一年二月の二十人会展では、シェレ（1836-1932）のポスターやクレイン（1845-1915）の絵本、ゴーガン（1848-1903）とフィンチ（1854-1930）の陶器が展示されたのである。一八九二年展では、ロートレック（1864-1901）のポスター、ドラエルシェ（1857-1940）の陶器、ヴァン・ド・ヴェルドのタペストリーのプロジェクト《草を刈る女（*Faneuses*）》が展示された。一八九三年には、二つの展示室が装飾芸術展示にあてられた。装飾芸術を重んじる二十人会の傾向は、一八九四年に自由美学に引き継がれ、ますます重要性を増していった。こうした流れのなかで、ヴァン・ド・ヴェルドは絵筆を捨て、一生を装飾芸術にささげようと決心したのであった。レメンも同じ決心をしたようだが、十年後には画業に回帰している。

アール・ヌーヴォー期に活躍した作家の中には、これまで研究されてきた美術家以外に、金銀細工師の家系に生まれた宝飾作家・彫刻家のフィリップ・ウォルフェース（1858-1929）、グラフィックの領域で活躍し産業芸術教育に貢献したクレスパン（1859-1949）、コンバス（1869-1941）など、日本にはほとんど紹介されてはいない重要な作家がいる。彼らの活動については、例えば二〇〇六年末にウォルフェースのカタログレゾネが刊行されるなど、近年になって研究が発表され始めた段階である。本稿で概観した装飾芸術と産業芸術の制度改革とアール・ヌーヴォーの関係の全貌を知るためには、しばらくこの領域の研究の成果をまたなければならない。

（1）M. Eidelberg and S. Henrion-Giele, "Horta and Bing: An Unwritten Episode of l'Art Nouveau", *Burlington Magazine* (Nov. 1977), pp.747-752.

（2）二〇〇三年十月に王立美術歴史博物館で開催された国際会議「*Art et Industrie, Les arts décoratifs en Belgique au XIX siècle*（芸術と産業：装飾芸術と十九世紀ベルギー）」では、この問題についての発表と議論が行われた。本稿は、特にClaire Leblanc, の発表 «Les Disciplines décoratives en Belgique avant l'Art Nouveau: repères», *Art et Industrie, Les arts décoratifs en Belgique au XIX siècle*, Actes du colloque, 23-24 octobre 2003, Musées royaux d'Art et d'Histoire, Bruxelles, pp.22-32 に多くを負っている。この会議の成果は、二〇〇五年五月二五日から十二月三一日まで王立美術歴史博物館で開催された「*Art Nouveau & Design, Les arts décoratifs de 1830 à l'Expo 58*　アール・ヌーヴォー&デザイン：一八三〇年から一九五八年万国博覧会までの装飾芸術」展に結実した。

（3）Valérie Montens, «L'industrie en Belgique au XIXe siècle: un aperçu», *Les arts décoratifs en Belgique au XIX siècle*, Actes du colloque, 23-24 octobre 2003, Musées royaux d'Art et d'Histoire, Bruxelles, p.21.

〔主要参考文献〕
W. Adriaenssens, Bruno Fornari, Raf Steel, *The Dynastie Wolfers 1850–1958. From Art Nouveau to Art Deco*, Antwerpen, Pandora, 2006.
F. Aubry, *Victor Horta. Architect of Art Nouveau*, Gent, Ludion/Snoeck, 2005.
J. Block, *Gisbert Combaz (1869–1941) Fin de siècle*, Antwerpen, Pandora, 1999.
Alf. Brasseur and J. Breuer, *Les Industries belges à l'Exposition de 1878*, Bruxelles, J. Breuer, 1878.
S.Clerbois et al., *Ceramistes de l'Art Nouveau*, Antwerpen, Pandora, 1999.
Th. Fumière, *Les Arts décoratifs à l'Exposition du cinquantenaire belge,* Bruxelles, E. Guyot, 1880.
Th. Fumière. *Des expositions et de l'enseignement des arts décoratifs: Leur développement en France et leur avenir en Belgique*, Bruxelles, E. Guyot, 1883.
C. Leblanc dir., *Art et Industrie, Les arts décoratifs en Belgique au XIX siècle*, Actes du colloque, 23–24 octobre 2003, Musées royaux d'Art et d'Histoire, Bruxelles.
F. Loyer, *Paul Hankar: La Naissance de l'Art Nouveau*, Bruxelles, Archives d'Architecture Moderne, 1986.
Musées royaux d'Art et d'Histoire ed. *Liber Memorialis: 1835–1985*. Bruxelles, Musées royaux d'Art et d'Histoire, 1985.
B. Schoonbroodt, *Adolphe Crespin (1859–1944) aux origines de l'Art Nouveau*, Antwerpen, Pandora, 2005.
H. Van de Velde, *Récit de ma vie, Anvers-Bruxelles-Paris-Berlin. I, 1863–1900*, ed. Anne Van Loo,Bruxelles, Versa, 1992.
J.-G.Watelet, *L'œuvre d'une vie. Gustave Serrurier-Bovy, architecte et décorateur liégeois 1858–1910*, Alleur-Liège, Editions du Perron, 2000.
Exposition d'art industriel: Anciens et modernes: Catalogue. (cat. Expo.), Bruxelles, Vve. Ch. Vanderauwera, 1884.
150 ans d'industries d'art en Belgique. 1890–1930. (cat. Expo.), Bruxelles, Musées Bellevue, 1980.
Art Nouveau & Design, Les arts décoratifs de 1830 à l'Expo 58. Bruxelles, Racine, 2005. (cat. Expo.), Bruxelles, Musées royaux d'Art et d'Histoire, 2005.

フランス近代工芸のあけぼの　二つの振興運動——産業芸術と装飾芸術——

西村美香

はじめに

フランスの産業革命はイギリスから遅れることほぼ半世紀、先進するイギリスが機械の輸出を一部解禁したことに始まり、一八三〇年代の七月王政期に本格化した。ここにフランスの近代工芸は歩みを始めるのだが、その様相はイギリスのそれとはまた違った。政治体制の違いから労働力の集中の度合いや資本の蓄積量が異なり、また中世からのギルド社会にささえられたものづくりと十七世紀からのアカデミーの発展は、芸術ひいてはデザインに対する意識を旧来のものから一挙に発展させることが困難であり、それらが原因となってフランスは近代工芸運動において特有の展開を呈することとなる。

デザイン史上フランスが国際的に注目をあびるのは十九世紀末のアール・ヌーヴォー様式の時代からである。産業革命が起こってからそれまでのおよそ六十年間、フランスの近代工芸およびデザインに対する意識はどのように発展し培われ、そしてアール・ヌーヴォー様式の開花につながったのだろうか。ここではその発展を博覧会の開催と併行して、ものづくりに携わる団体の組織化とその啓蒙活動、博物館の設立などを中心に記述していくこととする。

内国博覧会と万国博覧会

産業革命が起こっておよそ二十年後、一八五五年にフランスはイギリスについで万国博覧会をパリで開催する。万国博覧会の開催でイギリスに後れをとったフランスはロンドン万博（一八五一年開催）に称賛の念をはらいつつも、外国の産品の出品を認める国際的な博覧会はフランスが先んずるアイデアで、それを越されたことにたいそう悔しがった。事実そうした国際的な博覧会のアイデアは一八四九年の内国博覧会のさいにいったん決定されかけたが、政府が商工会議所に公式討議を委ねたことがどうやら災いして実現の運びにはいたらなかった。

内国博覧会は、フランス革命（一七八九–九一年）以降に革命政府のいきすぎた私権の制限や過酷な税制それにギルド制度の解体などにより混乱をきたし、いちじるしく停滞に陥っていた産業界にその復興を促すために開催された国内産業の産品を展示する博覧会であった。第一回は一七九八年に開催され、そこでは実用工芸品がまるで芸術作品のように「見せる」ために展示された。フランス国内で生産された実用工芸品を一堂に集め大衆に見せることで産業の立ち直りを知らしめ、またその展示が産業や商業に刺激を与えるのを期待したのである。その後、内国博覧会は一八四九年までの約五十年間に計十一回開かれ、そのうちの一八四四年の博覧会は第一回ロンドン万博の組織化に影響を与えたともいう。

こうして先行する内国博覧会の開催があったにもかかわらず、パリ万博がロンドン万博に後れをとったのは国内の度重なる政治体制の変化による混乱と根強い保護貿易主義のせいであった。産業革命がなされたとはいえ、十九世紀半ばのフランスの産業構造は工場制手工業の域を脱しておらず、保護貿易政策のおかげで企業家も労働者も機械化による生産性の向上という問題にほとんど関心を示していなかった。内国博覧会の開催で工業製品に対する興味は高まってはいたが、せいぜい軽工業品の品評会レベルといったところであった。機械の導入に関しては同じ頃アメリカの綿織物工業ではすでに蒸気による鉄製の織機が導入されていたにもかかわらず、フランスでは相変わらず人間が木製の織機を扱っているという状況であった。パリ万博ではもちろん機械セクション[1]においてフランス製の蒸気船や蒸気機関車が出品展示されていたし、製紙やインキなどこれまで手仕事による職人的工芸だった製品に工業化がおよんでいることを示す展示はあったが、最終セクションに設けられた「家具および装飾品、既製服および小間物、産業デザイン、印刷、音楽」では、工業生産物のプロトタイプ的展示はあったもののの依然として手仕事や工場制手工業による伝統技が披露され手業《てわざ》の見事さを伝えるものが多かった。

機械化に対応し量産可能なデザイン（その出来の良し悪しは別として）に取り組むイギリスに対して、フランスが対抗すべくとった手段は、芸術性を主張した高級志向のものづくりを目指すことであった。それはフランスの産業界がイギリスの工業製品に太刀打ちできるような製品をいまだつくりだすにいたっていないという事実を表すものでもあった。例えば一八五一年のロンドン万博においてフランスが賞を取った壁紙はマニファクチュア・エティエンヌ・デリクールが出品した四千もの版木を組み合わせた精巧な手刷りによる狩猟画家の絵画をもとに忠実に模倣再現した芸術的なものであったという。(2) それは高級壁紙としては比類ないレベルにあったが、汎用品として外国と市場で競争するにはむずかしいしろものと評された。この壁紙に象徴されるように大芸術(絵画や彫刻)を模倣することによって伝統的な「良き趣味」を主張することがフランスのアイデンティティであった。そしてこの傾向は一八五五年のパリ万博に受け継がれ、その後の十九世紀後半のフランス産業界のデザイン全般にも強く影響をおよぼすのである。

産業芸術振興運動

フランスのものづくりは中世以来、親方とその弟子による徒弟制度とその親方が牛耳るギルド制度によって支えられてきた。それが十七世紀になると利得よりも知性や品格を重んじるべきとして画家らが単なる職人からわかれ商業的なギルドを離れ、アカデミーが構成されるようになった。しかし十八世紀末のフランス革命によりギルド制度は解体し、十九世紀に入って産業革命により社会構造が変革して市民階級が台頭してくると、それまでのギルドに変わるものづくりの体制が必要とされるようになった。ギルドもアカデミーも非常に閉鎖的でかつ特権的であり小規模な生産と流通で大衆が広く利益を享受できるものではなかった。ものづくりの新体制としては、早くは一七九六年に考古学者で批評家のエムリック＝ダヴィッド(1755-1839)が芸術と職業の博物館と教育機関の構想を提案していたし、一七八九年の第一回内国博覧会を企画した内務大臣のフランソワ・ド・ヌフシャトー(1750-1828)も産業と芸術の振興のための協会を構想し啓蒙のための博物館設立に向けて努力していた。

これらは発展を見ないまま王政復古の時代を過ぎ七月王政期に入る。そして産業革命を迎えて、ここに産業と芸術の意識は高まり、一八四五年には図案家のアメデ・クーデルと建築家で装飾家のエルネスト・ギシャール(1815-1889)ら若者によって産業芸術協会(Société de l'art industriel)が結成された。協会は「我々は産業と関連した芸術のすべての展開を奨励する」[3]と芸術と産業の融合の理念をうたった。しかしまだそこでも機は熟していなかった。ギシャールは再びパリ万博（一八五五年）の後、一八五八年に産業芸術進展協会（Société de progres de l'art industriel）を結成する。協会の第二回展覧会の成功を受けて組織は拡大し、産業応用美術中央連合（L'Union centrale des Beaux-Arts appliqués à l'industrie）が一八六四年に結成され、ここにようやくフランスの近代工芸運動ともいうべき産業芸術振興運動は本格化する。

ギルド制度やアカデミーに替わる新しいものづくりの体制を整えていこうと牽引する団体が組織化されたのだ。これら三つの組織のいずれにもかかわったギシャールは、最初の組織の結成から産業応用美術中央連合の設立まで実に二十年近い歳月を要した。最初の団体、産業芸術協会が設立後十数年を経てその団体名に「進展」の文字を加え産業芸術進展協会を結成した背景には、ギシャールのみならず装飾彫刻家のジュール・クラグマン（1810-1867）の尽力があった。クラグマンは一八五〇年にセーブル（磁器）やゴブラン（絨毯）といった王立マニュファクチュアに国際的な展覧会を開催するよう提案し、多くの職人・芸術家の支持を取りつけるのに成功していた。彼は博物館と教育機関の設置も提言し、そうしたことを下地に産業芸術進展協会は成立した。名称に付け加えられた「進展」は未来に向かう近代的な姿勢を表す。進展協会はクラグマンの行動を引き継ぎ個人の制作者（職人・芸術家）に積極的な参加を呼びかけた。一八六三年に協会主催の第二回展が開かれ、パリ万博開催の地、産業宮殿（パレ・ド・ランデュストリ）を会場に大成功を収める。「実用工芸（arts utiles）に手をさしのべるために」と招集された展示会に八十日間の期間中に二十万人の観客が訪れ、旧来の芸術に近代工芸と素描学校の作品を関連づける未来の展示会のダイアグラムがここにかたちづくられ提示された。[4]この展覧会の成功を受けて翌年、産業応用美術中央連合が結成され、その名称において産業への美術の応用という理念が明確にされる。

一八六三年はナポレオン三世（1808-1873）により十七世紀来のフランスアカデミーに変化が迫られた年でもあった。ナポレオン三世の第二帝政が求める芸術はアカデミーの教義とは異なっていた。産業芸術振興のための教育改革をもくろんでいたナポレオン三世はそれまでアカデミー会員が中心となりアカデミーによってバックアップされていた美術学校の教育システムに斬りこみ、それを国の美術行政の直轄下に組み込んだ。政権を握るやまもなく開催したパリ万博もその一環であったが、第二帝政は産業芸術振興のために制度的努力をはらい、展覧会組織・博物館・教育機関の三位一体の充実をめざした。産業応用美術中央連合はそれらを背景に国と連携を保ちながら組織された団体であった。産業と芸術の融合、そして美と有用性の一致が十九世紀後半の産業芸術振興運動の主張である。

産業応用美術中央連合は結成のその年、博物館機能を有した図書館を開館する。一八六三年に開催された産業芸術進展協会第二回展の組織委員と大部分の製造業者（制作者）のメンバーとともにエルネスト・ギシャールが中央連合の代表の任に就いたのだが、数ヶ月間でそれら連合のメンバーや芸術家のグループから自然発生的にサポートが生まれ、購入品と寄贈品からなるコレクションがかたちづくられた。それが図書館と博物館を構成するものになった。マレ地区のロワイヤル広場にオープンした図書館は最初の二つの部屋が博物館で占められ六三年の展示会の近代工芸品の展示のあと回顧展が開かれ、古い青銅製品や東洋とフランスの陶器・エナメル・ガラス製品・ゴブランのタペストリーなどが展示された。それはロンドン万博ののちその収益や展示品をもとに開館したイギリスのサウス・ケンジントン博物館と成り立ちが似ている。中央連合はその活動の目的を次のように述べている。

フランスにおける諸芸術の文化を保持し、用の中の美の実現を達成する。学校で学んでいる者や見習いの期間にある者、さらに一人前になった者を含め、国家的な制作の進歩に携わるエリート達の努力を支援する。芸術家達の競争を引き起こし、その制作物を通して、大衆の趣味を改善し、美の感覚を普及しつつ、今日危機に瀕している我が国の産業芸術をその古く正統な卓越性において丸ごと保持する。(5)

専門家の育成と大衆への啓蒙が二つの大きな目的であるが、図書館（博物館）はそれらに大いに利用された。教育の現場においても所蔵品が産業的な製造のプロセスを伝えるものとして有意義に用いられた。

連合は産業芸術に関する会議も開催している。そこでも教育の問題は話し合われた。デッサン教育についてである。従来の手本を写しとって美的感性を養うとされた模倣デッサンは創造性をそこねるものとして批判され、幾何学図形の習得という幾何学デッサンの重要性が強調された。

装飾美術中央連合

二回の万博（一八五五・六七年）のあと、フランスは普仏戦争（一八七〇年）そして第三共和制成立、パリ・コミューンと政治体制の混乱がつづき、産業芸術振興運動は一時停滞する。その間、産業応用美術中央連合は事実上解散を余儀なくされ、一八七四年になってようやく再建された。その活動は毎月の『中央連合紀要（*Buletin de l'Union central*）』の発行と博物館運営が主であった。紀要によって連合の意向と時事を伝え、同時に産業芸術の啓蒙を行ったが、来る一八七八年パリ万博の前夜に出された討論「芸術と産業」は、最も安い価格で芸術的効果のある現在の消費産品と支配者階級に限定される高価格で美しい製造について大衆にその区別を説き、反響を巻き起こした。(6) 連合の図書館と博物館はヴォージュ広場に移転し、ゴブランやボーヴェのタペストリー団体の国家動産の貸与を受けるなどで収蔵を充実させており、閲覧は素描学校の生徒に無料で開放されていた。それらの活動が認められ、一八七八年の万博では建設中のトロカデロ宮殿に臨時の博物館を組織することが計画された。しかしそれは一八七七年五月の装飾美術館協会（Société du Musée des Arts décoratifs）の設立により思わぬ方向に発展することになる。

装飾美術館協会は政府の美術長官を務めたフィリップ・ド・シュヌヴィエール侯爵（1820-1899）を長に組織された協会で、侯爵は一八六三年のナポレオン三世のアカデミーに対する勅令に対して揺り戻しをはかり、アカデミーの伝統の再生を方向付ける一方、産業芸術振興のためのデッサン教育の充実や美術学校における装飾芸術教育の導入を主張し、諸芸術の統合を進めようとした人物であった。政府はこの協会にルーブル宮殿のフロール翼を与え、展示品のために寄付が投入され、個人のコレクションからなる旧来のそして近代の絵画が集められた。こうして開かれた最初の展示会は成功をおさめ、その成功が次に、万博の優れた産業製品つまり現代の産業芸術の傑作を視野に入れた展示会を組織化する計画を導いた。そこで万博において産業製品の展示を行った産業応用美術中央連合に目が向けられ、装飾美術館協会との融合がもちかけられたのだ。成り立ちも主張も異なる二つの組織は数年の準備期間を経て合併、一八八二年に新組織である装飾美術中央連合（L'Union centrale des Arts décoratifs）が設立された。

装飾美術中央連合の代表には、産業芸術振興の必要性を認めていたガンベッタ政権において美術工業大臣を務めたアントナン・プルースト（1832-1905）が就任した。プルーストはアカデミーや美術教育に対して改革を試み、中央連合では「諸芸術の統一」と「実用の中の美」をスローガンに、図書館や博物館の収集活動、展覧会活動に力を注いだ。さらに連合設立に先立って刊行されていた機関誌『装飾芸術評論（*Revue des Arts décoratifs*）』や講演を通して啓蒙活動を行い、それは八〇年代と九〇年代の産業芸術あるいは装飾芸術の振興運動において中心的役割を果たすこととなった。例えば教育においては七八年の万博においてフランスの産業芸術がヨーロッパの中でも立ち後れていると自覚されるや、大臣であったプルーストは八一年に産業芸術の労働者の実情調査を行い、その結果、産業芸術のためのデッサン教育が見直され教育機関の再編や組織つくりがなされた。すでに改編のすんでいたパリの国立装飾芸術学校（Ecole national des arts décoratifs）に加え、リモージュやオービュッソン、ルボー、ニースなどに国立の装飾芸術、産業芸術の学校が再編あるいは組織され、この他にも私立を含めて多くの専門機関が設立され、初等および中等教育におけるデッサン教育も強化された(7)。とくにパリの国立装飾芸術学校での教育の成果は中央連合のコンクールや展覧会で発揮されることが期待された。

装飾美術中央連合はその設立の時点でヴォージュに産業応用美術中央連合が所有する博物館とルーブル宮殿のフロール翼から産業宮殿（パレ・ド・ランデュストリ）に移動した装飾美術館協会が所有する博物館をもっていた。それらは産業芸術に従事する製造者にそして芸術家にも自由に使えるよう配慮はされてあったが、常設展示では訪れるものは少なく今や収蔵品で博物館は手狭《てぜま》になっていた。そこでプルーストは国立装飾美術館を創設する計画をすすめた。パリの中心地オルセーにはじめ場所を見つけ移転のはずであったが議会により拒まれ、引き替えにルーブル宮殿のマルサン翼が割り当てられることになる。ただしこれは遅々として進まず、プルーストのあと代表となったジョルジュ・ベルジェ（1834-1910）の代になってようやく実現する。ベルジェは六七年とそして八九年の万国博覧会に企画者として参加し行政にも通じた人物であった。彼の力をもって一八九七年にマルサン翼の使用が許され、一九〇四年には図書館が一九〇五年には博物館が開館する。博物館は現在も続いているパリ装飾美術館（Musée des Arts Décoratifs）である。

装飾芸術振興運動

装飾美術中央連合は企業家・蒐集家・専門家が集まり公益法人となって「実用の中の美」をつくりだすために産業と芸術を結びつけることを目的とした。しかし組織はその成り立ちから産業と芸術（あるいは装飾）に関する矛盾をかかえていた。企業家・蒐集家・専門家の集まりとはつまり設立母体の一つ産業応用美術中央連合がレースや銀器・壁紙・タペストリーなど直接製造にかかわる企業家を中心とした集まりであり、もう一方の装飾美術館協会が蒐集家としても有名な貴族出身の政治家を長にパリの文化や政治の上流社会の芸術愛好家で多数が占められた集まりであることを示す。二つの組織が融合された結果、新組織の名称に用いられたのは、産業芸術（les arts industriels）でも産業応用美術（les beaux-arts appliqués à l'industrie）でもなく装飾芸術（les arts décoratifs）であった。これはいうまでもなく後者の優位性を示し、そしていまひとつこれが重要なことなのだが、八〇年代から九〇年代にかけてフランスの近代工芸に関する意識が産業芸術から装飾芸術に変化していったことを意味する。

産業芸術が生産の効率や機能を優先し、味気のない、ときには醜悪な産業製品に芸術性や美を取り込み、産業と芸術を結びつけることで付加価値を与えるという概念であったのに対して、装飾芸術は生活を取りまく大きくは住まい、つまり建築や室内装飾、そしてそこで使用される家具や什器《じゅうき》などの実用工芸品を生活者の立場から趣味にあったように装飾するという概念であった。そこには生産者側の視点と使用者側のそれとの違いがあり、また使用者側の視点にはあきらかに芸術愛好家が好む美的趣味が含まれていた。一八七〇年代後半より八〇年代を通してフランスの近代工芸はもはや産業に対する応用の芸術ではなく、従来の芸術の概念に変わる装飾芸術という新たな美の概念を形成しつつあった。

装飾美術中央連合はその中核をなすメンバーの構成から、限られた人々のために実用品を美的に飾りそのうえで芸術と生活を一致させるという唯美主義的意識が優位にたち、産業芸術における商業的あるいは合理主義にもとづいた機械的な大量生産体制に応じた産業デザインは後ろに追いやられるかたちとなった。これはアカデミー以来のフランスの芸術が大芸術の高みにとどまったまま産業に助力しようとした姿勢や、イギリスに対抗するアイデンティティとして、いわば大芸術を模倣した伝統的な良き趣味を主張してきたフランス近代工芸の行き着く当然の結果であったかもしれない。装飾美術中央連合が展開したのは産業芸術振興運動というよりはむしろ装飾芸術振興運動であった。連合の活動は産業的商業的な側面はともかく装飾芸術を旧来の大芸術の位置に高める方向に作用する。

フランスの近代工芸が装飾芸術への道を歩み、大芸術により近接しようとしたのはサロンに絵画・彫刻・建築・デッサンと並び、その一部門として装飾芸術の部門が設けられたからでもある。サロンはアカデミーと同様にフランスの大芸術をかたちづくる制度の一翼でさまざまな批判を受けながらも存続し、一八九一年に国民美術協会のサロンにおいてオブジェ・ダール（objets d'art）と呼ばれる装飾芸術の部門が創設された。そこで非商業的な独立した装飾芸術の制作者が支援され、その地位を職人から芸術家へと引き上げることに努力がはらわれた。大芸術と小芸術という言葉で区分された絵画・彫刻・建築とそれ以外の装飾芸術の間にあったヒエラルキーは、ここに確かに取り払われ、ある意味で諸芸術の統合はなされた。実用工芸といわれていたものが装飾をともなって大芸術の仲間入りを果たしたのである。そして実はこれこそ装飾美術中央連合の理念「用と美の融合」の実現でもあった。しかし一点制作の芸術的な工芸品を装飾芸術とし、そこから機械化による大量生産の製品を除外したのは、結局は産業と芸術のあいだの生産や流通、消費をとりまく社会的な枠組みに変革を与えるものではなかった。サロンの在り方や連合の方向性は製造業者や卸売商からなる産業芸術の生産や流通から職人を切り離し、芸術のひとつの高みに引き上げることには成功したかもしれないが、それはものづくりのほんの一部分でしかなく、結局は生産の大部分を占めている産業芸術に従事する製造業者や労働者とその生産品をおいてきぼりにしているに他ならなかった。これは連合の中核メンバーが産業芸術の生産に直接にかかわる者たちでなく、美術品の蒐集家や芸術愛好家で占められていたことによるが、連合の理念の限界がここに見えるのであった。

しかし一方では一八九四年に開催された会議での論議のように、装飾美術中央連合においても産業芸術に即した新しい主張はみられた。「模倣」をめぐる問題である。長年、産業芸術において行われてきた過去の伝統的な様式の繰り返しや応用つまり模倣は、新しい様式の創造のためには妨げになり、自分たちの時代に即した自分たちの様式のためには、自然をモチーフとした新しい創造が必要であるという主張がなされた。時代に即した新しい様式、それがのちに呼ばれる新芸術様式、アール・ヌーヴォー様式なのだが、この新様式の創造は九〇年代の装飾芸術振興運動を通じて盛んに主張されることになる。模倣に関しては複製と関係しても論じられた。興味深いことはこの時代においては大量生産にもとづく複製が模倣と混同されてあり、模倣の否定は一歩間違えれば大量生産の否定につながりかねないということだった。事実、産業芸術の製造の問題としてだけでなく模倣は芸術教育の創造という観点からも論じられ、そのため大量生産に結びつく複製技術の問題がぼかされてしまったという。しかしそうした危うさをはらみながらも会議では、過去の模倣や高価な仕上げを安い材料でそれらしく見せかける偽りの模倣は否定されたが、大衆が享受するためにそれも安価に実現するためにひとつの原型（モデル）から機械によって大量に生産される複製の技術・製造は肯定される方向でとらえられた。

会議の終わりには代表のジョルジュ・ベルジェが挨拶で、装飾芸術がいまや国家においてフランス芸術の一部として認知されていることを述べた。産業芸術の振興による国家繁栄をフランスはもちろん目指したわけだが、しかしそれは装飾という名のもと至極フランス的な特質とともに展開されることになった。装飾美術中央連合の活動はその後も機械化による大量生産のための産業デザインを積極的に促進したとは言い難く、どちらかといえば高級な一点制作の装飾芸術を後押しし、大量生産システムに合致した方向ではなかった。それは二十世紀初頭の貿易を見てもイギリスからの輸入が機械や石炭などであるのに対してそれに匹敵する額としてフランスが輸出していたのは服飾や室内装飾品といった軽工業品もしくは手工業品であったことや、一九〇〇年の万博を経ても産業芸術の分野における大量生産体制や制作者の組織力の欠如が、英・独・米などとの比較において立ち後れていたことにも表れている。

アール・ヌーヴォー様式の隆盛

世紀末にアール・ヌーヴォー様式の隆盛を迎えて、装飾芸術振興運動は広く大衆的な流行とモダニズムの流れに位置づけられるようになる。しかし唯美主義的な特質を帯びたアール・ヌーヴォーの造形はけっして大量生産に適しているわけではなく、結局は上流階級の芸術愛好家や新興の中産階級がプライベートな空間を楽しむために多用した様式であって、建築から宝飾品までさまざまな品目に展開されたのは事実であるが、ほんとうに大衆が手に取り自分のものとして楽しみ役立てたのかは疑わしい。産業と芸術の融合を説きながら、機械化では対応しきれない複雑な造形や一品製作的な装飾芸術にフランスが方向性を取ったのは、時代の意識がどうしてもデザインをイコール装飾としかとらえきれなかったからでもあるが、なにもイギリスのように機械に対する嫌悪感が強かったわけではない。それよりも旧来の芸術からの流れで装飾的要素を引きずり、大芸術からくる制作のシステムで模倣が重要視されたからであり、また別に競争相手であるイギリスと対抗するフランス独自の手段として良き趣味の伝統、芸術性を重んじた結果である。

九〇年代後半になると、アーツ・アンド・クラフツ運動の思想がフランスにも広まり始める。装飾芸術は民衆に最も近い芸術として「民衆のための民衆による芸術」というウィリアム・モリス（1834-1896）の思想と結びついて、次第に社会芸術（l'art social）の様相を呈してくる。装飾芸術はいわゆる大芸術などといわれる芸術よりも民衆の生活に密接している芸術であり、それゆえその様式は社会の状況や集団の思いに直截に反映するというのがその考えである。アール・ヌーヴォーはこうした観点からも様式の革新を行うという意味合いを含み発展していく。一八八〇年代からの装飾芸術振興運動は変容を遂げ、アール・ヌーヴォー様式の時代へと引き継がれる。

（1）一八五五年開催のパリ万博では展示品を第一分野の産業製品と第二分野の芸術作品に分け、その中でも第一分野は次のように七つのセクションに分類された（鹿島茂『絶景、パリ万国博覧会』、河出書房新社、一九九二年、一四四－一五三頁参照）。
①原材料の採取および生産を主たる目的とする産業
②機械力の使用を目的とする産業
③物理・化学的要因の使用に基づく産業および科学と教育にかかわる産業
④専門的職業にかかわる産業
⑤鉱物加工業
⑥繊維加工業
⑦家具および装飾品、既製服および小間物、産業デザイン、印刷、音楽

（2）天野知香『装飾／芸術』ブリュッケ、二〇〇一年、五二－五六頁。

天野氏の『装飾／芸術』は十九―二十世紀における「装飾」の意味をさまざまな芸術運動と社会的なコンテクストの中でとらえなおした研究であり、とくに十九世紀後半の装飾芸術に関しては大いに参考させていただいた。
（3）Yvonne Brunhammer, *Le beau dansl'utile: Un musée pour les arts décoratifs*, Paris, Gallimard, 1992, p.15.
（4）ibid., YvonneBrunhammer, p.18.
（5）天野前掲書、六二－六三頁。
（6）ibid., Yvonne Brunhammer, p.28.
（7）天野前掲書、六七頁。

フランスの近代装飾・工芸運動——アール・ヌーヴォーを中心に——

今井美樹

はじめに

後世の研究者によって追求され、一九六〇年前後に命名された「アール・ヌーヴォー」は、フランスを中心に十九世紀末から二十世紀初頭にかけて世界中に広まったデザインの様式あるいは運動のひとつとして、いまやデザイン史に欠かせない現象として捉えられている。確かに、アール・ヌーヴォーは近代デザインの黎明期に与えた影響力の大きさから、美術・工芸・デザインにかかわる理念的・思想的な動向として捉えられることも多いが、実際のところ、近代フランスの中心的存在となった市民（新興ブルジョアジー）が、日常生活の拠り所として獲得した生活様式あるいは風俗と考えた方が理にかなうことも多い。というのも、アール・ヌーヴォーには一定の類似性がありながら、かたちの源泉には、過去の歴史様式あり、異国の美術品・工芸品の模倣あり、その他雑多な文化の引用が見て取れる上に、中には性的な隠喩をもつ造形も存在するという、極めて世俗的な傾向があるからだ。比較して例えると、一八六〇年代より生活空間と生産品の改善提案として広がったアーツ・アンド・クラフツ運動は、「運動」の名が示す通り、理念のうえに成り立ったものづくりや活動が特徴であるのに対して、アール・ヌーヴォーはむしろ造形言語としての「かたち」にかんする潮流ともいえ、その急速な流行と終焉は、理念や運動として捉えるには短命である。さらにいえば、アール・ヌーヴォーはヨーロッパを中心に約二〇年間で急速に世界を席巻したものの、一九〇〇年を絶頂期として次第に収斂《しゅうれん》し、モダニズムが各国最大の関心事であった大戦間までは、むしろ唾棄すべき装飾美術として捉えられていた不思議な現象でもある。

デザイン史上、重要な出来事であるにもかかわらず、アール・ヌーヴォーの示す範囲や理論上の定義、波及した国々や隆盛した時代については、研究者や文献によってさまざまである。狭義には一八九〇年から一九〇〇年のフランスとベルギーを中心とする工芸品や生産品を（とりわけ版画や印刷物など平面に特化した影響を）指す場合もあれば、広義には一八七〇年代から第一次大戦までの間に、ヨーロッパおよび北米に広がった建築から美術品にいたるすべての造形を指すこともある。その最初の例を、ブリュッセルのタッセル邸（ヴィクトール・オルタ設計、一八九二―九三年）とすることもあれば、ロンドンで発行された『レンのシティ・チャーチ（Wren's City Churches）』の表紙（アーサー・H・マクマードゥ作、一八八三年）を嚆矢とすることもあり、さらに遡ってアーツ・アンド・クラフツ運動にその萌芽が指摘されることもある。こうした定義の違いこそあれ、アール・ヌーヴォーが都市化と産業化に対応すべく取り組まれた、新時代の造形にかかわる解答例のひとつとなった事実は間違いない。

フランスにおけるアール・ヌーヴォーの舞台の中心は十九世紀末のパリであった。一八五三年から一八七〇年にかけて、セーヌ県知事オスマンによって大々的な市街の改造が行われたパリは、道路・鉄道路線の交通網が整い、大通りには文化施設や娯楽施設が建設され、経済的な活性化をもたらした。パリには人口が集中し、資本主義経済によって豊かになった市民は、商品やサービスを享受し、労働体系の変化によって誕生した余暇に娯楽やレジャーを楽しんだ。一方の製造業者たちは、競合する商品を巧みに広告・宣伝し、市民の消費欲をかき立てた。この地で開催された万国博覧会では、新時代における各国の産業の在《あ》り方と生産技術・装飾様式が競われた。特に一八八九年と一九〇〇年のパリ万博は、完全な造形言語を獲得したアール・ヌーヴォー・スタイルの作品が大量に展示され、世界的な関心を呼んだのである。

かたちの起源

アール・ヌーヴォーの造形上の特徴は、左右非対称の曲線である。草花の生長を思わせるようなうねりをもちながら、ときに構造体をなし、ときに装飾となる。その曲線は、植物・髪の毛・水流といった具体的なモチーフから、成長感・生命力・流動性・女性性といった抽象的な印象まで、さまざまなものを想起させるが、これらは古今東西の様式や趣味を目的に応じて解釈し利用されながら、アール・ヌーヴォーに特有の造形言語として獲得されていった。

中でも、フランスの建築様式を範とした装飾の復興は、都市における国家様式の顕示の意味も含まれていた。オペラ座（シャルル・ガルニエ設計、一八六一－七五年）、プティ・パレ（シャルル・ジロー設計、一八九七－一九〇〇年）にも取り入れられたバロックやロココの特徴は、建築の全体から細部を彫塑的な装飾によって繋げていく造形の処理がアール・ヌーヴォーの三次的な曲面と呼応しており、これが工芸品にも応用されて、フランス様式として博覧会に適した出品作を供した。

バロック様式は十六世紀末から十八世紀初頭に流行し、その語源「歪んだ真珠（barocco）」が示す通りいびつで人工的な装飾が特徴で、その典型であるヴェルサイユ宮殿（一六八二年）に見るように、大規模な建築物から内装・家具さらに絵画・彫刻にいたるまで、躍動感をもちながら渾然一体となった総合芸術でもあり、ときにグロテスクなまでに装飾過剰になることもあった。あらゆる造形物に対応可能なこの様式は、ネオ・バロックとして十九世紀末にパリの建造物に復活し、やがてアール・ヌーヴォーの源泉になった。

バロックに続き十八世紀に隆盛したロココ様式は、よりアール・ヌーヴォーの造形言語に適していた。陰影の深い装飾のバロックに比べ、貝殻状の細かな縁飾り「ロカイユ装飾（rocaille）」は、白い内装を基調に金彩や華やかな色彩をちりばめた繊細で瀟洒なつくりで、女性貴族に好まれた装飾であった。この趣味は家具産業の盛んな地方都市ナンシーを中心に復活して広まったとされるが、装飾の華奢さと女性性がアール・ヌーヴォーの傾向を示している。

フランス様式の一方で、異国の文化に倣った造形もアール・ヌーヴォーのルーツとなった。偶像崇拝を禁じたイスラム圏諸国では、カリグラフィー（アラビア書道）やアラベスクが発達し、その幾何学的・法則的なパターンはしばしば植物や動物のモチーフを伴って、無限の増殖と繰り返しの装飾を構成する。ペルシアやビザンティンの伝統も引き継ぐイスラム美術の影響は、ラスター彩を模した陶磁器や、エナメル絵付けによるガラス工芸に見受けられる。こうした東方趣味（オリエンタリズム）は、ナポレオンの遠征（一七九八－一八〇一年）によるエジプト趣味あたりから始まり、新古典主義や象徴主義の絵画に人気主題としてオリエントの女性像が描かれると同時に、装飾にかんする研究や出版も盛んになり、アール・ヌーヴォーにも反映されるようになった。

同じく異国趣味（エキゾティシズム）として受け入れられたのは、日本や中国の美術品・工芸品であった。中国の品々はすでに十八世紀にシノワズリーとして、ヨーロッパの陶磁器の技術や図案、さらにロココ様式の確立に影響を与えていたが、十九世紀に入り日本の開国に伴いもたらされた工芸品は熱狂的なブームとなり、アール・ヌーヴォーに大きな影響を与えた。

人工物とは対極の自然もまた造形の源泉となった。都市化の進む時代、美術や文芸の世界においても自然への回帰はひとつのおおきなテーマであった。と同時に、過去の様式や装飾が研究されていく過程で、新時代に相応しい造形のために自然観察の重要さを説く者も多かった。ウジェーヌ・グラッセ（1841–1917）の『植物とその装飾への応用』（一八九七年）やアルフォンス・ミュシャ（1860–1939）の『装飾資料集』（一九〇二年）は、自然観察からアール・ヌーヴォーへの変換方法を視覚化した優れた図案集といえよう。

大型の建造物から身の回りの日用品まで、アール・ヌーヴォーの曲線には、自然界の動植物や有機体の生命感を見いだすことができる。エクトル・ギマール（1867–1942）の「メトロ入口」（デザイン一八九八年頃）は、植物の茎がサインを支え、花の蕾が照明となり、鋳鉄による有機的な構造体が与えられている。多くは昆虫や植物をモチーフとした宝飾品の中でも有名なルネ・ラリック（1860–1945）の胸元飾り「蜻蛉の精」（一八九七–九八年頃）では、緑玉髄《りょくぎょくずい》や月長石《げっちょうせき》をちりばめながら、女性のふくよかな胸元に沿うよう、翅《はね》や腹部の関節が蝶番で支えられている。エミール・ガレ（1846–1904）の「ひとよ茸ランプ」（一九〇二年頃）は、キノコそのものがガラスの照明器具を形作っている。アール・ヌーヴォーは、新素材や新製法による構造・様式・装飾といったあらゆる造形への模索であり、近代化の過程における生産技術の揺籃期と見ることもできるのである。

かたちの特徴もさることながら、この時期、フランスの芸術は産業の重要性を感じ取り、いくつかの公的機関も組織された。一八六四年には産業応用美術中央連合（L'Union Central des Beaux-Arts Appliqué à l'Industrie）が、一八七七年には装飾美術館協会（Sosiété du Musée des Arts Décoratifs）が発足し、両者は一八八二年に装飾美術中央連合（Union Central des Arts Décoratifs）となって産業振興を進め、機関誌『装飾美術評論（Revue des Arts Décoratifs）』（一八八〇–一九〇二年）を発刊した。一八八〇年には、一六六三年より続いたサロンがフランス芸術家協会（Sosieté des Artistes Français）の主催となったが、一八八九年のパリ万博で装飾美術独自のサロンの必要性を感じた人々が、ここから国民美術協会（Sosieté Nationale des Beaux-Arts）を分離して立ち上げ（一八九〇年）、翌一八九一年よりサロン・デュ・シャン・ド・マルス（Salon du Champ de Mars）が開催されるようになった。このような動きもまた、芸術と生産技術の接点を模索しているかのようであり、市民生活における価値観が急激に変化したことの証でもある。

ジャポニスム

アール・ヌーヴォーに影響を与えた日本文化は、その前段階として、ジャポニスム（japonism）を生み出した。パリではすでに十九世紀初頭から日本見聞録の出版や日本の工芸品の売り立てなどが行われていたが、日仏修好通商条約（一八五八年）以降、日本の工芸品が大量にもたらされ、さらに日本政府が参加した一八六七年、一八七八年、一八八九年、一九〇〇年のパリ万国博覧会は、いずれも日本の出品は人気が高く、芸術家や批評家のみならず市民にまで広く日本ブームを浸透させた。

ジャポニスムは、西洋人による日本の生活様式の発見でもあった。日本の美術品・工芸品は実用を兼ね、季節、慶弔、来賓など日々の変化によって品々を使い分けながら、これらを日常的に愛《め》でる伝統的な文化がある。西洋思想とは全く異なる日本の精神・文化が、生活品の在《あ》り方を気づかせ、やがてアール・ヌーヴォーとして結実するための契機を与えたともいえる。ジャポニスムの影響は、建築・家具・工芸・服飾にいたるあらゆる生活環境に浸透した。特に日本の絵画と版画はフランスの出版・広告の分野を大いに触発するとともに、画壇においては印象派やナビ派などの新興の画家たちが新たな表現を日本美術に見出したことは良く知られるところである。

日本の美術や文化は、主にパリの美術商やコレクターたち、そして評論家や研究者たちに受け入れられた。「支那の門《ラ・ポルト・シノワーズ》（La Porte Chinoise）」（一八六二年開店）をはじめ、一八六〇年代頃から日本の版画や工芸品を扱う店が出始めた。林忠正（1851-1906）のようにパリに店を構え（一八八三年頃－一九〇二年）、多くの有識人顧客に日本美術の正しい知識を与えた美術商もいる。

とりわけ、ドイツ人で後にフランスに帰化した美術商ジークフリート・ビング（1838-1905）は、欧州各国で日本美術を商うだけでなく、美術館の収集計画への協力、博覧会への作品提供のほか、自らもさまざまな展覧会を企画し美術雑誌に寄稿するなど精力的な活動を行った。特に仏・独・英の三カ国語で出版された美術雑誌『芸術の日本《ル・ジャポン・アルティスティーク》（Le Japon Artistique）』（一八八八－九一年）は、フランス内外の論文と北斎や光琳らの版画・絵画を挿絵代わりにした豊富な図版を掲載し、ジャポニスムの隆盛のみならず作家たちのアール・ヌーヴォーへの造形展開に寄与した。また彼は一八七〇年代から始めたパリの美術画廊を、一八九五年に「ビングのアール・ヌーヴォーの店《ラ・メゾン・ドゥ・ラール・ヌーヴォー・ビング》（La Maison de l'Art Nouveau Bing）」として改装し、日本美術を扱うとともに、ティファニーのステンドグラスやナビ派の絵画を並べるなどして、フランス内外の新進の芸術家をも支援した。ビングは、日本美術を紹介し、ジャポニスムを浸透させ、新興の美術・工芸を擁護し、アール・ヌーヴォーへの展開を導いた人物として、フランスの近代デザインの発展に欠かせない存在となった。

　日本にかんする出版物もさまざまなかたちで刊行された。来日した外交官たちの見聞録や旅行記が一八六〇年代頃から出版されて日本の生活文化が知られるようになり、画家で批評家のフィリップ・ビュルティ（1830-1890）が『文芸と芸術のルネサンス（La Renaissance littéraire et artistique）』誌（一八七二－七四年）に「ジャポニスム（le Japonisme）」と題するエッセイを七回にわたり連載するなどした。美術教育省の視察による『日本散策（Promenades japonaises）』（一八七八年）と『日本散策、東京—日光（Promenades japonaises, Tokio-Nikko）』（一八八〇年）は、エミール・ギメ（1836-1918）の文章とフェリックス・レガメ（1844-1907）の挿絵によるもので、ギメの収集した仏教美術は後にギメ美術館（一八八九年）のコレクションとなった。日本美術回顧展（一八八三年）を企画し、また一八八九年パリ万博に自らのコレクションを提供したほどの収集家で批評家のルイ・ゴンス（1846-1921）は、全二巻の『日本の芸術（L'Art Japonais）』（一八八三年）を著した。『ル・モンド・イリュストレ（Le Mond illustré）』『ラ・ガゼット・デ・ボザール（La Gazette des Beaux Arts）』『ラ・プリュム（La Plume）』『ラ・ルヴュ・ブランシュ（La Revue Blanche）』などの雑誌には日本に関する論文が頻繁に掲載された。日本美術の研究家は「日本美術愛好家《ジャポニザン》（japonisants）」と呼ばれ、歴史家エドモン・ド・ゴンクール（1822-1896）、大衆小説家シャンフルーリ（1821-1889）、画家ザカリ・アストリュク（1833-1907）、詩人ボードレール（1821-1867）、版画家フェリックス・ブラックモン（1833-1914）、画家ファンタン＝ラトゥール（1836-1904）らがいた。

造形言語の確立

アール・ヌーヴォーは、生活にかかわる全ての造形（建築から室内装飾、家具調度品から照明器具や食器、服飾や宝飾品まで）に及ぶ。これらの産業にかかわるデザインは、パリとともにナンシーでも発展を遂げ、「第八回装飾美術中央連合展」（一八八四年）では、植物モチーフの装飾が早くもアール・ヌーヴォーの兆しを見せていた。

建築ではベルギーのオルタがアール・ヌーヴォーの先駆とされるが、フランスではこれより早く建築家のウジェーヌ・エマニュエル・ヴィオレ＝ル＝デュク（1814-1879）の名を挙げることができる。パリ近郊のピエルフォンの城館やノートル・ダム大聖堂を独自の解釈で修復したことで当時は評価され、自作のサン＝ドニ・ド・レストレ聖堂（一八六四－六七年）には、フランスでは比較的追求されることのなかったゴシック・リヴァイバルを推進した要素が取り入れられていた。エクトル・ギマールの集合住宅カステル・ベランジェ（一八九四－九八年）は、オルタに影響を受けたことによって、ネオ・ゴシックの趣味で進めていた完成間近の設計に大幅な変更を加え、独自のアール・ヌーヴォーによる建築構造と室内空間を確立した（図1）。ヴィオレ＝ル＝デュクとギマールのデザインは異なっていたが、二人は古い歴史様式に依存した建築に対し警鐘を鳴らし、新素材（鉄やガラス）を積極的に肯定した自由な空間構造を追求したところに共通点がある。

図1　エクトル・ギマール「カステル・ベランジェ」1894-98年

パリにおける家具デザインの代表格には、アーツ・アンド・クラフツの影響から作風を変化させた彫刻家アレクサンドル・シャルパンティエ（1856-1909）、一九〇〇年パリ万博のアール・ヌーヴォー館の内外装を手がけたジョルジュ・ド・フール（1868-1943）（図2）、家具デザインにおいて最も抽象化された曲線を極め、続く二十世紀の産業をも牽引したウジェーヌ・ガイヤール（1862-1933）（図3）らがおり、ここにベルギーのアンリ・ヴァン・ド・ヴェルド（1863-1957）も加わった。

陶磁器の塑造性の高さは、家具以上にアール・ヌーヴォーの造形に適していた。釉薬研究に力を入れたエルネスト・シャプレ（1835-1909）の弟子オーギュスト・ドラエルシュ（1857-1940）は、焼成時に垂れ落ちる釉薬の自由な形態に始まり、後に花を模した陶器の制作をおこなっている。ウジェーヌ・ルソー（1827-1891）は、ブラックモンが浮世絵から着想したデザインを、絵付《えつけ》した陶器シリーズ「セルヴィス・ルソー（セルヴィス・ジャポネ）」（一八六六年）を販売し、続く「セルヴィス・パリジャン」（一八七五年）によって、新しい陶磁器の生産方式と独自の装飾スタイルを獲得した。陶芸とガラス工芸に携わったルソーは門下生の育成にも熱心であった。同様に彫刻家から陶芸家に転身したジャン・カリエス（1855-1894）も、若い作家たちに陶芸への関心を高めさせ、ジョルジュ・エンチェル（1855-1915）、アレクサンドル・ビゴ（1862-1927）、エミール・グリッテル（1870-1953）らを輩出した。

宝飾の分野では、ルネ・ラリック（図4）とジョルジュ・フーケ（1862-1957）が、一九〇〇年パリ万博で人気を得た後、それぞれに自らの店を構えて次世代の新しい装飾スタイル、アール・デコのデザインを形成していく。ナンシーでは特にガラス工芸と家具が発達し、一九〇一年にはナンシー派（エコール・ド・ナンシー芸術産業地

図2　ジョルジュ・ド・フール　1900年パリ万国博覧会の〈ラール・ヌーヴォー・ビング〉の居間の壁布　1900年（デンマーク工芸美術館所蔵）

図3　ウジェーヌ・ガイヤール　飾り棚　1900年（デンマーク工芸美術館所蔵）

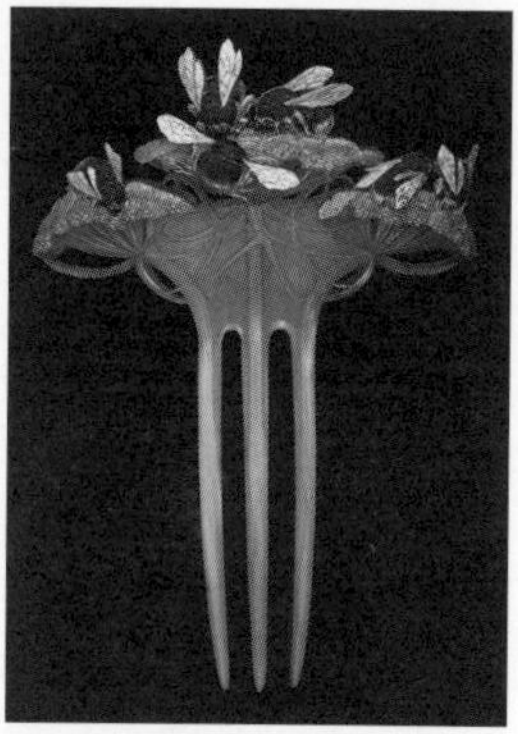
図４　ルネ・ラリック　花にまるはな蜂文櫛　1901–02年頃（カルースト・グルベンキアン美術館所蔵）

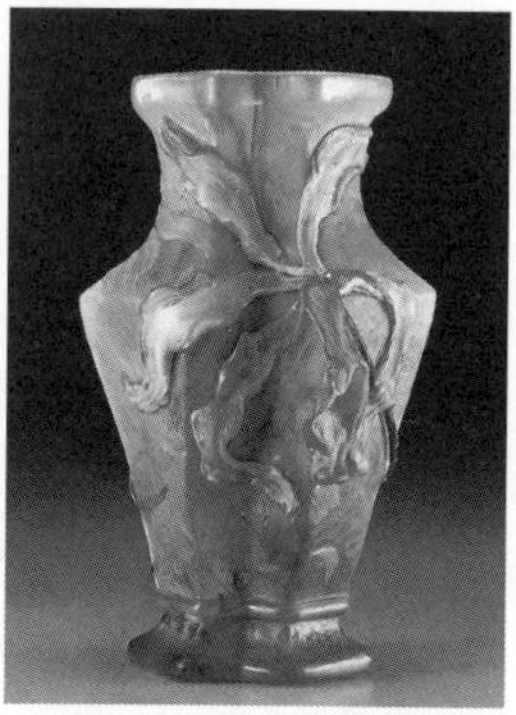
図５　エミール・ガレ　蘭文花器　1900年（北澤美術館所蔵）

方同盟）が結成されるにいたった。中でも、エミール・ガレはガラスの他に陶芸・金工・宝飾・家具の分野でも活躍し、ナンシー派アール・ヌーヴォーの重鎮とされる。ガレは一八六七年から父の陶器とガラスの製造販売を手伝う傍《かたわ》ら一八七八年パリ万博への出品以降、多くの賞を獲得して名声を得た（図５）。

ガラス作家のドーム兄弟（オーギュスト、1853–1909／アントナン、1864–1930）も代表作家として挙げられる。ガレの作品に感銘を受けた彼らはナンシー芸術ガラス工房（ドーム工房、一八七八年）を設立し、数々のガラス技法を開拓するとともに、家具作家ルイ・マジョレルや金工作家エドガー・ブラントとの共同制作も行うなどしている。

ナンシーの家具作家には、ルイ・マジョレル（1859–1926）、ウジェーヌ・ヴァラン（1956–1925）、エミール・アンドレ（1871–1933）らの他に、日本の家具を手本にしていたテオドール・ランベールやエドワール・コロンナ（1862–1948）といった作家もいた。

ナンシーには日本文化に影響を受けた作家が多いが、これには高島北海（得三、1850–1931）の存在がかかわっている。ナンシー森林学校に学んだ高島は、細密な植物画を得意とし、その業績がフランスから教育功労賞を授与されるなど（一八八七年）、美術家や文化人、政財界との交流によってナンシー派の作品に多大な影響力を及ぼした。ガレもまた、高島との交流により、それまでのヨーロッパの伝統様式を基礎とした表現から、日本的な自然観を表した作風へと変化した。

ポスター

アール・ヌーヴォーにおいて、その成果が最も評価されたジャンルに印刷術がある。ゼネフェルダー（1771-1834）の発明した石版印刷術（一七九八年）と、アンジェルマン（1788-1839）が開発した四色分解法（一八三六年）によって多色石版《クロモリトグラフィー》（chromolithographie）が考案され、一八六〇年頃から商業印刷に応用されるようになったが、これを用いたのが「ポスターの父」ジュール・シェレ（1836-1932）である。二度のロンドン留学を経て、一九六六年に自らの印刷所を開設、一八七〇年代には自らのスタイルを完成させた。彼は人々がポスターに注目するように、細かな描写を避け、若く溌剌とした近代的女性を中央に据え置き、大きな手描き文字を配置する表現技法を編み出した。一八九〇年までに千点以上のポスターを創作し、後進のジョルジュ・ムニエ（1869-1934）、ルネ・ペアン（1875-1955）、ルシアン・ルフェーヴル（1850-?）らを育てた。

シェレの活躍以降、ポスターはにわかに新しい表現メディアとして注目を集め、一八八〇年代にはポスターを取り巻く環境が整備されるとともに、アール・ヌーヴォーを代表する作家が数多く登場した。一八八一年、出版の自由にかんする新法が多くの検閲規制を解き、ジャーナリズム隆盛の時代が到来するとともに、ポスターは教会や聖堂、投票所、公的告知板以外の場所での自由な掲示が認可された。これ以降、ポスターが街に氾濫し、ポスター作家、印刷業者、掲示職人《アフィシスト》などの職が急増するとともに、ポスターは巨大化し、一八八四年までには二メートルを超えるポスターが分割して印刷され、掲示職人によって壁面上で繋ぎ合わされた。

ポスターにおけるアール・ヌーヴォーの嚆矢とされているのはスイス出身のウジェーヌ・グラッセである。既に彼は『アイモンの四人の息子の物語（Histoire des Quatre Fils Aymon）』（一八八三年）の挿絵とデザインによって名声を得ていたが、一八八六年よりポスターを手掛け、彼の「塗り絵スタイル」と呼ばれる、幾分、固く太い輪郭線をもつ作風は、中世美術（特にステンドグラス）や東洋美術（特に浮世絵）を研究した結果であった。

グラッセよりもアール・ヌーヴォーの要素を多くそなえていたのはチェコ出身のアルフォンス・ミュシャである。「ジスモンダ」（一八九四年）によって一躍パリの人気ポスター作家となり、以降、アール・ヌーヴォーの特徴である女性性と異国趣味を具えたポスターを多数制作した（図6）。同様に、優雅な女性を描いたポスターで人気

図6　アルフォンス・ミュシャ《ジスモンダ》1895年

を得たのは、ジョルジュ・ド・フール、アンリ・グレイ（1858-1924）、アンリ・ティリエ（1873-1946）、ポール・ベルトン（1872-1909）らで、彼らもまたポスター作家であると同時に、挿絵や装丁のデザイナーであり、家具や宝飾品などを手掛けることもあった。

ポスター制作を主たる生業とするデザイナーにもまして、印刷の鮮やかさや平面性に魅了された画家たちによって、ポスターは新たな表現領域の実験場でもあり、商業活動のひとつであるポスターを芸術の域に高めることにも一役買っていた。

アンリ・ド・トゥールーズ＝ロートレック（1864-1901）は、ピエール・ボナール（1867-1947）の「フランス・シャンパン」（一八九一年）に触発され、「ムーラン・ルージュ、ラ・グーリュ」（同）を制作した。テオフィール・アレクサンドル・スタンラン（1859-1923）も「シャ・ノワール」（一八九六）などで猫好きのポスター作家として知られた。ボナールの他にも平面性にこだわったナビ派の画家エドゥアール・ヴュイヤール（1868-1940）、フェリックス・ヴァロットン（1865-1925）、モーリス・ドニ（1870-1943）、アンリ＝ガブリエル・イベルス（1867-1936）が寡作ながらポスターを制作している。ナビ派のみならず、ピュヴィス・ド・シャヴァンヌ（1824-1898）、カルロス・シュワーブ（1866-1926）、ウジェーヌ・カリエール（1849-1906）、ウジェーヌ・ミューレール（1845-1906）、ジェームズ・アンソール（1860-1949）、アドルフ・レオン・ヴィレット（1857-1926）、ジャン・ルイ・フォラン（1852-1931）らの画家たちもポスターに挑んだ。

ポスターブームは熱心なコレクターを生み、エドモン・サゴ、アルヌー、ピエルフォールといった画廊が版画と同様にポスターを扱い、『絵入りポスター《レ・ザフィッシュ・イリュストレ》（Les Affiches Illustrées）』（一八八六－九六年）、『ポスターの巨匠たち《レ・メートル・ドゥ・ラフィッシュ》（Les Maitres de L'Affiche）』（一八九五－一九〇〇年）、『版画とポスター《レスタンプ・エ・ラフィッシュ》（L'Estampe et l'Affiche）』（一八九七－九九年）などの出版物が刊行された。「アヴァン・レットル（avant lettre）」と呼ばれる文字を入れる前のポスターさえ収集対象となり、やがてそれは新たな室内装飾品「装飾パネル《パノー・デコラティフ》（Panneau décoratif）」へと展開していく。ポスターの展覧会も流行し、芸術文芸雑誌『ラ・プリュム（La Plume）』が主催する定期展覧会「サロン・デ・サン《百選展》（Salon des Cent）」では一八九三年以降、有名作家のポスター展が頻繁に開催されるようになり、一八九六年に収集家アレクサンドル・アンリオが主催したフランスでの展覧会には一六九〇点ものポスターが展示された。

衰退と二十世紀のデザイン

アール・ヌーヴォーは短期間に爛熟し、他の国々にも多大な影響を与えたにもかかわらず、一九〇〇年以降、特徴的な造形は急速に収束していった。ポスターも同様に、広告内容と視覚表現の変更を迫られ、一九二〇～三〇年代のアール・デコの時代まで、わずかな作家たちが空白の時代を支えることになった。

フランスでは（ガレを中心にナンシー派が結成されたものの）個人作家の活躍が目立つ。彼らの中には各々の分野で正規の教育を受けた者もいれば、彫刻家から家具作家へ、画家から宝飾家へと転身を遂げた者も多く、作品は多様な広がりを見せたが、どの作家も「芸術品」たらんとして制作を行っていた。これには、フランスの工芸は長く保たれた伝統を守りつつ高い品質と技術をもって多様で独自の製品を少量生産にとどめるべき、という政府の産業方針も少なからずかかわっていた。こうした志向は大量生産へと向う時流と矛盾してはいるが、水準の高いアール・ヌーヴォーの造形を保つことにはつながった。作家の中には、博覧会のための豪華な作品と、経済的な製品を分けて制作を行う者もいたが、いずれにせよフランスの個人主義は、二十世紀に現れたグラスゴー派やウィーン分離派のような、室内全体をコーディネイトするための装飾の考え方や、デザインの概念にはいたらなかった。

しかしながら、世界各都市に存在する（広義に解釈される）アール・ヌーヴォーを見回したとき、どの国よりも強烈な造形と市民との熱いかかわりを呈したのは、フランスにほかならないのである。

〔主要参考文献〕

スティーヴン・エスクリット著／天野知香訳『アール・ヌーヴォー』、岩波書店、二〇〇四年
Art Nouveau 1890-1914, V&A Publications, 2000.（「アール・ヌーヴォー展」カタログ、読売新聞社、二〇〇一年）
ジャポニスム学会編『ジャポニスム入門』、思文閣出版、二〇〇〇年
「版画に見るジャポニスム展」カタログ、谷口事務所、一九八九年
「ジャポニスム展」カタログ、国立西洋美術館、一九八八年
由水常雄『花の様式　ジャポニスムからアール・ヌーヴォーへ』、美術公論社、一九八六年
Alain WEILL, *The Poster, A Worldwied Suevey and History*, G.K. Hall & Co., Boston, 1985.
S・T・マドセン／高階秀爾他訳『アール・ヌーヴォー』、美術公論社、一九八三年

〔図版出典〕

図1　「ヨーロッパ・アール・ヌーヴォー」カタログ、国際芸術文化振興会、一九九三年
図2〜5　「アール・ヌーヴォー展」カタログ、読売新聞社、二〇〇一年
図6　*Poster Panorama (PAI XX)*, Poster Auctions International, Inc., 1995.

フランス近代装飾・工芸運動——アール・デコとその周辺——

川上比奈子

はじめに——アール・デコ博覧会とアール・デコ様式

一九二五年、パリで「現代産業装飾芸術国際博覧会（L'Exposition international des arts décoratifs et industriels moderns）」が開催された。産業において、ドイツ、イギリスなど周辺諸国に遅れをとっていたフランスが、「装飾芸術（arts décoratifs, アール・デコラティフ）」を冠に、国力を復権させる目的で画策した博覧会である（図１）。アール・デコ博と略称されるこの展覧会を象徴として、一九一〇年ごろから一九三〇年代までの諸芸術、建築・装飾芸術・絵画・彫刻・ポスター・プロダクト・映画・写真・舞台・ダンスを含む広範な分野における現象は、欧米をはじめアフリカ、アジアまでを席巻し、アール・デコ様式と称され今日にいたる。

図１　1925年博覧会風景

図２　UAM 1930年展覧会エントランス

アール・デコ様式は、一般に左右非対称よりも左右対称、曲線よりも直線と立体、抑制された幾何学文様、プラスティック、鉄筋コンクリート、強化ガラスといった新素材、大量生産の必要条件に適合させることを特徴とするとされる(1)。しかし、実際にアール・デコ様式と形容される作品群を一見すると、そこには、左右非対称もあれば、流線形など曲線もあり、高級木材や動物の皮革もあれば、貴族趣味的な一品制作もあることがわかる。また、アール・デコは博覧会の開催までにキュビスム、未来派、デ・ステイル、ウィーン工房、バレエ・リュス、バウハウスのムーヴメントを経験し、エジプト、アフリカ、中米、中国、日本などの地理的にも広範な影響源を持っていた。そのため、「アール・デコ」という言葉から連想されるイメージは、人により、時により、場所によって正反対ともいえるイメージを喚起することになり、概念をとらえたと思っても傍らからすり抜けてしまうような、実にあいまいで複雑な印象を私たちに残す。(2) ゴシックやバロックなどのように、理念的にも造形的にも統一感を示す「様式」とは異なるのである。

もちろん、過去のどのような様式においても例外は含まれるが、ことアール・デコ様式には、例外がはなはだしく混在する。その混在の状況が様式を特徴づけるといっても過言ではない。この混在は、一体、何に起因するのであろうか。大きくとらえていえば、アール・デコ様式は、フランスの「装飾芸術」が「デザイン的なるもの」を受容しつつ抗う道程にあらわれた現象であった。ここに、アール・デコの多様性の要因がある。

フランス近代装飾・工芸運動の中で、多様なアール・デコを考察しようとする時、どの対象をどのような視点で論ずるかによって、その論考もまた多様になる。(3) 政治的側面や風俗史的側面から、あるいは植民地と女性を軸にジェンダー的側面から、これまで数々の優れた論考が著わされてきた。(4) ここでは、フランスの芸術団体の代表として装飾芸術家協会 Société des Artistes Décorateurs（S.A.D.）と現代芸術家連盟 L'Union des artistes modernes（U.A.M.）をとりあげ、その動向を軸にアール・デコの「装飾芸術」が包含する広がりを探りたい。

アール・デコ博の開催を政府に強く要望し、牽引したのは、ＳＡＤであった。一九〇一年に結成されて以来、当時のおもだった装飾芸術家のほとんどが属していた組織である。しかし博覧会の四年後、一九二九年に、この組織は分裂する。ＳＡＤに批判的であったグループはＵＡＭを設立して新たな活動を展開し、一九三〇年には大々的な展覧会を開催する（図2）。もとより一枚岩ではなく、作家たちが微妙な均衡を取りながら活動してきたＳＡＤが、ＵＡＭに分離する契機と状況は、「装飾芸術」が「デザイン的なるもの」に反応する動向の端緒であり、象徴でもある。

以下では、アール・デコをとりまく多様性を確認しながら、SADとUAM周辺のムーヴメントを追っていく。さらには、アール・デコの特徴の一つである表面性を作家たちや消費者がどうとらえたかについて考察を試みたい。なぜなら、現代のデザイン状況においてやはり重視される「表面をどうとらえるか」という課題に接続し、アール・デコの今日的な意味を見出す可能性があるからである。

アール・デコ博覧会の時代背景

アール・デコ博覧会は、一九二五年四月二十八日から十一月八日まで、パリのレスプレナード・デ・ザンバリッドからセーヌ川の両岸を中心とする会場で開催された。アレクサンドル三世橋の両側に、きらびやかなブティックが並び立ち、四大デパートのパヴィリオンが大衆にアピールするための華やかさでしのぎを削った。噴水や花火などさまざまなアトラクションに加え、エッフェル塔に彩られたイルミネーションを象徴として、電気動力を全面展開した一九〇〇年のパリ万国博覧会をはるかにしのぐエネルギー礼賛の祝祭でもあった。ヴィクトール・オルタ（1861-1947）による「ベルギー館」、ヨーゼフ・ゴチャール（1880-1945）らによる「チェコ館」、ジオ・ポンティ（1891-1979）による「イタリア館」、コンスタン・メルニコフ（1890-1974）による「ソビエト館」、そのほかイギリス、オランダ、ポーランド、スペイン、スウェーデン、デンマーク、フランス各地方、当時の植民地など一五〇におよぶパヴィリオンが一六〇〇万人の来場者を迎えた。しかし、ドイツ、アメリカは参加せず、実質的にはフランスによるフランスのための博覧会であった。

SADは、一九〇〇年のパリ万博の直後、一九〇一年にアール・ヌーヴォーを代表するエクトール・ギマール（1867-1942）、ウジェーヌ・ガイヤール（1862-1933）をはじめポール・フォロ（1877-1941）、モーリス・デュフレーヌ（1876-1955）ら美術家・装飾家によって結成された。一九〇三年に創設されたサロン・ドートンヌと同様、SADは室内装飾を実物大のモデルで展示する展覧会を積極的に組織し、装飾芸術振興の一翼を担う。一九〇〇年万博は、アール・ヌーヴォーの頂点を極め、対外的には大きな成功を納めたが、博覧会後、フランスは周辺諸国の産業芸術の躍進に危機感を抱いていた。一九〇七年頃から、議会や批評家たちは次の博覧会の計画を主張し初め、SADも一九一一年に再検討を要請する。前年、一九一〇年にドイツ工作連盟がサロン・ドートンヌに招待され、ヘルマン・ムテジウス（1861-1927）が提唱した即物性（ザッハリヒカイト）をコンセプトにした機能主義的な作品群に、SADの当事者たちが脅威を感じたためであった。その後、一九一五年の開催が決定されるが、第一次世界大戦をはじめさまざまな理由で延期され、二五年にようやく開催される。

第一次世界大戦は、人類が初めて経験する類いの戦争であった。急速に発展した科学と技術力によって、また、速やかに整備された情報網によって、それまでとは比較にならない正確で迅速な情報伝達が可能となっていた。第二次世界大戦ほどではないにしても、戦車、飛行機など新兵器をともなう塹壕戦によって、大量殺戮・大量破壊が実践されてしまった。それゆえ敗戦国も戦勝国も未曾有の人的・物的損失を被《こうむ》ることになり、英独仏三国の中で唯一、戦場となったフランスの戦後は、精神的な消耗と圧迫感を取り除く展開を強く希求していた。大西洋定期航路の豪華客船が次々に就航し、列車もまたスピードと快適性を更新し続け、帝国主義を背景としたグローバルな発展は、植民地における暗い実情とは裏腹に、人々に極めて楽観的な展望を与えた。戦争中に押しとどめてきた欲望が、押された分、強く跳ね返るバネのように、あらゆる側面ではじけ溢れだしたのである。光とスピードは、その欲望にもっともよく応える要素であった。戦前戦後、延期され続けてきたアール・デコ博が、ようやく開催にこぎつけた時、その達成感と開放感で、パリ市民が歓喜に満ちたのは無理がない。それは消費者としての素直な喜びだったであろう。ジャズのリズムに乗って躍動するジョセフィン・ベーカー（1906-1975）の肢体にエネルギーを感じた人々が、シャネル（1883-1971）のファッションに身を包み街に溢れだした時代は、「狂騒の時代」と呼ばれる。アール・デコは、パリという大都市に大衆が目に見えるかたちとなってあらわれた史上初めての文化現象でもあった。

一方、生産者・創造者の立場からすると、両大戦の享楽的なあわいにあって、大戦前の伝統を復活させようとする立場と新たな時代を切り開こうとする立場が交錯し、それに呼応するようにブルジョア趣味と大衆性、手作りの一品制作と機械による大量生産、ナショナリズムとエキゾチシズムなど、相矛盾する側面がもつれ合って共存する時代であった。アール・デコの多様性は、矛盾する立場や姿勢や趣味が一括されることが大きく起因しているといえよう。ここに、消費者の欲求が絡み合う。つまり、ことの次第は、二つの相反する主導的立場が交錯したというだけでなく、不特定多数の一般市民が産業・商業・芸術のムーヴメントに参画し、連動していったため、その複雑さはかつてないものとなったのである。

SADとUAMの対立

博覧会を牽引したSADの主要メンバー、デュフレーヌやフォロの「フランス大使館」、エミール＝ジャック・リュルマン（1879–1933）「コレクショヌール館」は、それまでの室内装飾より格段にシンプルではあったが、依然としてブルジョア志向で豪奢な雰囲気を醸し出すものであった（図3）。「フランス大使館」には、ピエール・シャロー（1883–1950）やロベール・マレ＝ステヴァンス（1886–1945）など旧来の装飾芸術家とは袂を分かつ作家が参加したにもかかわらず、伝統主義がSADの大勢を占めていたのである。

ル・コルビュジエ（1887–1965）は、一九二五年に著した『今日の装飾芸術』において、旧来の装飾を虚偽と表現し、「工業芸術」や「応用芸術」という名称の紛らわしさも非難して、「装飾なき装飾芸術」という新たな概念を提唱した。アドルフ・ロース（1870–1933）の『装飾と犯罪』に触発されて、固められていった革新的姿勢である。[5] そのル・コルビュジエ自身も、アール・デコ博に「エスプリ・ヌーヴォー館」を出展する。[6]（図4）。装飾芸術の祭典において伝統主義的な装飾を否定するというル・コルビュジエの攻撃的な表明が、この博覧会の二面性を示している。

SADの中でル・コルビュジエと同様に方向性の違いを認識した作家たち

図3　エミール＝ジャック・リュルマン
コレクショヌール館食堂　1925年

図4　ル・コルビュジエ
エスプリ・ヌーヴォー館　1925年

は、ＵＡＭを結成して活動を展開することになる。ただし、一九二五年直後に彼らは分裂するのではなく、一九二九年の結成までに温度差が広がっていき、一九二八年のある出来事によって決定的なものとなる。その分裂の原因は、モダニズムの象徴、鋼管家具であった。

図５　シャルロット・ペリアン
食堂　1928年

ル・コルビュジエに協力して鋼管による数々の名作を生み出したシャルロット・ペリアン（1903-1999）は、ル・コルビュジエのアトリエに入った直後の一九二八年、ＳＡＤの美術展のため「伸長性のある食卓や回転椅子や金属製の整理棚を備えた食堂を、建築家ルネ・エルプストやジョ・ブルジョワ、宝石細工人のジェラール・サンドやジャン・フーケが力を合わせてつくりあげた小さな設備の中に、展示した」[7]（図５）。この展示は新聞や雑誌に好評をもって迎えられたにもかかわらず、翌年一九二九年の同美術展において、シャローとマレ＝ステヴァンスが企画し、ペリアンやエルプスト（1891-1892）が制作した作品はＳＡＤの委員会から美術展開催の趣旨に反するとして、展示を拒否された。

この事件を機に、ペリアンとエルプストはＳＡＤを脱退し、ペリアンはル・コルビュジエ、ピエール・ジャンヌレ（1896-1967）とともに、ＳＡＤに拒否されたのと同様の住居設備を一九二九年のサロン・ドートンヌに出展する[8]。そして二〇人の作家たちとともにＵＡＭを創設するのである。創設者は、マレ＝ステヴァンス、フランシス・ジュールダン（1876-1958）、エルプスト、ジャン・プルーヴェ（1901-1984）、ソニア・ドローネー（1885-1979）、ジャン・ピュイフォルカ（1897-1945）、アイリーン・グレイ（1878-1976）など、いずれも卓越した創作によって華々しい活躍を繰り広げ、のちにアール・デコの代表として目されることになる作家たちであった。ただし、ル・コルビュジエは、創設メンバーには加わらず、一九三一年に会員となったが、自らの新しい計画案を提示する一九三五年まで、密接な関係を持っていない。

ペリアンがサロン・ドートンヌに出展した住居設備を見ると、一九二八年のＳＡＤの美術展に出品したものと同様に、クロムメッキによる回転椅子やガラス天板のテーブル、壁に組み込まれたシンプルな食器戸棚が室内に配されている。(9) 一九二七年にシュトゥットガルトで開催されたヴァイゼンホーフ・ジードルンク住宅展において展示された、マルト・スタム（1899-1986）やミース・ファン・デル・ローエ（1886-1969）の作品をはじめ、マルセル・ブロイヤー（1902-1981）のキャンティレバーによる鋼管家具にペリアンが触発されていたことは間違いない。このドイツの新しい動向は、ペリアンだけでなく新素材による新構造に敏感であったフランスの作家たち、UAMの創立メンバーに衝撃を与え、作風を飛躍させることになる。一方、SADの委員会や保守的な装飾芸術家たちには、ドイツの革新的な動向が脅威であっただけに、むしろ忌避すべきものとして対応したのである。ただし奇妙なことに、UAMが初めて展覧会を開催した一九三〇年に、SADはグロピウス（1883-1969）が企画したドイツ工作連盟展を招聘した。自ら避けていたはずの傾向をあえて展覧会に含めることで、UAMの離反に対抗したものととらえられる。(10)

アール・デコの表面

SADとUAM、この極端な立場にある両者にも共通する特徴がある。それは、ものの光沢と触感に対する執着である。一般に、アール・デコの作品や商品に採用された素材は、何らかの光沢を帯び、その光り方によって表面の触感を強調している。(11) 異国情緒を醸し出す黒檀、象牙、鮫皮、漆といった自然素材から、クロムメッキ、アルミニウム、鏡、ガラス、ベークライトやセルロイド、カタリンを含むプラスティックなどの新素材にいたるまで、もの独自の材質感が重視されてきた。光沢のありようにこだわった点において、関心の強度はほぼ同等であった。

新素材の光沢に惹きつけられる傾向は、十九世紀までの機械がどのように精巧であっても、見えないように覆われ、機能とは関係のない装飾が施されてきたのに対し、歯車や動力の機構そのものがさらけ出され、動くさま自体が美しいと感じるマシーンエイジの美学に共通するものである。UAMのメンバーは、室内装飾、建築、食器、テキスタイルなど創作の対象は異なっていたが、いずれもこの機械美学に敏感な作家たちであった。黒檀や象牙などの高価な自然素材とガラスやクロムメッキなど廉価な工業素材を等価にとらえたかどうかが、SADとUAMの分かれ道になったといえよう。

SADとUAMの相違を表す具体例としてジャン・デュナン（1877-1942）とアイリーン・グレイの作品と展開は好例であろう。二人が学んだ漆芸の師は菅原精造（1884-1937）であり、いずれもアール・デコを代表する漆芸作家として、展覧会や文献にたびたびとりあげられる[12]。パリ装飾美術館において、初めてのアール・デコにかんする展覧会を組織したイヴォンヌ・ブリュナメールは二人について次のように述べる。

菅原は……のちにフランスの漆技術の主導者となる二人の芸術家に教え、二十世紀のフランスにおける漆の始祖となった。……二人の作品は、漆が二十年代の花形素材だったと言えるほどの質を誇っている[13]。

ところが、二人の歩んだ装飾芸術家としての道は、正反対のものである。デュナンはスイス出身の金工家で金属製の器にさらに美しい光沢を与えようとして漆の可能性を探り、家具、屏風、壺などを制作した。アール・デコ博の「フランス大使館」に展示された「喫煙室」は、室内の壁がすべて黒漆で仕上げられ、そのシンプルで斬新な漆の扱いによって、当時の日本漆芸界を驚愕させるものであった[14]（図6）。彼は、工房を大きくしていき、職人を多数雇って大規模な作品を作り続け、豪奢を極めたアトランティック号やノルマンディ号の内装を手がけるまでになる。彼の関心は、漆の光沢にあり、象嵌や卵殻をつかってその可能性を追求し続けたが、新素材に向かうことはなかった。

一方、アイルランド出身の画家修業から漆芸家へ転じ、のちに建築家となるグレイは、漆の滑らかな触感と光沢に魅せられ、屏風、家具、室内装飾を漆芸によって創作するが、一九二五年ごろを境に、クロムメッキ、ガラス、アルミニュウム、コルクなど新素材を多用するようになる。グレイは、「昔のような装飾過剰に戻る必要はない……時にはそのもの自体が美しい素材を、ただ選択するだけで十分です」と語り、「それ自体が固有の装飾であるべきものが建築です」とも述べている[15]。グレイには、漆とクロムメッキなどの新素材はどちらの光沢も美しく、動きを喚起し周りのものや身体と連動してダイナミックな空間構成へと向かう点で等価にとらえられており、デュナンと好対照を示す。

実際、デュナンはSADに残留し美術展に美麗で豪華な漆作品の出展を続けるが、グレイはUAMの設立メンバーに名を連ね、新素材の可能性を追いつつ斬新な建築作品を提示していく。デュナンの作品は現在もアール・デコのコレクターにとって貴重に扱われるが、当時よりさらに高額な芸術作品となっており、一方、グレイの漆芸作品はデュナンと同様に高価なものであるが、デザイン的なるものに活路を見出し、大量生産のプロトタイプとなったプロダクト群、特にキャンティレバーの可動式テーブルE.1027は、世界中の住宅や商業空間で現代も使用され続けている（図7）。二人が歩んだ道は、SADとUAMがたどった道と相似の軌跡を描いているのである。言いかえれば、グレイが素材表面の美しさを重視し、建築そのものを装飾としてとらえたように、UAMもまた「装飾芸術」の可能性を捨て去ったわけではないことを物語る。

旧来の「装飾芸術」と「デザイン的なるもの」の揺れ動きの中で伝統主義者、革新主義者、そして大衆の向かった先は異なっていたが、素材そのものに対する希求、とりわけ表面の光沢のありように対する鋭敏さは共通していた。表面は時代、社会、都市の心理を物語る。スピード感、躍動感、開放感をいかに表現できるかという表面の探求がアール・デコの製品や作品に反映され、工業化・合理化の要請と重なりつつも、極端な機能主義を回避

図6　ジャン・デュナン
フランス大使館喫煙室　1925年

図7　アイリーン・グレイ
テーブルE. 1027　1926-29年

している。アール・デコに見る動態としての造形にかんし、若桑みどりはピュイフォルカのティーセットなどを例にあげ、次のように述べている。

アール・デコはときに幾何学的であるが、決して反装飾主義ではなく、単に機能主義でもないまた……決して〈直線的〉ではない……。たしかにそれらは、アール・ヌーヴォーのような植物的な曲線は切り捨てた。しかし、それらは「動きの線」を獲得したのである。工業化への賛同が形体を簡潔にしたことは明らかである。しかしそれは、形象の持つ意志を放棄した機能主義とは違っている。それらの形体はダイナミックな張りと力への意志をもち、内的な生命力にあふれている。(16)

ルネ・ラリック（1860–1945）のガラス、タマラ・ド・レンピッカ（1898–1980）の絵画、カッサンドル（1901–1968）などのポスターもまた、その表面に滑らかな光沢を微妙に表現し、エネルギーと速度への憧憬を凝縮させている。つまり、アール・デコの形状特性を示す電波のイメージとしてのジグザグ線や、自動車、列車、飛行機など速度のイメージとしての流線形は、大衆にわかりやすい造形として選択されたであろうが、その選択は、素材の触感、特に光沢と連動して動性を引き出すための選択であったとも捉えられる。ロココ様式のC字形やアール・ヌーヴォー様式のS字形もまた、動きや流れを表現するが、アール・デコ期が希求したスピード感やエネルギーの表現には、より単純な直線や曲線によって造形し、むしろものそのものが持つ素材感を強調するほうが、消費者の趣味や欲望に合致したとは考えられないだろうか。この形状と光沢を結び合わせ、ダイナミズムを表現したところにアール・デコの「装飾芸術」の広がりをみることができる。

おわりに

アール・デコは、アール・ヌーヴォーの対極として語られることが多いが、むしろ、ドイツ工作連盟が成し遂げようとした「デザイン」に対するフランス独自の応答としてとらえた方が、その多様性を把握しやすいかもしれない。

二〇〇一年、千足伸行の総監修による大作『アール・ヌーヴォーとアール・デコ——甦る黄金時代』の中で鈴

木博之は、

ドイツ、オーストリアでは「工作連盟」という芸術家の組織を生みだし、これが二十世紀のデザインへの橋渡しとなる。そこでは、積極的に機械生産による製品のデザインを課題として取り上げる態度が見いだされる。装飾芸術、応用芸術、美術工芸などの言葉が、「デザイン」という言葉によって置き換えられてゆく過程が、モダン・デザイン史であり、その過程で装飾は死んでゆく。二十世紀の寵児は「インダストリアルデザイン」となる。

としている。[17] こうした動向に対し、フランスのアール・デコ周辺のムーヴメントは、さまざまな揺れ動きの中にあったが、結果として、完全に「デザイン」に組み込まれるものではなかった。

アール・デコは、フランスの美術、特に大芸術に格上げしようとした装飾芸術がデザイン的なるものに応答する道程にあらわれた現象である。ただ、その契機と目的は、機械による大量生産を可能にするためにデザインを課題としてとりあげるという、生産者・創作者からの意図だけでなく、大戦の心的外傷から逃れようとする消費者の趣味や欲望が絡んでいた。その一側面が、アール・デコに共通する素材表面への執心、触感や光沢への希求ではなかっただろうか。きらきら光り、反射し、明るく開けた未来を表象する物質に消費者としての大衆が、まず反応していたとするならば、その欲望が機械生産に適した新素材と結びつき、「装飾芸術」の枠組みを広げていったととらえられよう。

世界恐慌の後、一九三〇年代にアール・デコはその訴求力ゆえに、ファシズムに利用され、また、ニューヨークの摩天楼を飾ることになるが、それまでにモダニズムの道筋を迷いながらも下書きしており、第二次世界大戦後、インターナショナルスタイルが世界を席捲する。

ところが逆説的に、モダニズムの反省や批判と並行して一九六〇年代にアール・デコブームが起こったのは、デザイン概念としては未分化で多様な「装飾芸術」のありように可能性が求められたからであろう。その後、八〇年代にポストモダンという時流の中で、再びアール・デコの参照が盛んになる。こうした後世の現象は、既成の価値観に疑義を唱えようとするとき、アール・デコの「装飾芸術」が有効であることを示している。

では、二十一世紀初頭としての現代はどうだろうか。二十世紀初頭がめざした大量生産・大量消費の夢は、とうの昔に達成され、逆に少量生産・少量消費が推唱される現代は、アール・デコとは鏡像のような時代である。しかし、私たちの身の回りの製品は、造形よりも素材とその表面にデザインの重きが置かれはじめてはいないだろうか。二十世紀初頭とは全く異なる圧迫感、不安感、閉塞感を私たちは払拭《ふっしょく》しようとしているが、デザイナーも消費者も表面の微細な動きに敏感になっている。私たちはおそらくアール・デコと同様に大きな転換点、過渡期にあり次のデザイン的なるものを探っている。こうした意味でも、アール・デコは現代と地続きで、新たな枠組みを考える参照として生き続けている。

（1）「アール・デコ」という言葉が初めて使われたのは、一九二八年、画家アメデ・オザンファンが著書『芸術』の補遺にひとこと記述したことに始まるが、美術史・デザイン史・工芸史に定着し、見直しが始まったのは一九六〇年代に入ってからである。一九六〇年代にブームともいえるリバイバルが起こり、ベヴィス・ヒリアーの著作よって「アール・デコ」として紹介されたのが浸透し、現在では、アール・デコ博という名称で通用している。(Hillier, Bevis, *Art Deco*, Studio Vista Ltd, London, 1968. ヒリアー、ベヴィス／西澤信弥訳『アール・デコ』パルコ出版、一九八六年、一六四頁)。

（2）その多様性ゆえに、収集のされ方によっては、統一感を示すことにもなる。例えば、独自の審美眼で収集されたソナベントコレクションは「一貫した眼識で形成されており、その内容は、簡素さ、優美さ、洗練性、そして知的な挑戦という点で輝いている」と指摘される。（フレンダ・リチャードソン／今井美樹訳「アール・デコとソナベント夫妻の眼識」、『アール・デコ展――ソナベント・コレクション――』図録、サントリーミュージアム［天保山］他、二〇〇一年、一一頁）。

（3）初期のアール・デコの研究書としては、イタリアの美術批評家ジウリア・ヴェロネージが一九六六年に出版した *Stile 1925: Ascesa e caduta delle Art Deco* が知られている。近年のアール・デコに関する代表的な文献としては、ロンドンのヴィクトリア・アンド・アルバート美術館で二〇〇三年に開催され、その後カナダとアメリカを巡回した国際的な展覧会の図録 *Art Deco1910–1939* があげられる。二〇〇五年には、この展覧会を日本用に再構築した『アール・デコ展　きらめくモダンの夢』が開催された（Benton, C., Benton, T. and Wood, G edit. *Art Deco 1910–1939*, V&A Publications, 2003. 天野知香監修『アール・デコ展　きらめくモダンの夢』図録、東京都美術館他、二〇〇五年）。

その他、主要な文献に以下のものがある。

Duncan, Alastair, *American Art Deco*, Thames & Hudson, London, 1986.

Failing, Patricia, *1995, Howard Kottler*, University of Washington P. 1995.

千足伸行監修『アール・ヌーヴォーとアール・デコ——蘇る黄金時代』小学館、二〇〇一年。

佐野敬彦『アール・デコの世界〈1〉パリ　アール・デコ誕生』学習研究社、二〇〇一年。

イボンヌ・ブリュナメール／竹内次男訳『一九二五年様式／アールデコの世界』岩崎美術社、一九八七年。

海野弘『アール・デコの時代』美術公論社、一九八五年。

（4）天野知香は、「〈アール・デコ〉の位相」において、フランスにおける「装飾芸術」の概念は、世紀末に盛んに論じられ、それまでの絵画、彫刻といった「大芸術」の地位へ「小芸術」としての装飾的産業的な美術が引き上げられていく経緯と、それによって構築されてしまう植民地と女性に共通するジェンダー構造を精緻な文献調査をもとに鮮やかに論じ、そこであぶり出される課題は、現代に地続きである旨を指摘している（天野前掲書、二〇〇五年、一五－二八頁）。
天野による装飾芸術についての論考は他にも多数ある（『装飾／芸術』、ブリュッケ、二〇〇一年など）。

（5）アドルフ・ロース／伊藤哲夫訳『装飾と犯罪』中央公論美術出版、二〇〇五年。
Le Corbusier, *L'art décoratif d'Aujourd'hui*, Edition Crés, 1925./Flammarion, 1996.
ル・コルビュジエ／前川国男訳『今日の装飾芸術』鹿島出版会、一九六七年、一一一－一一七頁。

（6）エスプリ・ヌーヴォー館の計画要点は次の二点であった（ジャック・リュカン監修／加藤邦男監訳『ル・コルビュジエ辞典』中央公論出版、二〇〇七年、三六四頁）。
・規格品の建築部材を組織的に使用した厳密に工業的に施工される型としての住居単位
・都市や都市間の地域における規格化原理を一般化することの探求

（7）リュカン前掲書、二〇〇七年、五三一頁。

（8）Constant, Caroline, *Eileen Gray*, Phaidon Press, 2000, pp.127-143.

（9）McLeod, Mary, *Charlotte Perriand*, Harry N.Abrams, Inc, 2003, p.41.

（10）UAMは、一九三七年のパリ万博をはじめ、一九五八年までさまざまな活動を展開した。詳細は次を参照。
Arlette Barré-Despond, *Union des Artistes Modernes*, Paris, Editions du Regard, 1986.
Les années UAM 1929-1958, oxp. cat., Paris, Musée dos Arts Décoratifes, 1988.
SADは、第二次世界大戦後も活動を続けたが初期の主導的立場に戻ることはなかった。詳細は次を参照。
Brunhainmer, Yvonne, *The Decorative Arts in France, 1900-1943: la Société des Artistes Décorateurs 1900-1942*. Rizzoli, New York; 1990.

（11）井谷善恵は、明治時代から昭和の初期まで輸出されたオールド・ノリタケのハーメリングコレクションを日本で初めて詳細に紹介し、人気が高いのは「金や銀の金属的なイメージと鮮やかな色を組み合わせてデザインされた幾何学模様である。……アール・デコは鉱物のイメージといってよい。硬く、鋭角で、きらきら輝く」と指摘している（井谷善恵『オールド・ノリタケのアール・デコ』平凡社、二〇〇八年、一一二頁）。

（12）菅原、デュナン、グレイについては以下の拙稿を参照。
「菅原精造の履歴に関する調査・資料」、『夙川学院短期大学研究紀要』第三四号、二〇〇六年、三三－五二頁。

「アイリーン・グレイの屏風に関する考察」、日本デザイン学会『デザイン学研究』第五〇巻第六号、二〇〇四年、六七－七六頁など。

（13）イヴォンヌ・ブリュナメール／星埜守之訳「一九二〇年代フランスの漆」、『モードのジャポニズム展』図録、京都国立近代美術館他、一九九四年、一九一頁。

（14）Marcilhac, Félix, *Jean Dunand His Life and Works*, ABRAMS, 1990, p.28.
日本産業協会『巴里万国装飾美術工芸博覧会日本産業協会事務報告書』フジミ書房、二〇〇一年。

（15）Gray, Eileen and Jean, Badovici, “Maison en bord de mer, ” *L'Architecture Vivante*, Hiver, 1929, pp.17-21.
ピーター・アダム／小池一子訳『アイリーン・グレイ』リブロポート、一九九一年、二二八－二三六頁。

（16）若桑みどり「運動と空間の中の形」、『ユリイカ』一九八四年十二月号、青土社、九七頁。

（17）鈴木博之「都市のパノラマ」、『アール・ヌーヴォーとアール・デコ――蘇る黄金時代』小学館、二〇〇一年、四七頁。

〔図版出典〕

図1　日本産業協会編纂『巴里万博装飾美術工芸博覧会日本産業協会事務報告書第一分冊　写真』、フジミ書房、二〇〇一年

図2　*Robert Mallet-Stevens L'œuvre complète,* Centre Pompidou, 2005.

図3・4　イボンヌ・ブリュナメール／竹内次男訳『一九二五年様式／アール・デコの世界』、岩崎美術社、一九八七年

図5　McLeod, Mary, *Charlotte Perriand,* Harry N. Abrams, Inc, 2003.

図6　Marcilhac, Félix, *Jean Dunand His Life and Works,* ABRAMS, 1990.

イタリアと近代工芸運動

末永　航

はじめに——工業化する世界とイタリア

イタリアの近代工芸を語る前に、まず近代の世界でイタリアがどのような位置にいたのかについて、簡単な見取り図を確認しておきたい。

十八世紀後半からいちはやく産業革命を経験したイギリスは、石炭を燃料とする蒸気機関を使い、鉄や機械を製造し、すみずみまで鉄道網を張り巡らせて、十九世紀半ばまで他の欧米の国々と比較して、圧倒的な経済力を保持する。一八五〇年、世界の生産量の六割以上をイギリスが占めていたという。世紀末になるとこの割合は二割になり、アメリカやドイツがイギリスと肩を並べるようになるが、それでも先進超大国であったことには変わりがない[1]。

工業化の先端を行ったイギリスが真っ先に豊かな社会を築き、同時に大量生産の問題も明らかになって、近代工芸運動がここで始まったのも当然の経緯だった。イギリス以外の国の近代工芸を見るとき、どうしてもイギリスとの関係、つまりイギリスの工芸運動をどう受けとめたか、という点を考えざるを得ない理由はここにある。

一方、イタリアは、ルネサンス文化を生んだ十五・六世紀、バロックの中心でありつづけた十七世紀から十八世紀初めまでは、ヨーロッパの中心地域だった。しかしその後、イギリスやオランダなど北西ヨーロッパの国々が力をつけてくると、地中海世界は後進地域に転落していく。イタリアはずっと大小の領国に別れて統一されたことがなかったが、外国が支配する領土が増え、工業化にも取り残されることになる。

産業革命期の世界を大きく分けると、イギリスが基軸で、その周囲に後発資本主義国と従属地・植民地が存在し、後発資本主義国の中でもフランス、オランダ、ベルギーなどが中心にあり、プロイセン（ドイツ）、アメリカも十九世紀後半からこれに加わる。イタリア、スペイン、ロシアなどはヨーロッパの一員ではあったが「半周縁」の位置にいたと考えられている。(2)

しかしそうしたイタリアでも、十九世紀には外国支配から独立し、さらに全土を統一しようとするリソルジメント運動（Risorgimento）が起こる。結局、北西部のトリノを中心とするサルデーニャ王国が一八五九年オーストリアのハプスブルグ帝国との戦争に勝って北イタリアを統一、やがて中・南部やシチリアを併合してイタリア王国を樹立する。一八六一年のことである。

イタリアの中ではフランスに近く、比較的工業化も進んでいたトリノ、ミラノがリソルジメントでも中心になり、今日までつづくイタリア国内の南北格差はこの時期から始まっていた。しかしそのミラノでさえ、一八三八年の時点で人口一五万のうち、製造業者、流通業者、銀行家など近代的な産業に従事する人は全部合わせても千人に満たなかったという。(3) 十九世紀半ばのロンドンはすでに二三〇万、パリは一三〇万人の人口を抱えていた。(4) 中部・南部のローマ、ナポリ、パレルモなどは人口はミラノより多かったが、近代的産業はほとんどなく、大量の下層市民に「土木事業、記念行事、巡礼の組織、つまり『パンと見せ物』」を与えることで君主や教皇が都市を治めていた。(5)

ようやく成立したイタリア王国は、フィレンツェ、のちにローマを首都として国家の意識を確立し、工業化を進めていくことになるが、イギリスとの格差は簡単に解消できるものではなかった。

イタリアとイギリス——すれ違う視線

豊かなイギリス人は、空前の規模で国外に旅行し滞在することを始めた。十八世紀には上流階級の子弟が教育の仕上げとして長期の旅行に行く「グランド・ツアー」が習慣化したが、十九世紀になると中流以上の大量の人々が移動を開始する。どちらの場合でも、イタリアは最も重要な目的地でありつづけた。

近代工芸運動の端緒を開いたジョン・ラスキン（1819-1900）はイタリア旅行から『ヴェネツィアの石』をはじめとする多くの著書を産み出した。ラスキンと親しかったバーン＝ジョーンズ（1833-1898）などラファエル前派の美術家たちも、イタリアから汲み取ったものを基盤に活動を展開した。ほとんどイタリアに無関心だったウィリアム・モリス（1834-96）は、この時代のイギリスの、中流階級以上の人物として、むしろめずらしい例だといえる。

ラスキンたちは当時のイギリス人として誰もがするイタリア旅行を体験したともいえるが、近代への批判的視点から見いだしたものは、それまでの旅行者が愛好した古典的な美術ではなく、それとは対立するゴシックなど、中世のイタリアだった。

しかし世紀末から二十世紀初めのイタリアでのイギリス人たちを描いた『眺めのいい部屋』や『天使の踏むを恐れるところ』などE・M・フォースター（1879-1970）の小説にみられるように、当時イタリアにいたイギリス人たちは、イタリアに陽光と風景と古い文化を求めはしても、同時代のイタリアとイタリア人には、それがまるで存在しないかのようにまったく関心を払わないのが常だった。

逆にイタリア人にとって、この時代のイギリス人は仰ぎ見る存在の、先進国の金持ちだった。午後のお茶、サッカー、ゴルフやスーツ、ジャケット、カシミヤ・セーターなど、イギリス人がイタリアに持ち込んでくるイギリスの生活習慣や服飾は憧れの対象になった。

しかし工業化に向かって歩み出したばかりのイタリアには、その先にある問題まで理解する人は少なかった。一見、ゴシック・リヴァイヴァルやアーツ・アンド・クラフツに通じるかのような中世主義の様式がイタリアにも現れるが、これは反近代の理想郷としての中世ではなく、ある意味ではまったく正反対のものだった。

統一を主導したのがイタリアの中ではゴシックの影響が比較的大きいトリノやミラノを中心とする北イタリアだったため、オーストリア統治時代の古典主義に反発して新しい国家の様式として中世を持ち出してきたのだった。ミラノ、ブレラ美術学校の教授を勤めた建築家カミッロ・ボイト（1836-1914）らに主導されたこの動きはかなり支持を得、たとえば一時期新しい国の首都となったフィレンツェの大聖堂のファサードが、論争を重ねた末に華麗なゴシック式でつくられる。

しかしこのゴシック聖堂のもつ意味は、ラスキンの中世とは違っていた。どちらかといえばフランスのヴィオレ・ル・デュク（1814-79）が行った聖堂修復に近い。ただ、イタリアの近代国家建設はフランスよりもずっと遅れていて急を要し、より切実な課題だった(6)。

イタリアのアーツ・アンド・クラフツ運動

イギリスでアーツ・アンド・クラフツ運動が始まり、その情報がある程度イタリアにももたらされたが、イタリアでそれに追従しようとする動きはほとんど起きなかった。数少ない例外がボローニャで一八九八年から一九〇三年まで活動した「アエミリア・アルス Æmilia Ars（エミリア地方の芸術）」である。

アエミリア・アルスは、ボローニャの建築家アルフォンソ・ルッビアーニ（1848-1913）がフランチェスコ・カヴァッツァ伯爵ら貴族たちと設立した団体で、共同の工房も持ち、さまざまな職人を含めて五〇人近い人物が制作にかかわった(7)。

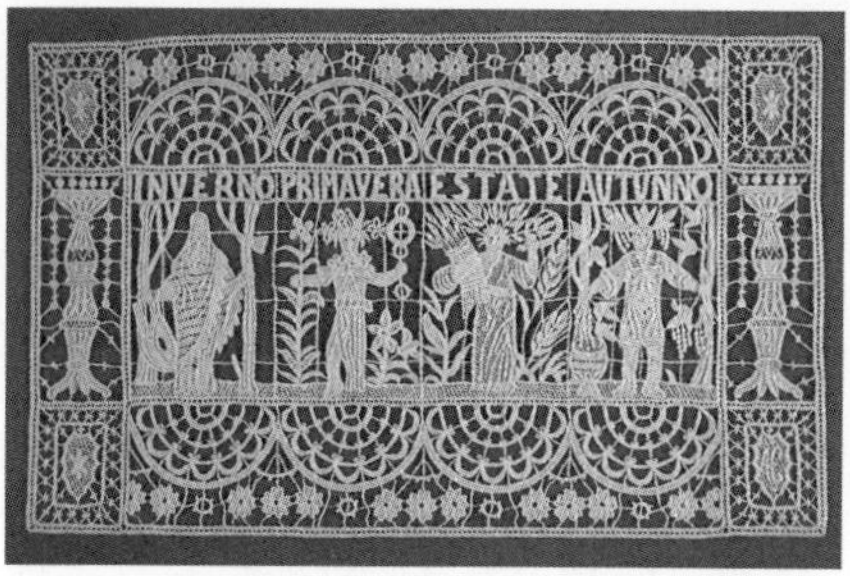

図1　アントニッラ・カンテッリ（アエミリア・アルス所属）のレース《四季》

図2　アエミリア・アルスの店　ボローニャ、1900年

壁紙や壁画、ステンド・グラス、その他さまざまな室内装飾そして家具の作品が多いが、金属細工、製本や革細工、アクセサリー、服も手がけ、またビザンティンや中世の模様に想を得たレースも主力商品のひとつだった（図1）。一九〇〇年からはレースを中心とした販売店もボローニャ市内に設けていた（図2）。もちろんその内装もアエミリア・アルスがつくったものである。レースは多数の女性たちが手作りするが、その女性たちの教育もアエミリア・アルスの目的のひとつで、貴族たちの社会改良への関心がこの活動を支えていた。

一九〇二年のトリノの博覧会にも出展しているほか、翌年のヴェネツィア・ビエンナーレ、一九〇四年のアメリカ、セントルイス万博にも参加した。

ルッビアーニはヴィオレ・ル・デュクの影響を受けた修復家で、一種の中世主義者だったが、文字通り中世の息づく街ボローニャの雰囲気がそうさせたのか、ボイトのように国家の様式などと気張る気配はなく、教会の一部やあまり大きくない貴族の邸宅などを設計した。作品の趣味はイタリアには珍しく、イギリス的な感じを与える。ただし修復家としてのルッビアーニはかなり大胆で、乱暴ともいえる改変を行うことも少なくなかった。(8)

リバティまたは花模様の様式

アーツ・アンド・クラフツ運動の影響を受けてまず大陸で生まれたアール・ヌーヴォーはイタリアにも波及し、フロレアーレ(花模様)様式、またはリバティ様式と呼ばれることになった。

十九世紀末からこうした作品はすこしずつ現れていたが、一九〇二年トリノで開かれた近代装飾美術博覧会にベルギーのオルタ(1861-1947)、ドイツのベーレンス(1868-1940)、オランダのベルラーへ(1855-1934)、オーストリアのオルブリヒ(1867-1908)、スコットランドのマッキントッシュ(1868-1928)、アメリカのティファニー(1848-1933)と当時の世界の新傾向を代表する建築家・工芸家が一堂に会し、それがきっかけになってイタリアでの流行にも火がついた。(9)一九一〇年頃には終息に向かったともいわれるほど短い期間だったが、その勢いは一時かなりのもので、細かく調べればどの町にもその痕跡をさがすことができる。

ロンドンのリバティ商会がその名のもとになっているように、イタリアにとっては外国の影響下に生まれたスタイルだという認識があったに違いない。実際、いちばん特徴的な作風を示すエルネスト・バジーレ(1857-1932)やジュゼッペ・ブレーガ(1878-1958)たちの建築は、オルタやフランスのギマール(1867-1942)の模倣・翻案ともいえるものだった。

しかしこうした流れの中から、イタリア独自の展開をみせたものもある。なかでも木彫・家具の製作者一家に生まれて自分もフィレンツェの工業装飾美術職業学校を出たジーノ・コッペデ(1866-1927)は親や兄弟と協働し

図3　ジーノ・コッペデ《マッケンジー城》のインテリア　ジェノヴァ、1897-1907年

図4　ジーノ・コッペデ《コッペデ地区》ローマ、1915-27年

て「コッペデ様式」といわれる特異な建築、インテリア・デザインをつくりあげた[10]。

のちに美術アカデミーで建築を学んでもいるが、もともと職人だったコッペデは旧来の建築家の常識にとらわれず、自由に一種奇怪なデザインをつぎつぎと実現させた。ジェノヴァのイギリス人の邸宅《マッケンジー城》（図3／一八九七－一九〇七年）で成功を納め、さらに中世風を基本にしたロマンティックなデザインを発展させたコッペデは、ローマ旧市外の巨大な建築群《コッペデ地区》（図4／一九一五－二七年）ではバロックからアール・ヌーヴォーまで何でも混ぜ合わせた異様に重厚な様式にいたっている。

近代イタリアの美術・工芸・建築教育

イタリアでは統一以前からフランスのエコール・デ・ボザールに似た美術アカデミー（Accademia di Belle Arti）が主な都市にあり、絵画・彫刻と並んで建築の教育も行っていた。これとは別に中世以来の伝統を誇る神学・哲学から始まった人文系中心の大学があったが、そこには建築学科はなかった。

しかし十九世紀になって科学技術教育の必要が認められるようになり、建築についても科学工学的要素も重視すべきだという考え方がしだいに広がっていった。トリノ大学の数学物理学学部の一部として設立された応用技術学校（Regia Scuole di Applicazione di Torino）では建築も教えていたし、ミラノでも高等技術専門学校（Istituto Tecnico superiore di Milano）が建築教育を始め、のちにこれがミラノ工科大学（Politecnico di Milano）となる。[11]ドイツの工科大学と並んで、工学教育を大学レヴェルのものとして認めた早い例である。

細かい制度の変更はいろいろあったものの、イタリアでは美術学校から建築は分離され、工科大学か大学の建築学部として、美術・工学いずれにも配慮した教育組織が比較的早くから成立する。[12]

また工業との結びつきを考慮した新しい美術学校が模索されたり、[13]従来徒弟制度の下で教育されてきた伝統工芸を伝承するための学校もつくられた。たとえば卒業生の職業名簿が刊行されていたフィレンツェの工業装飾美術職業学校（Scuola Professinonale delle Arti Decorative Industriali di Firenze）では、現存する十九世紀末の名簿から、木彫、家具、大理石装飾彫刻、装飾画、ニス塗装、壁紙貼りなど、この学校の出身者がさまざまな職人になっていることがわかる。[14]前述のコッペデが最初に学んだ学校がここだった。

さらにイタリア独特の発展を遂げ、一時大きな力をもったものに、労働運動と結びついた民衆教育機関がある。一八九二年、ミラノに設立されたソチエタ・ウマニターリア（Societa Umanitaria）が、一九〇三年から運営した「産業応用美術の実験室学校」はその代表的な例である。

イタリアのリソルジメントは結局王室の下に統一されることで実現したのだったが、その過程では社会主義革命を目指す考え方もあった。それは政治体制としては実現しなかったが、他国にはみられないほどの労働運動の広がりを生んだ素地となったのは確かだった。

ソチエタ・ウマニターリアはP・M・ローリア（1814-1892）という富豪が恵まれない人々に仕事を与え助けることを遺言して残した遺産をもとに、ミラノ市が設立した団体だった。社会主義者たちが運営にあたり、労働組合と連動して多彩な活動を展開した。

そのひとつが職業学校で、産業応用美術の学校には木工、鉄工芸、貴金属工芸の部門からなる昼間の男子職業学校と専修夜間学校があった。イタリア語、算数、幾何学、物理学、市民道徳などの一般教養もあり、入学資格は一二歳から一五歳で小学校を終えた者、授業料は無料だった。夜間の専修学校はそれを終えたものが中心で、五年課程、家具・寄木細工職人、鍛冶屋・装飾職人、金銀細工師・彫版師、壁装職人、ペンキ・金メッキ職人の五部門からなっていた。他にも電気工学、裁縫、左官、時計職人、女子職業学校などが開かれた。

やがてファシストが政権を握るとソチエタ・ウマニターリアもその支配下に入って社会主義的色彩は払拭され、学校教育に専念するようになった。一九二九年、応用美術部門も労働者のための新しい課程を加えて再編される。第二次大戦後はまた活動を再開するが、一九七八年にはすべての学校が州立に移管され、図書館だけが現在も運営されているという。(15)

工芸との関連でいえばもっとも重要な役割を果たしたのはやはり初期の社会主義時代で、イギリスのアーツ・アンド・クラフツの教育理念から影響を受けた部分ももちろんあり、イギリスの『ストゥディオ』誌に、イタリアからはめずらしく掲載された作品もある。(16)

しかしこの雑誌でも制作者の名前はなく、ただこの学校の生徒の作品とだけ記載されている。基本的には生活できるだけの技能を持った職人の養成を目指した学校だったから、名前を出すような個性的な作家を育てる意図はおそらくなかったのだろう。

またソチエタ・ウマニターリアはファシズムへの過渡期にミラノ・トリエンナーレの主催者のひとつとなり、イタリア・デザインの振興に大きな役割を果たした。

工芸・デザイン・職人

家具や工業デザインの世界で永く指導的な役割を果たしたイタリア人エットーレ・ソットサス（1917-2007）はあるインタビューでこんな発言を残している。

芸術家。画家。建築家。（中略）それに美術評論家が加わって大きな知識層を形成したわけだ。（中略）イタリア・デザインの最初の作品は、そういう知識層が人間や人生を総合的に考える中から生まれてきた。(中略)クラフト・デザインは、インダストリアル・デザインを評価していく論議の中で、(中略)ゆっくりと終わりを告げていった。これは、ほかの国ではなかったことだ。[17]

イタリアでは一九八〇年代まで、デザインの専門教育機関はなく、デザイナーのほとんどは大学で建築を学んだ人たちだった。[18]ソットサスは専門技術よりも、総合的な思考のできる「知識層」であることをデザイナーの要件として重視し、デザイン技術だけを教える学校には疑問を持っていたようである。

イタリアでは、「知識層」がデザインし、技を誇る職人や企業の工場がそれを支えるという図式が、デザインに関しては二十世紀の初期から確立していた。一九二三年モンツァで始まり、一九三三年以降ミラノで開催された建築・産業・装飾芸術展覧会(ミラノ・トリエンナーレ)は、ミラノ第一回展でル・コルビュジエ(1887-1965)、グロピウス(1883-1969)、ミース・ファン・デル・ローエ(1886-1969)、フランク・ロイド・ライト(1867-1869)など世界の近代建築の巨匠たちを外国招待作家として招き、当初から先端的なモダン・デザインの発表会場として機能していた。

一九六一年ミラノ国際家具見本市(「サローネ」)が始まってから体制が整った家具、一九七八年ミラノ・コレクションが始まって以降、フランスへ素材と縫製を提供する存在から抜け出してイタリア・ブランドを確立した服飾など、分野によっては時期がずれるが、デザイナーと職人・企業はまったく別の立場で、しかし支え合ってものをつくるというかたちをとる。

一方でイタリアは、ナポリ近郊のカメオやヴェネツィア・ムラーノ島のガラス、ファエンツァやフィレンツェ近郊の陶器、フィレンツェの輝石(半貴石)細工など多くの工芸品で知られる国でもある。

一九四八年に施行されたイタリア共和国憲法には「手工業の保護と発達をはかる措置は、法律で定める」という条文もあり、[19]職人的手工業に従事する人口の割合が高いことは現代でもイタリア産業の特徴のひとつである。

すでにみたように十九世紀以降、これらの分野でも職工学校がつくられるなど教育方法の近代化はある程度進んだが、今でも工房の現場で憶えるという養成方法をとることも多い。そこでできたものはほとんどが職人の製品であって、作家の作品ではないから、作り手の名前が付けられて世に出ていくわけではない。創造性、作家性を追求するよりも、伝統の技術を守り、無名の職人でいることに誇りをもつ人たちがいる。

これまで近代イタリアの工芸について、新しい動きをいくつかみてきた。しかしイタリアのものづくりでは、技に生きる職人の世界が中世から連綿とつづいていて、その点では近代になって変化した部分はごく小さいことも事実なのである。

（1）福井憲彦『ヨーロッパ近代の社会史——工業化と国民形成』岩波書店、二〇〇五年、二〇頁。

（2）柴田三千雄『近代世界と民衆運動』岩波書店、一九八三年、四一八-六一九頁。

（3）クリストファー・ダガン／河野肇訳『イタリアの歴史』創土社、二〇〇五年、一五六頁。

（4）福井憲彦、前掲書、一五-一六頁。

（5）柴田三千雄、前掲書、二七頁。

（6）横手義洋「イタリア中世主義における『ロンバルディア建築』の歴史的正当性について」（『日本建築学会計画系論文集』第五三〇号、二〇〇〇年四月、二四三-二四七頁）、同「C・ボイトによる反折衷主義理論の展開について——イタリアにおける国家の様式を巡る論争」（同誌第五三二号、二〇〇〇年六月、二六九-二七三頁）、同「『様式的修復』にみるイタリア中世主義の限界について」（同誌第五三三号、二〇〇〇年七月、二四五-二五〇頁）参照。

（7）二〇〇一年、ボローニャのコレッツィオーニ・コムナーリで開かれた展覧会の整ったカタログ *Aemilia Ars Arts & Crafts a Bologna*, Bologna, 2001, pp.251-261 の Elisa Bardini による人名録にはルッビアーニを除いて四二の項目があげられているが、兄弟や親子などで個々の名が不明の人物もあり、それらは一緒に立項されているのでおよそ五〇人とした。この中には経歴がまったく不明の者もかなりいる。

（8）a cura di Carla Bernardini e Marta Forlai, *Indusutriartistica bolognese -Aemilia Ars:luoghi, mareriali, fonti*, Bologna, 2003.
Irene de Guttry e Maria Paola Maino, *Il mobile liberty italiano*, Roma-Bari, 1983, pp.87-91.

（9）Terry Kirk, *The Architecture of Modern Italy*, vol.2, pp.14-34.
Eleonora Bairati e Daniele Riva, *Il Liberty in Italia*, Roma-Bari, 1985, pp.1-7, 29-36.
トリノ博覧会については、同時代の批評を集成した a cura di Francesco Fratini, *Torino 1902-Polemiche in Italia sull'Arte Nuova*, Torino, 1970 が図版も豊富で詳しい。

（10）Terry Kirk, op.cit., pp.31-35.
Rossana Bossaglia, Mauro Cozzi, *I Coppedè*, Genova, 1982.

(11) Bozza e Jolanda Bassi, "La formazione e la posizione dell'ingegnere d dell'architetto nelle varie epoche storiche", *Il centenario del Plitecnico di Milano, 1863-1963*, Milano, 1964, pp.11-113.
横手義洋「ミラノ高等技術学校の創設とC・ボイトの建築教育理念について」『日本建築学会計画系論文集』第五四一号、二〇〇一年三月、二五九－二六四頁。

(12) Anna Guagnini, "Tecnology", *A History of the University in Europe*, vol.3, Cambridge, 2004, pp.593-634.
Anna Guagnini, "Academic Qualifications and Professional Functions in the Development of the Italian Engineering Schools, 1859-1914", *Education, Technology and Industorial Performance in Europe, 1850-1939*, Cambridge,1993,pp.171-195.
Anna Guagnini, "Higher Education and the Engineering Profession in Italy: The Scuole of Milan and Turin, 1859-1914", *Minerva*, vol.26,n.4, 1988, pp.512-548.

(13) 先述のミラノ工科大学も一例だが、たとえば、日本の工部美術学校で教えたラグーザは故郷のパレルモに日本人の妻お玉とともに帰り、工芸学校を設立する。それは日本の工芸技術を導入しつつ工業との関連を重視したものだったという（河上真理「西欧における日本美術受容に関する一考察――ヴィンチェンツォ・ラグーザの日本美術コレクションと『工芸学校』の実態」、『トヨタ財団助成研究概要』、一九九九－二〇〇〇年）。

(14) a cura di Maurizio Bossi e Giancarlo Gentilini, *Arti fiorentine -La grande storia dell'artigianato*, vol.4, Firenze, 2001, pp.83-91.
なおこれはフィレンツェに限ってはいるものの、多分野の工芸について歴史を叙述した稀有な文献である。

(15) 中嶋佐恵子「イタリア民衆教育の展開(1)――ソチエタ・ウマニタリアの軌跡」、『名古屋大学教育学部紀要（教育学科）』四一巻一号、一九九四年、一〇七－一一八頁。

(16) "iron grill"二点（*The Studio Year-Book of Decorative Art*, 1924, p.150）、夜間専修学校の学生の作品とある。

(17) 一九九三年六月、佐藤和子によるインタビュー（佐藤和子『「時」に生きるイタリア・デザイン』、三田出版会、一九九五年、三四一頁）。

(18) 雑誌『ドムス』から生まれたドムス・アカデミーは一九八三年に設立され、現在は大学院レヴェルの課程も持っている。正式の大学での工業デザイン学科はミラノ工科大学に一九九三年になって設置され、これがイタリアで最初の例である。

(19) 'La legge provvede alla tutela e allo sviluppo dell'artigianato (Art.46)'
イタリア語原文は上院のインターネット・サイト、日本語訳はソフォ・ボルゲーゼ／岡部史郎訳『イタリア憲法入門』有斐閣、一九六九年、一五六頁によった。

スイス・ハイマートヴェルクに見るスイスの工芸運動

川北健雄

はじめに

スイス・ハイマートヴェルク（Schweizer Heimatwerk）は、農民工芸の振興を目的として一九三〇年に設立された公益組織である。農民たちが冬の農閑期などに伝統工芸品を手作りして補足収入を得ることができるよう、地方における伝統工芸品の制作技術の普及と改善を行うと同時に、地方で作られた伝統工芸品の都市部への販路を確立することをめざした活動が行われた。対象とされた工芸は織物、刺繍、縫製、木工、金工、陶芸、家具、建築など多岐におよび、工芸技術の研修を目的とした学校も設置された。

このような活動は、チューリヒやバーゼルの工芸学校における専門教育、あるいは一九一三年に設立されたスイス工作連盟や、バウハウスの思想に基づいて工業化時代の洗練された表現を生み出すにいたった、スイス近代デザインの主流とはまた別の次元の、地域性と民族性にこだわり続けたもうひとつの工芸運動としてとらえることができるかもしれない。

これまでスイスの近代デザイン史のなかで、あまり注目されることのなかった、スイス・ハイマートヴェルクの活動に焦点を当て、設立から近年にいたるまでの活動の概要を明らかにし、スイスの近代デザイン史におけるその位置づけについて考察する。

関連資料と研究の方法

スイス・ハイマートヴェルクの歴史に関する基礎的な資料としては、チューリヒにあるスイス・ハイマートヴェルクの本部事務所から、六十年間にわたって出版されたハイマートヴェルクの機関誌の初期のものや、その他いくつかの冊子を入手した。また、二〇〇四年の九月に前運営責任者のマーティン・シュトュッスィへのヒアリングを行い、ハイマートヴェルクが設立された背景や、シュトュッスィが責任者であった時期における活動の実態を聴取した。また、同時期にバーレンベルクのハイマートヴェルク講習センターを訪れ、センター長のアドリアン・クニュッセルから現在の活動内容について話を聞くとともに、センターに保管されている一九五二年以降にハイマートヴェルク学校から出版された機関誌の閲覧を行い、それらのうちの何冊かを資料として持ち帰った。また、ハイマートヴェルク講習センターの前身であり、一九四八年から一九九五年まで続いたリヒタースヴィール（Richterswil）のハイマートヴェルク学校については、現地を訪れて建物や施設跡の確認を行った。本論では、これらの資料、ヒアリング、および現地調査の結果を通して、スイス・ハイマートヴェルクの概要を明らかにし、その意義について考察する。

スイス・ハイマートヴェルクの設立の背景

スイス・ハイマートヴェルクは、厳しい自然条件や乳製品価格の変動により安定した収入が得られないスイス山岳農民の支援を目的として、伝統技術を生かした農民の手による工芸品の生産振興を意図し、一九三〇年に設立された自助活動支援組織である。組織の設立前には、初代運営責任者のエルンスト・ラウアーがスイス連邦評議会とスイス農民連盟からの依頼を受けてスカンディナヴィアに赴き、ノルウェーのフーススリーデン、スウェーデンのヘルムスロイドなど、農民工芸再興の先行事例について調査を行っている。また、エルンスト・ラウアーの妻アグネスは、工芸的才能を有した人物とされ、スイス国内の各地方をまわって、都市で販売可能な工芸品の発掘と買い付けを行った。

スイス・ハイマートヴェルクの活動には、二つの側面がある。ひとつは、地方での伝統技術を生かした工芸品の生産振興とそれらの都市部での販売であり、もうひとつは、工芸品の品質向上と農民自身の生活環境の改善を目的とした技術教育である。一九三〇年にはチューリヒに販売店舗、ブルック（Brugg）に織物学校が開設されている。以降、一九三四年には家具部門、三五年に刺繍工房、三六年に婦人服仕立部門、三七年に紳士服仕立部門がそれぞれ開設されている。また、一九四三年には木工学校の山間講習会が開始され、四八年にはチューリヒ湖畔のリヒタースヴィールにハイマートヴェルク学校が開設されている。

理念的背景——ナショナリズムとの関係

一九三九年のスイス内国博覧会に、ハイマートヴェルクは伝統的外観を有する小さな村のような一群のパヴィリオンを出展し、工芸品だけでなく民俗音楽などの展示も行っている。当時、ドイツでは国家社会主義と結びついた民族主義が台頭しており、オーストリアでは、そのような流れの中でのハイマートヴェルクが存在していた。この内国博覧会は、第二次世界大戦前のこのような状況の中で、スイスが独立国家であることを明示するためのイベントであったとも解釈でき、ここへの出展は、ハイマートヴェルクが単なる工芸品の生産販売による農民の支援だけでなく、自然と伝統工芸に重点をおいたスイス独自の文化的理念の確立をめざす運動であったことを示すひとつの例証であるとみることができる。

ハイマートヴェルク学校

ハイマートヴェルクによる講習会は刺繍、編物、織物のコースから始まり、次に建物の修理や家具制作のコースが開催された。当初は講師が地方へ派遣され、現地の学校施設等を借りて講習が行われたが、一九四八年にはリヒタースヴィールの製粉工場跡の建物を購入して、ハイマートヴェルク学校（Heimatwerkschule）が開設された。ここには十二の建物があり、講習のための教室や工房だけでなく、食堂や寝室など生活のための設備も整えられていて、最大で四十人余りが宿泊することができた。講習内容としては大工仕事、木工、石（れんが）工、建物の修復、刺繍、編物、織物等のコースがあった。主なコースは九月~三月の冬の期間に開催されたが、テキスタイル関連では通年で開講されるコースもあり、夏の間に開講される趣味的なテーマのコースも存在していた。

活動の成果と現況

都市部での販売手段と地方の伝統技術とを結びつけることによって、工芸品の生産を活性化し、品質の改善を促進したという点では、ハイマートヴェルクの活動は一定の成果をあげたといえるであろう。しかしながら、山岳農民の補足収入の確保という点では、当初の目的は必ずしも意図された通りには達成されなかったと考えられる。農民が副業として生産した工芸品の多くは、品質に対してコストが高すぎ、売り物にならないことが多かった。販売に成功した工芸品の多くは、むしろそれを専業とする地方の工芸家の手による高級品であった。リヒタースヴィールでの木工コースの修了者も、家具制作の基本技術は習得できたが、それは主として自分たち自身の生活環境を整えるためのものであった。

リヒタースヴィールのハイマートヴェルク学校跡

ハイマートヴェルク学校の受講者は、初期にはほとんどが農民であったが、しだいに趣味として工芸品の制作技術を身につけようとする人々が多くなった。シュトユッスィの話によれば、一九八五年頃には受講者の減少が顕著になり、特に手織物のコースは深刻な状況にいたっていたという。結果として、ハイマートヴェルク学校は一九九五年に閉校となり、リヒタースヴィールの土地建物を売却した資金を用いて、その翌年にバーレンベルクにある現在のハイマートヴェルク講習センターが設立された。センター長のクニュッセルの話によれば、現在のバーレンベルクでの受講者は、ハイレベルの趣味として工芸を習得しようとする人たちと、プロもしくはセミプロの工芸家たちで、実施コースが七十種類程度に増えた一方、ひとつのコースの期間は一週間未満に短縮されている。

現在も、スイス・ハイマートヴェルクでは、取扱対象をスイス国内で生産された手工芸品に限定しているとのことであるが、中には量産品と大きな違いを認め難い品物も多く、デザインとして高い水準の商品は少ないように見受けられる。例外的に、チューリヒのレンヴェーグ（Renweg）にある店舗では、伝統技術を現代のデザインに生かすことを試みる作家たちの作品が多く揃えられている。

他のデザイン運動とのかかわり

今回の現地調査では、直接の関係者であるシュトユッスィとクニュッセルのほかにも、バーゼル工芸学校やチューリヒ工芸美術館、チューリヒ大学等において、近代デザインに関する何人かの専門家にヒアリングを行ったが、シュトユッスィとクニュッセル以外には、ハイマートヴェルクのことを詳しく知る人はなく、スイスの近代デザイン運動に対するハイマートヴェルクの活動の影響を確認することはできなかった。ハイマートヴェルクは、スイス連邦政府による支援を受けて誕生したにも関わらず、スイスの近代デザイン運動の主流からはずれた、単なるノスタルジックな伝統工芸の再興運動としてとらえられ、デザインの専門家たちからは、ほとんど関心を払われなくなっているかのようにみえる。ハイマートヴェルク学校の講師たちも、主にハイマートヴェルクに製品を納入する優れた工芸職人の中から選ばれており、彼らは一般に、スイスにおける近代デザイン運動の中で大きな役割を果たしてきたチューリヒ工芸学校、バーゼル工芸学校、スイス連邦工科大学などのアカデミックな領域との交流は少なかったと考えられる。チューリヒ大学のフォン・モース教授の話によれば、スイスの近代デザイン史研究の分野でも、ハイマートヴェルクに関する研究は、現在のところほとんど行われていない。

しかしながら、二〇〇二年に出版されたアルトゥール・リュエグの *Schweizer Möbel und Interieurs im 20. Jahrhundert* によれば、スイス工作連盟のメンバーで建築家でありテキスタイルデザイナーやグラフィックアーチストしても活躍したパウル・ホッシュは、スイス・ハイマートヴェルクに先立って一九二九年に設立された、バーゼル・ハイマートヴェルクの共同設立者であることが記されている。(1) また、ハイマートヴェルクの活動は、デザイン様式としてのハイマートシュティール (Heimatstil) や一九〇五年に発足したハイマート保護協会 (Heimatschutz) の運動とも、何らかのつながりがあった可能性が考えられる。

機関誌 *HEIMATWERK* に登場する人々

スイス・ハイマートヴェルクの活動が、社会的にどのような広がりを持っていたのかを考察するもうひとつの手段としては、設立以来長期間にわたって発刊されてきたハイマートヴェルクの機関誌に登場する作家や執筆者について分析することが考えられる。機関誌 *HEIMATWERK* は、一九三六に初代運営責任者であるエルンスト・ラウアーによって発刊され、一九六八年に逝去するまでの三十三年間にわたり、彼自身がその編集に携わった。一九六九年から八三年三号までは、二代目のハイマートヴェルク運営責任者であるアルベルト・ヴェットシュタインが発行責任者となり、内容は伝統工芸的なものよりも近代工芸的なものに重点が置かれるようになった。そして、一九八三年四号から九七年の廃刊までは、一九八一年に運営責任者に就任したマーティン・シュトュッスィが編集を担当した。

ちょうど発刊五十周年となった一九八五年には、それまでの記事内容についての総索引(2)が作成されている。次頁の年表は、この索引をもとに五つ以上の異なる号数の雑誌において記事（文章または作品）掲載があった、作家および執筆者を抜粋してまとめたものである。これを見ると、初代運営責任者であるラウアーが編集に当たって

ハイマートヴェルク誌に掲載された主要な工芸作家および執筆者年表

1940－ 1950－ 1960－ 1970－ 1980－

36 37 38 39 40 41 42 43 44 45 46 47 48 49 50 51 52 53 54 55 56 57 58 59 60 61 62 63 64 65 66 67 68 69 70 71 72 73 74 75 76 77 78 79 80 81 82 83 84 85

エルンスト・ラウアー (Ernst Laur，スイス・ハイマートヴェルク 運営責任者)
フィーダ・ローリー (Fida Lori，サンクト　マリア織物工房長)
アグネス・ラウアー (Agnes Laur，スイス・ハイマートヴェルク運営協力者)
マリア・ゲロエ＝トブラー (Maria Geroe-Tobler，ゴブラン織作家)
リヒャルド＝ルドルフ・ヴィエランド (Richard-Rudolf Wieland，手刷り作家)
ザシャ・モルゲンターラー (Sasha Morgenthaler，人形作家)
ローザ・ゲルバー (Rosa Gerber，刺繍作家)
クリスティアン・ルービ (Christian Rubi，執筆者)
アルベルト・エーデルマン (Albert Edelman，教員)
マックス・フライ＝エルブ (Max Frei-Erb，金細工師)
ヤコブ・シュトゥッキ＝ゲルバー (Jakob Stucki-Gerber，陶芸家)
エミール・トーマン (Emil Thoman，彫刻家)
マヤ・ミュラー (Maya Müller，執筆者，ぬいぐるみ作家)
イルマ・ロッフラー (Irma Roffler，ハイマートヴェルク連盟代表)
ヒルデ・リビ (Hilde Ribi，執筆者)
リッスィー・フンク＝デュッセル (Lissy Funk-Düssel，刺繍作家)
ハンニ・サンドマイヤー (Hanni Sandmeier，画家)
アスタ・ベアリング (Asta Berling，玩具作家)
フリッツ・ヴェッツェル (Fritz Wezel，ハイマートヴェルク・リヒタースヴィール学校長)
ギード・グロース (Guido Gross，執筆者)
ロベルト・ニーダーラー (Roberto Niederer，ガラス作家)
リーゼロッテ・ヴァルツ (Liselotte Walz，ガラス作家)
ウエリ・シュムッツ (Ueli Schmutz，陶芸家)
アルベルト・ヘップ (Albert Hepp，金細工師)
ソフィー・レッヒナー (Sophie Lechner，執筆者・陶芸家)
アルベルト・ヴェットシュタイン (Albert Wettstein，(執筆者)
フェルディナンド・ノッター (Ferdinand Notter，執筆者)
テオ・フライ (Theo Frey，執筆者)
カール・ゲルマン (Karl Germann，ろくろ作家)
アーノルド・ツァーナー (Arnold Zahner，陶芸家)
イヴァン・フメッツ (Ivan Chmetz，金細工師)
ショシュ・クノイビュール (Shosh Kneubühl，陶芸家)
クルト・ネフ (Kurt Naef，玩具作家)
ジャン＝クロード・クルーサー (Jean-Claude Crousaz，陶芸家)
ウルス・ラッヘンマイヤー (Urs Lachenmeier，金属工芸作家)
エルンスト・ツルヒャー (Ernst Zürcher，農民画家)
ルドルフ・シュニーダー (Rudolf Schnyder，執筆者)
フィリップ・ロンベアスィー (Philippe Lambercy，陶芸家)
エドワルド・シャパラ (Edouard Chapallaz，陶芸家)
ヘルバート・メーダー (Herbert Maeder，執筆者)
ペーター・ヒュスラー (Peter Hüsler，玩具作家)
ドミニーク・グランジュ (Dominique Grange，陶芸家)
アーリン・ファーヴラ (Aline Favre，陶芸家)
フロラン・ツェッラー (Florent Zeller，陶芸家)
ペーター・エーベルハント (Peter Eberhand，執筆者)
エルスベット・プリスィ (Elsbeth Prisi，執筆者)
クリストフ・フリードリヒ (Christoph Friedrich，金属工芸作家)
マーティン・シュトゥッスィ (Martin Stüssi，執筆者)

いた一九六〇年代までとそれ以降とにおいて、掲載がある作家や執筆者の傾向が変化していることがわかる。一九六〇年代までは、特定の作家や執筆者が長期間継続的に登場している。一九七〇年代になると、この年表への抜粋基準とした五回以上の掲載がある作家や執筆者の数が増えているものの、一九八〇代の半ばまで掲載が継続している例はあまり多くない。また、一九七〇年代には、登場する作家の中で陶芸家の割合が多くなっているのが特徴的である。

ここに登場する作家たちに着目すると、ハイマートヴェルクの活動が、必ずしも同時期のほかのデザイン運動と無縁であったわけではないことがわかる。例えば、ゴブラン織作家のマリア・ゲロエ＝トブラーと刺繍作家のリッスィー・フンク＝デュッセルは、ともに一九二七年から三一年まで、デッサウのバウハウスで織物工房を指揮した女性たちである。(3) ティチーノを活動拠点としていたマリア・ゲロエ＝トブラーの手織り絨毯はハイマートヴェルクによって販売され、モダンデザインとスイスの伝統とが結びついた工芸品を、新しい住空間の構成要素として用いることが可能になったのである。

本論では、機関誌 *HEIMATWERK* に登場する作家や執筆者たちがほかにどのような組織に属し、あるいはほかにどのような活動を行っていたのかといった事柄を詳細に分析するにはいたっていないが、今後、これらの作家や執筆者の活動についてさらに調査分析することにより、ハイマートヴェルクの活動が、どのような社会的広がりにおいて受け入れられていたのか、また、他のデザイン運動とどのような関係にあったのかを解読する手がかりが得られるであろうと考えられる。

（1） Arthur Rüegg, ed., Schweizer Möbel und Interieurs im 20. Jahrhundert, Basel: Birkhäuser, 2002, p.427.
（2） Register zur Zeitschrift des Schweizer Heimatwerkes Jahrgänge 1–50.
（3） Arthur Rüegg, ed., op. cit, p.81, 108.

ドイツの工芸博物館について：その設立と展開――ベルリンを中心に――

池田祐子

はじめに

本稿でとりあげるいわゆる工芸博物館とは、ドイツ語の“Kunstgewerbemuseum”を指す。この他に応用美術館を意味する“Muesum für angewandte Kunst”があるが、英語の“Museum of applied arts”の訳語であるこの言い方が現れるのは二十世紀に入ってからであることを考えると、当面問題になるのは“Kunstgewerbemuseum”なるものがどういうものである、ないしはであったか、という点であろう。そのさい、まずはドイツ語の“Kunstgewerbe”がドイツ本国において、どのような経緯のもと使用されるようになったかを概観しておきたい。

ベルリン工芸博物館前館長であるバーバラ・ムントが著書『十九世紀ドイツの工芸博物館』で述べているように、十九世紀ドイツにおいて当初この言葉は一般的ではなかった[1]。グリム兄弟編纂のドイツ語辞典によれば、今日的な意味での“Kunstgewerbe”概念の提唱者はゲーテであり、彼はこの言葉をヴォルテールの戯曲『タンクレード』の翻訳で何度も用いているという。一八〇〇年頃“Kunstindustrie（芸術産業）”“Kunstgewerk（技術専門業）”“Kunstfleiß（技術業）”という言葉は存在してはいたが[2]、どちらかといえば高尚な言葉であり、一般的に使用されていたのは“Handwerk（手工業）”や“Gewerbe（産業）”であった。一八二〇年に設立されたプロイセンの産業研究所（Gewerbeinstitut）は「“Gewerbe（産業）”に“Kunst（芸術・技術）”を応用することを推進」したが、この時はまだ“Kunstgewerbe”という言葉に確かな内容は与えられていない。博物館・美術館関係の動きの中で、公的にはっきりとこの言葉を使用したのは、ハンブルクの工芸博物館（Museum für Kunst und Gewerbe）初代館長になるユストゥス・ブリンクマン（1843-1915）で、彼はこの言葉を博物館設立要請に関する新聞記事の中で使用している。また公式な機関としてこの言葉を冠したのは、一八七三年にライプツィヒに開校した工芸学校（Kunstgewerbeschule）

である。そして博物館・美術館そのものとして初めてこの名を冠するのが、設立当初ドイツ産業博物館（Deutsches Gewerbemuesum）と呼ばれていたベルリン工芸博物館（Kunstgewerbemuseum）であり、それは一八七九年のことであった。ここに明らかなように"Kunstgewerbe"という言葉が一般化してくるのは一八七〇年代であり、それはドイツ全土に雨後の竹の子のように同種の博物館が設立された時期と重なっていた。

十九世紀ドイツにおける工芸博物館

①時代背景と第一回ロンドン万国博覧会（一八五一年）

"Kunstgewerbe"という言葉が一般化していく過程は、ドイツ全土に工芸博物館が設立されていく過程と重なるだけではなく、大ドイツ主義から普墺戦争を経て、プロイセンを中心とした小ドイツ主義により一八七一年にドイツ帝国が成立し、新生国家として世界に打って出ていく過程と完全に重なっている(3)。十八世紀の重商主義の影響を受け、ドイツで長らく受け継がれてきた職業・職人組合であるギルドやツンフトが解消され、商工業の自由化が加速された。それはまた中世以来のシステムに保護されてきた生産者が、対外的な競争に晒されたことを意味する。ドイツ帝国誕生の混乱の中にありながら、生産者は、生産システムの産業化や帝国主義と対峙し、フランスやイギリスと貿易上での競争を余儀なくされた。そのため十九世紀に入ると、生産者を救済する施策が望まれるようになり、各地、とりわけフランスとの直接的な競争に晒される西部地域に、さらには手工芸（Kunsthandwerk）が地元産業の要であるような町に産業研究所（Gewerbeinstitut）や産業連合（Gewerbeverein）、商工業中央局（Centralstelle für Gewerbe und Handel）などが設置された。

この流れを決定づけたのが、一八五一年に開催されたロンドン万博である。生産システムの産業化を背景とした最新の技術を披露することと、帝国主義を背景とした各植民地や非ヨーロッパ諸国の紹介をかねたような本博覧会で、ドイツのみならず先進諸国が衝撃を受けたのは、進んでいる（と思っていた）自分たちの産業生産品が、第三世界とりわけ日本や中国の伝統的な手工芸生産品より、質的にも美的にも遥かに見劣りがするという現実だった。それを打開すべく一八五二年に設立されたのが、ロンドンのサウス・ケンジントン博物館（現ヴィクトリア&アルバート美術館）とその付属学校であり、のちに各地で盛んになる工芸改革はここから始まったといえる。

ドイツにおいては、第三世界のみならず、他のヨーロッパ諸国の生産品と比べても、自分たちの生産品が質的にも美的にも劣っていることが問題だった。手本となるような作品の洗練されたそして教育的な特質を紹介し、それを学ぶことが、十八世紀半ば以降のドイツでの生産者に対する職業訓練の中核を成していたが、一八二一年にベルリンの産業研究所長を務めるクリスティアン・ボイト（1781-1853）と建築家フリードリヒ・シンケル（1781-1841）によって『事業主ならびに職人のための模範作品集（*Vorbilder für Fabrikanten und Handwerker*）』というリーフレットが出版され、その模範作品を提供するのは主にデザイナーとしての建築家、という流れが生まれつつあった。一八五一年の万博での失敗は、図らずも、この両者の連携が上手くいっていないことを露呈したのである。そのことを、つまり"Kunst"と"Gewerbe"の乖離を強く批判し、学問と芸術そして産業が統合されていた産業化以前の状況を振り返る必要性を説いたのが、ゴットフリート・ゼンパー（1803-1879）であった。

しかし両者の乖離を埋めるための教育に必要とされたのは、やはり過去のそして同時代の優れた作品からなる模範作品であり雛形であった。ただ万博以降、それは非ヨーロッパ製生産品をも含むようになる。そこで産業研究所や産業連合などは、いわゆる模範作品コレクションや雛形コレクションの設置を推し進め、やがてそれが独立して博物館となっていく。

②工芸博物館とその機能

そもそもヨーロッパにおいて、工芸博物館が美術コレクション（Kunstsammlung）や美術館（Kunstmuseum）と明確に区別されるのはなぜか。ドイツ（ここでは原則プロイセン）において芸術的な制作に携わる職人を公的に支援する制度は、一六九六年にベルリンに「造形芸術と機械科学のためのアカデミー（Akademie der bildenden Künste und mechanischen Wissenschaft）」が設立されたことに始まる。アカデミー代表の任務は"Kunsthandwerker（手工芸職人：ここでは大工や壁紙（貼）職人・彫刻家・金銀細工師・家具職人などを含む）"の監督をし、彼らに助言や仕事を与え、作品のスケッチや雛形などを実際に提供することであった。こういった純粋芸術と応用芸術の未分離の状態は十八世紀末まで続いたが、その背景にはアカデミーに対する国家の国民経済的考え方が存在する。両者の分離が決定的になったのは、ようやく一八〇九年、宮廷顧問官アロイス・ヒルト(1759-1837)がアカデミーの改革に乗り出し、建築・絵画・彫刻とその他の"Kunstverwandte(芸術と関係のあるもの)"とを分離し、後者が商務省の管轄下に移行したときである。商務省内では職人教育の改良が推進され、その流れの中で先に述べたような産業研究所や産業連合が設立されてくる。

産業研究所の流れを汲む以上、工芸博物館に要請されるのは、教育機関としての働きであり、商業振興的働きであった。シュヴァーベン地方の小都市シュヴェービッシュ＝クミュントに一八七六年に設立された産業博物館(Gewerbemuseum)の年報第一号には、はっきりと次のように記されている。「工芸(Kunstgewerbe)における改革は、最も焦眉かつ、特にドイツにとって最も重要な時代の問題のひとつである。なぜならここで大切なのは、単に美的＝理論的関心だけではなく、極めて実際的な国の経済関係、つまり国家の豊かさや繁栄そして力だからである」[4]。そして国家の繁栄に寄与すべく、産業ないし工芸を振興するという特別な使命を果たすため、何よりも重要視されたのが、教育的機能だった。

バーバラ・ムントは(十九世紀の)工芸博物館を定義づけるために、以下の四つの部門が設置されていることを条件に挙げている。(1)教育部門そして教育活動(付属学校や素描教室、工房の設置、講習会や講演会の開催など)、(2)展示部門そして展示活動(模範作品コレクションや雛形コレクションの設置、展覧会の開催、所蔵作品・資料の貸出や各種複製品の仲介など)、(3)研究部門(図書室やラボの設置など)、(4)経済協力部門およびその活動(デザイン仲介事務所の設置、技術的・経済的・芸術的問題に関する相談窓口、特許録など)。次に、ごく僅かの例を除いて効果的に機能することのなかった第四番目の項目を除いた三項目について、詳しく見ていくことにする。

(1)教育部門(付属学校)

生産業の対外的な競争に優るために、急務の課題となったのは、技術改良のための知識を確固たるものとし、その意義を広め活性化させることであった。そのために、従来の"Handwerker(手工業者・職人)"だけではなく産業化された生産システムに従事する人々を含むさらに広い意味での"Gewerbetreibende(産業従事者)"に対する教育が要請された。ただし、ここでいう産業従事者にはいわゆる単純労働者は含まれていない。そのため産業従事者をあえて定義するとしたら、バーバラ・ムントの言葉に従えば「創造的労働者」ともいえるだろう。先にも述べたように、博物館に要請されたのは、まずそういった人々の教育機関としての機能だった。

産業従事者の教育機関、つまり"Gewerbeschule（産業ないし工業学校）"は十八世紀にも存在していたが、総合的な教育機関としてのかたちとなったのは一八二〇年代以降のことであり、その頃には官民によって各地に学校が建てられるようになった。そして一八五一年のロンドン万博の衝撃以降その数は爆発的に増え、一八七七年当時人口二五七〇万人のプロイセンには、二一三の学校と二一、七二四人の学生がいた。(5) 十九世紀ドイツではこのように、大小を含めれば産業従事者に対する教育網は全土に拡がっていたといえる。そのためドレスデンの場合のようにまず学校が設立され、その補完施設として博物館が設置されるというケースもあった。

学校では、模範的な作品をスケッチし、そのモデリング（ないしコピー）を行うことで、生産品に対する造形的技術的知識を身につける一方で、素材や技法に関する理論的な教育も行われた。この方針自体は別段新しいものではなく、以前から行われていたことであるが、それが学校教育としてシステム化され、内容として最新の機械技術によって生産された模範作品やその製法が含まれていることが過去と異なる点であった。しかし模範作品の研究は、えてしてその単なるコピーや折衷作品を生み出すことになる。その弊害が認識され出した世紀転換期、アール・ヌーボーやユーゲントシュティールといった新しい芸術の動向が生まれた時期に、学校システムの改良が再び急務の課題となってくる。そしてその延長線上に、アンリ・ヴァン・ド・ヴェルド（1863-1957）による一九〇六年以降のヴァイマール大公立工芸学校の改革、ヘルマン・ムテジウス（1861-1927）による工芸学校改革、さらには一九二一年のバウハウス設立がある。ベルリンを例にとると、十九世紀末から二十世紀にかけて博物館が産業的模範作品よりもいわゆる"Kunsthandwerk（美術工芸品）"の収集・研究に傾斜していく中で、博物館と学校との連携が徐々に失われ、分離の動きが何度も起こった。そして分離が現実になったのは、ようやく一九二四年、校長である建築家ブルーノ・パウル（1874-1968）がアカデミーと協力して、「自由ならびに応用美術のための国立総合学校（Vereinigten Staatschulen für freie und angewandte Kunst）」（現ベルリン造形芸術大学）を設立した時のことである。

(2)展示部門（模範作品ならびに雛形コレクション）

模範作品（Vorbilder）そして雛形（Muster）、両者はともに産業従事者の教育に供されるべきものであり、教育機関としての博物館は、それらを体系的に収集し、教育を受ける人々に提示する、という役割を担っていた。つまりコレクションは本来教育機能を直接担う学校と密接なかかわりを持ちながら、博物館に備えられるべきものであった。

因みにここでいう模範作品コレクションには、主に、現物を手にすることが困難な模範的作品（優品）の写真やドローイングが含まれ、これらはむしろ次に述べる研究部門で大きな役割を果たす。コレクションの中心はそのため雛形であり、それは製作する上で造形的にも技術的にも手本となりうると判断された製品のことであった。模範作品や雛形には、過去の手工芸的優品から当時の工業生産品まで、そしてヨーロッパだけではなく非ヨーロッパ諸国の製品もが含まれていた。そのため初期のコレクションの内訳を見ていくと、芸術的価値の高いいわゆる美術工芸品から、素材や材料そのもの、生産機械や、鉱物などの資源までもが含まれている。しかし博物館の設立段階のかなり早い時期に、コレクションからは、作品というよりも原料そのものや、加工段階を示す製品、製作用の機械などが分離され"kunstgewerbliche（工芸的）"な製品へとコレクションの重心が移っていくことになる。その背景には、工芸的な製品は、それが生み出された文化の段階だけではなく、製品の機能と密接に結びついたいわゆる原型（Urform）を決定的に左右する素材や製作法に広く従属しており、それゆえに美術工芸（Kunsthandwerk）製品の生成が明らかにされて初めて、つまりその生成に必要な素材や制作過程・技法が解明されて初めて、工芸的製品は充分に理解され、模範作品として用いられる、というゼンパーの主張がある。[6]ゼンパーの影響を受け、また活動の主な支援者が王室であったこともあり、ウィーンに一八六四年に設立されたオーストリア美術産業博物館（Österreichsches Museum für Kunst und Industrie）は、コレクションを当初から美術工芸品ないし芸術的価値の高い工芸的製品に限定していた。また、ライプツィヒも同様の方針を取っている。

さらには、コレクションの展覧会活動を通して、広範な産業生産品コレクションよりも、美術工芸品コレクションの方が一般の関心を呼びやすい、という事実に対する認識があった。そのため、本来的役割と世間的認知の板挟みになりながら、ほぼ全ての博物館が、程度の差こそあれ、美術工芸品の収集へと舵を切っていく。そしてその結果生じてくるのは、付属学校からの分離であり、さらには博物館の再編成であった。

（3）研究部門（図書室）

博物館には、教育目的で収集された実際の作品である雛形コレクションの他に、素材や技法に関する文字資料が収集された。それらを管理していたのが付属の図書室である。収集された資料の中には、出版物のほか、オリジナルの作品スケッチや、製作過程がわかる製品の断片、例えば刺繍のパターンなどが含まれている。日本関係に的を絞ってみると、当時ヨーロッパで型染めの型紙やいわゆる雛形本が数多く研究目的で図書室のコレクションとして収集されている。また、本来展示部門の一部をなしていた模範作品コレクションは、上で述べたように、実作品というより作品の写真やスケッチ、時にはそれ自体が芸術作品とも呼べるような水彩画や装飾画で構成されており、その性格上、展示室で展示されるというより、図書室で閲覧に供される場合が多かった。そして雛形コレクションの内実が、むしろそれ自体模範作品と呼ばれるべき工芸的製品ないし美術工芸品に傾斜していくに従い、本来の模範作品は図書室のコレクションの一部となっていった。

図書室のコレクションの閲覧や貸出は、当初付属学校の生徒や博物館関係者に限られていたが、徐々に一般市民に解放されるようになっていく。その過程で、芸術や工芸的製品、美術工芸品に関する書籍だけではなく、自然科学や経済に関する書籍の収集も増えていき、結果的に博物館付属の図書館というよりも総合図書館となっていくところが多かった。その中で、ベルリンの工芸博物館付属の図書館だけは、常に本来の収集原理を貫き、一八八六年に責任者となったペーター・イェッセン（1858-1925）の指揮のもと、充実したコレクションを築いていった。(7)

③工芸博物館の盛衰

一八五二年のサウス・ケンジントン博物館、一八六四年のウィーンのオーストリア美術産業博物館設立に刺激を受け、一八六七年のベルリンを皮切りに、ドイツ全土で三〇近い工芸博物館ないし産業博物館がおよそ二〇年の間に設立された。しかし現在にいたるまで設立当初の組織をほぼそのまま引き継いでいるものは、その内のわずか六つにすぎない(8)。その他は、博物館が美術的価値の高い作品の収集に重点をシフトしていく過程で、造形芸術の美術館に組み込まれたり、文化史的側面を担うコレクションとして郷土の博物館に併合されたりしていった。その時期が一九二〇年代に集中しているのは、第一次世界大戦による帝政の崩壊とその後の経済的苦境に原因があるのは、疑いない。

世紀転換期には、イギリスのアーツ・アンド・クラフツ運動の影響を受けた工房運動が各地で盛んになり、一九〇七年には芸術と産業の融合を掲げてドイツ工作連盟が設立された。両者は、従来産業研究所そしてその発展的形式である工芸博物館が担っていた産業それ自体とそれに従事する人々に対する教育の振興という役割の内容の改革を唱え、それに呼応するように、従来の工芸博物館とは異なる新しいタイプの博物館として、一九〇九年にはカール・エルンスト・オストハウス(1874-1921)によってハーゲンに「商工業芸術ドイツ博物館(Deutsches Museum für Kunst in Handel und Gewerb)」が、そして一九二五年にはミュンヘンに「ディ・ノイエ・ザンムルンク(Die Neue Sammlung:新しいコレクション)」が設立された(9)。しかし工芸博物館そのものの根本的な改革は見送られ、理念を明確にできないまま、第二次世界大戦という苦難の時代を迎えることになる。

ベルリン工芸博物館

①設立経緯——ドイツ産業博物館(Deutsches Gewerbemuseum)

ここまで、十九世紀ドイツにおける工芸博物館を大まかに概観したが、本節ではベルリンに的を絞りその設立と展開を見ていくことにする。特にベルリンをとりあげる理由は、本館が、ロンドン、ウィーンに続く第三番目の博物館であること。そして"Gewebemuseum(のちにKunstgewerbemuseum)"と名乗った初めての博物館であり、のちにドイツ全土に誕生することになる同種の博物館のモデルとなったからである。

"Gewerbemuseum(産業博物館)"設立の背景に、国家による産業振興策とロンドン万博の衝撃があったことはすでに述べた。ベルリンの産業博物館設立の直接的な契機になったのも同じであり、加えるに一八六二年に開催された第二回ロンドン万博であった。二つの万博を通じて認識された、自国製品の質の低さ(当時「安かろう悪かろう」という言葉はドイツ製品に向けられたものだった）とそれ故の対外的な競争力の低さに危機感を抱いたのは、企業家や職人たちだけではなく、何よりも皇太子妃ヴィクトリア（1840-1901）だった。のちのフリードリヒ三世（1831-1888）の妻である皇太子妃ヴィクトリアは、その名の通り、イギリスのヴィクトリア女王（1819-1901）とアルバート殿下（1819-1861）の娘であり、父アルバートはロンドン万博の中心的な推進者であった。そこで一八六五年、ヴィクトリアは当時王立統計局に勤めていた経済学者ヘルマン・シュヴァーベを産業振興の調査のためにイギリスに派遣した。その報告書の中でシュヴァーベは、サウス・ケンジントン博物館をモデルとする産業従事者の教育機関つまり学校と、産業従事者だけではなく産業受容者の趣味の向上をも目的とした教材となるコレクション、両者が統合された新たなシステムの構築が必要と説いた[10]。そこで一八六六年の晩秋に本件に関心のある市民の初会合が開かれ、十二月一日には新聞に設立要望書が掲載された。そして十二月十八日には事業主や学者・役人・政府関係者・職人・芸術家・新聞記者など約七〇名からなる委員会が設置されている。ここで注意すべきは、要請された産業振興機関には、技術的科学的教育機関そして趣味にかかわる芸術的なコレクションという二重の側面が要求されていたことであり、また設立発起人は政府それ自体ではなく、一般市民つまり私的な人々であったことである。

一八六七年八月五日には、ベルリンの博物館は、ドイツ産業博物館（Deutsches Gewerbemuseum）という名前で法的に設置され、翌年一月十二日には付属学校、のちに図書室も開設し、四月七日には通常グロピウス風パノラマと称されていた建物を臨時の博物館施設として、初めての（雛形）コレクション展を開催した（図1）。この時公開されたコレクションは、第二回パリ万博で購入した製品や、関係者である事業主や職人たちから提供された試作品などで構成されており、内容が、よくいえばあまりに博物学的、悪くいえばあまりに雑多だったため、観客のみならず、博物館活動が直接のターゲットにしていた企業家や手工業者ですら、積極的に評価しようとするものは少なかった。

しかし一八七二年に旧武器保管庫（Zeughaus）で開催された、王室や貴族そして富裕な個人が所有する工芸品による大規模な展覧会、つまり歴史的な美術工芸品を多数含むこの展覧会は、大衆の大きな関心を集め、博物館

図１　グロピウス風ジオラマ：室内図　1868年

ならびにその活動を一般に認知させるのに大きな役割を果たした。そしてその成功は、どちらかといえば技術的科学的関心が優先されていた雛形コレクションの収集方針に、決定的な転換をもたらすことになる。またこの展覧会の成功により、政府が博物館の重要性を認識し、購入資金の提供や、建物の貸与さらには専属職員の給与の支払いをも申し出た。それにより初代のコレクション管理者、いうならば館長に就任したのが、コミッショナーとしてこの展覧会を成功に導いたユリウス・レッシング（1843-1908）であった。

②コレクションと展示方法

一八七五年に王室のコレクションを獲得することによって、博物館は産業生産品（Gewerbe）から工芸品（Kunstgewerbe）へと力点を移し、一八七九年にはその名称を正式に工芸博物館（Kunstgewerbe-Museum）と変更した。しかしそうなってもレッシングは、過去の美術工芸品（Kunsthandwerk）のみを収集するのではなく、現在の優れた、雛形となり得るような製品をも収集し続け、一八八一年には博物館の理事のひとりでもあるマルティン・グロピウス（1824-1880）の設計により、博物館独自の建物（現在のマルティン・グロピウス・バウ）が完成した。その記念刊行物にレッシングは、コレクションの方針を次のように記している。

博物館は第一に地元の工芸品に模範作品を示すという意義を持っています。そのためには、この分野でそれぞれの時代それぞれの国で生み出されたものの中で、最も優れたものを手に入れることが肝要です。（中略）また、フォルムの歴史的発展も、そして過去の時代の装飾が単なる思いつきなどではなくて確かな芸術観照の結果であることも、観る人に理解できるように示されねばなりません。発展をこのように歴史的に提示することは、コレクションに対し、次のようなことを保障してくれます。つまりコレクションの構成に決定的なのは、館長の一時的な趣味ではなく、また一時の流行でもないこと。むしろ充分な熱意と、ここ工芸の分野で何らかの影響を受け、どこかの時点で良質だったり実用的だったり優れていたりした全てのものが含ま

図2　ベルリン工芸博物館　1881年

図3　ゴシックの間：グロピウス・バウにおけるマルティン・グロピウスの空間構成によるユリウス・レッシングの最初の陳列　1890年頃

れていること、を[11]。

この中でレッシングがあげている博物館の機能とは、従来の写真や素描ではない、実作品による模範作品を含む雛形コレクションを提示する機能と、工芸の「歴史」を提示する機能である。従来の産業博物館の機能を残しつつ、ここにはっきりと、博物館の機能に美術史ないし文化史的な観点が持ち込まれたことがわかる。このようなコンセプトを具体化するためにも、新しい施設の建設は望まれたのであった（図2）。

マルティン・グロピウスが設計した博物館は、建物中央に天井がガラス張りになった吹き抜けの空間が設置され、それを回廊が取り囲み、その周囲に小部屋が配置された地下一階、地上三階の建物である。一階には展示室の他、事務所と図書室、二階は全て展示室、そして三階には付属学校の教室が置かれた。展示方法については、コレクションの方針にも明らかであったように、レッシングの意図は「工芸の歴史」を眼に見えるかたちで示すことであったため、一階の展示室では中世からロココにいたるまで時代順の展示がなされ、付属学校に直接アクセスする二階では素材や技法別による展示が行われた（図3）。現在の私たちが、各地（特に欧米）の工芸博物館やデザイン博物館で見慣れた時代ごとの室内空間を再現した展示方法の原型を、ここに見ることができる。またこのような展示方針のため、必然的にヨーロッパの工芸品収集に重点が置かれるようになり、これまで模範作品ないし雛形として集められてきた非ヨーロッパの作品などは、特別展のかたちで、中央の吹き抜け部分で折々に展示された（図4）。

工芸の歴史、つまりはフォルムの歴史的展開を提示するためには、時代ごとの室内構成の提示が最良と考えたレッシングが重要視したのは、家具などの大型木製作品の収集であった。しかし室内構成を再現するためには家具以外にも、膨大な作品が必要となってくる。同時代の他館では、欠落する作品を付属の学校や工房で製作した複製品などで代用したが、レッシングはそのようなやり方には反対であった。一八八一年以降、レッシングはたびたび作品収集のために各国を訪れ、彼の在任中に購入した作品は約五万点にのぼっている。さらに歴史的な工芸品を収集する一方で、レッシングは、同時代の工芸品やいわゆるインダストリアル・プロダクト[12]を購入し続けた（図5）。まさに、過去から現代そして未来を見据えた工芸の歴史の「パラッツォ（Palazzo）」、それが十九世紀末にたどり着いたベルリンの工芸博物館の姿であった。

図4　ベルリン工芸博物館：吹き抜けの間におけるリーベック・コレクション展　1897年

図5　（左）《金箔エナメル装飾付薄型吹きガラス製グラス》 1879年、ルートヴィヒ・モーザーによる一点物、カールスバート
（右）《無装飾厚型鋳型ガラス製グラス》 1876年、セントラル・ガラス（株）、フェーリング、フィラデルフィア（米国）

おわりに――二十世紀の工芸博物館

最後に二十世紀に入ってからの工芸博物館の動向について触れて、本稿を締めくくりたい。一八八一年の博物館建物開館以後、レッシングは館内の展示を充実させるのに並行して、まだ端緒についたばかりの工芸研究と後進の教育に打ち込んだ。つまり収集した過去の美術工芸品を現代の製品に応用可能な雛形性といった観点からのみ観るのではなく、それ自体の学術的研究をも発展させ、その成果をさまざまな出版物として公にした。

しかし先に述べたように、世紀転換期のアール・ヌーボーやユーゲントシュティールによって歴史主義が解体され、模範作品ならびに雛形コレクションに基づく教育や、作品制作が批判されるにおよび、十九世紀的な産業生産品コレクションや博物館は再検討を求められることになった。その過程において、工芸博物館はより一層美術工芸品の学問的研究に力点を移すようになり、事実ベルリンでは、一九〇八年のレッシング病没後、第二代館長に就任したオットー・フォン・ファルケ（1862-1942）は、同時代の作品・製品の収集を中止している。その一方で機械によるマニュファクチュアが本格化する二十世紀において、いわゆるプロトタイプの収集を掲げた美術館が一九二五年にミュンヘンに開館する。そしてそれが"Die Neue Sammlung"つまり「新しいコレクション」と命名されたことは、十九世紀に生まれた工芸博物館のその後を反映した、まさに象徴的な出来事だといえるのである。

（1）Barbara Mundt, *Die deutschen Kunstgewerbemuseen im 19. Jahrhundert*, Prestel, München, 1974. 本章の内容は、特にS. 11-20に立脚している。本稿の内容は本著に多くを負っている。

（2）ドイツ語の"Kunst"は元来第一に「技術」を意味する言葉であり、それが"Schöne Kunst（芸術）"を指すようになるのは、芸術学が学問として成立してくる十九世紀以降である。ゆえに、ここに列挙された語彙の"Kunst"は両義的意味を持つ。

（3）本稿では、ドイツ帝国成立以前についても、便宜上ドイツという言葉を用いる。

（4）Jahresebericht Gmünd 1877, S.8. 引用はMundt, *Die deutschen Kunstgewerbemuseen*, S. 12.

（5）Mundt, *Die deutschen Kusngtewerbemuseen*, S. 153.

（6）ebd., S. 75.

（7）現在、美術史研究をするものにとって重要な資料収集施設のひとつであるベルリンの美術図書館（Kunstbibliothek）は、一九二四年に、この工芸博物館付属図書館が独立したものである。

（8）この六つの施設は以下の通り（括弧内は設立年、名称は現在名）。ベルリン工芸博物館（一八六七年）、グラッシ博物館―ライプツィヒ美術工芸博物館（一八六八年）、ハンブルク工芸博物館（一八六九年）、ドレスデン工芸博物館（一八七五年）、フランクフルト応用美術館（一八七七年）、ケルン応用美術館（一八八八年）。

（9）前者は一九一九年に閉鎖されたが、後者は現在も同じ名前でピナコテーク・デア・モデルネ内にある。両者の設立経緯については、以下を参照のこと。Kaiser Wilhelm Museum Krefeld und Karl Ernst Osthaus-Museum der Stadt Hagen (hrsg.), *Deutsches Museum für Kunst in Handel und Gewerbe 1909–1919*, Aust. Kat., Kaiser Wilhelm Museum Krefeld/ Karl Ernst Osthaus-Museum der Stadt Hagen, 1997; Hans Wichmann, *Industrial Design, Unikate, Serienerzeugnisse – Die Neue Sammlung, Ein neuer Museumstyp des 20. Jahrhunderts*, Prestel, München, 1985.

（10）Hermann Schwabe, *Die Förderung der Kunst-Industrie und der Stand dieser Frage in Deutschland*, Berlin, 1866.

（11）Julius Lessing, *Das Kunstgewerbe-Museum, Festschrift zur Eröffnung des Museumgebäudes*, Berlin, 1881, S. 33 f.

（12）Barbara Mundt, „125 Jahre Kunstgewerbemuseum. Konzepte, Bauten und Menschen für eine Sammlung (1867–1939)“, in: *Jahrbuch der Berliner Museen*, Gebr. Mann Verlag, Berlin, 1992, S. 176.

［図版出典］

図1・2・4　Angelika Thiekötter und Eckhard Siepmann (hrsg.), *Packeis und Pressglass, Von der Kunstgewerbewegung tum Deutschen Werkbund*, Aust. Kat.,Werkbund-Archiv, Berlin, 1987

図3　Barbara Mundt, „125 Jahre Kunstgewerbemuseum. Konzepte, Bauten und Menschen für eine Sammlung (1867–1939)“, in: *Jahrbuch der Berliner Museen*, Gebr. Mann Verlag, Berlin, 1992

図5　Barbara Mundt, „Handarbeit und Massenware, Julius Lessing vor dem Problem des Industrial Design“, in: *Museums Journal*, Nr. IV., 7. Jg., Museumpädagogischer Dinest Berlin, Oktober 1993

ドイツの近代工芸工房――「工房」の離合集散からドイツ工作連盟の結成へ――

針貝　綾

はじめに――ドイツ工作連盟の創立会員と企業との関わり

一九〇七年、社団法人ドイツ工作連盟（Deutsche Werkbund, e.V.）は、ヘルマン・ムテジウス（1861-1927）の提案により「芸術家、建築家、経営者、専門家の連合」としてミュンヘンに設立された。[1] その創立企業のほぼ半数は、ドイツ手工芸工房、ドレスデン（Deutsche Werkstätten für Handwerkskunst, Dresden）、有限会社ザーレック工房（Saalecker Werkstätten）、有限会社ミュンヘン手工芸連合工房（Vereinigte Werkstätten für Kunst im Handwerk, München）、ドイツ家財工房テオフィル・ミュラー、ドレスデン（Werkstätten für deutschen Hausrat Theophil Müller, Dresden）、ウィーン工房（Wiener Werkstätten）といった「工房」を名称に冠した会社によって占められている。[2]

ドイツ工作連盟の創立メンバーの多くは世紀末頃からこれらの「工房」の制作展示活動にかかわり、ドイツ近代工芸運動を下支えしていた。例えば、建築家テオドール・フィッシャー（1862-1938）と工芸家リヒャルト・リーマーシュミート（1868-1957）はミュンヘン手工芸連合工房の創立メンバーであり、建築家ブルーノ・パウル（1874-1968）は一九〇〇年パリ万国博覧会後、図案家としてミュンヘン手工芸連合工房の中核を担った。ミュンヘン手工芸連合工房を去った後、リーマーシュミートはドレスデン手工芸工房の活動に加わって中心的な役割を果たした。さらに、ドレスデン手工芸工房は、室内装飾家アーデルベルト・ニーマイヤー（1867-1932）らのミュンヘン家具調度工房と合併してドイツ手工芸工房となった。また、パウル・シュルツェ＝ナウムブルク（1869-1949）は建築、庭園、家具およびインテリアの三部門を運営するザーレック工房（図1）で芸術監督を務める一方、ヨーゼフ・ホフマンはウィーン工房を率いて清新な意匠の工芸を世に送り出した。[3]

ドイツ工作連盟設立の直接的な契機としては、いわゆる「ムテジウス問題」と呼ばれるヘルマン・ムテジウスが一九〇七年春にベルリン商科大学で行った講義――ドイツ美術産業への批判があげられるが、ムテジウスの苦言に対して当時のドイツ美術産業界が反発したそもそもの火種は、ドイツ工作連盟の創立メンバーたちがかかわっていた「工房」にあると筆者は考える。そこで、本稿ではドイツ近代工芸運動の磁場となった二つの「工房」、すなわちドイツ手工芸工房とミュンヘン手工芸連合工房に焦点を当て、ドイツ工作連盟設立へと繋がっていくドイツ近代工芸運動における問題を炙《あぶ》り出してみたい。

図1　ザーレック工房広告　1905年

ドレスデン工房からドイツ手工芸工房へ

ドイツ手工芸工房の前身であるドレスデン手工芸工房（Dresdener Werkstätten für Handwerkskunst）は、最初は個人の小さな工場から出発し、複雑な工房買収、合併によって巨大化した会社である。(4)

一八九八年十月一日、カール・シュミット（1873-1948）は、ドレスデン近郊のラウベンガスト、ドブリッツアー通り四番に「建築および美術工芸家具製作所（Bau- und Möbelfabrik für kunstgewerbliche Gegenstände）」を設立した。さらに同年、シュミットは三人から二〜三千マルクの出資を募って同製作所を有限会社化し、社名を「シュミット&エンゲルブレヒト、ドレスデン手工芸工房（Schmidt und Engelbrecht. Dresdener Werkstätten für Handwerkskunst）」と変更した。シュミットは翌一八九九年、ドレスデン＝シュトリーゼン、ベーレンシュタイナー通り五番にあるユリウス・ミュラーのアコードツィター製作所の出資者、工房長（Werkmeister）となる。ユリウス・ミュラーの死後、相続し、一九〇二年、企業ともどもヨハンシュタットのブラーゼヴィッツァー通り十七番に移った。一方、息子テオフィル・ミュラーは、ベーレンシュタイナー通りの本社社屋に「ドイツ家財道具工房テオフィル・ミュラー」（図2）を開業している。(5)
この工房は、アウグスト・エンデルの図案によるモデル・ルームやアルビン・ミュラーらの家具等、比較的安価な現代的室内装飾の展示販売を行っていた。

図2　ドイツ家財家具工房テオフィル・ミュラー　1903年

図3　ドレスデン手工芸工房広告　1903年5月

その後、美術雑誌の編集者フェルディナンド・アヴェナリウス（1856-1923）の援助により、シュミットはすぐにエルンスト・ヘルマン・ヴァルターの共同制作者たち、すなわちヨハン・ヴィンセンツ・シザルツ（1873-1942）、カール・グロース（1869-1934）、アウグスト・エンデル（1871-1925）、ハンス・シュリヒト（1875-）、マックス・ローゼ、オットー・グスマン（1869-1926）、クライス、クラインヘンペルの従姉妹、オットー・フィッシャー（1870-1947）らの協力を得た。(6)

当初、ドレスデン手工芸工房は、ドレスデンのブラーゼヴィッツァー十七番の本店（図3）、ミュンヘンのアーキス通り三十五番の展示場付きホルツ通り四十九番の部品工場、ショパウのおもちゃ部門、出資者マックス・ヴィルヘルムが監督する美術手工芸品と家具の販売所から出発した。一九〇二年ドレスデンに開設された展覧会場は、一九〇五年二月十二日のヴィルヘルムとの契約の後、一九〇五年十月に販売所に拡張され、一九〇七年三月十六日に「ドレスデン手工芸工房シュミット&ヴィルヘルム（Dresdener Werkstätten für Handwerkskunst Schmidt und Wilhelm）」という名称でドレスデン王立裁判所の商業登録簿に登録された。一九〇七年七月二日の組合契約では、資本金は一二万マルクで報告されている。そこからシュミットは七万五千マルクを、ヴィルヘルムは四万五千マルクを引き受けた。

また、一九〇七年三月十六日には「ドイツ手工芸工房カール・シュミット（Deutsche Werkstätten für Handwerkskunst Karl Schmidt）」を設立し、さらに同年、ニーマイヤー、ヴィリー・フォン・ベッケラス（1868-1938）、カール・ベルチュ（1873-1933）により一九〇二年に設立された「ミュンヘン家具調度工房（Werkstätten für

Wohnungseinrichtung Müchen）」（図４）と合併し、「ドイツ手工芸工房、ドレスデン、ミュンヘン（Deutsche Werkstätten für Handwerkskunst, Dresden, München）」となった。それと平行して、ミュンヘン手工芸連合工房（図５）との提携にも成功する。

パンフレットの中でカール・シュミットは次のように伝えている。

私たちは、一九〇七年七月一日インテリア工房K・ベルチュと統合し、そこに共同の工房と販売所を開設しました。次に、展覧会への共同出品、統合した販売所、展示室のために、株式会社ミュンヘン手工芸連合工房、ベルリン、ブレーメン（Vereinigten Werkstätten für Kunst im Handwerk, A.-G.-München, Berlin und Bremen）とベルリンにおいて提携しました。私たちはこの新たな拡張を通して芸術的、工芸的信条を実現し、同時に低価格でも質の良いものを買いたいという購買者の希望に応じることができるように望んでいます。[7]

ミュンヘン家具調度工房との合併により、生産設備が拡充され、南ドイツにおけるドイツ手工芸工房のシェアは拡大した。

これらの工房は、約三〇〇人の家具職人、カーペット職人、壁紙張り職人、彫刻家、画家、塗装工、金属工、刺繍職人などを雇い、それにより、住宅、店舗を自社の家具、ファブリック、絨毯、壁紙、ランプシェード、日用品、装飾品だけで設えることができた。この企業は、一九〇七年に資本金百万マルクの有限会社となった。

ドイツ工房はミュンヘン家具調度工房との合併の後も、さらなる会社統合の可能性についてミュンヘン手工芸連合工房と協議を試みたが、株式会社との提携にはドイツ工房にとってはメリットがないことがわかり、代わっ

図４　ミュンヘン家具調度工房広告　1905年

図５　ミュンヘン手工芸連合工房広告　1904年９月

てリーマーシュミートの発案で展覧会の共同出品および共同の販売展示場の開設についての契約草案が準備された。一九〇七年には共同の販売所をさしあたりベルリンに、その後、他の都市にも設置するように指示がだされ、一九〇九年一月には、この目的のために、「有限会社統一ドイツ工房販売所ミュンヘン、ドレスデン、ブレーメン、ベルリン（Verkaufsstelle der Vereinigten Deutschen Werkstätten München, Dresden, Bremen, Berlin G.m.b.H.）」が資本金二〇万マルクで創設され、ミュンヘンのオデオンスプラッツIに共同販売所が借り上げられた。しかし、このゲマインシャフト（共同体）も両者にメリットがないことが明らかとなり、翌年には解消される。一九二六年には再び合併のための協議をミュンヘン手工芸連合工房との間で再開したが、合併が実現することはなかった。

一九一三年九月二十九日にはドレスデン手工芸工房は資本金一七五万九千ゴールドマルクにより株式会社に移行する。株式会社ドイツ工房（Deutsche Werkstätten AG）は、この時期までに五三〇人の労働者を雇い、八万五千平方メートルの敷地（そのうち二万八千平方メートルが宅地面積）を所有するようになった。

ドイツ工房は株式会社化して企業規模を拡大する一方で、ドイツ各地に販売所を設立していった。販売所は一九一〇年六月二十九日にはドレスデンのリング通り一五番に設置され、一九一九年七月にはプラハ通り二番に移転した。また一九一三年十一月にはヴァイゼンハウス通りにも販売所が開設された。ドレスデンの販売所では、ウィーン工房やモリス商会ロンドンの製品の独占販売権も得て、これらの製品の販売も行った。

ベルリンでのドイツ工房の製品販売は、一九〇八年秋にベレヴュ通り一〇番で始まった。二つ目の店舗は一九一〇年にケーニッヒグレーザー通り二二番に、一九二七年にはクアフュルステンダム三八番に開店した。ライプツィッヒでの特別展はエッケ・フォス通りの百貨店A・ヴェルトハイムで行われた。ミュンヘンの最初の販売所は、一九一一年十月一日ヴィッテルスバッハ広場に面したアルコ＝ツィンネヴェルク＝パレスに、一九〇九年にはケーニッヒ通り一五－一七番に移転した。一九一二年にはハノーファーのヒルデスハイム通り一〇番に販売所が設けられた。

さらに、一九二〇年代にはビーレフェルト、ブレスラウ、エルバーフェルト、エアフルト、エッセン、フランクフルト・アム・マイン、ハレ、ハンブルク、ハノーファー、ハイデルベルク、カッセル、ケルン、ケニングスベルク、ニュルンベルク、オズナブリュック、ザールブリュッケン、シュテッティン、シュトゥットガルトのドイツ各都市に一八のドイツ工房の代理店ができた。ドイツ工房は質素な展示空間を販売所として使用するだけでなく、広告のために高級な店舗も使用し、専門的な知識を持っている店員を配置して、厳しい品質基準に達しているものを展示販売したらしい。

シュミットが進めた工房の吸収合併、業務提携と企業規模の拡大の動きはかなり急進的であり、工芸業界から不満が噴出する誘因のひとつとなったことは想像に難くない。ただ、ドイツ工房では既存の業者と競合し、既存の消費者に普及を進める一方で、一九〇八年にシュミットは有限会社田園都市ヘレラウを設立して広大な土地に近代的な工場施設、住宅、店舗、教育施設を建設し、全く新たな消費地を開拓していく。田園都市ヘレラウの建設は既存の工芸業界からの反発をかわし、消費限界の打開のための解決策となったと考えられる。

ミュンヘン手工芸連合工房

一方、ミュンヘン手工芸連合工房は個人の工房からではなく、一八九七年にミュンヘンの王立ガラス宮で開催された第七回国際美術展（VII. Internationale Kunstausstellung）が契機となって設立された「工房」である(8)。同展は従来、油絵部門、水彩・パステル・素描部門、彫刻部門、諸芸術部門（Vielfältige Künste）、建築部門、装飾美術部門（Dekorative Kunst）の六部門からなるアカデミックな美術展であったようだが、第七回展から小芸術部門（Kleinkunst）が新設された。この新部門の準備を行うために小芸術部門委員会が設置され、それに伴って綱領が定められた(9)。

手工芸委員会は立ち上げから一年かけて出資者を探し、一八九八年四月十三日に「有限会社設立について（Zur Constituierung einer Gesellschaft mit beschränkter Haftung）」、いわゆる手工芸連合工房設立契約書の作成にこぎつけたという。

この契約書の最後に署名を連ねているのが共同出資者である(10)。最少額の五百マルクを出資したとされるのは、パンコック、フィッシャー、ロルフス、出版者ブルックマンほか一一名。そして、リーマーシュミットは二千マルクを出資した。以上はミュンヘン在住者である。残る三万七千五百マルクはシュトゥットガルトの出版者ユストゥス・ホフマン二世、一九〇三年にはワイマールの美術工芸博物館の館長となるケスラー伯爵（1868-1937）、ブレスラウのカール・デュルファー（建築家マルティン・デュルファーの父）、ベルリン・インゼルのカイザー・フリードリッヒ美術館の創設者で美術史家のヴィルヘルム・ボーデ（1845-1929）、ライプツィヒの美術工芸博物館、のちの手工芸美術館の館長リヒャルト・グラウル（1862-1944）、ハンブルク・クンストハレの初代館長のアルフレート・リヒトヴァーク（1852-1914）、商事会社シュタイニケン&ロア（Steinicken & Lohr）ら全ドイツの私人、会社から集められた。クリューガーの父で、デッサウの商業事務官エドゥアード・クリューガーは、一万五千マルクを出資。オプリストは個人出資額の最高二万五千マルクを出資したが、これは基本資本十万マルクの四分の一を占めたという。

第七回国際美術展小芸術部門に関わった建築家、画家、各種職人だけでなく、美術館、美術出版社や商事会社など美術に関わるさまざまな職種の人々の名前や会社名が連なる連合工房の契約書は、いかに手工芸連合工房が当時の美術界・産業界に期待されていたかを証明するものといえる。

有限会社手工芸連合工房（Vereinigte Werkstätten für Kunst im Handwerk, GmbH）は一八九八年四月六日に名称登録し、この日がミュンヘン手工芸連合工房の実質的な創立年となった。その後、ミュンヘン手工芸連合工房は、しばらくミュンヘン市内を転々としている。家具工房を併設した最初の会社は一八九九年ミュンヘンのエルツギーゼライ通りに設立され、同年四月中旬にはマクシミリアンプラッツ一八番に移転。一九〇一年一月には事務所はミュンヘンのレジデンツ通り十九―二〇番に移転し、レジデンツ通り二五番には展示即売所が新設された。(11)

流麗な線によりユーゲントシュティルの特徴を示す、ブルーノ・パウル制作の広告は、ミュンヘン手工芸連合工房が「各種美術工芸品、住宅、レストラン、店舗の内装、金属製品、ブロンズ、時計、照明器具、ステンドグラスなど」を取り扱うと宣伝している。(12) 実際、国内の美術展、国外の博覧会の出品目録から、ミュンヘン手工芸連合工房が実際に家具、金属製品、ガラス製品、陶磁器、テキスタイル等の各種美術工芸品を制作してしたことがわかっている。そのうち家具については自社工房で制作するものもあったが、ツィファーによれば、指物師のヴェンツェル・ティル（Wenzel Till）に依頼するものもあったという。そして、各種工房を自社で運営はせず、金属製品については金属工房のイグナチウス・ヴィンハルト（Igunatius Winhart）、ゴットロープ・ヴィルヘルム（Gottlob Wilhelm）、フーゴー・リント（Hugo Lind）、キルシュ社（Firma Kirsch）等に外注していたとみられる[13]。工房に制作を依頼する図案についても、専属の図案家を自社に置くことはせず、外注していたらしい。

ドイツ工作連盟が設立された一九〇七年には、ミュンヘン手工芸連合工房は株式会社となり、経営陣にクリューガー、フリードリッヒ・アルト・ビュルガー、ヨハン・ゴットフリード・シュレーダー、監査役会会長にテオドール・フライヘア・フォン・クラマー・ケレットを迎え、新体制で経営に梃入《てこい》れをすることになった。同年、展示場をリードラー通りに、展示即売所をオデオンスプラッツに移転する。

翌一九〇八年には前述のようにドイツ工房と提携し、展示販売の共同体である手工芸美術連合ドイツ工房として作品を共同展示することになった[14]。

この頃、ミュンヘンのヴェストエンドとブレーメンに工場が建設される一方、ベルリン、ブレーメン、ハンブルク、ニュルンベルク、ハーゲンに支店が開設され、ミュンヘン手工芸連合工房の販路は一九一〇年代まで拡大していった。

「連合工房」と称しながら、ミュンヘン手工芸連合工房は実際には家具工房のみを運営し、図案は図案家に外注し、家具以外は他の工房に外注して制作させ、美術工芸の展示即売所を構えて販売していた。ミュンヘン手工芸連合工房は、「工房」の名称を冠しながら、その実態は近代的で合理的な運営形態による家具会社であり、美術工芸の分野で購買者と図案家と工房を結ぶ「窓口」としての役割も担ったと考えられる。

小芸術すなわち美術手工芸を芸術へと引き上げるために、ミュンヘン手工芸連合工房はアカデミー出身の芸術家の図案を手工芸家に制作させたが、作品を万国博覧会や美術展、雑誌で発表するさいにはまず図案家の名前が紹介され、制作をした手工芸家の名前は伏せられ、ミュンヘン手工芸連合工房が制作したことにされた。図案に芸術家の考案による意匠を用いることで従来の工芸にはなかった新しい意匠が生まれたが、芸術家を重用して手工芸家を軽視するやり方は、手工芸家たちの反発を招くものであっただろう。

また、ミュンヘン手工芸工房やドイツ手工芸工房が、従来の工房の役割である教育の場としての役割を切り離して製造販売に邁進した点はドイツ近代工房の近代的な点だが、それにより工房の現場と工芸学校における工房教育の乖離が起こるという問題も生じた。

ドイツ工作連盟設立への胎動

ドイツにおいて、小芸術、すなわち美術手工芸をアカデミックな展覧会において展示し、小芸術を純粋芸術の域に引き上げようとする動きはミュンヘン手工芸連合工房設立の発端となった一八九七年ミュンヘンにおける第七回国際美術展から始まったが、それから十年が経過した一九〇六年頃には、手工芸をめぐってさまざまな問題が一気に顕在化することになった。

新しいデザインを生み出すために試みられたはずだったアカデミー教育を受けた芸術家あるいは図案家の重用と図案家と制作者の分業化は、図案家と制作者あるいは製造業者の間に新たなヒエラルキーを生み、一九〇六年のドレスデン展では、手工芸家と企業家は芸術家から注文を受けた作品しか出品することができないという本末転倒な事態に発展する。こうした出品制限と芸術家主導の美術工芸学校の方針に対し、服飾材料製造業者、内装業者、木工旋盤職人、漆喰《しっくい》職人、木材加工職人たちから、ついに不満の声が上がった。図案家の下請けとして工芸を制作する、職業教育を受けた者たちは、「芸術家の思い上がり」によって実利的に運営された手工芸に肩入れすることはできないし、そもそも彼らの「芸術化された」図案が真の美術工芸を破壊していると考えたのである。

同種の問題は、展覧会開催前の一九〇六年三月、「美術工芸の経済的利益のための専門同盟（Fachverband für die wirtschaftlichen Interessen des Kunstgewerbes）」がベルリンで行ったドイツ美術工芸工場経営者集会でも持ち上がっており、展覧会の選定基準の見直しだけでなく、ドレスデン工芸学校の工房教育についても見直しが必要だという議論となっていた。

この集会報告書は、「ドレスデン家具装飾店自由連合（Freie Vereinigung Dresdner Möbel- und Dekorationsgeschäfte）」によってザクセンの経済産業省に送付され、この報告書を受けて展覧会幹部は、噴出した問題を一九〇六年五月、各都市の代表者に投げかけた。ドイツ手工芸工房の経営者カール・シュミットやムテジウスら、展覧会組織者や工芸学校の教育に対する、こうした製造業者たちの不満の広まりが、ドイツ工作連盟結成を促すことになるのである。

（1）ドイツ工作連盟については、
阿部公正「ムテジウス――ドイツ工作連盟」（勝見勝監修『現代デザイン理論のエッセンス』、ぺりかん社、一九六六年、三五－四八頁）
Die Neue Sammlung, *Zwischen Kunst und Industrie. Der Deutsche Werkbund*, München, 1975., Frederic J. Schwartz, The Werkbund, Yale University Press, New Haven and London, 1996.
藪亨「創成記のドイツ工作連盟における指導理念――機械とデザインの関連をめぐって」（『美学』一一八号、一九七九年秋）
小幡一「H・ムテジウスとドイツ工作連盟」（『日本建築学会論文報告集』三〇八号、一九八一年）
池田祐子編『[クッションから都市計画まで] ヘルマン・ムテジウスとドイツ工作連盟：ドイツ近代デザインの諸相 1900-1927』（京都国立近代美術館、二〇〇二年）
などに詳しい。
（2）その他のドイツ工作連盟の創立企業は、出版社P・ブルックマン父子商会（P. Bruckmann & Söhne）、出版社オイゲン・ディーデリッヒス（Eugen Diederichs）、クリンクスポア兄弟社（Gebr. Klingspor）、美術印刷芸術家連盟カールスルーエ（Kunstdruckerei Künstlerbund Karlsruhe）、ペッシェル&トレープテ（Poeschel & Trepte）、ヴィルヘルム商会（Wilhelm & Co.）、ゴットロープ・ヴンダーリッヒ（Gottlob Wunderlich）である。
（3）このほか、ドイツ工作連盟の創立メンバーには建築家ペーター・ベーレンス（Peter Behrens, 1868-1940）、ヴィルヘルム・クライス（Wilhelm Kreis, 1873-1955）、マックス・ロイガー（Max Laeuger, 1864-1952）、建築家ヨーゼフ・マリア・オルブリッヒ（Joseph Maria Olbrich, 1867-1908）、陶芸家ヤコブ・ユリウス・シャルフォーゲル（Jakob Julius Scharvogel, 1854-1938）、フリッツ・シューマッヒャー（Fritz Schumacher, 1869-1947）らがいる。
（4）"Die Deutschen Werkstätten für Handwerkskunst Dresden und München G.m.b.H. 1907-1913", Klaus-Peter Arnold, *Vom Sofakisten zum Städtebau. Die Geschichte der Deutschen Werkstätten und der Gartenstadt Hellerau*, Dresden 1993, pp.85-89.
（5）Hans Wichmann, *Deutsche Werkstätten und WK-Verband 1898-1990: Aufbruch zum neuen Wohnen*, Prestel, 1992, p.171を参照のこと。
（6）同右、一五頁。
（7）同右、二一頁。

（8） ミュンヘン手工芸連合工房の主要参考文献としては、
Sonja Günther, *Interieurs um 1900 –Bernhard Pankok, Bruno Paul und Richard Riemerschmid als Mitarbeiter der Vereinigten Werkstätten für Kunst im Handwerk-*, Wilhelm Fink Verlag München, 1971.
Ed. Michaela Rammert-Götz u. Alfred Ziffer, *Blick zurück in die Zukunft. 90 Jahre Vereinigte Werkstätten*, München, 1988.
などがあげられる。

（9） "Programm des Ausschusses des Abteilung für Kleinkunst der VII. Internationalen Kunst-Ausstellung im Königlichen Glaspalast, München, 24. Februar 1897", Ed. Kathryn Bloom Hiesinger, *Die Meister des Münchner Jugendstils*, Prestel-Verlag, 1988, p.169. 綱領の和訳およびミュンヘン手工芸連合工房の設立経緯については、拙稿「第七回国際美術展と連合工房の創設——ミュンヘン手工芸連合工房史試論」（『長崎大学教育学部紀要——人文科学——』第七一号、平成十七年六月、四一－四七頁）を参照のこと。

（10） 同右。

（11） Beate Dry-v. Zeschwitz, "Der Wandel des Werkstättengedankens Bemerkungen zu den Katalogen der Vereinigten Werkstätten und der Dresdener und Deutschen Werkstätten 1898-1915", *Jahrbuch der Saatlichen Kunstsammlungen Dresden*, Band 17, p.138.
"Beilage zu Dekorative Kunst", *Dekorative Kunst*, VI. Jahrgang, Heft 2, November 1902, p.VI.

（12） Sonja Günther, *Bruno Paul 1874-1968*, Gebr. Mann Verlag, Berlin, 1992, p.15.

（13） Alfred Ziffer, "Privates Engagement", *Antiquitaeten Zeitung*, No.20, 2002, p.938.

（14） ニコラス・ペヴスナーの文献に見られるミュンヘン手工芸連合工房とドイツ工房の混同は、このような販売システムから生じたのではないかと考えられる（ニコラス・ペヴスナー著／白石博三訳『モダン・デザインの展開』、みすず書房　一九五七年、二三－二四頁）。

〔その他参考文献〕

John Heskett, *Design in Germany 1870-1918*, Taplinger, New York, 1986.
木幡一『世紀末のドイツ建築』（井上書店、一九八七年）
藪亨『近代デザイン史——ヴィクトリア朝初期からバウハウスまで』（丸善株式会社、二〇〇二年）

〔図版典拠〕

図1　IX Jahrgang. Inseraten – Beilage zu >*Deutsche Kunst und Dekoration*<, Heft III.
図2　VIII Jahrgang. Inseraten – Beilage zu >*Deutsche Kunst und Dekoration*<, Heft II.
図3　Beilage zu *"DEKORATIVE KUNST"*, VI. Jahrgang, Heft 8, Mai 1903.

図4　VII Jahrgang. Inseraten – Beilage zu >*Deutsche Kunst und Dekoration*<, Heft I.

図5　Beilage zu *"DEKORATIVE KUNST"*, VII. Jahrgang, Heft 12, September 1904.

ヘルマン・ムテジウスとドイツの工芸学校改革
――プロイセン産業局の創設とその施策をめぐって――

田所辰之助

はじめに――帰国後のムテジウス

アーツ・アンド・クラフツ運動に代表されるイギリスの生活改良運動は、世紀転換期を迎える頃その思想が各国へ広がり、発展し、ドイツではとくに二十世紀を特徴づける機能主義的なデザインの展開につなげられていった。イギリスからドイツへ、この運動を橋渡しする役割を果たしたひとりが、当時ドイツ大使館付技官としてロンドンへ派遣されていた建築家ヘルマン・ムテジウス（1861-1927）だった。ムテジウスは、イギリスの工芸、建築の改革運動を調査し、本国へ最新情報を報告して、それはドイツにおける工芸・建築の近代化の基盤となった。

この経緯に関しては一般に、ムテジウスの著作『英国の住宅』（一九〇四―〇五年）がとりあげられ説明されることが多い。イギリスの住宅建築の新しい傾向のなかに、当時支配的だった歴史主義の建築を乗り越えていくための、合理的で機能的な考え方が見出されていったことが示される。レイナー・バンハム（1922-88）は、一九一一年にフランク・ロイド・ライト（1867-1959）の作品集がヴァスムート社から刊行されるまでの間、この本がドイツで広範な影響力をもったことを記している(1)。

『英国の住宅』以外にも、イギリスの工芸、建築に関するムテジウスの著作は数冊におよんでいる。『様式建築とバウクンスト』（一九〇二年）では、近代的な建築像、工芸のあり方についての提言が「即物性」などの概念の導入によって繰り広げられた(2)。またムテジウスは、一九〇七年のドイツ工作連盟の創設とその運営に深くかかわり、一方では都市郊外型の住宅設計も数多く手がけた。このような幅広い活動によって、ムテジウスの名は二十世紀初頭のドイツのデザイン改革の鍵となる人物として記憶されているのである。

だが、ムテジウスは七年間という長いロンドン赴任を終え一九〇三年に帰国したとき、このような多彩な活動を自由な立場で始めたわけではけっしてなかった。イギリスへは建設省から派遣されていたのだが、帰国後は商務省へ配属となり、イギリスでの経験を活かして工芸学校行政を担当する技官として腕を振るった。とくに、一九〇五年に新たに設置されたプロイセン産業局（Landesgewerbeamt）において、工芸学校の教育改革に主導的に取り組んだ。

ここでのムテジウスの活動は、工芸教育という限られたフィールドではあったが、『英国の住宅』とはまた異なる文脈において、ドイツの工芸、建築の近代化に貢献するものだった。いやむしろ、それがドイツ各地の工芸学校を対象に組織的に取り組まれたがゆえに、そしてそれぞれの施策が強い権限をもっていたために、影響はより広い範囲、社会階層におよんだといえる。そのさいに試みられた教育プログラムの転換は、製作技術や造形手法の近代化に結びつけられ、のちのバウハウスなどで展開されたドイツのモダンデザインの実験の基礎を形成するものだった。では、この二十世紀初頭の工芸学校改革において、いったい何が、どのように変革されていったのだろうか。そこに、どのような新たな理念がもたらされることになったのか。

本論では、このような問題意識のもと、商務省におけるムテジウスの活動に焦点を当てていきたい。そして、工芸学校の教育改革をめぐるムテジウスの構想とその具体的手法を検証し、ドイツにおいて推進された工芸の近代化について、その一断面を描出していこうと思う。

まずは、イギリスの工芸教育に対するムテジウスの視座を確認し、またドイツの工芸学校の発展の足跡について概観してみよう。

サウス・ケンジントン博物館への批判

ムテジウスは一八九八年、「イギリスにおける手工業者のための芸術教育」と題する論文のなかで、当時のイギリスの工芸教育の状況を紹介している(3)。ムテジウスがどのような特色をイギリスの工芸教育に見出し、ドイツの工芸学校改革へつなげられていくような問題の枠組を形成させていったのか。はじめに、この点を見ていくことにしたい。

ムテジウスはまず、イギリスにおける工芸学校の多くが一八五〇年代半ば以降、サウス・ケンジントン博物館を核として再編成されていったことを記している。その直接の契機となったのが、一八五一年の第一回ロンドン万国博覧会である。万博を機に工芸製品の品質低下がつよく認識され、手工業の復興を目的として工芸教育の基盤強化が図られていった。[4] 翌年の一八五二年には、ヘンリー・コール（1808-1882）を局長として実用美術省（Department of Practical Art）が設置され、これは五三年に科学美術省（Department of Science and Art）に改組された。[5] ゴットフリート・ゼンパー（1803-1879）はロンドンに亡命中コールに招かれ、デザイン学校（School of Design）で工芸教育に関する提言を行っている。[6] また、一八五二年に開館した製品美術館に国立芸術訓練学校（National Art Training School）が設置され、これはイギリスにおける最初の工芸学校とみなされている。一八五七年にはこれらの機関がサウス・ケンジントンに集められ、サウス・ケンジントン博物館としてイギリスにおける工芸産業振興の拠点として整備された。ムテジウスは、サンス・ケンジントン博物館が「ほぼ独占的に、工芸教育を管理していた」とその影響力の大きさを報告している。

しかし一方で、サウス・ケンジントン博物館が各校の教育計画の策定に強い権限をもち、その結果、「独創性よりも技術的洗練が重視」され、「デザインの内実よりも洗練された表現に注意が向けられるようになった」とムテジウスは批判する。とくに、工芸学校の保護育成事業の一環として導入された「出来高払い制（Payment by Result-System）」は、毎年夏期に各学校から学生作品を募り、審査委員会によってその内容が吟味されて、「優秀の成績には三ポンド、一級には二ポンド、そして二級には一ポンド」が支払われる制度だった。[7] デザイン教育に競争原理を組み込み、成果を現金で還元していくこの方法は、「デザインの振興にとっては危険で馬鹿げた」もので、「ドイツの学校関係者からしばしば嘲笑を買っていた」という。ムテジウスはこのように、サウス・ケンジントン博物館を頂点に据えた、イギリスの工芸学校の階層的なシステムの弊害を指摘していた。

工芸の「二つの本質」

一方、ムテジウスが注目し、その説明に多くの紙面を与えているのは、この論文が発表される前年の一八八六年秋に設立されたセントラル・スクール・オブアーツ・アンド・クラフツ（Central School of Arts and Crafts）である。初代校長となったウィリアム・レサビー（1857-1931）の名前をあげ、「おそらく今日でもっとも見事な組織をもった工芸学校」という高い評価をこの学校に与えている。

ムテジウスが指摘するこの学校の特徴は、以下の点である。まず、芸術愛好家などには入学許可を与えず、学生を徒弟（Lehrling）に限定して技術教育に徹底している点があげられている。描かれた図案は、実際に製作し完成させるまでの技術的過程を経なければならない。「銀細工師は、台付き杯をたんに描画するだけではなく、最後の完成の段階に至るまで取り扱う」のである。

またムテジウスは、「自然研究（Naturstudium）」と呼ばれる造形教育の手法に言及している。「すべての徒弟は、形態の重要性を現実のモデルから学ぶのであり、この授業はあらゆる製作分野の学生に適用されるよう努力されている」と、その意義が強調される。それが、過去の芸術作品を模写するという従来の方法に代わるものであるとして、大きな期待を寄せている。工芸製品の品質低落をもたらしていた、過去の様式の模倣を打開する契機として、この「自然研究」の手法を高く評価するのである。

さらに、授業は夜間に開講され、授業料は週二・五マルク、とくに二一歳以下でかつ収入が週一五シリング以下の徒弟については授業料が免除されるという制度が紹介されている。アーツ・アンド・クラフツ中央学校は、昼間は就労している実務者のための再教育の機能を担っていた。

このように、イギリスで取り組まれている最新の工芸教育について紹介を行いながら、ムテジウスは同時に、「工芸」という概念に対する理解をも促している。

かつて手工業者は芸術家を必要とせず、個々の製品の芸術性は手工職人の技術の中に一体化され具現化していた。しかし、十九世紀を通じて手工業の品質低落が顕在化していく過程で、「芸術を手工業へ転用することによる事態の好転化」がもくろまれた。それは、「芸術と手工業という二つの分断された領域を結合させることによって生まれて来た」ものであり、これが「工芸」という概念の発生につながった、という。そしてつづけて、ムテジウスは次のように問いかける。

われわれは今日、工芸という言葉を用いることに何の抵抗も感じないのではないだろうか。今日の工芸の時代においては、製品をつくるために芸術家と手工業者の協同が不可欠である。われわれは、工芸という言葉に対するのと同様、現在の工芸製品の中に、この二つの本質が潜んでいることを見失っているのではないだろうか。

ムテジウスは、手工業と芸術の統合という工芸概念本来の意義に立ち返り、それを当時の時代状況の中であらためて問題の枠組として採用する。「芸術家と手工業者との協同」とはそのひとつのあらわれでもある。そして、工芸教育という場においても、熟練職工が指導する技術教育と芸術家が担う造形教育、その両者の統合という課題が見出されていくことになる。

歴史主義教育からの脱却

さて、ムテジウスが商務省で工芸学校の改革に着手するまでに、ドイツの工芸学校はどのような発展の道をたどっていたのだろうか。まずは、その発展の様子について、概観してみたい(8)。

十八世紀後半、ドイツでは職業訓練校(Fortbildungsschule)・産業学校(Gewerbeschule)・手工業学校(Handwerkerschule)・工場付属学校(Fabrikschule)など、さまざまな呼称を持つ私設の学校が並立し、徒弟たちの教育の場としての補完的役割を担っていた。それは、ギルドがその教育的機能を弱めはじめ、手工職人(Handwerker)・手工芸家(Kunsthandwerker)・製図工(gewerblichen Zeichner)・室内建築家(Innenarchitekt)などと呼ばれる、さまざまな職種・階層に技術者たちが分化していった当時の状況を反映したものでもあった。

一方、プロイセン政府の主導のもとに州立芸術学校(Provinzialkunstschule)と呼ばれる教育機関が各地に設立されるようになる。これは、さまざまな職種の技術者に対して基礎的な教育機会を与えるドイツではじめての公立学校で、工芸学校の前身であると考えることができる。州立芸術学校は、十八世紀後半から十九世紀初頭にかけて、ベルリン(一七八七年設立、以下同)、ケーニヒスベルク(一七九〇年)、ブレスラウ(一七九一年)、ハレ(一七九一年)、マクデブルク(一七九三年)、ダンツィヒ(一八〇三年)、エアフルト(一八〇四年)の各都市に設置された。だが、この州立芸術学校の構想はナポレオン戦争の影響により、その後発展をみることはなかった。

十九世紀半ばになると、一八五一年に始まる万国博覧会が、イギリスと同様に、ドイツにおいてもまた工芸教育の推進に大きな駆動力を与えることになった。ドイツの工芸品の品質低下は著しく、一八七六年のフィラデルフィア万博のさいには、「ドイツ工業の基本原理は、安価で粗悪な（schlecht und billig）ことである」[9]と評されるまでにいたっていた。そして、国際競争力を増していくためには、工芸製品の技術的側面だけではなく、その芸術的な価値に対する配慮も不可欠であることがつよく認識されるようになった。

工芸教育の組織的取り組みにおいて大陸で先鞭をつけたのはオーストリアだった。オーストリアでは一八六四年、ウィーンにオーストリア美術産業博物館（Österreiche Museum für Kunst und Industrie）が開館し、その五年後、博物館付属の工芸学校が設立された。ここでは、予備学校（Vorbereitungsschule）における基礎教育が設立当初より導入され、ドイツにおける工芸学校のカリキュラム構成のひとつの原型となった。

そしてドイツでは、一八六七年ベルリンにドイツ産業博物館（Deutsches Gewerbemuseum）が設立され、翌六八年、博物館の一部門として、ドイツ産業博物館付属学校（Unterrichtsanstalt des Deutschen Gewerbemuseums）が設けられた。ドイツ産業博物館は、一八七九年にはベルリン工芸博物館（Kunst-Gewerbe Museum Berlin）と改称され、また付属学校も八五年にはプロイセン政府の管理下に入り、公的な工芸学校として出発することになった。[10]ここに、ドイツにおける工芸学校教育への組織的な取り組みが始まったのである。

だが、工芸学校の初期形態が博物館付属の機関であったことは、ある逆説的な事態を帰結させることになった。博物館の収蔵作品が教材として使用されていくなかで、過去の作品を範とする装飾が生み出され、その恣意的流用と折衷化が進められ、工芸製品の形態の混乱と芸術的価値の低下を逆につくり出していった。一八八〇年頃には、すでに次のような認識が示されている。

> 工業はその独自の発展に応じた、趣味の良い雛型を見つけられないでいた。……製品の価値は、その外形がいかに装飾されているかということによって決定されていた。それは、世界市場との関連から導かれるべきであるが、実際はそうはなっていない。芸術がふたたび産業の出発点を切り開いて行かなければならない。

大衆の中に、美しく、趣味の良い作品に対する感覚を目覚めさせ、それを育て上げていかなければならない[11]。ここには、工芸製品の価値がその外観の装飾に置かれ、「趣味(Geschmack)」の低落がはなはだしいことが記されている。その主因となった、過去の作品に依拠する歴史主義的な工芸教育からいかに脱却していくのか。ムテジウスが商務省で改革に着手したとき、まさにこの課題が、避けることのできない喫緊の要事になっていた。芸術による産業の振興という、ムテジウスがイギリスの工芸学校のなかで見出すことになる命題もすでに認識されている。「芸術」もまた工芸教育の再編のなかで、その役割を変容させていくことを要請されていたのである。

プロイセン産業局が担った課題

一方、一八七九年より文部省(Unterrichtsministerium)の管轄下に置かれていた工芸学校行政は、八五年四月一日をもって商務省(Handelsministerium)へ移管されることになった。これは、すぐれた技術者の養成が、たんに教育的見地のみならず、ドイツの産業振興と国際競争力の獲得を目指して、国家の経済政策との密接な連携のなかで構想されるようになったことを示している。財政上の助成金の額を見てみると、一八九一年度に八九万七千マルクであったものが、一八九六年度には一四二万九千マルクへと増大している[12]。

また、学校数自体も、一八八五年以前には、ベルリン(一八六八年)、ブレスラウ(一八七六年)、デュッセルドルフ(一八八三年)、フランクフルト(一八七九年)、カッセル(一八六九年)、ケルン(一八七九年)を数えるのみであったが、以降急速に各都市に建設が進められていった。十九世紀末から二十世紀初頭にかけて、アーヘン(一八八六年)、マクデブルク(一八八七年)、アルトナ(一九〇〇年)、バルメン(一八九六年)、シャルロッテンブルク(一八九六年)、エルバーフェルト(一八九七年)、エアフルト(一八九八年)、ハノーファー(一八九〇年)、クレフェルト(一九〇四年)などにおいて、工芸学校の新設がみられる。一九〇〇年時点でその数は三〇を越えていたともいわれる[13]。この都市リストを見てもわかるように、工芸学校の設立はプロイセン各州の中核的都市にまでおよんでいる。こうした広い範囲にわたる工芸学校の普及が、二十世紀に移ってからの工芸教育の新たな展開の基盤を形成していた[14]。

以上概観したように、とくに十九世紀後半の工芸学校の展開を振り返ってみると、二つの重要な年代が特記できることがわかる。ひとつは、ベルリンのドイツ産業博物館に工芸学校が付設された一八六八年、そして、工芸学校行政の母体が文部省から商務省へ移行した一八八五年である。前者は教育制度上の、後者は経済政策上の改革だったということができる。これらの改革をもとに、ニコラウス・ペヴスナー（1902-1983）が「おもにドイツの産物」というような、「純粋美術・工芸・産業美術の本当の統一美術学校という新型」[15]が、二十世紀のドイツにおいて確立されていくことになる。

そして、プロイセン産業局は、工芸学校改革に関する政策立案とその推進を担う機関として、一九〇五年四月一日に商務省に設置された。一九〇三年に英国より帰国したムテジウスはすでに入省していたが、産業局の設立とともにその専任技官として配属された。産業局におけるムテジウスの活動はその死の前年一九二六年にまでおよぶが、ここでは第一次世界大戦前の時期における活動の一端に触れていきたい。

産業局創設の経緯は、一九〇九年の年次報告書に掲載された「プロイセン産業局と諮問委員会の設置に関する覚書」のなかで触れられている。[16]この報告によると、十九世紀末から二十世紀初頭にかけ、工芸学校の他に、州立あるいは公的資金の援助を受けている職業訓練校（Fortbildungsschule）および専門学校（Fachschule）の数は激増し、一八八〇年に六八六校だったものが、一九〇四年には二〇六五校にまで増大している。商務省では、議員、産業学校の教職員、有識者からなる「技術教育制度検討委員会（ständige Kommission für das technische Unterrichtswesen）」を発足させ、工芸学校行政の基幹に置いたが、こうした学校数の増大、その多様化に十分に対応することができなかった。そこで、この委員会を廃し、商務大臣直属の組織として産業局と、その業務を補完する常設の諮問委員会が設立されることになった。産業局は、建設、鉄鉱、織物、工芸、学校教育、そして産業振興の各専門家六人によって構成される。このうち、建設部門を担当したのがムテジウスである。報告書によれば、産業局の課題として「各学校について関連する資料等を十分に収集し把握すること、各産業の実践とその必要性にそくして教育計画を考案すること、それぞれに異なる教科書、教材、教育手法について内容と量を把握し、それらの必要性について判断すること、さらに有能な講師陣を育成し適材適所へ配置する」ことが列記されているが、各校の教育計画に対し、かなり踏み込んだ指導を行っていたことが推察される。

また、職工などの技術者ばかりではなく、産業振興に携わる多様な人材の育成もその課題のひとつだった。後年の年次報告書には、「製図工（Zeichnern）、事務員（Bureauangestellten）、工場長（Werkführer）、工房長（Werkstattvorstehen）、販売員（Verkäufern）の養成もまた工芸学校の目的とする」[17]と記されている。工芸製品の水準向上と国際市場における競争力の獲得を目的として、工場や工房の管理者や産業の振興を指導する行政、さらには製品販売などにかかわる人材をも視野に入れた工芸教育が構想されていたことがわかる。

では、これらの課題に対して、ムテジウスはいかなる方法で対処していったのだろうか。

教育工房の導入――「即物的に、経済的に、実用的に」

商務省において、ムテジウスがその作成にかかわっていたことが指摘されている施策のひとつに、一九〇四年十二月十五日付の商務省令「教育工房の設置に関する告示（Erlaß über Einrichtung des Lehrwerkstätten）」（以下、省令「教育工房の設置」と略記）がある[18]。これは、工芸学校の履修課程に「工房（Werkstatt）」と呼ばれる、実技的な訓練を行う研修の場を組み込むことを明文化したものである。機械生産による製作や、高度に技術的な作業が行われる工房と連携することで、実践的な技術教育を工芸学校に導入することが目指されたのである。また、「教育工房の設置に際しては、まず第一に地域産業に目を向け、その生産形態を観察することが望まれる」と記されているように、地元地域の手工業者や職工を講師として招聘し、工芸学校を地域的な広がりのなかで、地域経済の核として位置づけることが企図された。「教育工房」の導入は、工芸学校改革の根幹をなしていると考えられ、その方向性を端的に示すもののひとつである。その対象校は、「工芸学校（Kunstgewerbeschule）、手工業学校（Handwerkerschule）、工芸専門学校（kunstgewerbliche Facheschule）、また教材開発のために、関連する専門学校（Fachschule）、職業訓練校（Fortbildungsschule）」におよぶものだった。

工芸学校への工房の導入という考えは、ロンドン赴任時におけるムテジウスの視察経験に発していると考えられる。セントラル・スクール・オブアーツ・アンド・クラフツの教育プログラムの特徴は、ムテジウスの報告に

図１　教育工房の授業風景（クレフェルト工芸学校の製本・石版印刷工房、1911年）

あるように、「手工業の基礎に芸術的な取扱いを一様に置き、さらにそれを実際の制作活動と直接結びつける」ものだった[19]。学生は、授業の一環として校内の工房で研修を行い、必要とされる知識、技能をきわめて実践的な場において獲得していた。ムテジウスは、こうした教育手法をドイツの工芸学校へ移入し、その応用を試みようとした。その機軸となるのがこの省令「教育工房の設置」であり、工芸学校改革全体の中心的な施策のひとつだった[20]（図１）。

　工房での作業そのものは、この省令以前においてもすでに、彫金（Ciselieren）、打ち出し加工（Treiben）、木彫（Holzschnitzen）などの分野で行われていた。工芸学校では、これらに加えて、装飾画（Dekorationsmalerei）、石版画（Lithographie）、金工（Kunstschmiede）、印刷（Buchdruck）などの工房が新たに設けられた。また、「特別工房（Sonderwerkstätte）」といわれる、それぞれの工芸学校に独自に置かれ、その学校の特色を作り出す各種の工房も設けられた。ハノーファーやエルバーフェルトにおける「精密製本および金箔張り工房（Feinbuchbinderei und Handvergolden）」、フレンスブルグ、アルトナにおける「家具製作工房（Kunsttischlerei）」、マクデブルク、エルバーフェルトの「陶器工房（Keramik）」および「手織物工房（Handweberei）」、クレフェルトの「石像彫刻工房（Steinbildhauer）」、マクデブルクの「婦人手芸工房（weibliche Kunsthandarbeit）」、カッセルの「皮革加工工房（Lederbearbeitung）」、そしてハノーファやヒルデスハイムにおける「写真工房（Photographie）」など、それぞれの工芸学校に独自の特別工房が導入された[21]。

　また、こうした各工房に対応した専門教育は、予備課程（Vorklasse）を経たあとの専門課程（Fachklasse）に主として組み込まれた。製品の完成を目指した、実技教習のための「製作工房（Ausführungswerkstätten）」に加えて、将来的に実用可能な技術の開発などを目的とする「実験工房（Versuchswerkstätten）」が設置されることもあった[22]。「実験工房」の存在は、工房が実用目的ばかりではなく、試験的な研究機関としての側面を持ち合わせていたことを示唆している。

工房における教育の目的については次のような記述を一九〇五年の年次報告書のなかにみることができる。[23]

工房での教育は、手に手段を与えてくれる。学生は、材料と形態のあいだの密接で避けることのできない関係を強く意識するようになる。そして、自分の図案を即物的に、経済的に、さらには実用的に発展させることを学習するのである。

さらに、つづけて次のような認識が示される。

材料やその独自性といった性格を考慮に入れることなく、外観を好ましい形に作り上げることが努力を傾けるべき仕事だという考えは誤りである。材料に直接接することによって、こうした誤った考えから学生を解放することができる。外観にばかり注意を払った形態ではなく、個々の材料の性質を理解しその造形的可能性を探求するという新たな芸術の考え方を、工房に導入することもできるのである。工芸図案家の育成については、材料に関する知識の欠如、職人的な実技訓練の経験不足といった一面的な教育のありかたに対して、これまでもしばしば警鐘が鳴らされてきた。工房教育への取り組みは、こうした状況を打破し、ここで述べてきたような方法によって手工業の推進に貢献するものである。

ここには、「外観にばかり注意を払った形態」を与えることに偏重してきた工芸教育の現状に対する批判がみられる。さらに、工房を通じた教育課程の刷新が、「芸術」の変質をともなう、新たな造形の可能性に結びついていることもまた付け加えられている。「即物的」「経済的」「実用的」などの指標は、むしろ近代的な「デザイン」の概念の中核をなす価値基準である。工房は、工芸学校という枠組のなかにありながらも、新たな時代に適応できる造形理念を模索し、検証する場として認識されていたことがわかる。「工房において芸術教育と技術教育がたがいに手を結ぶ」[24]ことが意図され、それは当時の工芸の技術的可能性と芸術的水準を相互に高めながら、その両者を統合するためのものでもあった。最新の機械技術の使用を前提に、材料の性質を最大限に活用する造形手法が模索され、工芸の新たな価値が生み出されていく。工芸学校の教育改革を通じて、「工芸」という概念自体もまた拡張され、更新されていったのである。

さらに、工房における技術教育だけではなく、それを補完し、工芸の新たな「造形的可能性」の展開という要請に応えたのが、「デッサン授業（Zeichenunterricht）」と呼ばれるプログラムである。これは、彫像や様式的装飾の模写という旧来の方法に代わり、動植物をデッサンし、そのモチーフを新しい装飾の単位に変換させていく手法である。これもムテジウスの作成によるものと指摘される、一九〇七年一月二十八日付の省令「産業職業学校におけるデッサン授業導入の原則（Grundsätze für die Erteilung des Zeichenunterrichts in gewerblichen Fortbildungsschulen）」[25]が、この新たな施策の基礎となった（図2）。

図2　デッサン授業の風景（キール手工業学校の工芸専門クラス、ゲオルク・ツィンマーマンによる自然研究の授業、1910年頃）

デッサン授業についてムテジウスは、イギリス滞在中にすでに「デッサン授業と様式学」のなかで、工芸学校教育へのその導入の必要性を訴えていた[26]。学校教育において実践的な造形教育が軽視され、十分に実施されていないことをムテジウスは指摘する。歴史家や芸術学の教授による「趣味と様式学（Geschmacks- und Stillehre）」といわれる教養主義の教育が支配的であり、そのために同時代の芸術に対する生きた理解が阻まれている、と現状を批判するのである。デッサン授業は、そうした「趣味と様式学」の教育からの脱皮を図るための方策でもあった。

ムテジウスによれば、デッサン授業はつぎのような三段階からなる。

まずデッサンは、花や植物や昆虫、魚、鳥などを描き写すことから始められる（図3・4）。植物であれば、葉脈や枝幹、芽のふくらみなど、各部の構成要素を写しとることで、「講義などよりはるかに分かり易く、自然や芸術の成り立ちとその法則を解明することができる」。つぎに、そのデッサンを単純化し、線に置き換え再構成

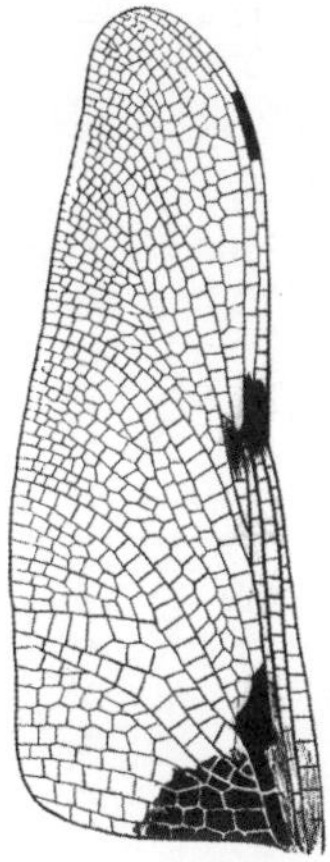

図５　蝶の羽根の線画による表現

図６　蝶の羽根をモチーフに制作された平面装飾のパターン

図３　デュッセルドルフ工芸学校の予備課程、ヨーゼフ・ブルクミュラー指導による学生作品（1903/04年、図４～６も同）。鶏の姿を写し取ったデッサン。水彩、墨、チョーク、色鉛筆などによってそれぞれ描き分けられている

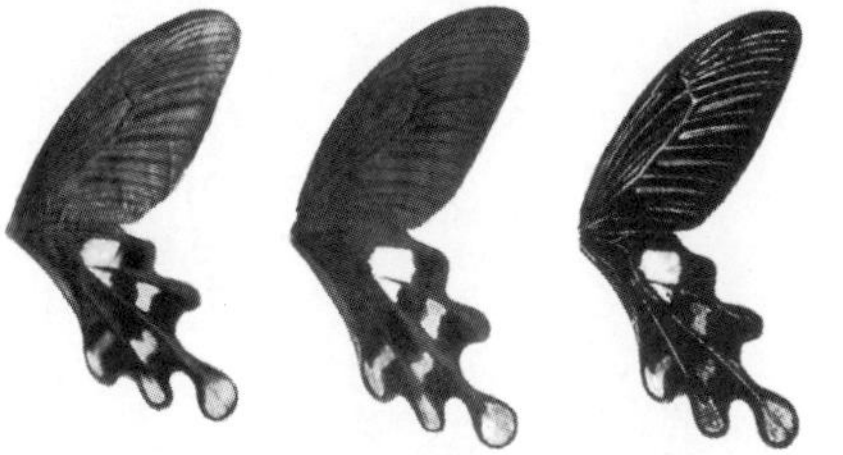

図４　木炭、油彩、白黒画によって描き分けられた蝶の羽根のデッサン

することで、自然のなかの「比例の法則」を知る（図5）。この段階で描かれた形態は、新しい装飾モチーフとして利用することもできる（図6）。最後に、人体像を描き、「人間と建築の創造の法則」を習得する。このように、デッサン教育を実践する過程で、自然界の芸術原理を体得することができ、それこそが「芸術教育の唯一の方法」とされるのである。「哲学ではなく、デッサンを！（Zeichen statt Philosophieren !）」という標語が掲げられ、「趣味についての講義より、学生にデッサンを描かせる」ことの重要性がつよく奨励されるのである。

ムテジウスはまた、一九〇六年にドレスデンで開催されたドイツ工芸展に関する論文のなかでさらに、「先進的ないくつかの学校ですでに行われており、そのなかでもとくにウィーン工芸学校に顕著に見られるものだが、理解のデッサン（Auffassungszeichnen）〈生きている動物の動きを対象とする〉と、それに加え記憶のデッサン（Gedächtniszeichnen）とを結びつけ、展開していくこと」[27]と記している。屋外でのスケッチや写生のトレーニングを通じて動物や植物の形態を観察し、それをただ写し取るだけではなくその構成を理解し、記憶として定着させた上でふたたび造形の要素として用いていくウィーン工芸学校で実践されていた方法が、このデッサン授業のひとつの範例となっていったことがわかる。

そして、こうしたデッサン授業を指導する教員に、しだいに芸術家が登用されていくようになった。「芸術の基礎教育段階において、《芸術学者》を解雇し、《芸術家》か、あるいは少なくとも芸術教育を受けたデッサンの教師を起用する」[28]とムテジウスは記している。各地の工芸学校の校長をはじめとする講師陣の登用にも大きな変化がこの時期にみられる。たとえば、デュッセルドルフ工芸学校（一九〇三年）のペーター・ベーレンス（1868-1940）、ベルリン（一九〇七年）ではブルーノ・パウル（1874-1968）、ブレスラウ（一九〇七年）ではハンス・ペルツィヒ（1869-1936）、そしてミュンヘン（一九一二年）のリヒャルト・リーマーシュミート（1868-1957）らが、各地の工芸学校の校長として招聘されていった。指導的立場にある芸術家・建築家が工芸学校の運営にかかわり、その教育再編と活性化が図られていったのである。[29]

「二つの本質」の行方――バウハウスの設立へ

このようにプロイセン産業局は、ムテジウスの工芸改革の理念に主導され、教育工房とデッサン授業という新たな教育形態をドイツの工芸学校に導入しその改革を図っていった。そこにみられるのは、実践的な技術教育を推進する教育工房、そして造形手法の転換をうながすためのデッサン授業、という二つの施策が、たがいに補完的に作用しながら、造形教育の近代化につなげられていくという事態である。これは、ムテジウスがかつて指摘した工芸に潜む二つの本質、手工業と芸術が、手工業が近代的な工業生産に移行していく段階にあって、工芸学校という限られた場のなかで新たに総合化されていくプロセスでもあった。「ドイツでは純粋美術と応用美術または工業美術との統一という新しい概念が具体化しつつ[30]」あるという、ペヴスナーが記したモデルが、産業局の施策のなかにひとつのあらわれをみせているのである。

第一次世界大戦後、一九一九年に設立されたバウハウスは、その多彩な工房教育の実践によって広く知られている。また、ヨハネス・イッテン（1888–1967）によって導入され、ヨーゼフ・アルバース（1888–1976）とラースロー・モホイ＝ナジ（1895–1946）が引き継いだ予備課程は、その後の造形教育のあり方の大きな指針ともなった。これらの教育プログラムは、ヴァルター・グロピウス（1883–1969）が描いた図式、半年間の予備課程を経たのち三年間の工房教育を受け建築教育へいたる、という独自のカリキュラム図に集約されて示されている（図7）。円環状の構図のなかにあまりに鮮やかに表現されているがゆえに、それがバウハウスではじめて実践された教育システムと思われがちだが、これまでに検討してきたように、そこには二十世紀初頭に試みられた工芸学校改革の理念が深く継承されている。

バウハウスにはヨーロッパ各国から、前衛的な美術運動の一翼を担った芸術家たちが集まった。バウハウスの実験

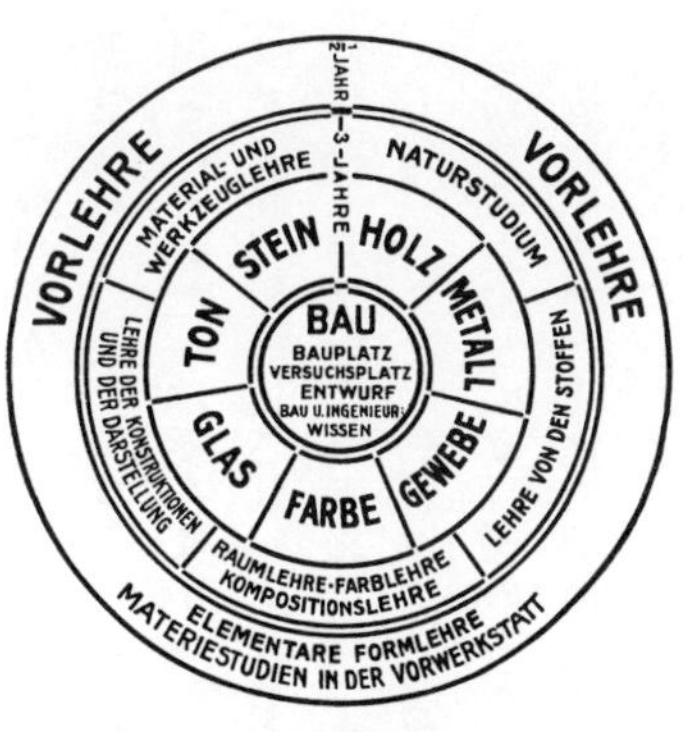

図7　バウハウスの教育カリキュラムを示す円環図。円の外周から中心に向けて、半年間の予備課程、3年間の工房教育・材料研究、そして最後に建築というカリキュラム構成が示されている

とその成果がかれらの芸術活動や作品に大きく依拠していたことは紛れもない事実である。しかし、独自性が強調されるその教育プログラムの枠組みは、けっしてバウハウスの発明でもなければ、バウハウスによってのみ採用されていたわけでもなかった。イギリスの工芸改革運動に端を発した新たな教育理念が、二十世紀初頭のドイツで発展、組織化され、そうしたバウハウスの実験の基盤を作りあげていたのである。プロイセン産業局で試みられた工芸学校改革の施策は、まさにそのプロセスを代表するものとして位置づけることができる。

また、工房教育やデッサン授業などこの時導入された教育プログラムは、さきに触れたように、旧来の歴史主義教育の克服という目標のもとに整備されていったものでもある。そこには、新たな造形理念と、それにともなう造形手法の近代化の契機もまた含まれていた。そうした造形改革の推進が、天才的な芸術家たち――バウハウスのように――の手によってなされるのではなく、産業局のような、いわば〝シンクタンク〟ともいえる政府の一専門部局の組織的な取り組みによって着手され、推進されていったという事実も、特筆されていい特徴のひとつではないだろうか。

バウハウス宣言にグロピウスは「建築家、彫刻家、画家たちよ、われわれはみな手工作に戻らねばならない!」と記した。手工業と芸術の統合として示される工芸の理念的枠組みがバウハウス創設の基本理念のなかに繰り返されている様《さま》をここにみることができる。だが、すでに時代は、グロピウスが夢想した中世の職人たちのような製作態度をもはや許しはしなかった。第一次世界大戦は、近代工業による大量生産の時代へ社会が移行したことを、否応なく人々の目に焼き付けていった。グロピウスは、一九二三年に開催されたバウハウス初の展覧会に、「技術と芸術――新たなる統一」というタイトルを与える。ここにいたってもなお、工芸の理念的枠組みが継承されていることがあらためて了解されるわけだが、その内実はすでに大きく変化していた。生産方式の転換が「技術」を変容させただけでなく、もうひとつの項「芸術」もまた、技術の変容にともなってその社会的機能を変えはじめていた。時代はそれをもはや工芸と呼ばず、「デザイン」という名で言い表しはじめるのである。

（1）レイナー・バンハム／石原達二・増成隆士訳『第一機械時代の理論とデザイン』、鹿島出版会、一九七六年、八二頁。

（2）ムテジウスの『様式建築とバウクンスト』、および「即物性」の概念については、拙稿「デザインの誕生――『工芸』への批判的距離」（鈴木博之他編『材料・生産の近代』、東京大学出版会、二〇〇五年）三三二―三六八頁を参照されたい。

（3）Muthesius, H., "Künstlerischer Unterricht für Handwerker in England", *Dekorative Kunst*, Vol.1, 1898, pp.15-20.

（4）ペヴスナーは一八五一年の万国博覧会について、「応用または産業美術に関する限り、いたるところで失望を抱かせるもの」と評している。さらに、「威厳を抑えた新古典主義の装飾を見てから、わずか五十年後の目を疑うほどの審美力の欠如をしめすものであるばかりでなく、またこの驚くべき相違は啓蒙された同時代の人々には、歴然たるものであった」と、当時の人々の反応について記している。こうした「博覧会が暴露した凋落ぶり」は、「フランスでも、イギリスでも、ドイツでも、産業美術のより進んだ訓練の問題がきわめて緊急を要するもののひとつである」という認識を生むことになった。つづいて、製造業者、工匠、美術家がこうした状況に対して無力であったことを、以下のように記述している。「製造業者からは何も期待できなかった。彼らは製品が売れさえすれば満足であった。工匠たちはもはや一つの階級としては存在していなかったので、解決にはほとんど貢献できなかった。そして美術家たちは――一世紀以上のあいだそうであったように、この問題には無関心であった。自分自身は記念像の小模型を作ることに甘んじ、実際の石細工をすっかり幽霊に任している彫刻家の貢献がいかなる価値のものになり得るであろうか」（ニコラウス・ペヴスナー／中森義宗・内藤秀雄訳『美術アカデミーの歴史』、中央大学出版部、一九七四年、二七一頁）。

（5）ヘンリー・コールを中心とする、「コールの集団」と呼ばれる芸術家たちのグループ、およびそのデザインの方法論については、鈴木博之『ヴィクトリアン・ゴシックの崩壊』（中央公論美術出版）一五頁以下に詳しい。

（6）ドレスデンの革命を逃れて、ゴットフリート・ゼンパーは一八四九年イギリスへ亡命し、一八五一年の万国博覧会ではデンマーク、スエーデン、エジプト、カナダ部門の展示にかかわった。この後、一八五五年にチューリッヒへ移るまで、ゼンパーはイギリスで活動した。その間、『科学・産業・芸術』（一八五二年）などの著作の執筆を通じて、またマールバラ・ハウスの「デザイン学校（School of Design）」などで、イギリスの工芸教育について提言を行った。サウス・ケンジントン博物館の母体となった製品美術館が一八五二年にマールバラ・ハウスに開設されたのは、「ゼンパーの提案の直接の結果」であるとペヴスナーは記している。また、「製造業者、美術家、大衆に過去の業績を見せることによって、彼らの趣味を向上させよう」というゼンパーの考えが、サウス・ケンジントン博物館の創設につながったとも記している。ゼンパーは、ラスキンやモリスの「機械の発明が産業美術の衰微の原因とする論」を排斥し、機械の合理的な使用を認めた。また、博物館を通じての、「大衆の審美力」の開発の必要を主張した。「ゼンパーの応用美術博物館と応用美術学校の結合は、ここでは十九世紀後半のもっとも大きな特徴であるといってもまちがいはなかろう」とペヴスナーは、ゼンパーのイギリス工芸教育への影響を記している（ペヴスナー前掲書、二七四―二八一頁）。

（7）サウス・ケンジントン博物館の「出来高払い制度」については、スチュアート・マクドナルド『美術教育の歴史と哲学』（中山修一・織田芳人訳、玉川大学出版部、一九八九年）に詳しい。

(8) ドイツの工芸学校の発展については Kunstreich, J. S. :"Hermann Muthesius (1861-1927) und die Reform der preußischen Kunstgewerbeschulen", *Nordelbingen*, Vol.47, 1978, pp.28-40. および Moeller, G.:"Die preußischen Kunstgewerbeschulen", in; Mai, E., et al. (ed.), *Kunstpolitik und Kunstförderung im Kaiserreich. Kunst im Wandel der Sozial- und Wirtschaftsgeschichte*, Gebr.Mann, 1982, pp.113-129. また Hubrich, H.-J. : *Hermann Muthesius. Die Schriften zu Architektur, Kunstgewerbe, Industrie in der 》Neuen Bewegung《*, Gebr.Mann, 1981.（とくに、第七章の "Probleme der Kunsterziehung und die Organisation der Handwerker- und Kunstgewerbeschulen: Die Neue Bewegung im Umbruch zur Schulpraxis"）を主として参照した。

(9) Moeller, G. , op.cit., p.115.

(10) ベルリン工芸博物館については Bode, W.:"Aufgaben der Kunstgewerbemuseen", *Pan*, 1896, pp.121-127.

(11) "Denkschrift über das Technische Unterrichtswesen 1879" in; Moeller, G., op.cit., pp.115-116.

(12) *Verwaltungsberichte des Königlich Preußischen Landesgewerbeamtes 1905*（以下 *Verwaltungsberichte* と略記）, Carl Heymanns, 1906, p.99.

(13) Moeller, G., op.cit., p.116.

(14) Schmidt, M., "Kunstgewerbeschule in Deutschland und Frankreich", *Kunstgewerbeblatt, N.F.*, Vol.1, 1890, pp.34-35.

(15) ペヴスナー前掲書、三一四頁。

(16) "Denkschrift über die Begründung eines Landesgewerbeamts und eines ständigen Beirats", *Verwaltungsberichte 1909*, Carl Heymanns, 1910, pp38-48.

(17) *Verwaltungsberichte 1921*, 1922, p.150.

(18) "Gewerbliche Unterrichtsangelegenheiten. Fachschulen. Betr. Kunstgewerblicher Unterricht in Lehrwerkstätten.", *Ministerialblatt der Handels- und Gewerbe-Verwaltung*, Vol.4 No.24, 1904, pp.494-495.

(19) Muthesius, H., op.cit., p.19.

(20) Berlepsch-Valendas, H. E. v., "Zur Frage der Errichtung von Lehrwerkstätten", *Kunstgewerbeblatt, N.F.*, Vol.15 No.10, 1904, pp.181-193.

(21) Hubrich, H.-L., op.cit., p.123.

(22) Moeller, G., op.cit., pp.122-123.

(23) *Verwaltungsberichte 1905*, p.159, 1906

(24) ペヴスナー前掲書、四九四頁。

(25) *Verwaltungsberichte 1907*, pp.79ff, 1908, in; Hubrich, H.-L., op.cit., p.200

(26) Muthesius, H., "Zeichenunterricht und Stillehre", *Kunst für Alle*, Vol.15, 1900, pp.487-496.

(27) Muthesius, H., "Die neuere Entwicklung und der heutige Stand des kunstgewerblichen Schulwesens in Preuszen", in:

Direktorium der Ausstellung (ed.), *Das Deutsche Kunstgewerbe 1906*, III. Deutsche Kunstgewerbeausstellung Dresden 1906, F. Bruckmann, 1906, pp.41-51.

(28) Muthesius, H., op.cit., p.492.

(29) デュッセルドルフ工芸学校については、拙稿「デュッセルドルフ工芸学校におけるペーター・ベーレンスの教育活動について」(『日本建築学会計画系論文報告集』第四七九号、二二三－二三二頁、一九九六年)を参照されたい。

(30) ペヴスナー前掲書、二九五・三〇三頁。

[図版出典]

図1 Ekkehard Mai, *Kunstpolitik und Kunstförderung im Kaiserreich*, Gebr.Mann, 1982.

図2 *Nordelbingen*, Vol.47, 1978.

図3〜6 Gisela Moeller, *Peter Behrens in Düsseldorf*, VCH, 1991.

図7 Magdalena Droste, *Bauhaus 1919-1933*, Taschen, 1992.

オーストリアの近代工芸運動

天貝義教

はじめに

デザイン史の観点から注目すべきオーストリアの近代工芸運動は、十九世紀後半から世紀転換期を経て第一次世界大戦直前までのウィーン、すなわちオーストリア帝国[1]の首都であり皇帝の居所であったウィーンに見ることができる。この時期にクンストゲヴェルベもしくはクンストインデュストリーと呼ばれていた工芸は、建築・彫刻・絵画など他の造形芸術とともに、その様式を歴史主義からモデルネ（近代主義）へと転換していった。

それは、具体的に見れば、一八六〇年代のオーストリア帝国美術工業博物館（das k.k. österreichische Museum für Kunst und Industrie：現オーストリア応用美術博物館）とその附属のクンストゲヴェルベシューレ（die Kunstgewerbeschule：現ウィーン応用美術大学）の設立から、九〇年代末のセセッション（Secession）の結成を経て、二十世紀初頭のウィーン工房（Wiener Werkstätte）の設立にいたる動向となる。

さらに、これらの動向の代表的な指導者を指摘すれば、六〇年代から七〇年代における歴史主義の理論的指導者はウィーン大学初代美術史講座教授のルドルフ・フォン・アイテルベルガー（1817-1885）であり、世紀転換期におけるモデルネのそれはウィーン美術アカデミー建築教授のオットー・ヴァグナー（1841-1918）であった。両者の主張は、歴史主義と近代主義という相違はあったものの、共通して工芸運動を美術運動として捉えており、応用美術の思想によって特徴づけられていた。本論ではこれら二人の思想を主軸にしてオーストリアの近代工芸運動を概観する。

アイテルベルガーの歴史主義的応用美術思想

十九世紀後半のオーストリアにおける工芸運動（Kunstgewerbebewegung）は、アイテルベルガーによれば[2]、一八六〇年代のウィーンにおけるオーストリア帝国美術工業博物館および附属のクンストゲヴェルベシューレの設立、そして帝国のオーストリア地域における工芸専門学校（die kunstgewerbliche Fachschule）の設置に始まるが、一八六七年のパリ万国博覧会以降に本格化した包括的な美術運動（Kunstbewegung）の一部と見なされる。この美術運動は、ウィーン大学を中心とした芸術学（美術史）運動、ウィーン、クラカウ、プラーグ、グラーツの美術アカデミーの大学昇格と改革を進める造形美術振興運動からなり、その振興時期は、ウィーンのリンクシュトラーセの建設時期と一致していた。

ウィーン大学、美術アカデミー、そして美術工業博物館とクンストゲヴェルベシューレもこの時期にリンクシュトラーセ沿いにルネサンス様式に範をとって新校舎が建設されており、アイテルベルガーは、これらの公共建築について、「帝国の首都にして皇帝の居所」ウィーンは「美術の最高質の魅力によって飾られる」と、その歴史主義様式を高く評価していた。皇帝の親書[3]で明らかなように、リンクシュトラーセを中心とした都市拡張計画では、ウィーンの整備と美化（Regulierung und Verschönerung）が求められており、工芸もこの美化にかかわっていたのである。

さらにアイテルベルガーによれば、この時期に以前のオーストリアには見られなかった工芸に関する著作が多数登場し、一般的な趣味の向上とともに工芸と素描教育の振興が求められたという。特に、一八六四年のアイテルベルガー自身が初代の館長となったオーストリア帝国美術工業博物館の設立と、一八六七年の附属のクンストゲヴェルベシューレの設置によって、オーストリアは、工業製品全般の美的質に関して外国依存から脱することとなった。

この博物館の目的は、博物館規則[4]の第一条によれば、「工芸（Kunstgewerbe）の活動を支援し、かかる分野における趣味の向上に寄与することにあり、そのために工芸に美術（Kunst）と科学を、様々な補助手段を通じて提供し、利用可能とすること」にあった。またクンストゲヴェルベシューレの目的は、学校規則[5]の第一条によれば、

「工芸（Kunstindustrie）の必要に適う有能な人材の育成」を使命とし、そのために「産業（Gewerbe）に密接に結びついた美術分野」、すなわち、建築・彫刻・絵画が教育されることとなった。両者の目的には、「産業としての美術（gewerbsmässige Kunst）から偉大な美術を切り離してはならない」と考え、[6]「産業的美術（die gewerbliche Kunst）」を「日用の生活必需品への美術（建築・彫刻・絵画）の応用」と規定するアイテルベルガーの理念が反映されていたのである。[7]

また当時、博物館においてアイテルベルガーの協力者であったヤーコプ・ファルケ（1825-1897）は、ウィーン新聞において、産業（Gewerbe）の目的を「有用なものを作り出すこと」とし、美術の目的を「美しいものを作り出すこと」としながら、「工芸（Kunstgewerbe）の製品は、美を有用性に結び合わせなければならない」と規定していた。[8]以上のようなアイテルベルガーとファルケの主張は、応用美術の思想といえよう。一八七〇年代のウィーンにおける美術工業博物館とクンストゲヴェルベシューレの設立に始まったオーストリアの工芸運動は、応用美術の思想を基礎にして進められていたのである。

ウィーンの美術工業博物館は、ロンドンのサウス・ケンジントン博物館をモデルにしていたが、美術の応用による工芸および工業の振興と国民の趣味の向上を目的とする博物館という基本理念はゴットフリート・ゼンパー（1803-1879）の構想にもとづいていた。一八五一年のロンドンでの世界最初の工業製品の国際的展覧会にさいして、現地に滞在していたゼンパーは、『科学・工業・美術』と題した報告書をヴィクトリア女王の夫君アルバート公に提出するが、[9]そこで、工芸および工業製品の美的混乱をとりあげ、多様な技術的進歩における美的秩序の欠如を指摘して、その改善のために、工業への美術の応用を主張し、その施策として博物館と教育機関の設立を提案していた。

現在、ウィーンの応用美術博物館には、ゼンパーによるインダストリアル・アートの博物館に関する構想をまとめた英文手稿[10]が所蔵されており、アイテルベルガーとファルケの応用美術思想は、多様な技術的進歩に対する美的秩序の付与というゼンパーの主張の延長線上にあったのである。

応用美術思想にもとづくウィーンの工芸運動では、アイテルベルガーの主張[11]によれば、個々の工芸分野の振興にとどまらず、手工業（Gewerbe）と工業（Industrie）における美術の振興が目指された。すなわち、諸国民の生産活動全般における形態や色彩にかかわる美術の問題が課題となり、それゆえ、美術は手工作・手工業・工業とは切り離せないものとされた。さらに、アイテルベルガーは、オーストリア帝国各地の民族芸術と家内工業を、オーストリアにとっての共有財産として注目した。[12] それらは、エルツ山地のドイツ系ベーメン人のガラス工芸、ブコヴィアのルーマニア人女性、そしてクロアチアやダルマチアのスロヴェニア人女性の亜麻布織、東ガリチアのルテアニア人農民の木工、サルツカンマーグートの木彫であるが、[13] こうした固有の工芸が、それぞれの地域に設立された工芸専門学校によって振興されることとなった。これらの工芸専門学校には、ヨーゼフ・ストルク（1830–1902）らウィーンのクンストゲヴェルベシューレの教官によって製作された製品図案の手本集が教材として提供されたが、その様式は歴史主義にもとづくものであった。

以上のような工芸運動をアイテルベルガーの協力者であったファルケは、工芸の改革運動と捉えていた。[14] ファルケによれば、工芸の改革は偉大な歴史的美術様式（die grossen historischen Kunststile）を規範として進められるべきものではあるが、こうした歴史様式にもとづく方法には、プロクルステスのベッドとなる危険性があるという。なぜなら、どの歴史様式も、「民族や時代の独自性」のうえに成立しており、「今日では、我々は我々自身の固有性をもっているのであり、これが、芸術的に表現されなければならない」からである。それゆえ、ファルケは、「ものの種類と材質を正当に評価し、ものをそれ自身から、その本質と条件にもとづいて美しく造形すること」を訴えたのである。[15]

このように工芸の改革のために、歴史主義的傾向にかかわる別の道を模索していたファルケは、一八八四年のアイテルベルガーの死後、美術工業博物館の館長職を引き継ぐとともに、工芸の向上と振興を目的とするウィーンの工芸協会（Kunstgewerbeverein）の設立を積極的に進めていた。印刷業のルドルフ・フォン・ヴァルトハイム、家具製造業のフェルディナンド・パウリク、織物製造業のフィリップ・ハース、ブロンズ製造業のアロイス・ハヌシュらが参加した協会は、定期的に美術工業博物館において会員の製品展覧会を開催することとなるが、その設立について、ファルケは、数十年前には、クンストゲヴェルベもしくはクンストインデュストリーという名称すら存在しておらず、金細工師・家具職人・織工・陶工・金属錠前師などのさまざまな職業（Gewerbe）があり、これらの個々の職業についてさまざまなツンフトや同業組合はあったものの、「これらすべての職業から、美術的問題に専ら携わる職業を取りだし、それらを一つの団体にまとめることなど思いもよらないことだった」と強調する。(16)

一八八四年のウィーンにおける工芸協会の設立によって、手工作・手工業・工業における美術的問題を専門的に扱う新分野、すなわちクンストゲヴェルベは制度的に定着したといってよく、それは、応用美術家の制度的な地位の確立でもあった。しかしながら、こうした応用美術家たちが志向した歴史主義様式は、九〇年代後半になるとモデルネの立場から厳しく批判されるのである。

オットー・ヴァグナーの『近代建築』

一八九四年にオットー・ヴァグナーは、「健全かつ堅実な性格を持つルネサンス芸術家として」、すなわち歴史主義者として、ウィーンの美術アカデミーの建築教授に任命された。(17) しかし、就任後の一八九六年にヴァグナーは『近代建築』(18)と題した著作を刊行し、その序文において、「建築についての今日支配的な見解の根拠は変らなければならず、我々の芸術創造の唯一の出発点はまさに近代生活（Das Moderne Leben）である」と、近代建築の基本原理を宣言する。「帝国の最初の美術学校」の教職に就くよう招かれたヴァグナーは近代を志向していたのである。

『近代建築』は、一八九八年に第二版が出版されるが、その序文では、折衷主義に対するモデルネの勝利と、セセッションの成功が明言され、一九〇二年に出版された第三版の序文では、「モデルネの爆発的出現が引き起こした戦い」に芸術家だけでなく一般の人たちも加わったことが勝利宣言のように指摘される。加えて、近代生活に適う「日用品についての良い典型」が多数出現していることも言及されている。そして、一九一四年には、『我々の時代の建築芸術』(19)と表題を変えた第四版が出版され、その序文において、表題の変更が、一九〇二年に刊行されたヘルマン・ムテジウス（1861-1927）の著作『様式建築と建築芸術』(20)に触発されたことが率直に述べられ、折衷主義への批判が改めて述べられている。

以上のように第四版まで出版された『近代建築』は、序文を含め多数の加除訂正がなされているが[21]、そこには、ヴァグナー自身がかかわった近代様式の成長期の動向が反映されている。すなわち、一八九七年には、グスタフ・クリムト(1862-1918)を中心に「オーストリアの造形美術家協会――セセッション」が結成され、ヴァグナーの教え子であるヨーゼフ・マリア・オルブリヒ(1867-1908)によってその展示館が設計されており、一九〇三年に、同じく弟子のヨーゼフ・ホフマン(1870-1956)を中心にして、「ウィーンにおける美術手工芸家による創造的同業組合ウィーン工房」が設立されて、一九〇七年にはヴァグナーによる郵便貯金局が竣工するなど、『近代建築』の初版から第四版の刊行までに、歴史主義様式とは別のモデルネと呼ばれる近代の様式が成長していた。ヴァグナーの著作は、こうした世紀転換期におけるオーストリアの工芸を含む芸術の近代運動の歴史的記録として読めるのである。

『近代建築』の本文は、「建築家」「様式」「構成」「構造」「芸術の実践」、そして「結語」の六つの章からなり、これには初版から第四版まで変更はなく、第四版では、「芸術振興」と「芸術批評」の二つの章が新たに加えられている。

冒頭の「建築家」の章では、社会状況が美術手工芸家(Kunsthandwerker)を完全に消滅させ、労働者をすべて機械に変えてしまったとの認識が示され、芸術の広大な領域が芸術家自身に任され、その主要な部分を建築家が担うとされる。「様式」の章では、芸術と芸術家がつねにその時代を代表していたことが指摘されて、「構成」の章において、「実際的でないものは、美しくなりえない」と宣言される。続く「構造」の章では、「アルティス・ソラ・ドミナ・ネケシタス(芸術の唯一の支配者は必要である)」という言葉によって、ゼンパーが進むべき道を指し示したことが言及される。

最後の「芸術の実践」の章において、ヴァグナーは、「実利のみの立場」や「飾り過ぎた無趣味」を排撃すべきものとし、「近代的な見解によれば、つねに合一する二つの概念」として、「美的必要」と「実際的必要」を指摘する。そして、同じく最後の章で、「芸術へと高められることなしには、なにものも目には見えないということ、このことは、疑いなく、さらに意義あるものとなり得るし、ならなければならない」という最も重要なヴァグナーの確信となる言葉が訴えられる。ヴァグナーは、こうした主張にもとづいて、「すべての非実用的な美術工芸（Kunstindustrie）の製品」には価値がないと断言するのである。

以上のような主張には、初版から第四版まで決定的な変更はなされておらず、近代の建築のみならず工芸についての基本原理が述べられているといってよい。しかしながら、「近代の建築芸術家」は、「すべての非実用的な美術工芸の製品」への批判に続いて、一八九八年刊行の第二版では、「すべての非実用的な美術手工芸（Kunsthandwerk）の担い手」でなければならないと主張されて、ウィーンのクンストゲヴェルベシューレへの批判が述べられているのである。

この第二版だけに見られる記述によれば、美術と手工芸（Handwerk）を再統一しようとする「国家の側からなされた途方も無い努力」は「見るべき成果をあげていない」と断言される。すなわち、ヴァグナーは、「クンストゲヴェルベまたはクンストハンドヴェルク、そして両者を統一した概念は、すべて空虚な言葉にすぎない」と言い、「今日の状況からすれば、これらの概念を積重ねることは想像もできない」というのである。なぜなら、ヴァグナーによれば、「工業と手工芸は工場での大量生産へと突き進んでいる」のであって、「工場での大量生産は美術と相容れない」ものだからである。こうした理由から、クンストゲヴェルベシューレは方向性を誤っていると断罪されるのである。

こうしたクンストゲヴェルベシューレに対する批判は、クンストハンドヴェルク、英国風にはアーツ・アンド・クラフツと呼ばれる分野への擁護、そして、工場における機械による大量生産への批判、さらにクンストゲヴェルベシューレにおける応用美術教育への批判と読み取れる。しかしながら、この批判は、セセッションの成功に言及している第二版の序文に反映されている当時の状況から見れば、ホフマンやクリムトらのセセッションの活動を新しい様式を求める運動として擁護したうえでの、クンストゲヴェルベシューレが代表していた歴史主義様式への批判と見るべきであろう。

すなわち、第二版が出版された翌年の一八九九年には、クンストゲヴェルベシューレの校長は、厳格な歴史主義者のヨーゼフ・ストルクから、セセッションの一員であるフェリシアン・フォン・ミルバッハ（1853-1940）へと代わっており、美術工業博物館の館長には、一八九七年にアールトゥール・フォン・スカラ（1845-1909）が就いていたのである。

スカラは、就任の翌年に博物館の新たな定期刊行物として、アドルフ・ロース（1870-1933）が「最も出来のよい印刷物」[22]と呼んだ機関誌『クンスト・ウント・クンストハンドヴェルク』を発行し、英国製品を紹介しはじめていた。その創刊号では、フランツ・ヴィックホフ（1853-1909）が、「古典期がギリシア様式であるように、ゴシックがフランスの、ルネサンスがイタリアの様式であるように、新しい様式は英国の様式である」と指摘するなど[23]、九〇年代当時のウィーンにおいて新様式と見なされていたのは、アーツ・アンド・クラフツ・ムーブメントにもとづく英国製品の様式であった。当時、「英国病」と揶揄されていたスカラは[24]、美術工業博物館においてウィリアム・モリス（1834-1896）、ウォルター・クレイン（1845-1915）らの英国家具製品の展覧会を積極的に進めていたのである。

モデルネの応用美術思想

以上のような『近代建築』第二版にのみ見られる記述は、スカラの指導する美術工業博物館の新たな方向性にもとづきながら、歴史主義が主流を占めていたクンストゲヴェルベシューレの改革を促すものだったのである。ミルバッハが校長となると同時に、ヴァグナーの教え子であるホフマン、そしてコロマン・モーザー（1868-1918）、アルフレッド・ローラー（1864-1935）らセセッションのメンバーがクンストゲヴェルベシューレの教官に任命され、これ以降、ホフマンらウィーンのモデルネは、一九〇三年にウィーン工房を設立し、一九〇八年にはクンストシャウと名づけられた美術展示会を組織することとなり、そこでクンストゲヴェルベシューレの出身者たち、主としてホフマンらの教え子たちが活動するのである。

こうしたホフマンに代表されるウィーンのモデルネの一連の活動は、同時期のアドルフ・ロースの「製図板と焼き窯！」という鮮やかな表現によってとらえられているように、応用美術家（angewandte Künstler）の活動であった[25]。ロースは、あるカフェで、クンストゲヴェルベシューレに製陶の実験室を設置しようと議論していた応

用美術家たちと一緒になったことを語りながら、次のように記す。(26)

私たちの美術家は製図板に向かって陶器のデザインをする。この人たちは二つの陣営に分かれている。一方はあらゆる様式でデザインしようとし、他方はただ「近代」的にデザインしようとする。二つの陣営とも互いに軽蔑しあっている。しかし、近代派の美術家も分裂している。一方は、装飾が自然から取り出されることを望み、他方は、装飾がファンタジーからのみ生み出されることを望んでいる。だが、これら三つの陣営は皆、職人を軽んじているのである。

応用美術家に対する批判が込められたロースによるこの記述は、ウィーン工房の設立後一九〇四年に発表されたものである。実際にホフマンらが、焼き窯に向う親方や専門職人を軽視していたわけではないが、ロースの記述は、製図板に向いながら製品をデザイン(Entwürfe)する応用美術家の一側面をみごとにとらえていよう。

一九〇二年に出版された『近代建築』の第三版では、クンストゲヴェルベシューレの誤りを指摘する記述が削除されて、大幅に加筆されており、この加筆部分は、ホフマンらモデルネの応用美術家の活動への指針と読み取ることができる。一九一四年に表題を変えて出版される第四版にも残された加筆部分によれば、「モデルネは、最も近くにある領域、すなわち必要からの要求が集中している産業(Gewerbe)の領域を第一に占領しなければならなかった」とされる。そして、「いたるところで芸術家が現れて、産業にふたたび正しい道」を教えなければならないとされ、この道によって、「あらゆる芸術的感動を失わせていた」ものが「折衷主義」であったことが示されるというのである。

ヴァグナーのいう折衷主義とは、「考古学や伝統や学問に鼻輪で引き回される」ことであり、美術工芸(Kunstgewerbe)や美術工芸家(Kunstgewerbetreibende)という概念を使う剽窃《ひょうせつ》芸術であって、えせ美術工芸家(die Pseudokunstgewerbetreibende)たちが心地よく頼る「写しや模倣による製作」のことである。それに対してヴァグナーは、「今日のわれわれの感情に応ずる」ところのフォルムは、「われわれの時代の美術によって提供されるのであり、本当によいものはただ美術家だけが創り出していたのであり、今日なおそうである」と断言する。

以上の意味において、美術と産業とは、一つにはなり得ないとヴァグナーは主張するのである。そして、同じ意味において、「室内には、ほとんどあらゆる種類の産業製品やあらゆる製作技術を取り入れることができる」と言い、「今や、これらすべての製品は美術による助力を必要としている」と主張する。さらに、ヴァグナーが、「われわれの部屋の本来の装飾となるものは、つねに美術作品であろう」と言い、次のように応用美術の復権に言及するのも、産業とは一つになりえない美術によって産業が指導されるという意味においてとらえなければならない。

やがて、板画の大量使用を制限し、計画的、芸術的に考え抜かれた装飾を目指し、そして、これまで残念ながらなおざりにされていた「応用美術」を復権させることとなろう。

以上のような第三版および第四版に見られる加筆部分では、第二版に見られた美術手工芸の擁護、工場での大量生産への批判、クンストゲヴェルベシューレへの批判は全くなく、すべての産業製品と製作技術を指導する美術という理念が高らかに強調されている。いうまでもなく、この美術は、モデルネのそれであり、二十世紀に入って出版された『近代建築』に見られるヴァグナーの主張は、モデルネの応用美術を意義づけたものとなっているのである。

おわりに

世紀転換期のオーストリアの美術におけるモデルネの指導者であるヴァグナーの主張においても工芸運動は美術運動に包括されるものとして捉えられていたと見てよい。そして、一八七〇年代、アイテルベルガーの指導のもとに、ゼンパーが構想した博物館と教育機関がウィーンに設立され、これらの施設を中核にして、工芸専門学校がオーストリア帝国各地に設置されていったが、世紀転換期におけるヴァグナーらのモデルネの運動も、アイテルベルガーの時代に整えたこれらの制度にもとづいてオーストリア各地で進められたのである。(27)

さらにモデルネの運動においても、美術は、国家・地方・都市によって振興されるべきものと考えられていたのであり、(28) 以上の意味で、アイテルベルガーからオットー・ヴァグナーまでのオーストリアの近代工芸運動は応用美術振興運動であったということができる。

そして、この運動のなかで、美術は、ゼンパーの用語(29)を借りていうならば、「多様な技術的進歩」に対して遅れをとってしまった「正しいフォルム」「適切さ」「合目的性」などを回復するために、「生産手段の過剰さ」という「巨大な危険」に取り組まなければならなかったのであり、このことが、十九世紀後半から世紀転換期の応用美術思想を特徴づけていたのである。

(1) オーストリアの歴史については Erich Zöllner, *Geschichte Österreichs*, 1990 を参照。
(2) *Die Kunstbewegung in Oesterreich seit der Pariser Weltausstellung in Jahre 1867*, 1878.
(3) Elisabeth Splinger, *Geschichte und Kulturleben der Wiener Ringstrasse*, 1979, pp.94-96.
(4) *Das Kaiserlich-Königliche Österreichische Museum Und Die Kunstgewerbeschule. Festschrift Bei Gelegenheit Der Weltausstellung in Wien Mai 1873*, 1873, pp.39-40.
(5) Ibid. p.78.
(6) Rudolf von Eitelberger, “Die Gründung des Österreichische Museums”, *Gesammelte Kunsthistrische Schriften von R.Edelberg von Eitelberger, II Band*, 1879, p.113.
(7) Rudolf von Eitelberger, “Die Gründung der Kunstgewerbeschule des Österreichische Museums”, ibid. p.121.
(8) Elisabeth Springer, ibid., p.258.
(9) Gottfried Semper, ‘Wissenschaft, Industrie und Kunst’, Hans M. Wingler edt., *Gottfried Semper, Wissenschaft, Industrie und Kunst*, 1966, pp.25-79.
(10) Gottfried Semper, *The Ideal Museum Practical Art in Metals and Hard Materials*, 2007.
(11) Rudolf von Eitelberger, ‘Das Deutsche Kunstgewerbe’, ibid. 1879. pp.344-369
(12) Rudolf von Eitelberger, ‘Kunstgewerbliche Zeitfragen’, ibid. pp.267-315
(13) Ibid.
(14) Jacob Falke, *Die Kunstindustrie auf der Winer Weltausstellung 1873*, 1873
(15) Ibid.
(16) Jacob Falke, “Wiener Kunstgewerbe Verein”, *Mitteilungen des k.k. Oesterreich.Museum für Kunst und Industrie*, 10 Band, Jahrgange 19 und 20, 1.Januar 1884 bis 1.December 1885, pp.86-87
(17) ペーター・ハイコ「ヴィーンにおける近代建築の始まり」、『ヴィーン世紀末展カタログ』、一九八九、三〇－四〇頁。
(18) Otto Wagner, *Moderne Architektur*, 1896. 一九八五年に樋口清氏と佐久間健一氏の翻訳で中央公論美術出版から刊行された

『近代建築――学生に与える建築手引き』は、原著の第三版を翻訳したものである。
(19) Otto Wagner, *Die Baukunst Unserer Zeit*, 1914.
(20) Hermann Muthesius, *Stilarchitektur und Baukunst*, 1902.
(21) Harry Francis Mallgrave による英訳書（*Modern Architecture, A Guidebook For His Students to This Field of Art*, 1988）は、第三版を定本としながら、初版から第四版までの加除訂正が極めて詳細に網羅されている。
(22) Adolf Loos, “Der Fall Scala”, *Die Potemkin'sche Stadt*, 1983, p. 29.
(23) Franz Wickhoff, “Die Zukunft der Kunstgewerbe Museum”, *Kunst und Kunsthandwerk*, 1. Bd., 1898, pp.15-16.
(24) Adolf Loos, “Der Fall Scala”, ibid. p.35.
(25) Adolf Loos, “Keramika”, *Trotzdem: Gesammelte Schriften 1900-1930*, Neuaufrage 1997, p.58.
(26) Adolf Loos, ibid., p.57.
(27) Dianna Reynolds, “Die österreichische Synthese”, *Kunst und Industrie, die Anfänge des Museums für Angewandte Kunst in Wien*, 2000, pp.203-218.
(28) Otto Wagner, *Die Baukunst Unserer Zeit*, 1914, pp.113-121.
(29) Gottfried Semper, “Wissenschaft, Industrie und Kunst”, ibid., pp.32-33.

ハンガリーのアーツ・アンド・クラフツ運動――ゲデレー工房――

井口壽乃

はじめに

二〇〇三年、ブダペシュト郊外のゲデレー市立美術館にて、ハンガリーの「アート・コロニー・ゲデレー1901-1920　A Gödöllői Művésztellep 1901-1920」展が開催された。およそ百年前に当地に設立されたハンガリーのアーツ・アンド・クラフツの発祥の地の活動の全貌が、ようやく明らかにされた[1]。実際にはこの展覧会が初めてではなく、およそ二十年前の一九八一年春にゲデレー展が開催されており、その折、工房で働いていたアーティストの家族や教え子、友人らのインタヴューが四二本の録音テープに記録された。それらは現在では、当時を知る貴重な資料となった[2]。

ゲデレー研究に関しては、デザイン史学会（英国）の機関誌*Journal of Design History*の創刊号（一九八八年）の巻頭論文として掲載されたハンガリー人デザイン史家のカタリン・ケシェルの論文「ゲデレー工房――変容するモリスの主題」[3]が先駆的な研究として重要である。その後、英国のアーツ・アンド・クラフツとの関係に焦点をあてた研究[4]がハンガリー国内ばかりでなく英国のデザイン史家によってもすすめられ[5]、ハンガリーのアーツ・アンド・クラフツ運動は、ヨーロッパのなかのモダニズム研究の対象として位置づけられている。しかしながら、それらは、他国の例にもれず、常にウィリアム・モリスと英国のアーツ・アンド・クラフツ運動の影響に触れつつデザインの近代化の問題を論じることで、「正統派」の権威と信用を頂き、西欧の潮流に位置づけようとする姿勢がみられる[6]。実際にイギリスとの関係はあるものの、ハンガリーのアーツ・アンド・クラフツ運動に、オリジナリティはあるのか。ハンガリーの国際性と地域性はどのように論じることができるのだろうか。ヨーロッパ全体のデザインの近代化とハンガリーのデザインの関係はどのように描くことができるのだろうか。以下、本小論では、こうした問いを解くことからはじめることとする。

十九世紀後半のナショナリズムの高揚と民族主義

ハンガリー工芸は、十九世紀半ば以降、ハプスブルク帝国からの独立運動とナショナリズム高揚にともないハンガリー民族のルーツを農民の生活文化へと求めていったことにはじまる。一八八〇年代に民俗学者フスカ・ヨージェフが、マジャール民族の起源を東方に見出し、トルコやタタール、ペルシャの文様との類似性に着目し装飾モティーフを収集・研究したことも、民衆芸術の重要性を認識することがハンガリー固有の様式を模索していたと考えられたからであった。一八八五年、フスカは収集した文様をもとに、自ら考案した図柄をまとめ『ハンガリーの装飾様式（*Magyar diszitő stil*）』と、セーケイ地方の建物をスケッチした『セーケイの家（*A székely ház*）』を、一八九八年には、『ハンガリーの装飾（*Magyar ornamentika*）』（図1）を出版する。フスカはフン族がハンガリー人の祖先である（学術的にフン族ではないことは明らかであるが）と主張しフン起源説を伝承した。これは極端な民族主義の表れではあるが、ハンガリーのなかから、ハプスブルク帝国的なもの（ヨーロッパ的なもの）を排除しようとする傾向ともいえる。

図1　フスカ・ヨージェフ『ハンガリーの装飾』1898年
ハンガリー応用美術館図書館蔵

　こうした十九世紀後半にみられたマジャール民族を重視する傾向から、伝統的な農民の工芸品に注目が集まるようになる。特にトランシルヴァニア地方のカロタセグで生産された刺繍は国立民俗博物館のコレクションとして収集・研究された。なかでも生誕や婚礼などの儀式のさいに用いられる「生命の樹」の刺繍（図2）は技術的にも完成度が高く、単なる農民の手仕事という意味から、「伝統」がはぐくむ「ハンガリーの民衆芸術」として位置づけられる。ゲデレー工房の創始者

図２　〈生命の樹〉の刺繍のある肩掛け　ハンガリー国立民俗博物館蔵 127004

図３　ケレシュフェーイ＝クリシュ〈カロタセグの女性〉　ゲデレー市美術館蔵 90. 40

で画家のケレシュフェーイ＝クリシュ・アラダール（1863-1920）が、ゲデレー工房の目的である伝統と民衆の手仕事、そして芸術を総合するものとしてカロタセグ刺繍のなかに、ハンガリーのアーツ・アンド・クラフツのルーツを見出すのである。のちにケレシュフェーイ＝クリシュは、「カロタセグの女性」をモティーフにタペストリー（図３）を制作したこと、さらに一九〇七年から一九一四年までトランシルヴァニアのセーケイ地方のプロジェクトに着手し、町や村の学校を設計していることなどからも、ケレシュフェーイ＝クリシュのアーツ・アンド・クラフツがヴァナキュラー主義に根ざしていたと考えられる。

こうした民族的特色の発見と様式化の動きは、世紀転換期の東欧諸国や北欧にもみられる。例えば、ポーランドにおいて、ヴァナキュラーな木造建築やデザインを奨励する動きのなかで、ザコパネ様式が国民様式（ナショナル・スタイル）として発見されていくこと(7)、またノルウェーにおいて、ヴァイキングの船のモティーフが復興し、家具の装飾に「ドラゴン・スタイル」と呼ばれる竜の頭の形を用いたことにも、同様に自国の様式を求める動きであったと考えられる(8)。ハンガリーにおけるヴァナキュラーな様式の探求は、こうした同時代の東欧や北欧におけるアーツ・アンド・クラフツ運動の傾向の一例として位置づけることができる。

世紀転換期のハンガリー工芸

①国民様式の探求と制度の確立

博覧会の発展にともなって市場が拡大した世紀転換期には、地方の窯元にすぎなかったヘレンドやジョルナイ陶磁器は工場を拡大し、生産性を高めるなかで、ハンガリーを代表する工芸品として格づけられていった。ヘレンドは一八五一年の第一回ロンドン博覧会において、ヴィクトリア女王を顧客とすることでブランド化（権威づけ）され、ハプスブルク家やロスチャイルド家をはじめとする王侯貴族むけの生産を拡大し、ヨーロッパの高級磁器の仲間入りを果たした。一方、建国千年祭をむかえる世紀末の建設ラッシュによって、ジョルナイでは上質の焼成外壁材を製造し、それらはセセッション建築、特にレヒネル・エデンの国民様式建築に活用されることとなる。この二つの陶磁器工房は職人の伝統を近代的工業システムへと転換し、生活の中に還元するアーツ・アンド・クラフツとは道を分かつこととなった。

一八八五年、ブダペシュトではハンガリー応用美術協会とその機関誌『応用美術（*Művészeti Ipar*）』が創刊された。そして一八九六年には、セセッション様式の建築家レヒネル・エデン設計の応用美術館が完成し、付属の王立応用美術学校が開校、翌年の一八九七年には雑誌『応用美術』は『ハンガリー応用美術（*Magyar Iparművészet*）』と名称をかえる。一九〇四年の応用美術館の公式報告書によれば、美術館のコレクションは、寄贈品と購入品あわせて、前年よりも一八九点多い四一四点に増加したとある[9]。それらのなかには、パリやブリュッセル、そしてウィーンからの寄贈も含まれていた[10]。

応用美術協会と機関誌、美術館と付属の学校の設立によって、収集・研究、教育・公開の制度が確立され、ハンガリーのアーツ・アンド・クラフツ運動の発展に極めて重要なものとなる。この制度の確立は、装飾的な工芸作品を芸術的レベルまで高め、それを国家が推奨すること、そして応用美術の市場を作り出すという、一連のシステムの整備に他ならない。ジョルナイ工場の製品を装飾に用いることは、国内の生産品を用いるべきだというハンガリーのアイデンティティの表明のみならず、市場の拡大に関係していた。

②ハンガリーにおける英国の影響

十九世紀後半には、ハンガリー＝オーストリア二重帝国が成立した「アウスグライヒ（妥協）[11]」以降、ハンガリー政府は強引なマジャール化をすすめ、国民はマジャール民族の意識を持つようになる。その一方で、二十世紀の初めには、そうした民族主義的な考え方に対する批判的な動きもでてきた。一九〇一年、ハンガリーのユダヤ系知識人のあいだで社会科学普及のための「社会科学協会」がつくられ、その機関誌『二十世紀』（1906-1919）が発行された。詩人のアディ・エンドレやバビッチ・ミハーイらは文学革新の指導的な季刊誌『西方（ニュガト）』（1908-1941）を編集しつつ、西欧的近代のなかのハンガリーという自立を求めていった。『西方』はその名が示すように、ハンガリーを西欧的な市民社会に改革したいという理念が込められている。文芸誌に集まる詩人や作家たちはハンガリーの後進性を認め、ラジカルな政治思想やフロイトの精神分析など西欧思想を積極的に紹介しつつ、ハンガリー的近代リアリズムの作品に取り組んでいった。

こうしたヨーロッパのなかのハンガリーを意識した動きは工芸の運動にもみられた。特に先進国イギリスをお手本とする動きは偶然ではない。一八九八年にブダペストの応用美術館にて「モダン・アート展」が開催され、はじめてハンガリーで英国の挿絵画家ウォルター・クレインが紹介された。その二年後の一九〇〇年、『ハンガリー応用美術』誌の編集者の一人でのちに応用美術館の館長となるラディシチ・イエネーが、同館にてウォルター・クレインの全六〇七点を展示する大個展を企画し、一気に英国とハンガリーの関係が深まる。[12]

この展覧会を機会に、クレインは妻と二人の息子とともに十月十日から十一月五日までハンガリーを訪問し[13]、滞在中は活発な交流に努めている。彼は会期中の十月十六日に「リポートヴァーロシュ・クラブ（Lipótvárosi Casinó）」にて「線の法則（A vonalak nyelve）」という演題の講演を行った[14]。また彼は、ブダペシュトの国立博物館、応用美術協会の他、南部の都市ペーチのジョルナイ工場やセゲド、ミシュコルツ、コロジュヴァールを旅行した[15]。ジョルナイ工場を訪れたクレインは、工場で成型された花器に絵づけをしており、その作品は現在ヤヌス・パンノニウス美術館に収蔵されている。

その二年後の一九〇二年には、再度ハンガリーを訪問し、ゲデレー工房のケレシュフェーイ＝クリシュがトランシルヴァニア地方のカロタセグへクレインを案内した。この時、クレインはカロタセグの民族衣装やさまざまな工芸品のスケッチをしている[16]。また館長イエネーは、クレインに壁紙を注文し、クレインの代表作「ピーコック・ガーデン（Peacock Garden）」が館長室へつづくホールの壁を飾った[17]。また、デザイン上の影響という点では、ゲデレーのケレシュフェーイ＝クリシュのデザインによる『コロンギ・リピチ・エレクの詩集（*Koronghi Lippich Elek költeményei*）』（一九〇三年）に、類似点が見られる。

クレインは最初の訪問の後、ハンガリーの応用美術協会へ謝辞とハンガリーの工芸についてのコメントを記した手紙を送り、その記事「ハンガリーの応用美術に寄せて（Néhany szó a magyar iparművészetról）」が『ハンガリー応用美術』の第三巻（一九〇〇年）に掲載された。手紙のなかでクレインは、ハンガリーの応用美術の印象を「バラエティに富んだ豊かな」という言葉で述べ、その特別な特徴について「華やかなデザインのなかに無尽蔵の創造がみられる。それは製品の優れた技とロマンティックでしかも実用的な感覚なのだ[18]」と褒めたたえた。

こうして、ブダペストの展覧会とクレインの訪問は、ハンガリーのアーツ・アンド・クラフツ運動全体に大いなる影響を与えることとなる。

ゲデレー工房

①ゲデレー工房の設立

ゲデレー工房は一九〇一年に画家ケレシュフェーイ＝クリシュ・アラダールがゲデレーの地に移り住んだことに始まる[19]。ケレシュフェーイはゲデレーに来る前年の一九〇〇年にパリ万博に出品しており、応用美術家として知名度があった。その後も一九〇二年のトリノ万博、一九〇四年のセントルイス万博、一九〇六年のミラノ万博に続けて出品し受賞している。一九〇五年にはレオー・ベルモンテ（1875–1959）が、一九〇七年にはケレシュフェーイ＝クリシュの妹クリシュ・ラウラ（1879–1966）と彼女の夫で画家のナジ・シャーンドル（1869–1950）もゲデレーに移り住んだ[20]。こうして二十世紀のはじめには十六名のアーティストが移住し、ハンガリーの近代美術運動の拠点ナジバーニャのようにアーティスト・コロニーが、ゲデレーで形成された[21]。

当初は、アーティストの家族に限られていた工房の活動も、一九〇七年に応用美術学校の一学科となってからは、織物工房で働く女子も増え、女性の教育の場としての役割を果たすようになり、ケレシュフェーイが亡くなる一九二〇年までには、ハンガリーのアーツ・アンド・クラフツの拠点として内外に認知される。

一九〇六年にはレオー・ベルモンテとナジ・シャーンドルのアトリエが、オットー・ヴァグナーの弟子メジャサイ・イシュトヴァーン（1877-1959）によって建設され、景観の上でもモダンなコロニーとなった。翌年の一九〇七年には、建築家トロツカイ・ヴィガンド・エデ（1870-1945）とメジャサイ・イシュトヴァーンによって、工房内の織物の作業場の設計が行われた。特にトロツカイは、トランシルヴァニアの木造民家の意匠に基づいたデザインを考案したが、このことはゲデレー工房がトランシルヴァニアの民芸を手本としていることを強調したこととなった。

もともとケレシュフェーイ＝クリシュが、英国のラスキンの思想に影響を受け工房を設立したことはよく知られている。彼はラスキンの思想を実践しつつ、著作『ラスキンと英国ラファエル前派について（*Ruskinról s az angol prerafaelitákról*）』（一九〇五年）を出版し、ハンガリーに英国の思想を紹介している。彼はもともと画家ではあったが、工房での活動を絵画や彫刻のみならず、家具のデザインやブックデザイン、織物にいたるまでてがけた。そして工房設立の意義をすべての芸術のジャンルを統合する「Gesamtkunstwerk」として位置づけた。

ゲデレー工房の活動方針については、創設者のケレシュフェーイ＝クリシュが一九一三年に『ハンガリー応用美術』誌に発表した「民衆芸術（*A nepmüvészetröl*）」にその骨子がみられるが、これには次のように、素材や生産について、また現代生活における民芸の意義について述べられている。

　農民の民芸は、唯一、有機的で伝統的な経済の地勢的状況、あるいは未だに日常生活から必要に迫られるような状況のある村々でのみ発見することができる。（中略）民衆芸術は素材——いわゆる異なる実在する素材——石、木、糸や粘土といった構造や素材のもつ物質的特徴が要求するものである。一方、現代の生活は信じられないほどの巨大なスケールと混乱した分業労働と安価な大量生産に基づいている。（中略）われわれは、新しい経済と社会状況のもと、民衆芸術は民衆のエネルギーを保つことができ、彼らの伝統保全の望みをかなえることのできる、そうした環境を保護することが最も重要であると考える。[22]

彼は都市での機械による大量生産の肥大化を危惧しつつ、農民の伝統的な生活文化に根ざした芸術と、その環境を維持することを主張した。彼が、ブダペシュトではなく田舎のゲデレーで活動を続けた理由がここにある。

一方、当時のゲデレー工房に対する国内での評価については、ペトロヴィチ・エレク（Petrovics Elek）による「ゲデレーの文化的抱負について（*Gödöllői telepkultúrtörekvéseiről*）」の記述が参考になる。

> アーティストたちの生活に対する見解は特別である。事実、ゲデレーは芸術的願望のみならず、生活に対する総合的な視点が関係している。（中略）ラスキンに影響を受けたケレシュフェーイは、ラスキンと同様に、本来の社会的経済的環境のなかに芸術の復活の道を発見している。彼は改善されつつあるモラルが有益な変化をもたらすことを期待している。[23]

②織物工房とその教育

このケレシュフェーイ＝クリシュの思想が最も反映されたのは織物工房においてである。ゲデレーでは、もともと織物というその土地固有の伝統はなかった。にもかかわらず織物工房を工房の中心的な活動に据えたことは、機織りという作業が伝統的な女性の手仕事と、また日常の暮らしを彩《いろど》るタペストリーの生産に結びつけやすいという理由、そして、女子教育の場をつくり雇用を作り出すことにあったと考えられる。

ゲデレー織物の指導者は、ハンガリー人でもなければ、その手本はハンガリーの伝統織物でもなかった。指導者はナジ・シャーンドルのパリのアカデミー・ジュリアン時代の学友でスウェーデン人の画家でデザイナーのレオー・ベルモンテであった。彼は、パリのゴブラン織りのマニファクチャーでタペストリーの技術を修得し、一九〇五年にゲデレーにやってくる。そして、再びパリに戻る一九一四年まで、工房でゴブラン織りの技術を教えることとなる[24]（図4）。

一九〇七年には、織物工房は王立応用美術学校の一学科として昇格した。このことにより、この工房が高い技術力をもち、ハンガリーを代表する製品を生産する工房として位置づけられることになる。正確な学生数の記録は残されていないが、一九〇七年当時の織物工房の写真には、二一名の女子が写っており、その二〇年後の一九二七年の写真には二倍の人数の四一人が写っている。一九〇七年以降の工房の発展が学生数からも推測できる。また、工房で働く最も若い子供では、十二〜十三歳の少女がいたといわれている[25]。

織物工房の指導には、一九〇九年にフライ・ヴィルマ（1886-1973）とロージャ（1887-1975）姉妹が加わった。

図4　ケレシュフェーイ=クリシュ〈カッサンドラ〉レオー・ベルモンテによるゴブラン織り
ハンガリー応用美術館蔵　(57.216.1)

一九一三年にロージャは、織り糸の染色技術習得のためにスウェーデンに旅行し、帰国後その技術を工房で生かした(26)。ヴィルマとロージャのタペストリーは、国内外で高い評価を得て、一九〇九年のミラノとヴェネチアの展覧会で金賞を受賞した(27)。こうして工房の評判は高く、「織物工房では、工場ではなく、アニリン染料も用いず、芸術性が高く耐久性のある絨毯を生産することが可能であることを示したかった。したがって、伝統や優れた技術を学び、忠実にそれらを再現した。材料は主にトランシルヴァニアのウールを原料として、工房内で作られた(28)」といわれている。こうして、工房の織物はフランスとスウェーデンの工芸の伝統を導入して、ハンガリーらしさとヨーロッパ的なものを融合しつつ、国際的に認知される製品をつくりだしていったのである。

ケレシュフェーイ=クリシュは、一九〇七年からブダペシュトの応用美術学校でも教えるようになり、ブダペシュトの音楽アカデミーの内装やナショナル・サロンのデザインなど公共建築物の装飾を手がけた。これは、工芸が芸術としての地位を確立したことでもあった。

ゲデレーの織物学校における学習プログラムや生産についての記録は、現存していない。むしろ制度化された授業プログラムなどはなかったのではないかと推測される。唯一、製品の販売のための広告が残されている（図5）。しかし、わずかにゲデレー関係者の回想によって、工房における日常的な様子を知ることができる。それによれば、工房での一日の労働については、「最も大きなセクションでは、朝六時から働いて、十時に短い休憩、昼のベルとともに家に帰り、午後二時から作業が開始され、四時か五時まで働いていた(29)」とされる。「三ヶ月間は、糸巻き、材料の染め付け、カーペットの織りを学ぶ。三ヶ月の後に仕事に向かうことができた(30)」といわれている。

またこの工房の教育は、単に工芸の技術修得ばかりでなく、音楽アカデミーで催されるコンサートやコロジュヴァールの国立劇場での演劇鑑賞など、しばしば文化的なプログラムが計画されていたといわれている(31)。学生た

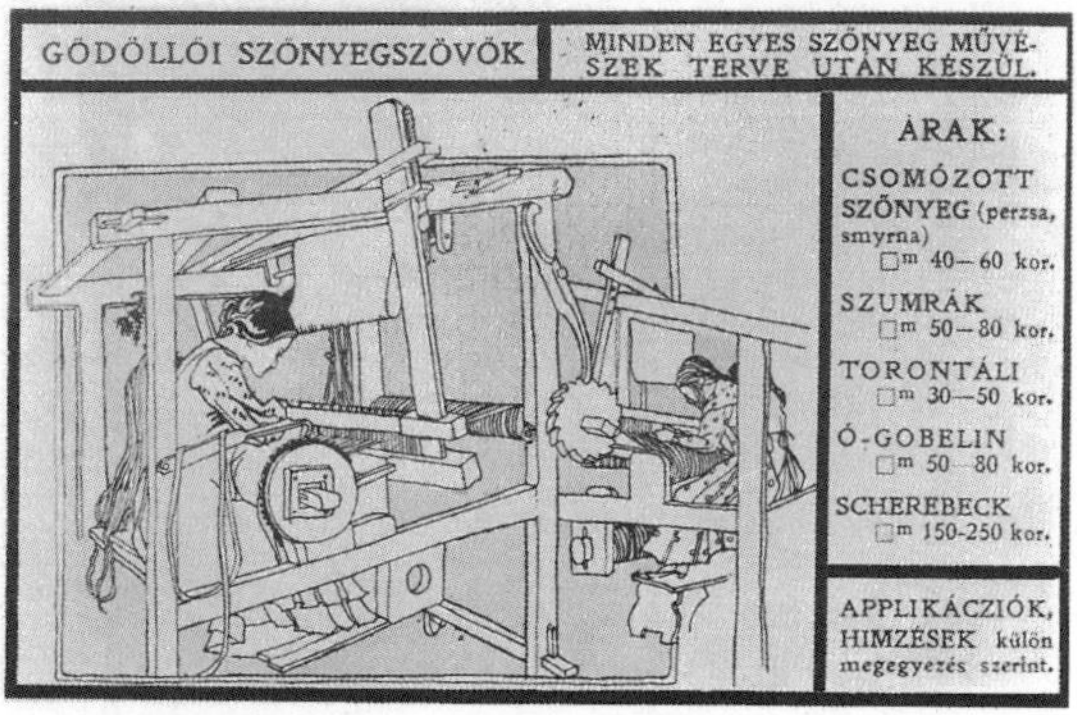

図５　「織物工房の宣伝」ゲデレー市美術館蔵

ちはケレシュフェーイ＝クリシュとナジ・シャーンドルの友人で社会主義思想家の文学者たち、『西方』の詩人アディ・エンドレやモーリッツ・ジグモンドやサボー・エルヴィンの作品を読んでいたといわれている。(32)

一九二〇年にケレシュフェーイ＝クリシュが亡くなった後は、ナジ・シャーンドルの妻ラウラが織物工房の代表として全体の運営にあたっていた。織物工房の一九三〇年頃の記録写真は現存するが、工房としていつまで存続したか、正確な年月は不明である。ゲデレー工房はアーティストの自発的で個人的な活動からはじまり、国の文化的政策との関係から発展したものの、組織力と人材が限られていたことから、創始者ケレシュフェーイ＝クリシュの死に続いて、一九三〇年代の戦争へと向かう不穏な社会情勢のなかで継続は難しく、短期間のうちに終息してしまった。

おわりに

ハンガリーのアーツ・アンド・クラフツ運動の起源は、トランシルヴァニア地方の固有の紋様や家内制手工業をよりどころに始まった。個々の作品には、ハンガリーの歴史を表現しつつ、自国の民族的な様式を確立していった。それは世紀転換期の東欧、北欧諸国の例にもれず、地域性と国際性の二つのベクトルをもち、発展していった。そしてハンガリーの場合もアーツ・アンド・クラフツの先進国である英国の影響はまぬがれず、また社会主義の思想は芸術の生産の現場へと浸透し、アートの社会的な役割が具体的に実践された。世紀転換期のゲデレーの存在意義があるとすれば、それは芸術家の個人的な表現を社会化させていくプロセスを通じて、近代化を女性を含む一般民衆へと拡大していった点にあるのだろう。

（1）Gellér Katalin ed.: *A Gödöllői művésztelep 1901-1920*, Gödöllő Városi Múseum, 2003.

（2） Polónyi Péter: *Emlékezések a gödöllői művészetelepre*, Helytörténeti Gyűjtemény, Gödöllő, 1982.

（3） Katalin Keserü: The Workshop of Gödöllő: transformations of a Morrisian theme, *Journal of Design History,* 1,1, 1988, pp.1–23.

（4） ハンガリー人研究者による英国とハンガリーの関係について論じた論文に Gall István: Walter Crane in Hungary, *New Hungarian Quarterly*, 2 pp.19–221, 1965. Katalin Keserü: Art Contacts Between Great Britain & Hungarian at the Turn of the Century, *Hungarian Studies*, Budapest, 1990. Hilda Horváth: Walter Crane in Hungary, ed. by Gyula Ernyey: *Britain and Hungary: Architecture, Design, Art and Theory, Hungarian University of Craft and Design,* 2003, p.2, pp.153–162. などがある。

（5） 英国人研究者による論文では、以下のものがある。David Crowly ed.: *Design and Culture in Porand and Hungary 1890–1990*, The University of Brighton, 1992. Sue Wilson:*Walter Crane in Budapest*, The Royal College of Art Thesis, History of Design MA, 1998.

（6） ハンガリーの応用美術学校は、近年校名を「ハンガリー・クラフツ&デザイン大学」と変更し、一九九九年より英国とハンガリーの交流に関する内容に絞った論文集 *Britain and Hungary* を、完全英語版による編集で発行している。第二号は二〇〇三年発行。これは国外向けにハンガリーのデザインについて情報発信してはいるが、特にイギリスを意識したものである。

（7） デイヴィッド・クラウリー著／井口壽乃・菅靖子訳『ポーランドの建築・デザイン史』彩流社、二〇〇六年、四二一–五二頁。

（8） Elisabet Stavenow-Hidemark: Scandinavia: Beauty for All", *The Arts & Crafts Movement in Europe & America; Design for the Modern World*, Los Angeles County Museum of Art, Thames & Hudson, 2004, p.193.

（9） Hivatalos Tudósítások, *Művészeti Ipar*, 1904, p.83.

（10） Ibid., p.83.

（11） 一八六七年にオーストリ帝国とハンガリー国間で結ばれた協定。これにより、オーストリア＝ハンガリー二重帝国（二重君主国）が成立した。

（12） David Crowly: op.cit., p.18.

（13） István Gál, Walter Crane in Hungary, *The Hungarian Quarterly*, 1965, p.219.

（14） Hilda Horváth: Walter Crane in Hungary, Gyula Ernyey ed., *Britain and Hungary: Architecture, Design, Art and Theory, Hungarian University of Craft and Design,* 2003, p.2, p.156.

（15） Sue Wilson: op.cit., pp.95–102.

（16） Hilda Horváth: op.cit., p.157.

（17） Hilda Horváth: op.cit., pp.160–161.

（18） Walter Crane: Néhany szó a magyar iparművészetról, *Magyar Iparművészet,* 1900, p.3, p.155.

（19） Katalin Gellér: *The Art Colony of Gödöllő 1901–1920*. Gödöllő Municipal Museum, 2001, p.3.

（20） Ibid., p.3.

（21） ゲデレー工房に関係したアーティストは次の通りである。Nagy Sándor (1869–1950), Nagy Sándorné Kriesch Laura (1879–

1966), Körösfői-Kriesch Aladár (1863–1920), Belmonte Leó (1875–1959), Tom von Dréger (1868–1948), Frecskay Endre (1875–1919), Frey Rózsa (1887–1975), Frey Vilma (1886–1973), Juhász Árpád (1863–1914), Mihály Rezső (1889–1972), Moiret Ödön (1883–1966), Raáb Ervin (1874–1959), Remsey Jenő György (1885–1980), Remsey Zoltán (1893–1925), Thoroczkai Wigand Ede (1870–1945), Sidló Ferenc (1882–1954), Undi Carla (1881–1956), Undi Jolán (1884–1958), Undi Mariska (1877–1959), Zichy István (1879–1951).

（22）Körösfői-Kriesch Aladár: A nepművészetről, *Magyar Iparművészt*, 1913, pp.351–355.

（23）Petrovics Elek: Gödöllői telepkultúrtörekvéseiről, *Magyar Iparművészt*, 1909, pp.5–26.

（24）Őriné Nagy Cecília: A Gödöllői Szövőműhely, Geller Katalin ed.: *A Gödöllői művésztelep 1901–1920*, Gödöllő, 2003, p.102.

（25）Petrovics Elek: Gödöllői telepkultúrtörekvéseiről, *Magyar Iparművészt*, 1909, p.25.

（26）フライ・ヴィルマの夫で、一九〇九年にゲデレーに移住した画家で作家のレムシェイ・イエネー（Remsey Jenő, 1885–1980）の回想より。Polónyi Péter: *Emlékezések a gödöllői művészetelepre*, Helytörténeti Gyűjtemény, Gödöllő, 1982, p.14.

（27）Ibid., p.14.

（28）Ibid., p.14.

（29）Ibid., p.14.

（30）Petrovics Elek: Gödöllői telepkultúrtörekvéseiről, *Magyar Iparművészt*, 1909, p.25.

（31）一九〇八年ゲデレー生まれの織物工房で働いていたミハリク・ヤーノシュネー・トート・イロナの回想より。Polónyi Péter: *Emlékezések a gödöllői művészetelepre*, Helytörténeti Gyűjtemény, Gödöllő, 1982, p.22.

（32）一九〇九年より閉校までゲデレー工房のメンバーとして働いていた画家レメシェイ・イエネー（Remsey Jenő, 1885–1980）の回想より。Polónyi Péter: op.cit., p.15.

北欧の近代工芸運動——フィスカルス・ヴィレッジを中心に——

塚田耕一

はじめに

「北欧」とは、ヨーロッパ北部に位置するスウェーデン、フィンランド、デンマーク、ノルウェー、アイスランドの五カ国を指す。(1)

一口に北欧といっても、それぞれに、国家、民族、歴史、風土の違いがあり、各々の特質と多様性をもっているが、その底には北欧全体としての共通した流れを認めることができる。特にデザインの分野において、この傾向は顕著である。

「スカンジナビア・デザイン」(2)という言葉が一般的になって久しいが、この名称は通常のインダストリアル・デザインとは性格を異にする特定のデザイン傾向を指している。第一にその「手工芸」的性格があげられる。ささやかな日用品といえども、それらは伝統工芸と近代工業の見事な融合を示しており、マスプロダクションによって生み出された機械製品には見られない繊細な人間味を感ずることができる。しかも、それらはいわゆる民芸品に見られる郷土的趣味を越えて、現代デザインとしての質の高さを誇っている。スカンジナビア・デザインが人々を惹きつけるのも、単に異国趣味的動機でなく、そこに伝統を否定することなく現代生活に生かしていく特有のヒューマニズムを感ずるからであろう。

しかし、この「スカンジナビア・デザイン」は一朝一夕に確立されたものでもなければ、少数のデザイナーの手によって作り出されたものでもない。十九世紀の中葉から後期にかけて、中央ヨーロッパの産業主義が周辺諸国に伝播して以来、旧来の手工芸の伝統と工業生産のギャップを埋め、生産品の質をあげる努力が北欧諸国でなされてきた。それとともに、生産者・消費者の双方に絶えざる啓蒙と教育が実践されてきた。これら、不断の活動の結果としての社会的合意の上にスカンジナビア・デザインは成立しているのである。

この点は、北欧と同様の長い手工芸の伝統を持ちながら、それを工業製品に生かしえず、両者の間に断絶をもたらしている我が国の場合とは対照的であるといえよう。

北欧デザイン運動のはじまり

最初の動きはスウェーデンに現れた。現在のストックホルム芸術大学（Konstfackskolan）の前身である日曜工芸学校（Söndags-Rit-Skola för Hantverkare）が設立されたのは一八四四年のことである。設立者のマンデルグレンは、翌一八四五年に工芸学校の援助機関として、スウェーデン工芸協会（Svenska slöjdföreningen）を設立する。(3) これは、世界で最も古いデザイン組織であるといわれる。マンデルグレンは、ギルド制の廃止（一八四六年）にともない、スウェーデンの伝統的手工芸が衰退するであろうことを予測し、また、外国の劣悪な工場製品がスウェーデンに流入することを憂えて、この学校と協会を設立したのだった。一八四四年といえば、いまだイギリスにおいてモリスらのアーツ・アンド・クラフツ運動の起こる以前である。産業主義が流入する以前に、このような伝統的手工芸に対する施策が行われたのは特筆すべきことである。

同様な動きはフィンランドにも起こった。産業主義に対抗して自国の芸術的な手工芸を護る運動がエストランデルによって起こされた。彼は一八七一年に現在のヘルシンキ芸術大学（UIAH）の前身となる工芸学校（Veistokoulu）を創設し、新しいクラフトと工業を結びつける専門家の養成をはかった。次いで一八七五年にフィンランド工芸協会（Kounstflitföreningen）が設立された。

スウェーデンとフィンランドに端を発した工芸協会運動は他の北欧諸国にもおよび、一九〇七年にデンマーク工芸協会（Landsforeningen Danskkunsthaandvaek）が、一九一八年にノルウェー工芸協会（Landsforbundet Norsk BruksKonst）が設立されている。

これら北欧諸国に広まった工芸協会運動は自国の一般大衆の趣味の向上をはかるとともに、積極的に国内外で展示会を催し、国際交流を深めていった。例をあげれば、フィンランド工芸協会のもとに参加した一九〇〇年のパリ万博では、サーリネン（1873-1950）、ゲゼリウス（1874-1916）、リンドグレン（1874-1929）によるパビリオンの斬新さもあって一躍フィンランド・デザインの名を高らしめた。またスウェーデン工芸協会における一九一七年のストックホルム「家庭展」は、室内インテリアのあるべき姿を一般大衆に提示した。同協会の一九二五年のパリ博参加は、「スウェディッシュ・グレイス」の呼称をもって迎えられた。そして一九三〇年の「ストックホルム博覧会」がくる。スウェーデン工芸協会の理論的指導者グレゴール・パウルソン（1889-?）は主任建築家にグンナー・アスプルンド（1885-1940）を指名、同博覧会の建築は中央ヨーロッパの近代主義を北欧にもたらす契機ともなった。

さらに、これら諸団体が大同団結して一九五四年から一九五七年にかけてアメリカ・カナダの美術館を巡回した「Design in Scandinavia」展は、その頂点に立つものであり、新しいデザインのあり方を世界に知らしめることとなった。フィンランドを含めて「スカンジナビア・デザイン」と呼ぶ表現もこの巡回展を契機に認知されたのである。

北欧デザインが、工芸協会運動と教育活動を両輪として発展してきたことはすでに述べたが、現在、教育分野で新しい動きを見せているのはヘルシンキ芸術大学を中心としたフィンランドの動向であろう。フィンランドでは二〇〇九年より、ヘルシンキ芸術大学、ヘルシンキ工科大学、ヘルシンキ商科大学の三大学を統合してアールト大学とする計画を発表した。美術、デザイン、建築、工学、経済、産業の諸分野を統合しようという意図であり、前例の無いプロジェクトである。

もう一つ。自然発生的とはいえ、ヘルシンキ芸術大学で学んだデザイナー、クラフトマンたちを中心とするフィスカルス工芸村再生の試みである。日本の過疎化対策の手本ともなったといわれる、フィスカルス・ヴィレッジについて見ていこう（図1〜3）。

フィスカルス・ヴィレッジ

二〇〇〇年十月に、盛岡において岩手県立産業デザインセンターを中心にした団体の主催により、四日間にわたり「北国デザインワークショップ」が開催された。目的は「岩手とフィンランドそれぞれの地域で育まれた工芸やクラフトを通して互いに交流をすすめ、常に人の生活を重視した普遍的で高品質なデザインを生み出す理念・技術を考える」ことにあった。

招聘《しょうへい》されたのは、団長のタピオ・ペリアイネンの他はすべてフィンランドのフィスカルス工芸村のデザイナー、クラフト・工芸作家たち、すなわちカリ・ヴィルタネン（家具／図4）、カリン・ウィドナス（陶芸）、カミラ・モベルグ（ガラス／図5）、リーナ・ペルトネン（室内装飾）の諸氏であった。

主催者の意図は、世界でも稀な「工芸による村おこし」に成功したフィスカルス村を参考として、岩手県の地域産業の活性化を図るところにあった。しかし、活発な議論の中で次第に明らかになったのは、「北国」という言葉でくくられる同質性ではなく、各々の異質性であり、それはフィスカルス村の再生が極めて特殊な成功例であることを浮き彫りにするものだった。しかし、この「ワークショップ」は、工芸による過疎地再生の可能性を探った点において、また、フィスカルス村の存在を一般にも知らしめた点においても画期的な試みであった。

これを契機として、フィスカルス村は、にわかにジャーナリズムにとりあげられることとなる。フィンランド

図1　1860年代のクーパー・スミス工房（1818年竣工）

図2　図1の現在（遠景）　現フィスカルス・フォーラム

図3　赤レンガ時計台（1826年）、旧学校、現展示会場

大使館発行の*SUOMI*誌二〇〇一年三月号で「フィスカルス・ヴィレッジ特集」が組まれており、*LIVING DESIGN*誌二〇〇三年十一月号、フィンランド政府観光局*TORi*誌二〇〇六年五月号へと続く。二〇〇六年六月から九月にかけて日本の三会場を巡回した「フィスカルス・デザイン・ヴィレッジ展――フィンランドのデザインによる村おこし」は記憶に新しい。

いまや、フィスカルスを語らずしてフィンランドデザインは語れない状況なのである。フィスカルス村は、ヘルシンキ南西八五キロに位置する小さな村である。一六四九年に、ここに製鉄所が開かれ、フィンランドの製鉄産業の中心としてめざましい発展を遂げていく。住民は全員が製鉄所の従業員かその家族であり、一つの共同体をつくっていた。一八八三年に製鉄所は会社組織となり、オレンジのハサミで有名なフィスカルス社が誕生する。フィスカルス社が世界的メーカーに成長するにつれ、村は手狭になり、一九七三年にフィスカルス社は、移転を決定し、工場は閉鎖され、従業員全員がフィスカルス村を去ることとなる。

歴史的建造物も無人と化し、住宅は空き家となり、村は朽ち果てていく運命にあった。しかし、フィスカルス社は、この地を見捨てたわけではなかった。土地を切り売りすることなく保全し、建造物に手を入れ、住宅を安く提供することで新しい住民を招き、村の再生をはかったのである。

図4　椅子とテーブル（カリ・ヴィルタネン作）

図5　カミラ・モベルグ　ガラス工房（SIRIUS）

この呼びかけに応えたのが、一連の工芸家やデザイナーたちだった。製鉄所に必要だった川や湖や森林が、別の意味で彼らの創作力に寄与したのだった。

フィスカルス社の呼びかけに応じて、村に移住してきた最初のメンバーに、アンティ・シスタヴォリ、バルブロ・クルヴィク夫妻がいる。一九八九年のことだった。バルブロ・クルヴィクは当時を回想して「移住当時は空き家ばかりだったので、よりどりみどりでしたよ」と語っている。彼女はヘルシンキのデザイン美術館の委員であり、またフィンランド最大のデザイン誌*Form Function*の編集長という要職にあるデザイナーである。夫妻の移住は、フィスカルス村の再生に大きな意味を持つものだった。おそらくは夫妻の移住が契機の一つとなったのであろう。一人また一人とフィスカルス村に本拠を移すクラフトマンが増え、一九九三年にその数は二〇人を超えたという。その中に、クルヴィック夫妻とともにフィスカルス村の中心的役割を担うことになるカリ・ヴィルタネンがいる。彼はアルヴァ・アールト（1898-1976）と七年、カイ・フランク（1911-1989）と五年間仕事をしたという経歴を持つ家具職人である。バルブロ・クルヴィク、アンティ・シスタヴォリ、そしてカリ・ヴィルタネンを中心に作品展開催の気運が高まり、初めての合同作品展が一九九四年夏に開催された。出品作の質の高さが批評家に高い評価を受けるとともに、それらが人口五〇〇人余の村で開催されたことが話題となった。この第一回作品展の成功が翌年の作品展開催を生み、現在フィスカルス村の年中最大行事となっている毎年夏の作品展へと発展していくのである。

そうした中から生まれたのが「共同組合」の設立（一九九六年）である。ここに、コミュニティとしてのフィスカルス村の運営を担う中心組織が結成され、フィスカルス村は、名実ともに一つの共同体となったのである。

住民五〇〇人たらずのこの村に、現在、毎年一〇万人もの訪問客があるという。交通の便が良いとはいえないこの地に人が魅かれるのはなぜだろうか。多くのいわゆる「アート・コミュニティー」が生まれては消えていく中で、フィスカルズ村が「村おこし」の手本とされる理由は何なのであろうか。いくつかの要因をあげてみよう。

①場の背景

フィスカルス村の歴史は一六四九年にまでさかのぼる。以来、三五〇年間にわたって、この地はフィンランドの製鉄業の中心であり続けた。製鉄に必要な木材や大量の水や海運に恵まれたこの地は大いに栄え、スウェーデンから運ばれた鉄鉱石を高い技術で精錬した鉄はストックホルムやタリンにまで運搬されていったという。製鉄所で働く従業員のために、住宅や病院や学校が建設され村は特色ある共同体を形成するにいたった。永い時の流れの中で、多くの発明や発見が試みられたことであろう。それらはフィスカルス社の誕生を生み「手の延長」と称される美しい製品群を世に送り出すこととなる。その歴史総体を文化的遺産と呼んでいいであろう。

現在のフィスカルス村には、過去の文化的遺産が手厚く保存され展示されている。村の中心にあるフィスカルス美術館には往時の製鉄現場を忠実に再現した巨大なミニチュア模型が置かれ、当時の労働や生活の様態を伝えるとともに、見る者が立っているその場所でかつて何が起こっていたのかを如実に示す。一歩外に出れば、今見てきた過去の白黒写真と寸分違わぬ風景が展開していることにあらためて驚くのだ。そして、現在のフィスカルス村が過去の文化的遺産を継承していることを理解する。以上は一例を述べたにすぎないが、場の持つ背景（＝歴史性）への畏敬の念は、村のいたる所で感じることができる。

②環境の保全

FISKARS 1649・350 years of Finnish industrial History と題する本の裏表紙の表と裏に、一八五五年のフィスカルス村の配置図と現在のそれの配置図が載っている。人家の多少の増加と、川にかけられた橋が二～三橋つけ加えられているのを除けば、ほぼ同一であることが分かる。一五〇〇年前のインフラは、そのまま現在に引き継がれている。道路の拡張や増設は、いかに利便をもたらすように見えても、村落共同体のありようを、すなわち人の生活の仕方を否応なく変えてしまう。場合によっては、森林の植生をも変えてしまう。フィスカルス村の「メインストリート」は簡易舗装であり、脇道は砂利道のままである。雨の日はぬかるむがフィスカルス村の住民はそれを良しとしているのである。

フィスカルス村の森には二五種の樹木が植生しており、訪問者はThe Tree Pathと呼ばれる山道を歩きながら、それらを確認することができる。

③デザインの質

ジュエリー・デザイナーのリーナ・サッシのシルバー・ワークは異色である。野生の小さな松ぼっくりの型をとり、それに銀を流し込んで作品にするという手法である。森は、フィスカルス・デザインの源泉でもある。

フィスカルス村の共同組合のメンバーになる条件の一つに、その道のプロである専門性が求められるという。クラフトマンたちの多くはヘルシンキ芸術大学で学んだインテリであり、第一級のデザイナーでもある。つまり、

図6　クラフトショップ（ONOMA）

個人でも十分にやっていける資質の持ち主である。例えば、アンネリ・サイニオ（ガラス）の作品はカイ・フランク賞を受賞しているし、カリ・ヴィルタネンの木のトレイはニューヨークMoMAの常設展示品である。また、カリン・ウィドナス（陶芸）の作品は国会議事堂に置かれている。つまり「フィスカルス・デザイン」といった固有のスタイルなどないのである。それどころか、個性の違いがフィスカルス・デザインの多様性を生み出している。しかし、それらが一同に会した時に、質の高いデザインのみが持つ洗練さが倍加されて表出される。ここには郷土名産的なもの、伝統工芸土産品的なもの、要するにキッチュなものなど皆無である。きわめて個性的な個人としてのクラフトマンたちが協同して住み、一つの共同体を作る理由の一つもここにあると思う。自由な創作活動は時に独善を生む。クラフト・デザインは芸術ではない。ものづくりのプロセスであるとともに、商品として人々の生活の中に入っていき、生活の質をも変えていかねばならない（図6）。他のジャンルのクラフトのレベルの高さを知って、自らの作品にフィードバックさせること。フィスカルス村のクラフトマンたちの間には、相互信頼に基づいた切磋琢磨が存在するに違いない。意識的にせよ無意識的にせよ。

「フィスカルス」はブランドではない。いわばクラフト製品の出自を示す品質保証なのである。

④協同組合

個性的なクラフトマンたちをまとめていくのがフィスカルス協同組合である。フィスカルス村の運営は協同組合の主導のもとに行われる。メンバーとして認められるのは、ものづくりに携わるプロのみであり、協同組合員としての連帯意識の向上をはかるとともに組合への強い献身を求められるのだという。共同組合の存在が、ともすれば独立性を重んじるクラフトマンたちを一つの共同体にまとめているのである。地方自治体やスポンサーからの財政的援助を取り付ける役割を果たすとともに、メンバーのビジネスを促進させる活動を行っている。また呼び物となっている毎年夏の合同作品展を開催している。一九九七年の作品展にかんし、フィンランド最大の日刊紙『ヘルシンギンサノマット』は次のような記事を載せた。「フィンランドデザインが切り取られてフィスカルス村に移動してしまった。今年はこの歴史に刻まれた古い村のアーティストたちが数々のデザイン賞を獲得するだろう」。

現在、フィスカルズ協同組合員の数は百人にのぼる。

フィスカルス村の成功は、世界的に見ても極めてユニークな現象である。由緒ある場所、保全された環境、整備されたインフラがすでに存在していた。フィスカルス社は惜しみない援助を与えた。そのような条件下でクラフトマンたちは自発的にこの地に移住してきたのである。そして協同組合を結成し、自治体をつくりあげたのである。彼らの行動はきわめてフィンランド的といえるかもしれない。個を尊重しながらも自らが属す共同体への団結を示すのがフィンランド人の特質だからである。

フィンランドの事例は日本の村おこしの参考になるのだろうか。村おこしはテーマ・パークづくりではない。私たちは村おこしと称する安易なテーマ・パークの失敗例を幾度も見てきた。行政先導型の村おこしは、時として、容易に村つぶしに転化してしまう。

フィスカルス村の成功は、日本の村おこしへの厳しい問いかけでもある。

おわりに

駆け足で、日本との関係も含め北欧の工芸運動を概観してきた。私たちは、「北欧クラフト」という言葉の中に、郷愁にも似た感情を一方的に持ってしまう。しかし、北欧諸国は（特にフィンランドは）世界有数のＩＴ立国でもあるのだ。科学とは本質的にニュートラルな性格を持ち、数直線上を前進するしかない。それに対し、民族固有の工芸はその本質を過去の先人の築いた文化の体系の中に置いている。この相反するファクターをバランスさせる感覚こそが良識というものであろう。

どこぞの国のように（日本とはいわない）電車の中で乗客たちが手に手にケータイを持ち、メールを打ち、ゲームに興じ、一人でニタリとしている姿をついぞ北欧で見たことがない。

かつて、デザイン・フォーラム・フィンランドのアンネ・ステンルースは次のように述べた。

「日常の品は我々の環境の一部をなす。すぐれた品は作業を容易にし、環境を豊かにすることによって生活の質を高めてくれる。そうした製品の多くは、もともとその時代の先駆作とされていたのだが、数十年を経るうちに、親子二代、三代とフィンランド人の日常に根ざす不朽の名作となった。フィンランドデザインはアルテックに始まり、マリメッコ、さらにフィスカースと続くなかで、日常に対して新規で有意義な品を、人に感じとられ、人と共に生きるために、生み出している。(4)」

(1)「北欧」は五カ国を一括してスカンジナビアと呼ばれる場合が多いが、厳密にはフィンランド、アイスランドを除いたスウェーデン、デンマーク、ノルウェーを指す。北欧五カ国を総称する場合には、ノルディックを用いるのが本来は正しい。

(2)「スカンジナビア・デザイン」という呼称を用いる場合は、北欧五カ国を指すのが通例である。

(3) slöjd（スロイド）とは、アイスランド語の slaegr「熟練」「巧妙」「機敏」からきているとされるスウェーデン特有の言葉である。*HANDCRAFTS SCHOOL*, Linköping university, 1980, p.8.

(4)「DESIGN FORUM Nagoya-Tokyo Edition」1997.

[参考文献]

SUOMI 二〇〇一年三月号、フィンランド大使館

LIVING DESIGN 二〇〇三年十一月号、リビングデザインセンター

TORi 二〇〇六年五月号、フィンランド政府観光局

「フィスカルス・デザイン・ヴィレッジ展」カタログ、同展実行委員会、二〇〇六年六月

FISKARS 1649・350 years of Finnish Industrial History, Fiskars Oyj Abp,Pohja, 1999.

Sari Punstinen & Ilkka Arrala, *At Homein Fiskars*, Tammi Publishers, Helsinki, 2006.

Extending Handpower, *Made By Fiskars*, Danish Design Center, 2001.

[以下の諸氏へのインタビュー]

Barbro Kulvik／Antti Siltavuor／Karin Widnas／Camilla Moberg／Anneli Sainio／Leena Sassi／Rutsuko Sakata／Kari Virtanen

第二部　欧米の近代工芸運動とアジア

アーツ・アンド・クラフツ、フランク・ロイド・ライト、日本の近代工芸

藤田治彦

はじめに――アメリカでのアーツ・アンド・クラフツ運動の拡大

アーツ・アンド・クラフツ運動はモリスが逝った一八九六年を境に急速に世界的に拡大する。モリスの死とその報道が契機になったところもあるだろうし、実際、イギリスのアーツ・アンド・クラフツ運動は、同じくモリスのケルムスコット・プレスを源泉とするプライヴェート・プレス（私家版印刷工房）運動も加わり、この頃ピークを迎えていた。同年のアーツ・アンド・クラフツ展に初めてチャールズ・レニー・マッキントッシュ（1868-1928）らグラスゴー派の作品が展示されたのは、その運動の拡大の一端を示すと同時に、変質の兆しでもあった。(1)

アメリカで最初のアーツ・アンド・クラフツ展がボストンのコープリー・ホールで開催されたのは、モリスの死の翌年、一八九七年のことであり、同年六月二十八日にはボストン・アーツ・アンド・クラフツ協会（Boston Society of Arts and Crafts）が創設された。同年十月二十二日にはシカゴ・アーツ・アンド・クラフツ協会（Chicago Arts and Crafts Society）、一九〇〇年一月にはニューヨーク・アーツ・アンド・クラフツ・ギルド（Guild of Arts and Crafts of New York）、一九〇一年にはマサチューセッツ州にヒンガム・アーツ・アンド・クラフツ協会（Hingham Society of Arts and Crafts）、一九〇二年にはミネアポリスのハンディクラフト・ギルドとグランド・ラピッズのアーツ・アンド・クラフツ協会と、次々と関連協会が東海岸から中西部にかけて設立された。翌一九〇三年の五月七日にはシカゴで世界初のウィリアム・モリス協会が、一九〇四年にはロード・アイランド州のプロヴィデンスにハンディクラフト・クラブが旗揚げし、一九〇七年の二月二十一日から二十三日までボストンで関連団体の全国大会が開かれ、ハンディクラフト協会全国同盟（National League of Handicraft Societies）が結成された。(2)

モリス没後十年間の、モリスとアーツ・アンド・クラフツ運動に対するアメリカでの熱狂振りが垣間見られるが、アメリカにおける同運動の展開には二つの特徴がある。一つは、イギリスを凌ぐほどの「ハンディクラフト」という言葉と概念の重視であり、もう一つは、そのような「手工芸」礼賛に対する疑問と、シカゴ・アーツ・アンド・クラフツ協会のメンバー、フランク・ロイド・ライト（1867-1959）の一九〇一年の講演に代表される、機械の使用への積極的な姿勢であった。

そのライトが一九〇五年に日本を訪れ、機械化以前の工芸教育に感銘を受ける。本稿では、シカゴとライトを中心にアメリカでの展開を紹介すると同時に、最後にその日本訪問について考察を加えることを通じて、ヨーロッパ、アメリカ、アジア（日本）の近代工芸と近代デザインとの関係について、一つの視点を提供したい。

シカゴのアーツ・アンド・クラフツ運動

シカゴ・アーツ・アンド・クラフツ協会は、市の西部に広がるスラム街、ニア・ウェスト・サイドに開設された地域福祉施設であるハル・ハウス（Hull House）に本部を置いて創設された。チャールズ・ロバート・アシュビー（1863-1942）が地域の若者とラスキン読書会を開くなどの福祉活動に携わりながら彼らとその食堂の内装を行ったことを契機にギルド・オブ・ハンディクラフトを立ち上げた、ロンドンのイースト・エンドのトインビー・ホール（Toynbee Hall）をモデルに開設されたセツルメント・ハウスである。実際、英米の両セツルメント間に関係があっただけではなく、アシュビー自身と彼のギルドも、ジェイン・アダムズ（1860-1935）が創設したハル・ハウスと直接の関係を持っていた。同ギルドの作品がシカゴ・アーツ・アンド・クラフツ協会創設記念展に出展されていたのである。

ジェイン・アダムズがエレン・ゲイツ・スター（1859-1940）と協力して、シカゴのスラム地区の改善のためにハル・ハウスを開設したのは、ギルド・オブ・ハンディクラフト創設翌年の一八八九年、世界で最初の大学セツルメント、トインビー・ホール開設から五年後のことであった。スターはその後一八九七年に渡英、モリス亡き後のアーツ・アンド・クラフツ運動に触れ、コブデン＝サンダーソンに装丁を学んで帰国した。地域福祉施設ではあるが、ロンドンのトインビー・ホール同様、シカゴのハル・ハウスも、アーツ・アンド・クラフツ運動と密接に結びついていたのである。

アメリカで最初に創設されたボストンのアーツ・アンド・クラフツ協会と、それに続いてシカゴで旗揚げした協会とのあいだには、大きな性格上の違いがあった。ニューイングランドの文化的中心地であるボストンの協会は、厳格な審査制度の導入や、マスター、クラフツマン、会友といった会員の格付けなどによって、クラフトを美術に高めることを重視した。それに対して、新興産業都市シカゴの協会は、クラフトにおける美のセンスを高めるとともに、「工場とそこで働く労働者の現状を考慮」し、「もはや機械が労働者を支配し、彼らがつくるものを機械的な変形に貶めることは許されない」とまで踏み込んでその趣旨を述べていた。シカゴ・アーツ・アンド・クラフツ協会の創設会員の一人で、同協会において、その趣旨を踏まえながらも、明らかに積極的な機械容認・活用説を唱えることになるのが、若き建築家フランク・ロイド・ライトである。

私たちが種々の方法で仕事を進めるにつれて、私たちの内部に――何かになろうとする――何かがなされるべきだという、一種の理想がかたちを現わす。これが多くの人々に肯定され、この理想の感動が、私たちが成し遂げようとしているものにおいて高まる時にのみ、本当に私たちは生き始めるのだ。自由にならない材料で作品を創り出そうと試みてきた年月の間、歪曲され複雑化された諸条件が渦巻くなかで、美への感覚、ひとつの望みが、年毎に経験を積むに従って強烈になり、今では、機械にアートとクラフトの唯一の未来が――私が思うに、輝かしい未来が――存在するという確信が、そして、機械は実のところ古来のアートとクラフトが変身を遂げたものであり、もし、芸術家が芸術は生き続けるべきだと考えるならば、近代のスフィンクスである機械が問いかける謎に答えねばならず、現に私たちはその機械に直面しているのだという確信が、次第に深まってきた。(3)

この講演は一九〇一年三月一日にシカゴ・アーツ・アンド・クラフツ協会で行われ、同協会の本部が置かれ、講演会場でもあったセツルメントの名をとって「ハル・ハウス講演」と呼ばれている。同じ趣旨の講演が、三月二十日に西部技術者協会でも行われ、年内に第一四回シカゴ建築クラブ年次展の図録に印刷された。上記の引用文はその講演「機械のアートとクラフト」の冒頭の一部である。

シカゴのアーツ・アンド・クラフツ協会とウィリアム・モリス協会で重要な役割を果たした一人に、ジョゼフ・トゥワイマン（1842-1904）がいた。イギリスから来たトゥワイマンはフランク・トビーの家具会社に勤務しながら、講演等を通じてモリスの思想をシカゴで広めた。トビー自身もモリス協会のメンバーとなり、アーツ・アンド・クラフツ運動や、その影響を受けたアメリカ人、一九〇一年に月刊誌『クラフツマン』を創刊するグスタヴ・スティックリー（1858-1942）の家具などを販売した。(4) もう一人の重要人物が、アーツ・アンド・クラフツ協会会員でウィリアム・モリス協会の共同創設者であった英文学者のオスカー・ロヴェル・トリッグズ（1865-1930）である。(5) トリッグズは、アーツ・アンド・クラフツ協会とは別に、一八九九年にインダストリアル・アート連盟（The Industrial Art League）をも創設していた。

一八九六年の創刊以来、アーツ・アンド・クラフツ思想の普及にも大きな役割を果たしてきたシカゴの雑誌『ハウス・ビューティフル』の一九〇二年二月号に、トリッグズは「インダストリアル・アート連盟」と題して、「インダストリアル・アート」の概念と、当時四百名以上の会員を擁する全国的な組織に成長していた同連盟について次のように述べている。

インダストリアル・アートは生活と産業に結びついたアートの一形態であり、したがって、有閑階級の興味をひき、特別な地位を表し、その発展のために天賦の才を要する「ファイン」アートと区別される。「アーツ・アンド・クラフツ」という言葉も、芸術と労働との同様の結合を示し、一般的に用いられるようになってきた。これらふたつの要素――労働と芸術――が結び付けられる時、それぞれ何らかの特性を失うが、芸術は用によって生気を与えられる限りでは利益を得、労働も美によって洗練され、喜びによって活力を与えられるならば、向上するのである。(6)

このように、トリッグズは労働が喜びに溢れる仕事となるべきだという、ラスキンやモリスの思想を継承しているが、イギリスの先駆者たちとは異なり、中世を理想とする傾向は顕著ではない。続いて、トリッグズは、法人規約に定められた、インダストリアル・アート連盟の次のような四つの目的を列挙している。

1. アーティストやクラフツマンのギルドのための工房と道具を、そして、彼らの製作品の展示と販売の手段を用意する。
2. 各種インダストリアル・アーツに関する教育を行う。
3. インダストリアル・アーツの図書館と美術館を開設する。
4. 出版その他の適切な方法によって、アーツ・アンド・クラフツを振興する。(7)

これらの目的から見るならば、インダストリアル・アート連盟は、十九世紀前半にイギリスに始まり、英語文化圏に急速に広まった、メカニクス・インスティチュート（The Mechanics' Institute）の理念と、アーツ・アンド・クラフツの理念を併せ持たせた組織のように思われる。勤労者を対象とした無料講座に始まり、産業都市に次々と建設されたメカニクス・インスティチュートは、建築としては、図書館、美術館（ギャラリー）、劇場を備えた複合文化施設をその典型とする。それはおもに各地の産業資本家による、それぞれの地域で優秀な労働者を育て確保することを念頭においての、文化事業であった。

一九〇四年にトゥワイマンが死去して後、シカゴにおけるトリッグズの役割は一層大きくなったが、一九〇五年初頭にインダストリアル・アート連盟は突如解散を余儀なくされた。政治と学問の自由を巡る論争のなかで、トリッグズは社会主義的活動のためにシカゴ大学英文学科を辞任していたのである。辞任後の仕事の一つは、モリスらの思想に導かれた社会主義的雑誌『明日 TO-MORROW』の編集であり、もう一つは、やはりモリス的な社会主義の理想を掲げた教育機関「民衆産業大学 The People's Industrial College」の創設であった。この学校は一九〇五年には何らかのかたちでシカゴ市内で運営されていたことが、『明日』に掲載された広告から推定できるが、その後の発展等にかんする資料は見つかっていない。

ライトとヴェブレン

在職中のシカゴ大学の同療のなかで、トリッグズ以上に厳しい目で有閑階級を見ていたのが経済学者・社会学者、ソースタイン・ヴェブレン（1857-1929）であった。ヴェブレンは、トリッグズが「ファイン・アーツ」に対する「インダストリアル・アーツ」振興のための連盟の旗揚げに成功した一八九九年に、『有閑階級の理論 The Theory of the Leisure Class』を世に送り出している。冷厳なまでに合理的な思想の持ち主であり、「機械」の存在はおろか、その高い能力まで認めていたヴェブレンの『有閑階級の理論』は、「機械」の時代における有閑階級による「誇示的消費 conspicuous consumption」などを精査し、痛烈な社会批判を辛辣《しんらつ》な皮肉を基調に展開したものである。ヴェブレンにとって機械による製品はより完全なものであり、手仕事による製品よりも目的に適応するものである。

……現代の産業社会で日常消費される安価で、従って無作法な物品は、一般的に機械製品である。そして、手工作によるものと比較した場合の機械製品の様相の一般的特徴は、製造の完璧さと、より正確で詳細にまでおよぶデザインの実施である。従って、手工作による製品の誰の目にも明らかな不完全性は、名誉あるものなので、それらは美あるいは実用、もしくはその両方の点で卓越していることの証拠とみなされるようになる。このようにして、ジョン・ラスキンやウィリアム・モリスが当時の熱心な代弁者であった、欠点の称揚なるものがおこり、それ以後、ぞんざいなものや無駄な努力についての彼らの宣伝が取り上げられ、推進されてきた。そして、ここから手工作や家内工業への復帰という宣伝もなされてきたのである。(8)

アーツ・アンド・クラフツ協会の手仕事を理想とする人々にとっては、極めて挑戦的に響いたことであろう。一九〇一年のハル・ハウス講演「機械のアートとクラフト」の内容は、ヴェブレンの『有閑階級の理論』が出版される一八九九年以前の講演から想像することはかなり難しい。ライトは一八九四年にシカゴの北、エヴァンストンのユニヴァーシティ・ギルドで講演を行い、そのテーマは「建築と機械」であったとされるが、特に注目に値する機械についてのコメントは記録されていない。(9) 一八九六年に再び同じユニヴァーシティ・ギルドで「建築・建築家・クライアント」と題して講演を行っているが、そこで機械は「適切に使われていないもの」あるいは「美しいものとは言えぬもの」として、むしろ否定的に扱われている。(10)

一九〇〇年になってからの講演の記録には内容の変化が認められる。建築連盟(The Architectural League)のためにシカゴ美術館で行った講演「ファイン・アートの哲学 A Philosophy of Fine Arts」では、機械についての発言は確定的な解釈を許すようなものではないが、ニューヨークやシカゴの富裕階層の住宅の「誇示的conspicuous」な性格に対する痛烈な批判が繰り広げられている(11)。そして、翌年の「機械のアートとクラフト」が生まれるのである。

経緯は以上のようなものだが、かといって、ライトのハル・ハウス講演「機械のアートとクラフト」がヴェブレンの『有閑階級の理論』の影響を受けて構想されたことを完全に証明することはできない。ライトはヴェブレンにかんする記述をほとんど残しておらず、『自叙伝An Autobiography』の最後のページに、執筆にさいしてその思想を参考にした、三二名の思想家の一人として名前を挙げられている程度である。ピタゴラスから始まるそのリストの三〇番目に、ミルトンとネールとに挟まれて、ヴェブレンの名が記されている(12)。

「機械のアートとクラフト」に述べられているように、その一九〇一年の講演にいたるまでに、ライトは機械によるクラフトの試行を重ねてきた。シカゴ西郊オーク・パークに建てた自邸の食堂を改築したさい、一八九五年前後に制作されたと推定される、垂直性の強調された背の高い椅子はその早い一例である。さらに、機械による工作という理念が徹底されているのは、一八九八年頃に作られたと推定される「キューブ・チェア」と呼ばれている椅子であろう。これらの椅子に代表されるライトによる家具が、それらを容《い》れる建物と同時にデザインされ、多くの場合、各種建具などに使用されたのと同一の材料で作られているという事実は注目に値する。ライトは、モリスが自邸レッド・ハウスで使う家具を選ぶさいに、市場にあるものでは満足できず、自分たちで制作したように、自分が設計する建物の家具は自分で作ろうとした。ただし、ライトにとって「作る」ということは、制作を考えて「デザインする」ことであり、「手工作」には拘泥しなかった。

この時期までにアメリカ中西部の家具業界では生産の効率化がかなり進んでいたようで、大手百貨店の通信販売も含め、多種多様な家具が市場に出回っていた。グランド・ラピッズはじめとするおもな家具生産地では、手工作と機械を駆使して、凝った加工と価格を競っていた。新築の住宅にチッペンデール様式などを含む歴史様式の豪華な家具を低価格で入れるのは、イギリスと較べても、容易なことだった。しかし、ライトはシカゴのジョン・W・エアズという小さな家具製造業者に自分がデザインした家具の製作を担当させていた。そのような業者にもできる、単純な加工によって仕上げることが可能なデザイン。これがライトの初期の直線的な家具を特徴付けている。講演「ファイン・アートの哲学」における、ニューヨークやシカゴの富裕階層の住宅の「誇示的」な性格に対する批判は、独自の適切なデザインよりも、装飾的な豪華さを競う当時の状況への批判であった。「機械のアートとクラフト」では次のように、シカゴ・アーツ・アンド・クラフツ協会のメンバーに呼びかけている。

機械は、その素晴らしい切断、加工、研磨、そして反復の能力によって、シェラトンやチッペンデールの家具の化粧版が、大変な浪費を伴いながらも、どうにかほのめかす程度にしかできなかった、そして中世においてはまったく無視されていた、清潔で力強い形態の美しい表面の仕上げを、無駄なく実現し、今日では、富める人も貧しき人もともに楽しむことができるようにした。

機械は木材に秘められたこれらの自然の美を解放し、世界の始まり以来、木に加えられてきた無意味な拷問の数々を払拭することを可能にしたのである。木は日本人を除くあらゆる民族によって世界的に誤用され、不適切な扱いを受けてきたのである[13]。

ライトは一八九三年のシカゴ博覧会でジャクソン・パークに建設された日本館「鳳凰殿」や、その建設工事などを通じて、日本の木造建築や木工技術についてかなりの知識を持っていた可能性がある。

ライトと日本

「近代建築の巨匠」のなかでも、ライトの建築には、クラフツマンシップを感じさせる作品が多いことは指摘するまでもない。しかし、それは手工作のそれではなく、デザインにおけるクラフツマンシップの結果であることは、一九〇一年の講演「機械のアートとクラフト」などにも明らかである。しかし、同講演で説いているのは、機械の優秀性だけではない。機械の使用を通じて再発見される自然の美と人間の能力、社会の理想的なあり方などである。「機械のアートとクラフト」は、それまでメンバーの誰もが行わなかった、機械の全面的肯定という大転換を主張することによって、その運動の理想を発展させようとした、アーツ・アンド・クラフツ運動における革命であった。

ハル・ハウス講演から四年後の一九〇五年、そのようなライトが、世界で唯一、木を適切に扱ってきたと考える国、日本を初めて訪れた。ライトは、京都などを経て四国に渡り、高松の香川県工芸学校を訪問している。タリアセン・ウェストに保管されているライトの訪問記は、これが、その数年前に「機械のアートとクラフト」という革命的な講演を行った同じ人物が書いたものかと疑わせるほどの、日本の伝統や同校の工芸教育に対する共感に満ちている。その共感は、日本における西洋的制度や価値観の拡大に対する反感と表裏一体のものであった。

校長の黒木氏は、日本で美術がこれまで決して工芸と分離されることがなかったことを誇りとしており、それは彼にとって一番の競争相手である欧米の美術学校の側においても、十分考察に値する課題となりうるのではないかと示唆した。(14) いったい私たちは、美術と工芸がばらばらのままで、真に偉大な芸術が存在しうるなどといえるのだろうか?

高松の香川県工芸学校は、それまでに金沢工業学校、富山県工芸学校を創設して、北陸における美術、工芸教育の基礎を築いてきた納富介次郎（1844-1918）を校長に一八九八年（明31）に創設された学校で、黒木安雄（1865-1926）は二代目の校長であった。漢学者で書画もよくし、善通寺師団長時代の乃木希典《まれすけ》（1849-1912）とは、漢詩と書を教え、旅順出征のさいには記念の彫金の楯を贈る間柄だった。それを彫ったのは五代目校長となる三好真長とされる。(15) 黒木は、同校を辞して後、東京帝国大学、東京美術学校等で漢学や歴史を教えた。高松では日本の絵画や工芸の伝統を踏まえた教育が、納富以来行われていた。ライトは次のように記している。

この小さな素晴らしい学校では、絵画、漆芸、彫物をまんべんなく訓練している。彼らの成果には驚くべきものがある。これらの作品では、仕上がったあとも、制作の過程を示す跡は必ず残される。それらは、作品に芸術的で興味深い味わいを与えている。木の茶托の場合、木を削り取る彫刻刀の彫り跡に一定のリズムが与えられており、洗練された装飾として役立っているほか、茶托の裏側の余分な木を単に削り落とした跡でさえ、芸術的な味わいの一つとなっており、また、唯一意図され、最終的に残る味わいである。(16)

ここで触れられているのは、同校木工部（木材彫刻科、漆器科、用器木工科）の実習であろう。「工芸学校入学手引」には次のような説明がある。「用器木工科と云ふは本邦現時の工業界は器械の力を借らず専ら手先を以て為

す と諸種の事業発達し労銀騰貴する時は自然器機の力を借らざる可からざるに至るは勿論の事なれば器械を使用し諸種の製作を為す事を教授するを名付けて用器木工科と云うなり」[17] しかし、実際には「地方にては目下然る必要ありとしも思はざれば足踏器械を用い」という状態であった。しかし、ここでは少なくとも、簡単な機械あるいは道具は適切に使われているのである。ライトは次のように述べている。

私はこのような一貫的教育が、非常に厳しい条件のなかで、存続のための必死の戦いを続けながらも存続していたことを喜ぶと同時に、美術の世界における私たち西洋人が、この学校にとっての致命的な敵に他ならないということに気付いて、恥ずかしさを覚えた。[18]

日本人がアーツ・アンド・クラフツ運動に触れたのは意外に遅く、確実なところでは、一九〇一年にロンドンに留学した武田五一（1872-1938）などが初期の一人であろう。しかし、武田が日本に紹介したのは、むしろアール・ヌーヴォーと区別のつかなくなった状態のアーツ・アンド・クラフツであった。本格的に関係をもったのは一九〇八年に留学し、セントラル・スクール・オブ・アーツ・アンド・クラフツに学んだ富本憲吉（1886-1963）であろう。また、工芸家としてのモリスを初めて本格的に紹介したのも、富本が書いた一九一二年（明45）の『美術新報』の記事であった。アーツ・アンド・クラフツ運動はそれより早くアメリカに伝わり、シカゴでは、すでに述べたような、ロンドンにはなかった急進的な展開があった。そして、そのシカゴにおける革命の中心であるライトが、日本人による同運動との本格的接触以前に日本を訪れ、以上のような観察をしていたことが、近代工芸運動の世界史的意味を考える上で、非常に興味深い。

ライト初来日の一九〇五年、日本の工芸教育は、高等専門学校レベルと中等学校レベルでかなり異なった様相を呈していた。一九〇二年に京都高等工芸学校が創設され、洋画家の浅井忠（1856-1907）や建築家の武田五一が教授となった。ともに日本の文化を重んじ、学校自体が京都にあって伝統を尊重したが、日本における図案（デザイン）教育の基盤づくりのためにイギリス（武田）とフランス（浅井）に官費留学した教師たちである。このようにしてアーツ・アンド・クラフツやアール・ヌーヴォーの息吹は京都に伝えられた。図案教育は、その前年に東京工業学校から改称した東京高等工業学校と東京美術学校でも数年前から行われていた。東京高等工業学校の場合、工業図按科として、工芸品ではなく、工業製品のデザイン教育へと向かっており、美術工芸を教える東京美術学校とは性格を異にしていた。

しかし、いずれにせよ、日本の図案（デザイン）教育の将来を担うべきこれら三つの官立学校には、西洋の事情に通じていることが期待され、留学経験者も少なくなかった。多分、高松を訪れる前に京都の学校を訪問したさい、同校の校長は次のように語ったと、ライトは記している。「私たちは今や迅速でなければならない。古来の日本の方法はあまりにも悠長で、もはや採用できない。西洋的手法のほうが結局安くつく。」同校のコレクションを見たライトは、「フランス、ドイツ、そしてイタリア・ルネサンスの最悪の品々、恐怖の洋品の列」と記している[19]。それに対して、ライトは高松の工芸学校のコレクションを好んだようで、次のように書いている。「この小さな学校では、応挙や雪舟や探幽を生み出した訓練方法が、今も大切に継承されている。この学校には、数少ないが日本の美術の枠を示す作品が集められている」[20]。

納富が創設にかかわった、金沢、富山（高岡）、香川、佐賀の四つの学校は、方針として日本式の造形教育をしていたところもあるが、現実として、留学経験のある教師も予算も少なく、海外の参考資料を収集することは、テキスタイル見本のようなサンプル類などを除けば、困難だったであろう。その一方で、日本の主要都市に創設された官立の高等専門学校のコレクションには、ライトがいうニューヨークやシカゴの富裕階層の住宅に見られるのと同じような性格の品々が含まれていたのだろう。それは歴史様式に基づくいわゆる折衷式か、何らかの近代風かは別として、おそらく多かれ少なかれ「誇示的」な装飾的デザインであったことだろう。

ライトのいう、高松の学校にとっての「致命的な敵」というのは、西洋のアカデミックな美術教育であるだけでなく、元来は美術アカデミーとは別の路線で創設された、イギリスの官立デザイン学校や欧州各国と、アジアでは例外的に、日本に創設された類似の学校における工芸やデザイン教育でもあっただろうし、あるいは「機械」もそこに含まれていたかもしれない。いうまでもなく、アートとクラフトの未来を担う機械ではなく、不適切に使用された機械であり、機械を不適切に使う近代文明である。

おわりに

高松の工芸学校に日本の美術教育・工芸教育の可能性を見たものの、ライトは、日本のアートとクラフトについて楽観的だったわけではなく、次のように記していた。「過去四年間に日本のアーツとクラフツにおこった変化、特にコロンブス（シカゴ）博覧会とセントルイス博覧会におけるその展示の違いに気付いた者は、誰も、終わりの始まりを目撃したのである[21]」。日本のアーツとクラフツは終わりを迎えようとしている、ということを意味しているのだろう。

「過去四年間」というのはやや奇妙だが、コロンブス博覧会というのは一八七六年のフィラデルフィア博覧会に次いでアメリカで開催された重要な国際博覧会であった一八九三年のシカゴ博覧会であり、セントルイス博覧会は、それに次ぐ一九〇四年の博覧会であることに間違いはない。日本政府はこれら三つの博覧会に伝統的な日本建築のパヴィリオンを出し続けた。フィラデルフィアでもシカゴでも、日本のパヴィリオンは完成した建築物としてだけでなく、その伝統的な木造建築の工事の段階から注目された。シカゴ博覧会の鳳凰殿はライトに影響を与えた可能性という点でも注目されてきた。

セントルイス博覧会も、日本政府関連館の写真を見る限りでは、フィラデルフィアやシカゴと大きく変りはないように思われる。しかし、実際には、セントルイスのフォレスト・パークに建てられた日本政府関連館は、本当の意味での伝統的な日本建築ではなかったようだ。本館は「藤原時代の寝殿風の素木造」とされた平屋建てだが、屋根はブリキ板・鉄板をこはぜ掛けに葺《ふ》いたとされる。本館の隣に建てられた事務所も木造平屋建てだが、屋根はやはり鉄板葺きで、硝子障子が用いられた。金閣寺茶店は三階建てで、その外観が水面に映るように池の端に建設するなど、モデルにした金閣寺に少しでも似せようとしているが、ここでも屋根には鉄板、建具には硝子障子などが用いられていた可能性は高い[22]。

アメリカで開催された上記三つの主要な国際博覧会を比較するならば、日本政府関係の建物は、挿図や記録写真や遠目には同じ日本建築には見えても、実際に会場を訪れ実物をその目で見た人にとっては、セントルイスで大きく変っていたのである。おそらく展示品にもかなりの変化が現れていたのだろう。

一八九三年（シカゴ博）と一九〇四年（セントルイス博）のあいだに、日本の美術と工芸の教育は大きく変った。シカゴ博で重要な働きをした岡倉天心（1862-1913）は一八九八年に東京美術学校を辞職、日本美術院を開いた。それ以前の一八九六年に、東京美術学校はそれまでの日本画だけを教授する方針を変え、絵画科を日本画科と西洋画科の二科として西洋画を導入、図按（図案）科も設けられた。一八九七年には東京工業学校の工業教員養成所に、二年後の九九年には同本科に、工業図按科が設けられた。一九〇二年には日本で最初の高等工芸学校が京都に開校した(23)。

一九〇四年セントルイス博における日本の展示は日本の美術と工芸の「終わりの始まりである」といったライトの遺稿は、彼が単なる伝統主義者であったなら、取り立てて興味を引くものではない。しかし、ライトはその数年前の一九〇一年に行われたハル・ハウス講演「機械のアートとクラフト」で、「機械にアートとクラフトの未来がある」と説き、近代工芸運動に革命をもたらした人物である。その人物が、一八九三年シカゴ博から一九〇四年セントルイス博にいたる十年間の日本の美術・工芸・建築の変化をこのように見、一九〇五年の日本訪問でこのような記述を残していたことの意味は重い。彼の目には、ついに日本も自然に拷問を加える西洋列強に加わろうとしていると映っていたのであろう。これは戦前の日本の図案（デザイン）教育が本格化した時期である。日本は自然をそれまで適切に使ってきたが、その時代は過ぎて、機械時代に入ろうとしていた。だからこそデザイン教育が始まったのだが、特別な伝統を有すればこそ、日本の工芸教育やデザイン教育が担う課題は多かった。

（1）グラスゴー派とアーツ・アンド・クラフツ運動との関係については、拙稿「グラスゴー・スタイルの形成：チャールズ・レニー・マッキントッシュとザ・フォー」（『マッキントッシュとグラスゴー・スタイル』展図録、アルティス、二〇〇〇年、二三－三一頁）を参照。

（2）Robert Judson Clark (ed.), *The Arts and Crafts Movement in America 1876-1916*, Princeton University Press, Princeton, 1972, p. 13 and pp. 58-59.

（3）Frank Lloyd Wright, *The Art and Craft of the Machine*, Catalogue of the 14th Annual Exhibition of the Chicago Architectural Club, Chicago, 1901.

(4) スティックリーは一八九八年にシラキュース郊外イーストウッドに商会を設立、同年欧州を旅行し、アシュビー、ヴォイジー、コブデン＝サンダーソンらに会っている。スティックリーは一九〇一年に月刊誌『クラフツマン』を創刊、その後、広範な事業を展開した。

(5) トリッグズは、一八九五年から一九〇二年までシカゴ大学で教鞭をとった。*Browning and Whitman, A Study in Democracy* (1893), *Chapters in the History of the Arts and Crafts Movement* (1902) などの著書があり、『ウィリアム・モリス協会シカゴ会報』の編集者であった。

(6) Oscar Lovell Triggs, *Chapters in the History of the Arts and Crafts Movement*, Chicago, 1902, pp. 195-196 (Appendix II)

(7) Ibid., p. 196.

(8) Thorstein Veblen, *The Theory of the Leisure Class*, Chicago, 1899, Mentor edition, New York, 1953, p. 115.

(9) Frank Lloyd Wright (ed. by Frederick Gutheim), *On Architecture*, New York, 1941, p.3. エヴァンストンのユニヴァーシティ・ギルドは、一八九二年六月に、ノースウェスタン大学学長夫人を筆頭とした一一名の女性によって創設され、芸術作品の収集と展示、大学とエヴァンストンにおける美術鑑賞の推進等を目標に掲げていた。イギリスの大学セツルメント運動と近代工芸ギルドの動向の影響下に形成された組織の一つであろう。

(10) Ibid., pp.4-5.

(11) Ibid., pp.6-12.

(12) ライトの『自叙伝』巻末の三二名のリストには、クロポトキン、カーライルは含まれているが、ラスキン、モリスの名はなく、サミュエル・バトラーが含まれている。

(13) Op. cit., Wright, *The Art and Craft of the Machine*, 1901.

(14) Undated manuscript, Frank Lloyd Wright Archives, Taliesin West, 1905/6. この史料は谷川正己氏の提供による。Margo Stipe 氏は1905/6年の記録と推定している。

(15) 香川県立高松工芸高等学校創立百周年委員会『高松工芸百年史』、高松、一九九八年、九〇頁。

(16) Op. cit., Wright, 1905/6.

(17) 前掲書、香川県立高松工芸高等学校創立百周年委員会、四八頁。

(18) Op. cit., Wright, 1905/6.

(19) Ibid.

(20) Ibid.

(21) Ibid.

(22) 畑智子「セントルイス万国博覧会における「日本」の建築物」、日本建築学会計画系論文集・第532号、二〇〇〇年、二三一―二三八頁。

(23) このような教育界、とくに官立高等専門学校教授陣の変化は、国際博覧会鑑査官の変化にもつながった。シカゴ博覧会の鑑査官には、岡倉覚三、加納夏雄、今泉雄作、橋本雅邦、川端玉章、高村光雲、石川光明、白山福松、岡崎雪声など、三分の一近くを東京美術学校の教授と助教授が占め、そのほとんどが、当時の美術学校の状況を反映し、日本画家あるいは伝統的な日本の美術の専門家であった。洋画家としては、当時陸軍教授の松岡壽と、原田直二郎(直次郎)がリストアップされている。セントルイス博覧会の鑑査官には、東京美術学校からは、岡倉に代わった校長正木直彦、シカゴと同じ高村光雲、川端玉章、石川光明に、荒木寛畝、海野勝珉、川之邉一朝を加え、さらに新設された西洋画の黒田清輝、久米桂一郎が加わった。新設された京都高等工芸学校からは校長の中澤岩太と西洋画の浅井忠が入っている。また、陸軍教授から特許庁審査官に転じた松岡壽や、浅井、松岡とともに工部美術学校でフォンタネージに西洋絵画を学んだ小山正太郎も名を連ねているので、セントルイス博覧会の鑑査官には洋画家が急増したことになる。さらに、武田五一とともにアール・ヌーヴォーの日本への最初の紹介者と目される東京帝国大学工科大学教授の塚本靖なども加わっており、ヨーロッパ留学組も多い。このような鑑査官の変化も、シカゴ博からセントルイス博覧会への日本の展示の変化に無関係ではないであろう。

伝統と科学の狭間で――イギリスでの松林鶴之助の活動を中心に――

前崎信也

はじめに

イギリスのスタジオ・クラフト運動を牽引したセント・アイヴス（St. Ives）のリーチ・ポタリー（Leach Pottery）創設と聞けば、多くの人が濱田庄司（1894-1978）の名を連想するに違いない。ポタリーの創設者であるバーナード・リーチ（1887-1979）とともに渡英し、三年半の間にロンドンで二度の個展を成功させた濱田の業績はこれまで指摘されてきた通りである。しかし、濱田庄司の帰国後、リーチが生涯、作品を焼成し続けた登窯を建造し、リーチ・ポタリーの技術支援と生産体制の充実に専心した松林《まつばやし》鶴《つる》之助《のすけ》（1894-1932／図1）がポタリーに残した功績について知る人は少ない。

松林鶴之助の活動と陶芸を中心とした工芸運動を論じるには、伝統的技術を重んじた工芸の世界における、科学的技術の受容が注目されるべき問題の一つに数えられるであろう。二十世紀前半の工芸家にとっては、陶芸制作に染み付いた伝統技術と、日進月歩する科学技術にいかに折り合いをつけるかが常々問題となっていた。柳宗悦は「技術」を伝統的に蓄積された経験則と科学的知識の二態に定義したが[1]、松林のイギリスでの活動は、この二態の相反する「技術」のイギリスへの伝播の問題を考察する上で重要である。

近代デザインや工芸運動研究の中で看過されがちであった「技術」の問題は、これまでの研究の中心であった思想や理念の問題とは一線を画する。しかし、これは、工芸家が常に取り組まなければならなかった実践的問題の存在を浮き彫りにする。なぜなら作品や製品を制作するという意味において、近代デザイン史や近代工芸史は技術革新の歴史と密接に結びついてきたからである。そこで本稿では、松林とリーチ・ポタリーの関係に焦点を当てて論ずることにより、イギリスの陶芸家がいかに近代以降の日本の近代陶磁器理論を享受したか、そして、民芸運動において技術の問題がいかに捉えられたかについての考察を試みる。

松林鶴之助と京都市陶磁器試験場

松林鶴之助のイギリスでの活動を論じるにあたり、松林に多大なる影響を与えた京都市立陶磁器試験場について簡単に説明を加えたい。

京都市立陶磁器試験場は、一八九六年（明29）に市の陶磁器産業の近代化を目的とする研究施設として設立された。陶磁器産業の近代化・西洋化は明治初期よりお雇い外国人化学者であったゴットフリート・ワグネル（1831-1892）と彼の多くの弟子によって全国で勧奨されたことが知られている。しかし、京都に限って述べれば、伝統的生産体制の維持に執心する京焼諸陶家の協力が得られず、種々の関連施策は成功と呼べる結果を得ることはできなかった[2]。その流れに変化が起こり始めたのは一八九〇年代初頭のことである。それまで京焼界の指導的役割を担っていた六代錦光山宗兵衛《きんこうざんそうべえ》（1823-1884）、丹山青海《たんざんせいかい》（1813-1887）、幹山伝七《かんざんでんしち》（1821-1890）が逝去し、帯山《たいざん》與兵衛《よへえ》（1861-?）が隠居するなど、京焼界の世代交代が急激に進んだ。その結果、一八九六年（明29）に初めて官・民の有力者が協賛する陶磁器試験場の設立が実現したのであった。

図1　松林鶴之助　セント・アイヴスにて

京都市立陶磁器試験場の初代所長はワグネルの弟子である藤江永孝《ふじええいこう》（1865-1915）、商議員として七代錦光山宗兵衛（1868-1928）、初代伊東陶山《とうざん》（1846-1920）、三代清風與平《せいふうよへい》（1851-1914）、四代高橋道八《どうはち》（1845-1897）と京都の有名陶工が名を連ねた。一八九九年（明32）からはワグネルの東京大学時代の理解者であり、工学博士の中沢岩太《なかざわいわた》が顧問として就任、四代清水六兵衛（1848-1920）が商議員に選出された。

試験場設立時の処務規定からは、その役割が見てとれる。規定第二条には「本所は本市陶磁器業者の依頼に応じ陶磁器に関する質疑に答へ又は試験を依頼するときは経費の許す以内無料にて之を施行す」とあり、第三条には「本所に於て施行したる試験の結果其成功したるものは可成これを当業者に公示す」とある。(3) つまり、京都の陶磁器業者であれば試験を無料で依頼でき、研究結果は関係者であれば誰でも知ることができた。これにより京都の陶磁器業者は、新技術の開発費が軽減できる上、容易に最新の技術に触れる機会を得た。そこには、ワグネルが当初推進した積極的な生産体制の西洋化や近代化を進めるという意思は希薄で、どちらかといえば、いかに伝統的な生産体制を守りながら最新の科学技術を応用するかに重点がおかれた。結果的に、各陶家に伝わる伝統的技術はそのままに、生産に応用可能な理化学知識が京都の窯業界に徐々に浸透していくこととなったのである。

一八九九年（明32）より、試験場は伝習生の受け入れを決定し、若い人材の育成を開始した。(4) 伝習生として入学が認められた者の中には、陶業家の子息が多く含まれていた。伝習所は、彼らに陶磁器理論など実家での実践的修行では学べない理化学知識を教授し、伝統技術と科学知識を兼ね備えた人材の育成を図った。そして、一九一四年（大3）に入学を許された伝習生に松林靍之助が含まれていた。

松林靍之助は、一八九四年（明27）三月十八日に宇治朝日焼十二代当主松林昇斎《しょうさい》（1865-1932）の四男として生をうけた。江戸時代より続く窯元で、陶磁器に囲まれて幼少期を過ごし、中学卒業後からは家業の手伝いをしながら進学の道を探ったが、本人が切望した大学進学は適わなかった。しかし、家業に従事する中で製陶業にかんする広範な知識を習得し、それに加えて築窯の経験もすでに持っていた松林は、一九一四年（大3）四月、京都市陶磁器試験場付属伝習所に入所を許されたのである。

松林が試験場に入学したのと同じ年、東京高等工業学校窯業科を卒業した濱田庄司は、先輩の河井寛次郎（1890-1966）を頼って陶磁器試験場に就職した。試験場では河井は英語を、濱田は窯業計算法を教えており、松林が受けた授業にはその二人の授業も含まれていたはずである。(5)

三年間の同伝習所の在籍中に、最新の製陶における科学的知識を学んだ松林は、卒業課題として、陶磁器窯の理想的構造にかんする研究に取り組んだ。在学中の三年間で三度に分けて滋賀・三重・愛知・岐阜・石川・福岡・佐賀・長崎・熊本・鹿児島の窯業地を巡り、六十数基の窯を実測調査、その結果から理想的な窯構造を提案するにいたった。[6] その調査の一部をまとめた『九州地方陶業見学記』（図2）の緒言で松林は以下のように述べている。

（陶磁器窯の）我国の現状は、余りに重大視過ぎたる結果神秘的にして犯すべからざるものの如くに考えられ、従来の窯を固く守りて少しも改良を試みられざれば従って現代の技術者と雖も其の研究の資料は貧弱なれば故に窯に対してなるべく説明を避けんとするものの如く其の技尚幼稚なるをまぬがれざる。[7]

図2 『九州地方陶業見学記』

このように、松林は各窯業地独自の経験則に基づいた従来の窯に神秘性を求める旧来の態度を批判し、科学的に解明するべきであると述べている。こういった科学的な方法論は陶磁器試験場で培われたものだろう。こうして松林は、製陶を生業とする家に生まれたことによる経験に加え、陶磁器試験場での当時最先端の理化学知識を習得した。つまり、西洋・東洋両方式の陶磁器窯の構造にかんする知識においては、日本でも有数の専門家となったのである。

松林靏之助とイギリス

松林靏之助は、一九二二年（大11）七月、オックスフォード大学留学を目指し、「製陶術の研究の為」[8]という名目で渡英した。ロンドン到着後は試験場で世話になった濱田を頼り、そのつてで、バーナード・リーチを含めた多くの陶磁器関係の研究者や陶芸家と交流をもったことが知られている。[9]

松林がロンドンで大学入学のための準備を進めていた一九二三年九月、関東大震災で濱田の親族が罹災し、濱田は予定よりも一年早くの帰国を決意した。その渡航資金を確保するための展覧会の作品焼成は成功したが、リーチと濱田が建造した窯は焼け落ちて使い物にならなくなってしまった。そこでリーチは陶磁器窯の再建を松林に依頼したと考えられる。松林はリーチがオックスフォード大学への推薦状を書き、保証人になることと引き換えにその依頼を受諾した。

松林は、まず焼け落ちた窯跡を整地し、築窯に必要な耐火煉瓦を焼成する窯の建造から始めた。リーチの最初の弟子マイケル・カーデュー（1901-1983）は、同年の十月にポタリーに到着するとすぐに松林から耐火煉瓦造りを手伝わされたと述べている(10)。そして十一月には、リーチの意向と陶磁器試験場の卒業研究で導き出した理想的構造とを折衷し、耐久性と効率に優れた三連房式登窯を設計。築窯作業を開始した(11)（図3・4）。

築窯作業に加えて、当時のポタリーでは陶土や匣鉢《さや》等の素材や道具が不足していたため、松林は各種の製陶材料の備蓄にも専心した。そして、それらの作業と平行して、カーデューと、もう一人のリーチの弟子であるキャサリン・プレイデル＝ブーヴェリー（1895-1985）に、匣鉢の製造法や陶土の準備法といった陶器生産に不可欠な技術の指導を行った。後にカーデューとプレイデル＝ブーヴェリーは、技術的指導をリーチに受けたことはなく、それをしたのは彼らが「マツ」と呼んだ松林であったと回想している(12)。

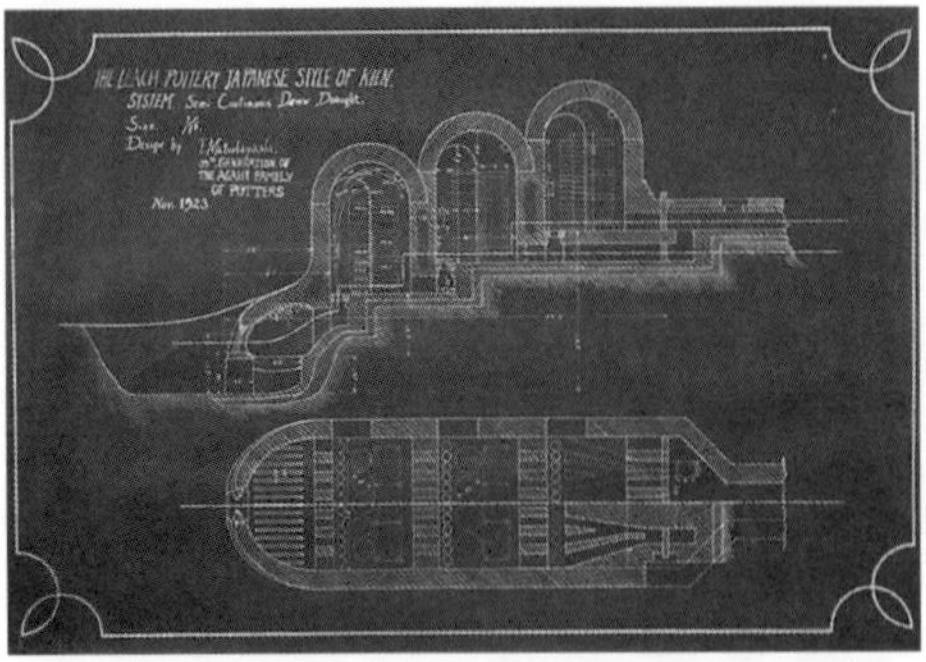

図3　松林鶴之助による三連房式登窯の設計図

図4　リーチ・ポタリーで築窯する松林

そういった個人的指導の他に、松林は陶磁器理論についての講義をポタリーのメンバーに積極的に行った。例えば、リーチ工房の中心にあるダイニング・テーブルに皆を座らせ、毎回違ったテーマで講義をしたことが知られている。講義の詳細な記録は確認されていないが、窯の構造、化学式、釉薬の調合、土の可塑性というような内容であったようである。これにも朝日焼での経験と、陶磁器試験場で学んだ知識が多分に反映されていたことが推測される。プレイデル＝ブーヴェリーがこの講義内容をまとめたノートは、松林がポタリーを去った後も、プレイデル＝ブーヴェリー本人は勿論のこと、リーチ、カーデュー等にも活用された[13]。

松林が建造に一冬を費やしたリーチ・ポタリーの窯は一九二四年の上旬に完成した。松林はその後、セント・アイヴスを離れ、オックスフォード、ロンドン、パリに滞在し、ヨーロッパ諸国を周遊の後、日本に帰国したが、松林とリーチ・ポタリーとの関係は松林がセント・アイヴスを去った後も続いた[14]。

完成した登窯は最初の何度かの失敗を除けば順調に作品を生み出し、一九七〇年代初頭に新たな窯が築かれるまでは頻繁に火が入れられていた[15]。リーチが『陶工の本』の中で「現代式の西洋窯を建てようといふ問題が起つた時、英国の窯設計者の主要な者の一人が、松林氏の案が如何にも優秀なので、それはやらぬ方がいいと忠告した[16]」と述べていることからも、松林の研究の成果であるこの登窯の優秀さがうかがえる。そして、リーチ・ポタリーで学んだ百人を超える学生や弟子は、この窯から大きな影響を受け、各地に類似した窯が建造された[17]。

カーデューが松林を描写した一節に、「彼は京都磁器学校の卒業生で、当時の西洋のあらゆる製陶家と同等の（おそらくそのほとんど全員よりも深い）陶磁器理論の知識をもっていた[18]」とあり、松林がリーチ・ポタリーにもたらしたものは、柳がいうところの「技術」であったことは間違いないといえる。それも、伝統的知識の蓄積である技術と、科学的知識という二態の「技術」両面から、リーチ・ポタリーに必要な項目を厳選して提供した。彼の援助なしでは、ポタリーは濱田が去った後の技術面での危機を乗り越えることが困難であったといっても過言ではないだろう。また、リーチ・ポタリーで活動した百人を超えるリーチの弟子たちに与えた影響を鑑《かんが》みると、松林の役割は注目に値する。

さらに、リーチ・ポタリーが松林から得た技術は、日本、特に京都の伝統の中で蓄積された経験と、明治期以降の近代化に伴う理化学的知識を結束したものであったことは、重要な事実として認知されるべきであろう。その知識は偶然にも、伝統を保全しながら近代化を果たすという京都市立陶磁器試験場の設立当時の理念を基に培われたものであり、「対産業革命」や「手作り」を標榜したリーチの理念と重複する部分は少なくなかったのである。

一方、松林から「技術」を享受することとなったリーチは、その「技術」、特に科学技術に対していかなる姿勢を示していたのだろうか。『陶工の本』でのリーチの言葉を引用する。

工芸家にとっては、何故何ものかがよく作用するかを、精密に、細かく知るよりも、何がよく作用するかを知る方が、余程大切である。それにしても、今日の工芸家が、現代の科学的調査の結果を利用しないとなると、これは馬鹿げてゐる。[19]

このようにリーチは、条件付きでしか科学的知識を容認していない。これは、松林の講義中にリーチが「こういう理論的なことは君が作る作品の質に本当に関係があるのだろうか」などと頻繁に邪魔をしたというカーデューの回想からも明らかである。[20] 結果的には、多くの人物の助けを借りて不足していた技術的問題を補填したリーチにとって、この問題を積極的にとりあげることは、自らの立場を揺るがす危険も孕んでいた。

しかし、イギリスにこの「技術」の問題に積極的に取り組んだ陶芸家が存在しなかったわけではない。リーチの一番弟子であり、松林から直接指導を受けたマイケル・カーデューこそが、イギリスの工芸家としてこの「技術」の問題の第一人者とも呼べる人物であった。そこで、次にマイケル・カーデューの「技術」とのかかわりについて検討したい。

マイケル・カーデュー

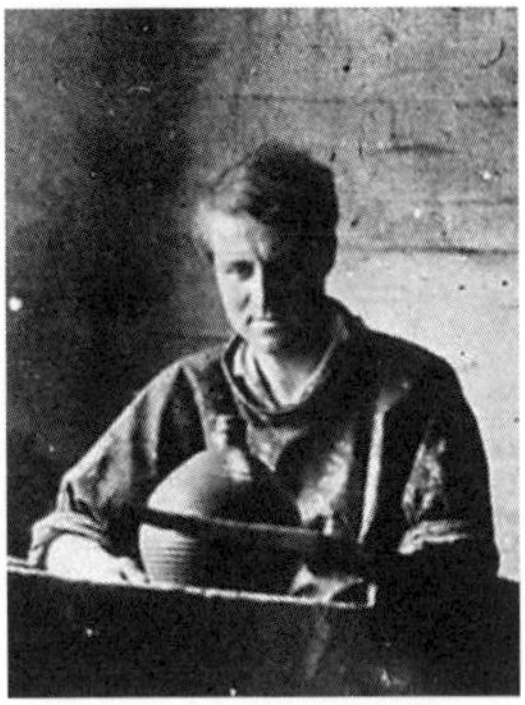

図5　マイケル・カーデュー
リーチ・ポタリーにて

マイケル・カーデュー（図5）はイギリスのスタジオ・ポタリー運動に多大なる役割を果たした人物としてのみならず、西アフリカの陶器産業の近代化にも貢献した陶芸家である。ロンドン郊外のウィンブルドンに生まれ、ウィリアム・モリス（1834-1896）が学び、松林鶴之助が留学したとされるオックスフォード大学エクセター・カレッジで古典を専攻した彼は、在学中から作陶を学び、その過程でリーチ・ポタリーの存在を知る。そして、大学卒業後、リーチに直接志願し、ポタリーへの参加を認められた最初の弟子となった。リーチ・ポタリーで三年過ごした後、カーデューはグロースター州ウィンチコム・ポタリーを創設、スリップ・ウェアを中心としたいわゆる日用陶器を製作した。その後、ウェンフォード・ブリッジ・ポタリーでも活動した。一九四二年以降は西アフリカに渡り、リーチ・ポタリー出身者のハリー・ディヴィス（1910-1986）の後継者として、ゴールド・コーストのアチモタ・カレッジで陶芸教育に携わる。のちにナイジェリアの陶磁器産業の行政官としても活動するなど、西アフリカの陶磁器の発展に貢献した。[21]

カーデューが工芸家に提唱し続けた問題に、本稿でとりあげている伝統と科学技術の関係をあげることができる。彼は、失われた伝統にとって代わるものは技術以外にないと、科学技術の有用性を積極的に容認する立場をとった。この考えをカーデューが持つ契機となったのは、他でもないアフリカでの経験であった。アフリカという新しい土地で一から窯業を指導するにあたり、かつて松林から教えられた科学技術的知識がいかに大切かに気付かされたのである。カーデューが数多くの講演で言及するエピソードに以下のようなものがある。一九四五年一月十三日に、活動中の西アフリカから戻ったカーデューが、ウェールズ、コールズヒルのプレイデル＝ブーヴェリーを訪ね、[22]前述の松林講義ノートを写し取ったというのである。[23]

その後、カーデューは一九五〇年にナイジェリア政府に陶芸指導官として採用され、二年後北部のアブージャに陶芸訓練所が完成した。そして、丁度この年、イギリス、デヴォン州ダーティントンで開催されたダーティントン国際工芸家会議に参加し、リーチ、濱田、柳といった面々と肩を並べ、「科学の進歩と工芸家による応用」というテーマで講演を行った。そこで彼は「伝統は最も重要であると考えていますが、もしも伝統がなければ、その代わりに用いることができるのは科学、もしくは科学的アプローチしかないのです」[24]と科学技術の有用性を論じた。そして、陶芸家は、その制作プロセスを科学的に理解する努力が必要であるとし、「素材」「素地」「釉薬」「焼成」を理解されるべき対象としてあげた。[25]

同会議でカーデューの次に壇上に上がったのは、化学技術者でアマチュア陶芸家のエドワード・バーク（1905-？）であった。バークは松林が去った後、リーチと知り合い、リーチに科学的知識にかんする助言をしたことで知られる。バークは、カーデューよりもさらに化学的な見地から、陶芸家が使用する素材にかんする科学的調査における最新の結果を発表し、「あれやこれやの流派の思想に縛られてはならず、目的を達成するためには、自然あるいは人間が差し出さなければならないことすべてを用いるべきだ[26]」と結論づけている。

柳やリーチが工芸の意味や、工芸家の役割について説いた同会議で、この二人の講演は異色ともいえる内容であった。しかし、少なくとも当時の工芸家が技術の問題に注目をしていたのは間違いのない事実といえよう。工芸家が新しい伝統を築き上げるために用いることのできた同時代の技術は、科学技術であると捉えられたのである。

カーデューはこの会議の後も長期間アフリカで活動し、イギリス帰国後も、活発に講演、実演活動をする中で同様の意見を主張し続けた。その緒言にカーデューの目指した立場が明確に記されている。そして、一九六九年、陶芸の技術書である『パイオニア・ポタリー（*Pioneer Pottery*）』を上梓した。その緒言にカーデューの目指した立場が明確に記されている。

私はこの本で技術書からできる限りの素材を系統立てて集めることにより伝統的な陶芸家の簡素な資料を補足しようとした。そうすることによって、科学と美術の領域の間に何らかの橋を架けようとした。橋を架ける者の立場はいつもあまり快適なものではなく、どちら側の観点からも物足りなくなりがちである。芸術家的陶芸家は原子について語ることはよい陶磁器を作るのには役に立たないと私に言うだろう（中略）。対岸の科学者は靴の修繕屋は死ぬまでそれを続けるべきだと文句を言うだろう。橋を架ける作業はおそらく危険な作業かもしれない、しかし誰かがせねばならない。なぜならその必要性は偉大で、特に英国ではなおさらだからである[27]。

『パイオニア・ポタリー』は当時では初の実用的な陶芸書として評価されたが、この緒言で述べられていることこそ、セント・アイヴスで、松林とリーチに師事したさいに学んだカーデューの役割だったのだろう。

一九六五年に英国に帰国したカーデューは、作品制作の傍ら世界各地に渡り、公演やワークショップを開催して活発に後進の指導にあたった。こうして結果的に松林がセント・アイヴスでカーデューに伝えた陶磁器製造における科学的知識の重要さは、カーデューの書籍、講演、ワークショップを通じてイギリスだけではなく、アフリカ、北米、オーストラリアにまで伝わることとなったのである。

伝統と科学技術

この伝統と科学技術の問題は、イギリスだけにとどまる問題ではない。日本においても絶え間ない進歩を遂げた科学技術は、工芸家に影響を与えないはずはなかった。富本憲吉の「かつて時計を愛してゐた私は、比較的科学に結びついて仕事する建築家の作品に心をひかれてゐる。その反対に、科学に遠い美術家達や自分の仕事にますます興味を感じなくなつて居る。現に後者の場合、それらはそろそろ衰微の方向をとつて来てゐるではないか[28]」との言葉は、この意味において大変興味深い。

しかしながら、日本の陶芸家は伝統の代わりとして科学技術を必要としたリーチやカーデューと比べれば恵まれてもいた。日本にはまだ伝統と呼べるものが存在したからである。濱田にとっての益子や、河井にとっての京都は、伝統と発展を不可分なものと捉えた結果の一つであろう。柳は科学的知識に対して以下のように述べている。

将来の工人達は科学的知識を無視してはならない。だがここでも一つの注意を加へる必要があらう。技術的なことを科学的に十分心得たとしても、それによつて直ちに美しい作を産むわけにゆかない。建築学者が必ずしもいゝ建築を産み得ないのと同じである。芸能は知識だけで成し遂げることが出来ない。技術に詳しいこと、美しさを創造することゝは必ずしも一致しない[29]。

こうして柳は、科学技術的知識は美しい作品を生むこととイコールではないとしながらも、科学技術の有用性を認めている。伝統を重んじた柳の科学技術の容認とも取れる態度は、十九世紀後半の京都での動向とも共通しており、先述のリーチの立場とも近似している。こうして、この二態の「技術」は車の両輪のごとく、陶芸を前進させる原動力となってきたのである。

しかし、逆に建築学者なしでは実現し得ない建築も存在したはずである。陶芸と科学技術にかんする例をいくつかあげれば、一九一一年（明40）の日本陶料株式会社の発足は、それまで個々の陶工、陶業者が独自に入手していた陶土の仕入れを一手に扱い、さまざまな素材が容易に入手可能になった。釉薬も時代が進むにつれ、窯内での化学変化が研究され、あらゆる色彩の釉薬の組成が解明された。窯は薪窯から、石炭窯、ガス窯、電気窯とその燃料を換え、それとともに、焼成後の陶磁器のテクスチャーは変化し、その意匠にも少なからず影響を与えた。こういった科学技術の変化が、二十世紀の日本の陶芸に如何なる役割を果たしたかはこれまでほとんど語られてこなかったように思われる。

おそらくこの問題で注目すべき点は、伝統と科学技術の二分法的解釈ではなく、各工芸家がどのように各々の思想とのバランスを取りながら新しい科学技術を採用したか、その取捨選択の過程にあるのではないだろうか。この意味での「技術」の問題のさらなる理解が、近代デザイン史や工芸運動研究に寄与する部分は少なくない。そして、この問題を理解する上で、工芸の科学的発展に貢献した松林靍之助に代表されるような、科学技術を重視した工芸家の役割を見過ごすわけにはいかないだろう。

（1）柳の言葉を引用する。「技術の向上には今後科学的知識に俟つ所が多いであらう。之によつて今迄犯した多くの無駄が省かれるであらう。さうして之によつて仕事が容易にせられ合理化せられることが多いであらう。技術は経験と思索とによる智慧だと云へる。之によつて材料や工芸に関する精確な理解を有つことが出来る。昔の人は此の技術を体験によつて会得したが、今日は知識によつて理解することが出来る」（柳宗悦「工藝文化」『柳宗悦全集』第八巻、筑摩書房、一九八〇年、三四五－五四二・四四〇頁）。

（2）ゴットフリート・ワグネルは一八七八年（明11）から約四年間を京都府管轄の舎密局ですごし、化学釉薬や石炭窯の導入を提唱したことが知られている。しかし、陶工との関係は決して親密とはいえず、顕著な功績をのこすことなく東京に戻った。佐藤一信「近代窯業の父　ゴットフリート・ワグネル」（『近代窯業の父　ゴットフリート・ワグネルと万国博覧会』、愛知県陶磁資料館、二〇〇四年、六－一二頁）。ワグネルの高弟にあたる飛鳥井孝太郎は、同志社大学ハリス理化学学校で教鞭をとったが、生徒に授業をボイコットされた。また、ワグネルの弟子にあたる佐藤友太郎が工場長を務め一八八七年（明20）に設立された京都陶器会社は、フランスから取り寄せた最新式機械を使いこなすことができず失敗に終った（藤岡幸二『京焼百年の歩み』、京都陶磁器協会、一九六二年、五一－六〇頁）。

（3）藤岡前掲書、六八頁。

（4）藤岡前掲書、八〇頁。なお陶磁器試験場の詳細については、鎌谷親善「京都市陶磁器試験場一　明治29～大正9年（Ⅱ）」（『化学史研究』四〇号、一九八七年八月）一四七－一六二頁に詳しい。

（5）濱田庄司『窯にまかせて』、日本経済新聞社、一九七六年、六四頁。

（6）松林靍之助『九州地方窯業見学記』一九一九年（未公刊、朝日焼資料館蔵）。

（7）松林前掲書、一頁。
（8）英国渡航時の松林鶴之助の旅券（朝日焼資料館蔵）の記載による。
（9）松林が実家に宛てた書簡（朝日焼資料館蔵）には、一九二三年（大12）一月にコーンウォールの芸術家村を訪れる予定であると記されており、イギリス到着後早い時期にリーチと知り合ったことが推測される。
（10）Michael Cardew, *A Pioneer Potter: an Autobiography*, London: Collins, 1988, p.35.
（11）イギリス・サリー州のクラフト・スタディー・センター蔵のリーチ・アーカイヴには一九二三年十一月の日付が入った松林自筆の登窯の設計図が現存している（図3）。
（12）As above n.10 and Pleydell-Bouverie, Katherine, 'A Chance Account', *Katharine Playdell-Bouverie*, Crafts Study Centre, Holburne Museum, University of Bath, 1980, pp.16-17.
（13）一九二六年六月十一日に、プレイデル＝ブーヴェリーがリーチに宛てた手紙（クラフト・スタディー・センター蔵）の中で、リーチに松林の化学と窯構造を控えた彼女の小さなノートブックを返すように頼んでいる。
（14）松林はポタリーから独立するプレイデル＝ブーヴェリーのために窯を設計し、そして、滞在先のパリから英文で書かれた二一頁にも渡る陶土の準備法に関する方法論をプレイデル＝ブーヴェリー宛に送っている。一九二四年九月二日付の松林からプレイデル＝ブーヴェリーへの手紙（クラフト・スタディー・センター蔵）。また、一九二七年八月にリーチが松林に宛てた手紙のカーボン・コピー（同前）には、松林がポタリー宛に送った機器が到着した旨が記されているなど、引き続きポタリーに技術を提供し続けたようである。詳細は明らかではないが、リーチ・アーカイヴには松林による轆轤やたたら器の設計図が何点か残されており、日本から送られた機器はそれらである可能性が高い。
（15）鈴木禎宏『バーナード・リーチの生涯と芸術「東と西の結婚」のヴィジョン』（ミネルヴァ書房、二〇〇六年、一七四－一七五頁）、松林美戸子「松林鶴之助の情熱　その2」（『松露　朝日焼松露会会報』五〇号、二〇〇二年、三一－五頁）。
（16）バーナード・リーチ『陶工の本』中央公論社、一九五五年、二三五頁。
（17）鈴木前掲書、一三七－一三九頁。
（18）As above n.10, op. cit.
（19）リーチ前掲書、二三九頁。
（20）As above n.10, op. cit., p. 36.
（21）マイケル・カーデュー／後藤美香子訳「科学の進歩と工芸家による応用」（ダーティントン・ホール・トラスト&ピーター・コックス編／藤田治彦監訳『ダーティントン国際工芸家会議報告書――陶芸と染織：一九五二年――』、思文閣出版、二〇〇三年、一二〇－一四一・一三六－一三七頁、訳註一参照）。なお同訳註にはマイケル・カーデュー関連の単行本リストが併載。
（22）マイケル・カーデュー一九四五年の手帳（ヴィクトリア・アンド・アルバート美術館蔵、マイケル・カーデュー・アーカイヴ）には一月十三日の欄にコールズヒルを訪れたと記載がある。

(23) As above n.10, op. cit., p. 37.
(24) マイケル・カーデュー前掲書、一二四・三八九頁。
(25) マイケル・カーデュー前掲書。
(26) エドワード・バーク／北村仁美訳「陶芸家のための科学」（注21前掲書、一四二－一五五頁）。
(27) Michael Cardew, *Pioneer Pottery*, London: Longmans Green & Co., 1969, p.XIV.
(28) 富本憲吉「時計屋にならうとした話」『製陶餘録』、文化出版局、一九七五年、一四三－一四七頁。
(29) 柳前掲書、四四〇－四四一頁。

〔図版提供〕
図1・2・4　朝日焼資料館
図3・5　Craft Study Centre

柳宗悦と山本鼎

藤田治彦

はじめに

柳宗悦（1889–1961）と山本鼎（1882–1946）。彼らほど、比較されていいはずだが比較されることの稀なふたりは他にあまりいない。職能でいうならば、柳は思想家で評論家、山本は実作者、という大きな違いが両者のあいだには確かにあった。しかし、山本は、評論家ではないものの、画家・版画家としては、例外的なほど思想や社会問題等に積極的にかかわり、教育、出版等でも極めて活発な活動を展開した稀なアーティストであった。

本論は、柳宗悦の一八三五年の小論「民藝と農民美術」を出発点とし、柳宗悦と山本鼎を、そして、ふたりがそれぞれ主導した「民藝」と「農民美術」の運動を比較し、戦前の日本における造形芸術運動間の関係の一断面を明らかにしようとするものである。

柳宗悦「民藝と農民美術」

私達はよく「民藝」と「農民美術」との混同に逢ふ。考へると無理もないのであつて、この両者の間には似通ひがある。廣い意味で農民から生れる固有の工藝は民藝即ち民衆的工藝の一部に入るべきものであるから、この混同が起るのも当然である。(1)

一九三五年（昭10）三月刊行の『工藝』に掲載された柳宗悦の小論「民藝と農民美術」はこのように始まり、次のように続く。「だが日本では農民美術といえば山本鼎氏などの唱導する運動を指して了ふ。」柳は山本が主導する「農民美術」を、「民藝」と似通ったところのある運動として意識していた。とはいえ、「農民美術」は「民藝」よりも早く始まった運動であった。「どちらかといふと全く異る態度から出たのであつて、若し同じものなら、すでにある農民美術に対して民藝の運動の起る必要がなかつたであらう。(2)」この「民藝」と「農民美術」との「異なる態度」を強調する記述は、柳が民藝運動を始める以前に山本の「農民美術」を知っていたことを示している。

柳は次のように「農民美術」との出会いについて述べている。「私が農民美術の存在を知ったのは、まだ學生の頃であった。それ故山本鼎氏の努力も随分永い歴史を重ねてゐるわけである。恐らく二十年余にもなるであらう。(3)」この部分は柳の記憶違いだろう。山本が『農民美術建業之趣意書』を長野県小県《ちいさがた》郡神川《かんがわ》村内に配布したのは一九一九年（大8）の十月、農民美術練習所を神川小学校に開講したのは同年十二月のことである。(4) 柳は一九一三年（大2）に東京帝国大学を卒業、一九一九年にはすでに東洋大学宗教学科教授となっていた。

学生時代の柳が山本鼎の存在を知っていたとすれば、それは山本が、森田恒友（1881-1933）、石井柏亭《はくてい》（1882-1958）とともに一九〇七年（明40）に創刊した美術同人誌『方寸《ほうすん》』を通じてのことだったのではないだろうか。柳はその年、学習院高等科へ進学、一九〇九年（明42）九月には武者小路実篤（1885-1976）らと同年来日したバーナード・リーチを訪ね、エッチングの話を聞き、実演を見せてもらっている。版画に興味のあった柳には、リーチの作品がその表紙を飾るようになる『方寸』を知る機会が大学入学以前にあっただろう。東京帝国大学文科大学に入学したのは一九一〇年（明43）のことで、このころまでに、柳は「農民美術」以前の山本鼎とその活動にある程度の興味を抱いていただろうと想像される。「恐らく二十年余にもなる」というと、「民藝と農民美術」掲載の一九三五年から逆算して一九一五年以前になるが、その時、山本はまだヨーロッパから帰国していない。あるいは、むしろ柳は渡欧前の山本について回想している、ということになるだろう。

『方寸』は柳の学生時代、一九一一年（明44）に終刊を迎え、山本は、翌一九一二年二月に、神戸からフランスへと旅立つ。パリを中心にした留学生活を終えての帰路、一九一六年（大5）の夏から初冬にかけて立ち寄ったロシアでの体験が、帰国後の「児童自由画運動」や「農民美術運動」へと展開する。(5) 実際の内容と時期にかんする記憶が曖昧になっていたようだが、柳が「農民美術」以前から山本に注目していた可能性は高い。柳は次のように続ける。

始められて二三年後の時ででもあつたらうか、私は友達と信州を旅した。汽車が小諸あたりを過ぎた時、窓越しにふと目に留つたのは樹立の向ふに見える異様な屋根の形であつた。勾配のきつい洋風なしやれた屋根であって、周囲の農家とは似ても似つかぬものであつた。誰かの別荘かと思つたが、同行の人から、あれが山本氏のやつている農民美術の工房なのだと云ふことを聞いた。私は一寸と面喰らつた。なぜなら農民美術といふからには、その土地土地の農民の手から生れる地方的な土くさい作物なのだと思つてゐたのである。所が聯想したものとは違つて、建物が馬鹿にきどつた洋風の形である。だがこの謎はそれ以後度々開かれた農民美術展覧会を見て、はつきり判つた。陳列されるものはロシアとか、スカンディナヴィアとか、外国の品の模造品が非常に多く、働く人にもルパシカなど着ている姿を度々見かけた。出来た品を見ると純日本のもの、純農民のものは殆ど見当らない。仕事場が信州の田舎に在り乍ら、佐久郡の農家とは縁のない洋風に造られているのは、仕事の性質をよく現してゐるのだと始めて判つた。(6)

山本の「農民美術」が「始められて二三年後」というと一九二一－二二年（大10－11）前後になる。柳はその興味の対象を西洋から東洋へと向け、浅川伯教《のりたか》・巧らと「朝鮮民族美術館」設立の計画を進めているころであった。一九二一年一月には『白樺』第一二巻第一号に「『朝鮮民族美術館』の設立に就いて」を発表、五月には神田流《る》逸《いつ》荘で「朝鮮民族美術展覧会」を開催した。翌一九二二年になると、五月に『朝鮮の美術』を私家版として上梓、八月から九月にかけて、日本の朝鮮総督府による景福宮《キョンボックン》の正門、光化門《クァンファムン》の撤去計画と巨大な洋風建築の建設に抗議する「失はれんとする一朝鮮建築の為に」を朝鮮の『東亜日報』と日本の『改造』に相次いで掲載するなど、朝鮮の美術にかんする日本における啓蒙活動を活発に進め、より広い視野で見るならば、建築を含む西洋の芸術・文化による――日本を介した――東洋の芸術・文化の植民地化という困難な構造に立ち向かっていった時期である。「樹立の向ふに見える異様な屋根の形」「周囲の農家とは似ても似つかぬものであった」と書くとき、柳は、京城（現ソウル）の街に面し、伝統的な景福宮の建物のあいだに一九二六年に突如聳《そび》え立った、日本で仕事をしていたドイツ人建築家の設計による、ドイツ・ルネサンス式とされる、巨大な総督府を連想していたのかもしれない。

「今まで互に一つの論争もしたことがなく、又吾々も農民美術の仕事を一語でも批評したことがない(7)」。このように書く柳だが、「民藝と農民美術」は、かなり痛烈な批判であった。「それは外国好みの洋画家が、外国の農民美術から美しいと思ふものを選んで、日本の田舎の青年達に模作させてゐるのである。出所は都会の西洋通な美術家の頭にあるので、田舎から必然に生まれて来る農民の作品ではないのである(8)」。

「民藝の運動は農民美術に敵対して起つたものではない(9)」このように柳は述べている。「敵対」してはいなかったかもしれないが、結果的には「農民美術」に対するアンチテーゼとして、少なくとも相前後して起こったのが、のちに「民藝」という名称を獲得する、柳を中心とした一連の運動であった。「農民美術」が一九一九年に始まったのに対し、「民藝」運動が始まるのは、『日本民藝美術館設立趣意書』刊行をその出発とするなら、一九二六年(大15／昭元)ということになる。しかし、実際には、柳の一連の活動は、当時の京城に開館した朝鮮民族美術館に始まる。山本の『農民美術建業之趣意書』配布は一九一九年十月、柳による『白樺』第一二巻第一号での「『朝鮮民族美術館』の設立に就て」の発表は一九二一年一月、両者のあいだにはほんの一年数ヶ月の差しかない。程度の差こそあれ東京とその近郊を拠点としていた美術家と美術評論家が、かたや信州、かたや朝鮮で――誤解を恐れずに書くならばともに帝都から遠隔の地で――相次いで始めたのが、「農民美術」であり、「民藝」の運動だったのである。

山本鼎と『方寸』

山本は複数の意味で柳に先駆けていた。山本が、農民美術研究所出版部を通じて月刊雑誌『農民美術』を発行したのは一九二四年(大13)、柳が月刊雑誌『工藝』を発行したのは一九三一年(昭6)のことで、後者は一九三四年に日本民藝協会の発行物となった。柳は一九四三年に東洋美術国際協会の委嘱によって台湾に渡り、調査や助言を行うことになるが、山本が農商務省の委嘱で台湾の工芸品調査を行ったのは、それを二〇年近くさかのぼる一九二四年のことであった。

柳宗悦との比較における山本鼎の先駆性は、「民衆の芸術」を推進する組織の樹立、その機関誌の刊行、当時の台湾を含む日本各地での調査や助言活動等以前に、同人雑誌『方寸』の創刊にすでに現れていた。既述のように、

『方寸』は山本が森田恒友、石井柏亭とともに一九〇七年に創刊した美術同人誌である。戦前の文芸同人誌のなかで、武者小路実篤、志賀直哉（1883-1971）、里見弴（1888-1983）、児島喜久雄（1887-1950）、そして柳宗悦らによって一九一〇年に創刊された『白樺』は、その内容および出版活動の充実ぶりと、美術への強い関心によって注目された、美術文芸誌といってもいい性格の雑誌であったが、それに先駆けたのが『方寸』であった。

その後『方寸』には、さらに坂本繁二郎（1882-1969）、小杉未醒《みせい》（放庵／1881-1964）、平福百穂《ひゃくすい》（1877-1933）、倉田白羊《はくよう》（1881-1938）が同人として加わり、北原白秋、木下杢太郎、上田敏らの詩人も寄稿した。『方寸』は、美術雑誌あるいは版画雑誌とされる場合が多いが、詩歌や散文なども掲載しており、実際には同様に美術文芸誌なのである。その意味で、『方寸』は『白樺』に先駆けたのであった。『方寸』がモデルにしたのはドイツの『ユーゲント Jugend』だったようで、山本は次のように語っている。「大体独逸のユーゲントのような、評論や詩や随筆などを本文とし、凝った挿画を入れた薄い雑誌を作らうといふ話に決まった……[10]」。

一方、『方寸』の同人たちも、三年後には、遅れて創刊された『白樺』を知ることになる。実際、山本も柳を知っていた。一九一〇年（明43）十二月発行の『方寸』第四巻第八号の巻末書評欄「方寸書架」には次のような寸評が見られる。「ロダン号。（白樺社発行）小生等もオーギュスト・ロダンの讃美者であれば、今此正雅にして豊富なる冊子を手にして欣喜の情に堪えないのである。且つ、製版、印刷、表装等に亘つて、白樺社諸君の容易ならぬ贅澤者である事を見てうれしくつてならぬのである[11]」。筆者は「鼎生」、山本鼎であろう。続く一九一一年（明44）一月発行の『方寸』第五巻第壱号の巻末には文芸雑誌『白樺』一月号の広告が掲載され、柳宗悦の「杜翁が事ども」をはじめとする「トルストイ号」の目次が紹介されている[12]。同年三月発行の『方寸』第五巻第弐号の巻末書評欄「方寸書架」には、柳について次のように記されていた。

白樺三月号には柳宗悦君が、ルノアールと其の一派を紹介して居る、挿画にした、ルノアールの三枚の作の内では「庭園の食卓に」が最も好きである、彼れの筆致は如何にも感興が充溢して居る、彼の色は、写真で覗つてさえ、如何にも美しく想像される、粗筆なるが如くして、人物などの其処に居るという心持が印象強く現はされて居る、此雑誌には六号文字なるものが、いつもなかなか賑はう様であるが、而し此頃は総じて少しつまらなくなつて来た(13)。

『方寸』の巻末に「方寸書架」が掲載される場合には、「柏亭」(第四巻第三号)、「柏」(第四巻第五号)、「柏」(第四巻第六号)、「鼎生」(第四巻第八号)、そして「T生」(第五巻第壱号)と、たいてい記者名が最後に記されているが、この第五巻第弐号の「方寸書架」は無記名である。ただし、句読点の用法などからすれば、「T生」だろうと推定できる。『方寸』の同人のひとりなら唯一イニシャルに「T」のある森田恒友である可能性が高い。「T生」は以前「白樺は僕の好きな雑誌の一つである」と書いていた記者である。いずれにせよ、その記者がなぜ「この頃は総じて少しつまらなくなつて来た」と評したのかはわからない。すでに述べたように、『方寸』は次の第五巻第三号で結局終刊を迎える。他方、『白樺』は関東大震災の年まで刊行を続け、戦前の日本でもっとも息の長い同人美術文芸誌となった。

山本鼎はさまざまな意味で、柳宗悦に先駆けた人であった。柳は若いころから、おそらく学習院高等科のころから山本に一定の興味を抱き、多分、刺激も受け、しかし、山本を批判的に乗り越えようとしたのではないだろうか。

柳は、朝鮮総督府による光化門の撤去に反対し、朝鮮民族美術館を開設し、日本では、帝室博物館には受け入れられなかった民衆の工藝のための美術館、日本民藝館をつくった反体制の思想家でありアクティヴィストである。しかし、対象からさらに距離をとり、柳と山本の両者をひとつに捉えた視野をさらに広げ、当時の日本が置かれた世界的状況を考えてみると、一九三三年(昭8)三月二十七日の国際連盟脱退表明、その二年後、一九三五年(昭10)三月二十七日の脱退正式発効などが思い浮かぶ。「民藝と農民美術」を掲載した『工藝』の刊行は一九三五年三月三十一日であった。山本は、柳の目には「外国好みの洋画家」と映ったのであろうが、山本自身は外国趣味・西洋主義というよりは国際主義の人であったのかもしれない。山本が「民衆の美術」の可能性を追求した人であるならば、柳は(「民藝」即ち「民衆的工藝」を唱えたものの)「民族の工藝」をより重視した人であった。ここまで視野を広げて見ると、逆に、柳の民族主義的あるいは、当時の日本においては、むしろ体制的側面ばかりが大きくなるが、そのような観察もまた、柳の一面しか見ない見方であろう。

おわりに

本論は、二〇〇六年九月九日にロンドンの大英博物館で開催されたワークショップ「Craft in 20th-Century Japan and the UK」の前日、九月八日に在英国日本国大使館で行われた講演「Japanese Crafts for the 21st Century: From the Past Looking to the Future」の一部をさらに発展させたものである[14]。この講演まではさほど気にならなかったが、振り返るならば、柳宗悦の「民藝と農民美術」が『工藝』に掲載された一九三五年(三月発行)は、東京駒場で日本民藝館の建設が始まった年であると同時に、山本鼎の農民美術研究所が、一九二五年(大14)から交付を受けていた農林省からの副業奨励費補助金が前年で打ち切られ、信州神川村で閉鎖整理に入った年である。翌一九三六年(昭11)一月には上棟式が行われ、日本民藝館は十月に正式に開館した。柳が「きどつた洋風の形」と見た農民美術研究所の建物は一九四〇年(昭15)、神川村大屋地区の集会所として売却され、戦後、取り壊された[15]。一九三五年は「民藝」と「農民美術」が明暗を分けた年だったのである。

すでに述べたように、山本鼎は複数の意味で柳宗悦に先駆けた人である。ふたりはともに芸術を人々の生活そして社会と結び付けようとした。山本鼎の限界は、山本の批判者であると同時に後継者でもあった金井正が批判したように、この運動を「美術」運動と名づけ、展開したことに象徴されるのかもしれない[16]。柳が「民衆的工藝」「民藝」という言葉を選んだのと極めて対照的である。それは、実際には「民衆的工藝」というよりは「民族的工藝」に近いように思われるが、いずれにせよ柳は「工藝」そして「民藝」を選んだ。それは「美術」対「工藝」の対照であると同時に、「西洋」対「東洋」、見方によっては「世界」対「日本」という、それぞれの理想の対照でもあった。あるいは「世界(西洋)から日本を見ようとした」人と「日本から世界を見ようとした」人の視線の交差でもあった。「農民美術運動」と並行して「児童自由画運動」を展開し、「日本創作版画協会」を世話しながら、古美術展示ではなく同時代の作家の創作展示の場を求める「美術館建設期成同盟会」にも関与していた山本にとって、それは「創作」対「鑑賞」、あるいは「自由」「革新」対「伝統」の対照だったのかもしれない。かといって、敵対する「創作」と「伝統」、という単純化した図式ほど、芸術を貧しくする、無意味な対立の構図もない。

大切なのは、柳と山本、「民藝」と「農民美術」の優劣を論じることではない。本当に大切なのは、このようなふたりが、そして彼らを巡る一群の人々がいて、二十世紀、戦前の日本で、工藝と生活、美術と社会、あるいは自分たちと世界とのあいだに、新しい関係を築こうとしていたという事実、そして、両者の対照は二十一世紀のいまとなっても今日的問題としてあり続けているという事実であろう。

(1) 柳宗悦「民藝と農民美術」、『工藝』第五一号、日本民藝協会、昭和十年三月三十一日(『柳宗悦著作集』第九巻、五七頁)。
(2) 同書、五七頁。
(3) 同書、五七-五八頁。
(4) 藤城優子他『美術的社会運動家としての山本鼎』、上田市山本鼎記念館、平成十八年、三-九頁。
(5) 「北海を越え、スカンディナビアを迂回して露都(ペテルブルク)に入り、モスクワに着いたが、この都で、私は思いの外の道草を喰ってしまった。三日滞在するつもりが、じつに五ヶ月にのびてしまった。その間の見聞で、パリでは見られなかった、あるいは気がつかなかったものが三つある。ひとつは農民音楽の試演、ひとつはクスタリヌイ・ミュゼエ(農民美術館)、ひとつは児童創造展覧会(私のいう自由画展)である」(山本鼎「農民美術と私」)。このエッセーを掲載した『美術家の欠伸』は一九二一年(大10)に出版されている。
(5) 柳宗悦前掲書、五七頁。
(6) 同書、五八頁。
(7) 同書、五七頁。
(8) 同書、五八頁。
(9) 同書、五七頁。
(10) 山本鼎「方寸時代」、『アトリエ』昭和二年九月号(『画学生の頃』アトリエ社、昭和五年)。
(11) 『方寸』第四巻第八号、方寸社、明治四十三年十二月発行、一五頁。
(12) 『方寸』第五巻第壱号、方寸社、明治四十四年十月発行、一六頁。
(13) 『方寸』第五巻第弐号、方寸社、明治四十四年三月発行、一五頁。
(14) ワークショップ「Craft in 20th-Century Japan and the UK」は、セインズベリー日本藝術研究センターのニコル・クーリッジ・ルーマニエール所長と、お茶の水女子大学の鈴木禎宏氏によって企画された国際ワークショップである。
(15) 日本農民美術研究所の設計者は滝沢真弓である。
(16) 前掲書藤城優子他『美術的社会運動家としての山本鼎』、七頁。

民藝運動の実践——吉田璋也の活動を例に——

猪谷　聡

はじめに

民芸運動の始まりと規定される『日本民芸美術館設立趣意書』は、柳宗悦（1889-1961）が起草し、富本憲吉（1886-1963）、河井寛次郎（1890-1966）、濱田庄司（1894-1978）、柳の連名で、一九二六年に発表された。設立の目的は、新たな民芸をつくりだすためだと明示されている。民芸を新しくつくりだす活動、それは新作運動と呼ばれ、民芸運動の開始時から現在にいたるまで継続しており、一貫して重要な活動であるといえるだろう。

新作運動において、先駆者としての役割を果たしたのが吉田璋也[1]（1898-1972）であった。吉田は、鳥取を中心とした活動を行い、民芸運動において初期からかかわった人物の一人である。

本論は、民芸運動における新作運動の性格をとらえ、吉田璋也の活動を検討することを目的とする。吉田の活動を確認し、その上で新作運動における独自性を指摘したい。新作運動とは、あらかじめ述べておくならば、矛盾を含んだ活動であった。ほんらい民芸の理論とは相容れない性格を帯びていたことは、新作運動にかかわったものにとって、考慮せざるをえない問題であった。したがって、運動の展開とは、必然的にその矛盾に対する姿勢を示すことを要求された。吉田の独自性を探るならば、その過程に注目しなければならない。

民芸における新作運動

新作運動の試みは、一九二七年（昭2）の段階からあった。上加茂民芸協団である。協団とは、柳が理想とした民芸づくりのあり方であった。

柳はきわめて初期から新作運動の進むべき方針について言及した。しかし、同年に執筆、刊行された『工芸の協団に関する一提案』には、柳が抱いていた新作運動の矛盾が端的に示されている。民芸の美を知っているものが民芸品をつくることを明確に意識しながら、民芸品をつくるということはディレンマだと柳はいう(2)。民芸品を新しくつくろうとする試みは、きわめて意識的な行為である。しかも個性を発揮せんとする個人作家の試みは作為的という他ない。

柳が述べる民芸の製作とは、作為に囚われないものづくりである。それは美しくつくろうとする意識や、また個性を表現しようとする意識にわずらわされない姿勢である。しかしながら、柳が展開した民芸の理論は、柳がその美を見出した在《あ》りし日の民芸、つまり古民芸への考察によってなされたものである。古民芸は、民芸の理論とは無関係に生まれてきたものであり、民芸品を拵えるという意識のもとでつくられてきたわけではない。したがって、理論においては、柳が民芸と呼ぶところのものがいかにしてつくられてきたのか、という視点に立たざるをえない。その理論は民芸品をいかにしてつくるべきかを解明することを目的としているわけではなく、ましてや「民芸をつくる」こと自体が、論理的にも矛盾しているのである。

柳は、古民芸と新作民芸と間には明確な差異があることを前提とした上で、新たな民芸品を民芸をつくることができるのかどうか問いを立てた。そしてその問いに答えるべき協団というあり方を提示したのである。それは個人を越える方法の提案であり、論理的な問題を克服しようとするものである。共同に入ることで、個人を越えるものを想定し、個人作家の立場をとりながらも、個人意識を払拭しようとする。美への意識も避けるのではなく、共同の生活の中に美を取りいれ、積極的にかかわる中で、ついには美を忘れることで克服しようとする。

柳は協団に可能性を認めながら、継続的な実践を可能としうる具体的な提示までにはいたらなかったと思われる。上加茂民芸協団は、一九二八年（昭3）「御大礼記念国産振興会博覧会」での「民芸館」出品をはじめ、新作運動におけるいくつかの成果を提示したが、一九二九年（昭4）、その試みは頓挫した。

上加茂民芸協団が解散した二年後の一九三一年（昭6）、鳥取では吉田璋也が、島根では太田直行（1890-1984）が中心となって、民芸品を新しくつくりだす動きがあらわれた。そうした動きは山陰地方だけでなく、各地で起こり始め、地方発の新作運動が形成された。翌年「鳥取民芸振興会」をはじめとし、地方において新作運動に取り組む協会が次々と発足されると、中心組織となる日本民芸協会が一九三四年（昭9）に結成されるにいたった。そして、その二年後、念願の日本民芸館が東京駒場に設立され、民芸運動の展開は将来の民芸をつくりだしていくことに向けられた。新作運動とは、民芸運動において存続の意義にかかわる位置に置かれたのである。

鳥取における民芸運動

吉田の活動は、「鳥取民芸振興会」の結成の以前から行われていた。鳥取以前に滞在していた奈良において、吉田は自家用の什器を赤膚焼《あかはだやき》の窯に注文した記録が残っている。柳が「新作品に乗り出す大きな刺激となり、原因となったと思える」[3]と指摘しているように、この時点から吉田は土地に残る技術を生かした、新しい日用品づくりに関心をもっていた。吉田の関心は鳥取という土地とのかかわりにおいて、より明確に浮かび上がってくる。

吉田が鳥取へ戻ってきたのは、一九二五年（昭5）の暮れであった[4]。吉田にとっては、帰郷という以上に、鳥取という土地柄を改めて見る機会を促した。吉田は、鳥取に残る民芸の存在を知ることとなり、伝統的な手法でものをつくる工人のもとを訪ね、仕事を依頼するようになった。こうした吉田が工人とかかわる動機は「現代の我々の生活にふさわしい日常の食器の一通を造らせようと計画した」[5]という表現にうかがわれる。吉田の計画は試行的な性格に満ちており、こうした計画がやがて新作運動へと結びついていったと考えられる。

吉田が具体的にどのようにかかわったかをみるために、陶芸における吉田の役割をみてみよう。新作運動は、牛戸窯《うしのとがま》の試作から始まっており、その後の展開を方向付けているためである。

偶然眼にした器に関心を抱いた吉田は窯元を訪れ、当時それほど知られていなかった牛戸窯を見出した。吉田は、旧態依然のままでは牛戸窯が廃れると判断し、窯主である小林秀晴（1901-1979）に新しい作品の試作に取り組むように説得した。工人がかつての牛戸の器を生みだした伝統的な技法をまだ保有し、かつてと同じ土と釉薬を素材としてつくることができることを知った吉田は、そうした条件が残っているのなら民芸製作は可能性であると判断したからである。

同年、吉田は小林に二回の試作を行わせた。開窯の際、柳、河井が立ち会った記録が残されている。試作において吉田は、伝統的な模様のみを用いることを小林に指示した。また、かつての牛戸や日本各地の古民芸、および濱田、河井、富本の作品を器の形における手本として示した。

小林は、吉田の指示に従いそれらの手本に倣ってつくる。次に、吉田ができあがりをみて首尾よくいったと判断した作品を、小林に再びつくらせる。そうして再びつくらせるうちにおいて、吉田が不出来だと判断したものは取り除かれ、また新しい手本を示された小林は、その手本に倣ってつくるという方法が採られた。こうした吉田と小林との一連のやりとりが、吉田が試作において行った方法であり、後に新作運動の基本となった。

吉田が担う役割は、工人に手本を提示すること、および工人の作品の判定である。吉田が作品を選出する判断に大きく依拠した方法であり、工人が吉田の判断に委任することによって成立するものであった。

かつての製作と同様の土と釉薬を用いることが、製作条件だと吉田がみなしたように、工芸の多種目においても、かつてと同じ素材を使用できるならば新作運動を進めることができるであろうという目論見が吉田にはあったと思われる。良質な素材を求める姿勢は諸種目においても顕著である。また伝統的な技法が残されているかを確かめる姿勢もみられる。土地の素材と伝統的な技法がなければ、復興が困難であるという考えを吉田は明示している(6)。

さらに、吉田は工人への手本に留意していた。工人が従来どおりつくっているだけでは、新作運動にはならない。素材と技法の上で、いかなるものをつくるべきかを工人に明確に伝えられる手本を提示することによって、新作運動となりえると吉田は考えていた。その三点が新作運動の根幹であるということだろう。

新作民芸の中には、もともと技法がなかったものからつくられた作品もあった。硯づくりはその一例である。鳥取における硯づくりは吉田が見出した時点で、その伝統的な技法はすでに絶えていた。一方、素材は残っていた。技法と素材が揃わない状態において吉田が採った方法は、墓石彫り専門の石工に試験的に硯をつくらせるというものだった。現在、諸鹿石《もろがいし》の硯として作品が残っている。それは従来とは異なる技法とかつての素材を組み合わせることによって成立した作品であろう。吉田の役割には、工人に技法の応用を指示することも含まれていたと考えられる。

結果としてみれば、地方の新作運動において吉田の活動は先駆的な役割を果たしたが、本格的に着手したとき、吉田が上賀茂民芸協団を考慮していたことは充分に推測されよう。地方の民芸運動は、上加茂民芸協団の頓挫を承知した上で開始した。では鳥取民芸振興会と上加茂民芸協団との相違を吉田はどのようにとらえていたのだろうか。

吉田は、上加茂民芸協団を先達として、次に現れたものが鳥取民芸振興会だとしながら、両者の違いは大きいと述べる。鳥取民芸振興会は、上加茂民芸協団とは異なり個人作家の集まりではないことを、吉田は主張する。吉田は工人たちが「民芸品の製作のみで生計を立てるのは未だ容易なことではないので、従来の仕事を勿論放擲しているのではない」といい、新作運動専門の工人ではないとしていた。吉田もまた耳鼻科医院を本業としながら、経済的に工人たちを支援し、生産の現場において工人たちと近い位置にいた。新作運動において工人を個人作家へと変える意図がなかったことは、吉田が工人たちとの関係を一貫して変えることがなかったことからも浮かび上がる。

各地において新作運動の方法はさまざまであり、実作者が直接指導してかかわった例は多く見られる。しかし吉田は、個人作家ではなく、ましてや自らの手でつくりだした実作者でもない。吉田は、自身の立場を監督者とみなし、工芸の諸種目にわたってかかわっていくことが運動を進めていく上で重要だと考えていた。そして異なる種目の工人同士がかかわりあえるように、また、あるひとつのアイデアが多種目のあいだに共有される場となることを図り、鳥取民芸振興会を結成した。新作運動が各地において高まる中で、吉田璋也率いる鳥取の活動は、やがて全国における新作運動においても重要な役割を果たしていくようになる。

「たくみ」工芸店

鳥取における活動でもうひとつ注目すべき点は、販売活動である。吉田は販売活動にかんして、「民芸品の復興は可能でも需要がなくば再び姿を消すことでしょう。民芸品が売れなくては民芸品は育たないと思います[7]」と述べている。新作運動の進展にしたがって吉田は、生産体制を復興すること、そして新たにつくることだけで終わるのではなく、つくり続けること、そして、「育つ」と吉田が表現するように新作民芸の質を向上させることの必要性に気がついた。そのために吉田は民芸品を販売する活動に乗り出した。

一九三二年（昭7）に新作民芸の販売機関として、「たくみ」工芸店が鳥取に開店した。柳が命名した「たくみ」は、翌年には東京支店を開き、やがて百貨店にも出店するなど積極的な販売活動を展開した。

「たくみ」の活動は、販売に加え、一般の人々に新作民芸を伝えることでもあった。そして工人を経済的に補助する目的があった。鳥取での新作運動を展開する上で「たくみ」は開店したが、それはまず鳥取における工人の作品を販売する場所を確保する狙いがあった。やがて「たくみ」は、鳥取のみならず全国の民芸品の集荷配分組織としての役割を担うことになったが、それは必然的に全国の新作民芸の工人たちとかかわることを意味した。販売活動が地方の新作運動にはとどまらず、全国の新作運動に拡大したということである。

「たくみ」における販売活動をふくむ新作運動を展開した結果、吉田は製作と販売活動が不可分であるという新たな見方を獲得するにいたる。吉田は、広く民芸品を流通させることの重要性を力説し、販路を拡大すること[8]は、経済的な利益の上昇であると同時に、ものをつくる需要を確保しさらに拡大することが工人たちの技術的な成長を促すとみていた[8]。吉田は工人たちが活動を継続できる体制を販売活動によって整えようとした。

販路拡大の一環として百貨店への出店もした販売活動は、民芸品をつくることよりも、販路拡大のほうが困難であるとまで述べる吉田の経営者としての側面を打ち出すこととなったが、一方、吉田は製作の現場にも一貫してかかわり続け、工人たちが継続的に製作することによって作品の質が変化することをはかってきた。すなわち、質の高い物をいちどきに要求していたわけではなく、工人が熟練するにいたる過程を尊重してきた。

吉田が担った役割のひとつには、作品の判定が含まれることは先に述べたが、吉田は工人がつくったもので及第点に達していないと判定したものに対しても、買い上げる処置をしていた。経営の上では非効率的な処置であるが、工人が経済的な問題を背負い込むことなく資本的な援助を与えることで製作に携わることを促すためであったのだろう。工人が製作のみにかかわる状態を保つことが吉田にとっては、新作民芸の質の向上をはかる方法であったことが反映されている。吉田が工人と、経済的かつ精神的に緊密な関係にあったことがわかる。吉田の新作運動とは、ただ民芸品を新たにつくることではなく、民芸をつくりつづけることを可能とする環境と、質の向上を遂げる期間を用意することであったといえよう。吉田は以下のようにいう。

新しい民芸品は出来るには出来る。しかし長く続けて生産されることは難しい。いい品物は出来ても毎日多くの人に使われなくては民芸としては育たぬ。(9)

流通性という視点を含む吉田の考えは、工人たちがつくり続けることを保証しようとするものであり、柳の理論を根底にしている。くりかえし繰り返し同じものを、迅速かつ大量につくることを、柳は民芸の製作の性質として挙げている。かつての民芸の製作から柳が見出した反復性や多量性を、吉田は重視し、柳の理論に即して実践してきた。流通性への着目は、製作環境の継続を求めることによって生まれたといえる。

実践における問題点

しかしながら吉田の実践にはいくつかの問題が見られる。

第一に、価格の問題である。一般の人々の日用品であり廉価性をうたうはずの民芸品が、高価にならざるを得ないという問題は、民芸の主旨とは異なる状況を引き起こす。柳はその理論において、民芸品とは安価であることを、民芸の性質に挙げている。したがって、「高価な民芸品」は矛盾しているわけである。

その問題は、作品の質を重視することから生じたものであった。新作民芸の製作を可能とする条件には、かつての民芸製作を可能としてきた良質な素材の存在があった。かつての民芸製作では、費用がかからなかったはずの天然の材料は、新作運動を行っていた昭和の時代における生産体制では、製作の費用を圧迫するようになっていた。

当時、高価な天然素材よりはるかに安い人工素材がすでに登場していた。そういった素材は、民芸運動の関係者から見れば、粗悪な素材とみなされた。新作運動において作品の質的な成果を問う運動の方針からすれば、新たな民芸品において安価という性質を保つにはあまりにも分が悪かったといえよう。「たくみ」で扱う作品が高価であることにかんしては、運動内部からも批判の声が上がる。「たくみ」は本来の民衆的ではなく、贅沢品を扱っているという記事が掲載された[10]。吉田や浅沼喜実（1906-1985）はそれに対して、「質を下げてまで安価に走ることは、運動における理念に反する」と反論している。

価格の問題に対して、吉田は無関心であったわけではなく対策を講じている。機械の導入がその一例である。機械によって生産にかかる時間の短縮をはかり、生産量を増加させ、価格を下げようとした。しかし、それを実行するには民芸の特色である手でつくることの意義が失われるおそれがあった。機械の部分的導入は、工人の負担を軽くする試みであったと思われるが、機械が行う領域と手の領域との境界線をどこにおくべきか、当時において、また現在においても、その問題は決着していない。

また価格への対策として、素材の見直しもその一例に入る。吉田は科学素材の使用を検討した。費用のかさむ天然材料に代わる、安価でかつ適切な材料の確保である。しかし、当時においては技術上の問題もあり実現は困難であった。

したがって、価格の問題に対して、吉田は決定的な解決策を持てたわけではなかった。この問題は吉田に限ったものではない。機械の部分的な導入を実施した例や、染織において科学素材を取り入れた例もあるが、民芸運動全体においても難問であったといえよう。

新作運動とは、新たな民芸にかつての民芸が有した性質を付随させる運動であったといえるかもしれない。しかしかつての民芸の諸性質をすべて満たすことは、困難であり、また、そうした性質は、民芸をつくる条件であったわけではない。新作運動の実践において、その指導者はどの性質に比重をおくかの選択に苦慮したのではないかと思われる。そして、その選択の結果によって、それぞれの新作運動の方向は当然違いが生じてくる。

吉田は、かつての民芸の性質をすべて満たすことが、実践上不可能であることを痛感していた。柳の民芸論に忠実であろうとする姿勢は、その新作運動を通じて現れているが、製作と販売を明確に結び付けた活動は、「多量性」を実現しようとする実践である。吉田は「多量性」を確保し、その上で質の向上を図ろうとする手順をとった。質の確保を何よりも最優先するという考えとは異なり、吉田の実践的な一つの解釈を示している。

第二の問題は、論理的な矛盾である。吉田自身そのことを新作運動の当初から意識していた(11)。新しくつくるというその作為にかんする矛盾についても述べている。新作運動を通して、つねにこの矛盾を問われ続けてきた吉田にとっては、活動が展開するにつれて、より一層重くのしかかることにもなっただろう。それは、工人たちが作為にとらわれるものづくりに走ることを危惧する、という点からも浮かび上がる。

工人たちは、「新しくつくりだす」こと自体にひそむ矛盾に対して、どのように応じるべきか。その問いに答えるべく柳が打ち出したのは、個人作家と工人(職人)の共同的な方法である。吉田の新作運動が急速に展開し始めた一九三一年(昭6)の段階で、柳は「個人作家の使命」として「職人達のよき指導者としての、又よき協力者としての個人作家の立場が当然考えられねばならない(12)」と述べた。工人が将来つくるべきものの手本を個人作家が提示する義務を背負うという内容である。この方法は以後も繰り返し述べられ、将来における民芸の製作指針とされた。

吉田もまた個人作家と工人の共同的な方法を試みた。新作運動の試作において、工人たちに示す手本のうちに、古民芸品とともに、個人作家の作品も採用していたことは、その方法に基づいている。吉田は、バーナード・リーチや濱田を鳥取に招き、工人の指導を依頼することもあった。ある時期までは、この方法を積極的に採り入れていた。しかし、やがて個人作家への指導について異なる見解を見せ始める。吉田は、共同的な方法を評価していたことは確かであったが、個人作家が工人を直接的に指導することについて、以下のような見解を示す。

個人作家が工人を介して物を造らせても、美しいものの創作ができるかもしれませんが、それだけでは民芸品にはならないと思います。続けて大量に生産されるようになって、社会性を持たねば民芸品とはいえないと思います(13)。

これは暫時の共同的な方法では、民芸製作には不充分であるという見解を示している。さらに、どのように工人が「新しくつくりだす」べきかという問題に対しても、その方法だけでは充分な解決にはならないという考えが含まれている。ほんらい民芸をつくるという意味で超えるべき点は、個人意識と美しいものをつくろうとする作為の払拭であったはずである。その共同的な方法は、工人が作為にとらわれることのないものづくりを考慮する上でなされたとしても、作品には作家の強い個性が反映している。そもそも工人は強い個性にかかわるものづくりに携わること自体に問題があるのではないか。そのような疑問をも含んでいるように思われる。

そうした実際的な共同関係の結果、柳は、かつての民芸が生まれた時代のように、作家と工人との分離がなかった時代になるという希望的な解釈さえみせた。たしかに、継続的な共同関係は相互に影響をあたえあうことで、作家と工人との垣根を取り払う可能性がないわけではない。しかし、そこにいたるまでには、ある一定期間が必要であることは想像に難くない。急激な生活の変化を要求される時代において、次々と新たな手本が必要とされる状況では成立し得ないといえるだろう。さらに、柳は個人作家の工人化を積極的な評価とみなしているが、共同的な方法に継続可能なほどの具体性がないのであれば、むしろ決定的なまでに両者の違いを際立たせることになるともいえるだろう。

「美しいもの」をつくる、ということに留まらず、継続して大量に生産されるように、そしてひろく一般の人々へ使用を普及するという「社会性」を重視する吉田の運動は、使い手との関係に及んでくる。吉田にとって、量をつくることは広く使用されることと重なるものだという。たくさんの使い手がいることによって、はじめて民芸品となると吉田はみなしていた。

こうした新たな民芸品の使用を促す吉田の考えは、やがて使い手の養成という試みにつながっていく。この試みは、販売活動とつながるものであり、同時に、新作民芸品をほんらいの民芸品に近づけるものであった。そして、作為という問題に対する吉田の解決策をも含んでいた。

吉田にとって使い手を養成することとは、「実際の民芸品が働いている姿をみせること」であり「モデルケース」の提案であった。それは民芸品を展示室にて置き並べるというのではなく、実際に新作民芸品が使用されている状況を見せるとともに、使用が体験できる場所を示すことであった。例えば、喫茶店や食堂である。さらに吉田はすべてが民芸づくしの民芸村といった構想までも描く。この構想の一部は、戦後の活動において明瞭に現れる。一九六二年（昭37）「生活的美術館」と呼ばれる「たくみ割烹」の開業である。

「たくみ割烹」を訪れる人々が新作民芸品の使い手となることを吉田は期待した。また器だけではなく、料理そのものが民芸だとする見方を提示したことは、民芸の部門を拡大する吉田の独自な見解ともつながっているといえよう(14)。

しかしながら、この考えは、新作民芸を民芸たらしめようとする試みであるにもかかわらず、民芸の主旨とは異なるという結果を産んだ。民芸の理論では、用に即してものをつくることが根本にある。厳密に考えれば、民芸とはまず使い手が先にあって、民芸品は後につくられるものとなるだろう。使い手なき民芸品をつくり、使い手をあとで養成するのでは本末転倒になってしまう。吉田自身、この矛盾にたいして、「作為の民芸で自ら生まれた民芸ではなく間違っているか(15)」といった不安ものぞかせる。

吉田の運動にかぎらず、新作運動は矛盾から逃れる方法を模索しながら、結局矛盾をより浮き彫りにしてしまうという皮肉に満ちた結果を示すことにもなっている。つまりは自然発生的にうまれたものを、民芸と名づけた以上、民芸をつくりだすということ、そして新作民芸という表現も矛盾していることは明らかである。

おわりに

自らを民芸の監督者とみなしていた吉田が、自分の立場を「プロデューサー」と呼び始めるのは、一九五八年(昭33)六〇歳の時である。鳥取の民芸運動は、戦争のため一時期は停滞するが、戦後再び盛んになり、『鳥取民芸協団(16)』が結成された。

吉田の「プロデューサー」表明は、昭和三〇年以降の吉田の活動を反映しており、矛盾の打開策をおもわせる。プロデューサーとは、あくまで個人作家とは一線を画す立場であることの主張である。吉田はいう。プロデューサーは個人作家と同じく工人を指導する立場にあるが、個人作家と決定的に異なる点は、自分の個性をできるだけ外に出さないことである、と(17)。

吉田の方法は初期の段階から一貫している。吉田は工人に手本を提示し作品を判定する。その際選択した手本には、古作品や個人作家の作品、また自らがデザインしたものが含まれていた。こうした方法は変わっていない。

しかし、その手本選びの意識について変化がみえる。

吉田は自身の個性に偏ることなく、また強い個性の手本を避けるようにした。さらに吉田は、極力自身の個性が反映することを控え、工人が出来る限り美への意識をはたらかせることなく、無心にものをつくることのできる環境を考慮した。そして、もし作品に癖のようなものが出るとすれば土地柄に由来するものだとも述べている(18)。

こうした立場は、個人作家と工人との仲立ちである。吉田は、各地の新作運動を総合的にみる視点から、個人作家の直接的影響の弊害というものを意識し、プロデューサーの立場こそ必要だという確信を得たのである。また用についての問題もプロデューサーの立場から解決しようとした。民芸をつくった後に、使い手を拵えるのが問題となるなら、民芸をつくる過程に使い手を取り込めばよいのではないか。具体的には、製作の段階で使い手の意見を取り入れるという解決方法を提示した。使い手の意見を反映したものづくりは、すくなくとも使い手なき民芸品をつくることにはならないと考えた吉田は、工人と使い手とを、民芸品ができあがった後に結ぶのではなく、つくりあがる過程で結ぶことによって、使い手を養成する必要をなくそうとした。

作為的な活動をプロデューサーが請け負うことで、過剰な個性や美意識を工人から切り離す。それは、ほんらいの民芸がその美を宿らせた環境への接近をはかることである。工人が作為に囚われることなく無心に物をつくることが出来る場へと誘導することでもあるだろう。ここにおいて、矛盾を打開せんとする吉田の実践における独自性をみることができる。

（1）吉田璋也は、鳥取出身の医者。新潟医学専門学校在学中に、式場隆三郎（1898-1965）と親交を持つ。一九二〇年（大9）、当時千葉県我孫子にいた柳を式場と訪問し、以降、柳と深くかかわった。

（2）柳宗悦「工芸の協団に関する一提案」、一九二七年（『柳宗悦全集第八巻』、四九頁）。

（3）柳宗悦「吉田君の進み方」『工芸』第九二号、一九三六年（『柳宗悦全集第一四巻』、四〇五頁）。吉田は自家用に注文した品を、周囲の人々に分け与えてもいた。当時、奈良に住んでいた志賀直哉もその一人である。その頃、吉田は柳、河井、志賀と頻繁に交流していた。吉田が住んでいた住居は奈良福地院町の武家屋敷（後に重要文化財に指定であり、そこでの生活が、吉田の新作運動において、新たな生活における日用品として何をつくるべきかという具体的な着想を育んだと思われる。

（4）帰郷した吉田は翌一九二六年一月、耳鼻咽喉科を開業。同月、牛戸窯を訪問した。五月、鳥取で柳宗悦座談会および吉田が蒐集した作品による「民芸展」を開催。同月、第一回牛戸窯にて試作を行い、十月には『工芸』に新作を発表し、展覧会を開催した。帰郷後のわずか一年以内に医業と両立させながら民芸運動を進めた吉田の実行力の高さを示している。

（5）吉田璋也「因幡の民芸品試作」『工芸』第一〇号、一九三一年（『吉田璋也　民芸のプロデューサー』鳥取民藝協会編、二八頁）。

（6）たとえば「よき材料と、よき職人と、よき手法があれば、手本のよき品物さえ与えるならば必ずよき作品の産まれることを知ったのです」（吉田前掲書、二九頁）という表現をはじめ、随所にみられる。

（7）吉田璋也「鳥取民芸振興会と「たくみ」」『工芸』第二七号、一九三三年（吉田前掲書、三七－三八頁）。

（8）鳥取の「たくみ」の事業は順調に進み、「黒字で満一ヵ年を経過した」。ただし、在荷の多いことを吉田は早くから問題視しており、民芸品の販路の拡大が必要だと述べている（吉田璋也「鳥取通信」『工芸』第三三号、一九三三年）。こうした動きが東京への出店につながり、また一九三七年（昭12）、大阪梅田阪急百貨店に民芸品の常設売場の設置へとつながっている。

（9）吉田璋也「新興民芸雑感」『工芸』第七四号、一九三七年（吉田前掲書、五七－五八頁）。

（10）会津竜平「民芸漫語」『月刊民芸』第一号、一九三九年、一六－一七頁。それに対し、同第二号（同年五月）において、当時の「たくみ」東京店の責任者、浅沼喜実は「会津さんへの答へ」で反論した。この論戦は『月刊民芸』上で第七号まで続いた。

（11）吉田璋也「鳥取民芸振興会と「たくみ」」『工芸』第二七号、一九三三年（吉田前掲書、三四頁）。

（12）柳宗悦「個人作家の使命」『工芸』第一一号、一九三一年、六頁。

（13）吉田璋也「民芸雑感」『民芸』第七五号、一九五九年。

（14）吉田が料理にかんして記述したものは多い。バーナード・リーチが鳥取を訪れた際、料理の講習を行った記録を残しているが、そこで「民芸料理」という見方を示している。吉田璋也「鳥取通信」『工芸』第五四号、一九三五年（吉田前掲書、五〇－五四頁）。

（15）吉田璋也「新興民芸雑感」『工芸』第七四号、一九三七年（吉田前掲書、五八頁）。

（16）一九四九年（昭24）に結成。後に「鳥取民芸協団」に関して吉田は、「柳先生のかつて提案されたような、正しい美への共通の信仰が本質的な結合の要素になっている個人作家の協団ではなく、ただの平凡な職人の集団で、結合の要素には美は問題となっていません」と説明している。「鳥取民芸協団と私」『民芸』第三六号、一九五五年（吉田前掲書、一五六頁）。

吉田は、一九三八年（昭13）から軍医として、中国に派遣されていた。中国における吉田の民芸活動も注目すべき活動であるが、本論では新作運動の先駆者としての吉田の業績に焦点を当てた。

戦後、北京より引き上げた吉田は、京都市（麴屋町）に吉田医院を開業し、一九四七年（昭22）、鳥取に戻った。

(17) 吉田璋也「新作民芸品監督生産者」『民芸』第六一号、一九五八年（昭33）（吉田前掲書、一六一－一六四頁）。
(18) 吉田璋也「鳥取民芸協団と私」、（吉田前掲書、一五六－一六〇頁）。

「韓国」陶磁の二十世紀と柳宗悦——植民地期から解放後へ——

竹中　均

はじめに——柳宗悦を位置づけ直す

近年、植民地期の朝鮮・韓国において官展的な位置にあった「朝鮮美術展覧会」に出品された絵画作品についての分析をまとめた著作が刊行された。その中では、異文化支配の下での視覚表象をめぐる錯綜したありようが、ジェンダー論的方法を駆使しつつ、主に人物画・風景画などを例として論じられているのだが、それ以外に、絵画に描かれた古美術品や工芸品のイメージもとりあげられている。そこでは、「朝鮮半島で集められる古美術品のなかで、日本人がもっとも愛好した物のひとつが、陶磁器（焼物）である」こと、「当時、日本人の高麗や李朝（朝鮮王朝：引用者註）陶磁器蒐集熱は大変なもの」だったこと、そして「朝鮮の焼物に対する関心は、花瓶のような装飾品だけではなく、日常の暮らしで使われる器などにも向けられた」ことが指摘されている。そのような状況の中で、一九三二年からは「朝鮮美術展覧会」そのものに工芸部が新設されるようになっていく。その意図については「朝鮮固有の工芸を美術展に入れることは、郷土民芸の発達のため」でもあると当初から規定されていた（金惠信、二二二・二二四・二二八・二二二頁）。ちなみに柳宗悦（1889-1961）たちが「日本民藝美術館設立趣意書」を作り、民藝運動を開始したのは一九二六年である。

このようなわけで、この書において柳宗悦が批判的な言及対象となってくるのは当然といえよう。しかしながらこの書が絵画作品を主に論じているために、柳についての「詳しい考察は次の課題としたい」として、それ以上の展開を留保している（金惠信、二六八頁）。考えてみれば、ある意味で純粋な視覚表象である絵画以上に工芸においては、技術・産業・実用などの多様な次元が絡まり合い、状況はますます複雑さを増しているといえよう。

ところが、このような主題について考えるさいに、一つの素朴な疑問に突き当たってしまう。柳宗悦について論じる場合、必ずといってよいほど朝鮮・韓国について言及がなされる。だが、日本にいる私たちは、朝鮮王朝時代ではなく、柳宗悦たちが活動したまさにそのリアルタイムである植民地期の朝鮮・韓国陶磁器についてどの程度知っているだろうか、と。柳を日本の近代陶磁史の中に位置づけて論じるという姿勢はごく一般的であるのに対して、日本で柳を論じるさいに、朝鮮・韓国の陶磁史の中に位置づけ直して考えてみるという姿勢は、一部の先駆的な人々を別として、いまだ一般的とはいえない。だが、「柳を朝鮮側のコンテクストの中で複眼的に捉える」という試みはすでに始まっている（梶谷、二二頁――他に金希貞などが実例としてあげられる）。その試みをさらに発展させるためにも、朝鮮・韓国の二十世紀陶磁史の概観を知っておくのは必要な第一歩ではないだろうか。本稿では、先行研究を利用させてもらいながら、筆者なりの第一歩を踏み出してみたい。

植民地期の三区分

朝鮮王朝時代（一三九二－一八九七年）における陶磁器生産は長らく、「分院」と呼ばれる官窯を中心として秩序づけられていた。しかし、一八七六年に「日朝修好条規」が締結された後、日本からの磁器輸入が本格化した。一八八四年には、分院が民営化され、伝統的な体制は崩壊していった。そのような状況下で、朝鮮王朝（および大韓帝国）国内の上流層は、それまでの国産磁器の代わりに、輸入磁器を用いるようになっていった（片山、一二一－一二二頁）。とりわけ、機械生産による日本の磁器は軽く安価だったため、機械生産技術が未発達だった国内の陶磁業にとって大きな脅威となった。

一九一〇年、大韓帝国は日本によって植民地化される。ある先行研究によれば、植民地期の陶芸史は三つの時期に区分されるという（厳、二五頁）。一〇年から一八年までが、「第一期（模索期）」である。この時期には、国内上流層が、それ以前と同様、日本から輸入された上質の磁器を使用する一方で、粗質の日本式焼物が、庶民の日用品として使用されるようになる（同前二五頁）。一〇年公布の「会社令」によって、民族資本による会社設立が抑制されたために、日本産輸入磁器による市場支配はさらに強まった。

この時期で注目すべきは、高麗青磁ブームの到来である。二十世紀初頭から、日本人学者の調査により、高麗時代の古墳から青磁が出土するようになる。それが日本人美術愛好家の間にブームを引き起こした。だが、出土する高麗青磁には限りがあるので、ブームによって急増した需要を満たすために、日本人主導の「李王職美術品製作所」とその後身や、日本人経営の製作所を中心に、高麗青磁「模造品」が生産されるようになる（宋在璇、二六四-二六六頁／厳、二五・九七-九八頁）。

過去のものであるはずの高麗青磁が美術愛好の中心となることによって、「美術工芸品、高級品としての近代韓国陶磁は急速に青磁に逆戻りをして」いった（片山、一二二頁）。これは単に、作品様式が時代を逆行しただけではない。「韓国陶磁はここでひとたび自律的な発展をうばわれ、日本人の考える『朝鮮らしさ』という強制的な枠のなかで近代への第一歩をすすめざるを得なかったのである」（同前一二三頁）。

一九一八年から三五年までが、「第二期（安定期）」である。この時期は、三〇年までの「全盛期」と、三五年までの「転換期」に区分される。全盛期には、日本資本が積極的に投資され、新設陶磁工場によって工場工業陶磁は飛躍的に〈発展〉した。一方、それに対抗できない国内人経営の地方窯は苦境に陥り、朝鮮白磁の伝統は危機に瀕した。そこでこれらの窯では、朝鮮伝統様式に日本様式を折衷したりすることで、辛うじて命脈を保とうと試みた（厳、二五頁）。

高麗青磁ブームの影響で、日本人経営工場だけでなく、国内業者たちも青磁模造品（日本式の用語では「新高麗磁器」）を生産するようになり、地域によっては日本へ輸出された（厳、二八頁／宋기쁨、一〇一頁）。

一九三〇年以降の転換期には、地方窯でも「新高麗磁器」が生産されるようになる（厳、二六頁／宋기쁨、一〇一頁／宋在璇、二六六頁）。一方、日本が戦争へ向かう時代の中で、原料不足等により、陶磁業は衰退の兆候を見せ始めた。結果的に、日本式磁器でもなければ朝鮮白磁でもない、マッサバルと呼ばれる粗質の焼物が、庶民の日用品としての位置を占めていく。

一九三五年から四五年までが「第三期（衰退期）」である。統制経済により、陶磁生産は政策面でも強い制限を受け始める。日本への原料輸出は急増し、国内製作所は原料難に苦しみ、廃業するものも多かった。四四年からは、従来の日用雑器や日本式焼物の製造は完全に中断された。他方、庶民需要を充たすための代用品として、さらに粗質のオンギ生産が一時的に急増した（厳、三二頁）。

青磁をめぐる熱狂

二十世紀前半を概観してまず印象に残るのは、植民地支配という全体状況の中で、日本の近代陶磁が重大な影響を与えたということである。ここからとりあえず、支配されている側の朝鮮白磁と、支配する側の日本式磁器という明快な対立構図が導き出せる。だが注目したいのは、植民地期朝鮮の陶磁史には、この明快な二項対立に納まらない複雑な対立構図があるという点である。そのさいに重要な意味を持ってくるのが、高麗青磁に対する日本人の熱狂である。

当時の陶磁状況を、四つのグループに整理してみる。第一グループは、機械生産による安価な日本産輸入磁器と、朝鮮において日本人経営陶磁工場で生産される日本模倣様式の磁器である（両者は合わせて「倭沙器《ワサギ》」と呼ばれる）。これらが、植民地支配下の制度的圧力を背景として、市場を席巻した。第二グループは、伝統的な朝鮮白磁様式である。これらは、植民地支配の進展とともに、窮地に追いやられた。第三グループは、高麗青磁の模造品である。これらは、日本人の高麗青磁愛好心を満たすために、総督府や在朝日本人主導下で製作された。第四グループは、マッサバルやオンギのような、朝鮮白磁よりも粗質の焼物である。高麗青磁ブームとも、柳たちに触発された白磁ブームとも無縁な、圧倒的に安く、かつ、日本人の関心をあまり引かなかった焼物である（宋在璇、二五二・二五六・二七三頁）。ただし、日本民藝館にはオンギが所蔵されている（尾久、一〇二頁）。

このように整理すると、当時の陶磁器状況は、先述した単純な二項対立では捉えきれないことがわかる。にもかかわらず、これら四グループの関係もやはり二項対立で論じうるはずと思われるかもしれない。つまり、支配側が推進した日本式近代陶磁と高麗青磁模造品が一方の極にあり、それと対立する形で、被支配側の朝鮮白磁とマッサバルやオンギが他方の極にあるという二項対立である。

だが、ここで微妙な問題になるのは、高麗青磁模造品の位置づけである。高麗青磁が現在でも民族の栄光を代表する焼物だということを考えれば、高麗青磁模造品を、日本式近代陶磁と一緒に、支配する側の極にはっきりと位置づけてよいのだろうか。

たしかに、本物の高麗青磁と、高麗青磁模造品とは全く別物であり、高麗青磁模造品は、主に日本人主導で製造されたのだから、支配する側の極に位置づけられるのは当然だともいえる。例えば、一九二〇年代、忠清道《チュンチョンド》・大田《テジョン》において日本人が、鶏龍山《ケリョンサン》一帯で産出する土を利用して高麗青磁模造品を製造した事例があるが、これらの製品は確かに、支配する側の極に属している（厳、四五頁／宋在璇、二六六頁）。

このように、高麗青磁イメージの追求が支配側の極にあることを示す事例が多い一方で、韓国の研究者の論文には、次のような話も紹介されている。一九三〇年代後半、京畿道《キョンギド》・開城《ケソン》（高麗王朝の旧都）では、「高麗文化発祥地である自尊心を取り戻すための意欲が、地域有志を中心に高まり」、「新高麗磁器組合が、優秀な青磁を集中的に生産し、開城の特産品として扱うようになった」。そして「日帝時代後半に生産された最上の青磁は、開城産であるというのが、同時代の評判だった」。「開城の新高麗磁器は、このような名声に支えられて、京城《ケイジョウ》（引用者註：植民地時代における現ソウルの呼称）に所在する三越商店で新高麗磁器展覧会を開催したこともあった。この展覧会では出品作全般が高級青磁であり、開催されるや否や高値で売れた」（厳、四四頁）。

もちろん、このような事例は限られていたし、さらに、生産された青磁の多くは日本人の手に渡った。その意味では、先述の鶏龍山の例こそが、植民地支配下の現実を代表しているといえる。だがそれでもなお、新たな青磁生産が「自尊心」の回復と結びつけられている点が印象的である。

近刊のアジア陶芸史でも、植民地支配期を含めて近代における高麗青磁をめぐる試みは、重要な意味づけを与えられている。「柳根瀅《ユ・グンヒョン》、黄仁春《ファン・インチュン》は日本人資本による青磁工場で青磁の再現に取り組んだが、黄仁春は一九四六年から朝鮮工芸家協会で活動し、柳根瀅も一九五五年から活動を再開し、近代から現代へ歩みをすすめた数少ない陶芸作家として重要である」と（片山、一二四頁）。

開城の事例と柳根瀅たちの事例が示しているのは、植民地支配下の厳しい状況において、高麗青磁の栄光イメージが、苦境を克服するための力となったということである。このように考えると、この時代に高麗青磁に似たものを手に入れたいという熱情は、支配する側だけの熱情ではなかったように思われる。

もちろん、民族の「自尊心」を賭けて青磁を「再現」しようとする真摯な試みと、青磁模造品すなわち「青磁のレプリカに過ぎないもの」（片山、一二三頁）との違いについては、慎重でなければならない（厳、二五頁）。しかし、柳根澄たちがまず「日本人資本による青磁工場」で働き始めたという苦い現実が示すように、彼らは、一筋縄ではいかない複雑に入り組んだ支配／被支配関係の中で、辛うじて、進むべき道を模索していかざるをえなかったのである。

植民地支配は、支配する側と支配される側との明快な二項対立構図には収まりきれない複雑さを、その社会と文化に与える。そのようにして〈もつれた糸〉は、簡単に解きほぐされはしない。朝鮮半島の陶磁器の二十世紀はその実例であり、高麗青磁のイメージこそ〈もつれた糸〉の中心だった。

柳宗悦と日本人たち

以上のように見てくると、柳宗悦たちが高麗青磁よりも朝鮮白磁を賞賛したという単純な事実が、特別な意味を持ってくる。もちろん柳たちの時代に、つい先ごろまで実際に作られていたのは朝鮮白磁の系統であり、高麗青磁はすでに過去のものだったのだから、柳たちが朝鮮白磁の方に注目したのは当然ではあった。

しかし、当時の日本人美術愛好家が高麗青磁イメージの虜《とりこ》となっていたという時代状況を考慮に入れれば、柳たちの朝鮮白磁賛歌はそれ自体、当時の普通の日本人の美意識と、それを支える総督府政治に対する批評だったといえないだろうか。

もちろん、韓国での研究において、柳は必ずしも無傷の存在として描かれてきたわけではない。ある論文では、柳たちの業績を高く評価しつつも、柳たちの活動が「逆説的に利用される」ことによって、一九三〇年代には朝鮮白磁の受難が始まったと指摘されている（이도형、二六一頁）。柳たちの活動をきっかけとして、日本人が朝鮮白磁の美に目覚め、結果として、朝鮮白磁が高価な商品となってしまった。先述した、一〇年前後の高麗青磁ブームが引き金となって、高麗時代の墳墓が盗掘されたり（李亀烈、二〇頁）、海を越える流出が生じたのだが、朝鮮白磁ブームは、それに続く第二の「収奪」を引き起こしたというのである（이도형、二六九頁）。

このような批判に対して、これからの柳宗悦研究は答えていく必要があるのだが、そのさいに、ほかならぬ朝鮮白磁が柳にとって持っていた意味を、当事者の意図や意識の範囲を超えて、さまざまな角度から再検討せねばならないはずである。

「解放」の後に

以上、植民地支配下朝鮮の陶磁の状況を概観することで、当時の日本人の美意識がいかなる影響を与えたかを見てきた。だが、一九四五年の解放によって、朝鮮半島の陶磁は美的な意味で直ちに解放されたかというと、必ずしもそうではない。以下では、韓国の場合について見てみる。

解放後の一九四六年、木浦《モッポ》で、ヘンナム社が産業陶磁工場として操業を開始する。釜山では、植民地期の「朝鮮硬質陶器株式会社」が前身である「大韓陶磁器株式会社」が再出発する。四九年には、仁川で「中央陶磁器」が、清州で「忠北製陶社」（現「韓国陶磁器」）が開業する。これらもまた、植民地期末の工場が前身なのであり、解放後に突然出現したわけではない。

朝鮮戦争という過酷な時代を経て、一九六〇年代半ばには、国家による工業化政策の下、陶磁器は輸出品目に指定された。「大韓陶磁器株式会社」を始めとして各社は、ドイツからの技術導入などによって近代化を推進した（宋在璇、三二七・三五四頁）。しかしその製品は、必ずしも美的なものとして人々に受容されたわけではなかった。なぜなら、展覧会に出品されるような芸術的価値を持つ陶磁は、工場とは別の世界で作られると思われていたからである。「一般需要者が幅広く利用する産業陶磁会社の製品は単なる機械製品と見なされ、大学世代のデザイン感覚が活用されなかった点に限界があった」（宋기뿜、七七頁）。

植民地支配下においては、日本主導の「朝鮮美術展覧会」が大きな影響力を持っていたのだが、一九四六年、米軍後援により「朝鮮工芸家協会」が創設される（宋기뿜、七〇頁）。同年、徳寿宮で「第一回工芸美術展」が開催され、四九年には「国展」が発足する。

新たに始まった「国展」だが、「朝鮮美術展覧会」の審査員と組織体制を踏襲したため、「解放前の朝鮮美展の

否定的な傾向を克服できなかった」（宋기쁨、七〇頁）。植民地期における「朝鮮美展で形成された領域が、大学世代と留学派の制作活動を通じて、国展その他の展覧会出品へと受け継がれた」のである（同前七六頁）。第二回国展が開かれたのは、朝鮮戦争休戦後の一九五三年である。

この時期、国展を含む展覧会で活躍したのは主に、大学でデザインや美術教育を受けた人々である。アメリカ現代陶芸に接した彼らが、実用性よりも造形性を重視する芸術作品を作る一方で、「一般需要層と深く結びつく産業陶磁会社製品は、単なる機械産品として扱われる」という両極化が生じた。結果的に、「一般需要者が陶磁に親しみを持てるような制作傾向を示せなかった」のである（宋기쁨、七七頁）。

交わることのない大規模工場生産と学士陶芸家たち。さかのぼって、植民地支配期に柳や浅川伯教《のりたか》（1884-1964）・巧（1891-1931）たちが注目し賞賛したのは、このどちらの系譜とも一線を画する伝統陶磁の世界だった。この第三の陶磁は、解放後、どうなっただろうか。

一九五〇年代中盤、伝統陶磁を基盤にして新しい焼物世界の開拓を試みたのが、「韓国造形文化研究所」と「韓国美術品研究所」である。

「韓国造形文化研究所」は、一九五三～五四年にかけて、アメリカ合衆国ロックフェラー財団の支援を得て設立された（宋기쁨、七二頁）。支援終了後は、生産する陶磁器の販売利益によって事業継続する計画だった。実際の制作は「二十世紀前半から制作活動をしてきた伝統陶磁職人たちが受け持った」。「研究所では、朝鮮白磁の伝統を継承しつつ現代化した白磁を生産し、新作陶磁展示会が開催された」。一方、五八年には、研究所からアメリカ合衆国のロチェスターへ留学生が派遣されたりしたのだが、やがて運営が困難に陥り、六二年に閉鎖された（宋기쁨、七三頁）。

だが、この研究所の存在によって、大学での陶芸教育実施や、「大学教育を受けた陶磁作者がアメリカへ行く動き」が活性化された。留学経験者は「陶芸が社会的に認められるためには、大学での教育を優先せねばならないという信念」を抱いて陶芸教育に取り組んだのである（宋기쁨、七五－七六頁）。

他方、「韓国美術品研究所」は、「韓国造形文化研究所の趣旨をより現実的にし、伝統陶磁技法を継承し現代生

活に合った陶磁を生産する企業として発展させる」という意図の下に、一九五七年に正式に発足した（宋기쁨、七三頁）。この研究所には、かつて日本人経営工場で青磁制作に取り組んだ職人が多数参加しただけでなく、新たに青磁技術を習得しようとする若者も含まれていた。「窯の構造は、慣れていた日本式改良登り窯を設置し」、「花瓶・茶器のような土産用の陶磁器と、多様な青磁模造品が生産された」。製品は外国人の好評を得たものの、「国内需要者の愛顧を受けられず」、経営難に陥り、五八年に閉鎖された。

だが、研究所閉鎖後、関係者は場所を変えて活躍を始める。研究所にかかわった職人たちは「六〇年代から利川、驪州一帯に居を定め、伝統陶芸村をかたちづくった。彼らに対しては、六〇年代中盤から、輸出振興のための民族的手工芸品保存継承という名目で、政府次元の経済支援が行われるようになり、また、六五年の韓日国交正常化によって多くの日本人が韓国を訪れるようになったため、伝統陶磁は、現代の陶磁領域の一翼としての地位を確立した」。結果的に、「解放前後に活動が不振だった陶磁職人が活動を再開する」きっかけを、この短命な研究所は与えた（宋기쁨、七六頁）。

しかし、この新たな日本人需要層との関係も、問題含みだった。なぜなら「彼らの注文のほとんどは青磁や粉青沙器の再現品だった」からである（이도형、二八〇頁）。購買力のある日本人が新時代になってもなお高麗青磁イメージを愛好し続けたことが、韓国陶磁業の進む道に少なからぬ影響を与えた。「伝統陶磁業界は、国内需要者向けの販路を構築できず、日本人観光客向けの商品化現象が現われ、日本帝国主義の残滓の問題が持続的に影響を与えている」というのである（宋기쁨、七七頁）。ただし、「一九八〇年代頃からは国民の生活水準がさらに向上し、伝承磁器は、室内装飾用以外にも食器用として新市場が開拓され、需要が増加した」ともいわれている（宋在璇、三三一頁）。

柳批判の背景

このように、解放後の陶磁の三つの流れは、簡単には融合せず、「相互連関がない」状態が続いた（宋기쁨、七七頁）。三つの流れをいかに交わらせるかが、ここ数十年間、韓国陶磁界が取り組んだ課題の一つであろう。その

さい、三つの個々の流れをそれぞれ支えてきた美意識や思想が批判されるのは、当然の経緯である。韓国における柳批判の活発化の背後には、三つの流れの問題があったのではないだろうか。三つの流れのうちの一つと歴史的に深いかかわりのあった柳の美意識は、まず何より、旧支配者側に属する知識人の説として、民族の主体性の名の下に、いつかは退けられる運命にあるだけでなく、三つの流れの断絶という難問を前にして乗り越えるべき壁としても受け取られ、批判されてきたのではないだろうか。この意味で、柳批判が特に活発だった七〇年代の批判の一つが、「この時期の韓国の現代美術の在り方に対する問題提起」でもあったという指摘は示唆的である（加藤、二六八頁）。

例えば、つい最近でも、六五年以降の韓国陶磁の状況について、次のように描かれている。「政府主導の韓国流の民主主義は、韓国的ロマン主義と韓国・朝鮮の過去のものを何でも美しいと見る闇雲な賞賛という新たな問題を引き起こした。柳宗悦の見方を性急に受け入れたため、その本質を混同し歪めることになったのである。彼の『無作為』の主張は、『粗末さ』『自然さ』『自由』の意味合いを含むが、それは、朝鮮時代の地方窯で生産された質の低い陶磁にのみ妥当する。だが、その印象を、質の高い高麗青磁や朝鮮白磁に当てはめるのは正当ではない。ところが『不作為』という言葉は、『韓国・朝鮮の過去のものはすべて美しい』という考え方と結びつき、今日においても陶芸だけでなく美術一般に影響を与え、深刻な副作用を引き起こしている」（Choi, p129）。このように、柳に対する批判は、一日本人への批判にとどまらず、韓国近代陶磁史全体をいかに理解するかという大問題と深く結びついているのである。

連続する歴史と断絶する歴史

『カラー版　世界やきもの史』の叙述によると、「朝鮮の陶磁」は一章を成してはいるものの、とりあげられている時代は、「近年の考古学の著しい進展」のおかげで解き明かされつつある「土器の時代」から始まり、統一新羅時代（七〜八世紀）、高麗時代（十〜十四世紀）を経て、朝鮮王朝時代（十五〜二十世紀初）で終っている。これは「朝鮮の陶磁」だけではなく、他の地域の陶磁史も同様に、ほぼ十九世紀末で一旦叙述が完結している。その上で、最終章が「現代世界の陶磁」と題されて、二十世紀の陶磁史が別個に叙述されている。その中で「朝鮮の陶磁」に関しては、主に一九四五年以降の韓国の陶磁が紹介されている。

このように、朝鮮半島の陶磁をめぐる二つの歴史叙述の狭間に、植民地支配下の二十世紀前半という時代が、空白地帯として、ぽっかりと開いているのである。まさにこの時代こそ、柳宗悦や浅川兄弟たちが朝鮮半島の陶磁とかかわりをもった時代だった。それにもかかわらず、その時代の陶磁史について、私たちはアンバランスなほどに知らないことに、今更ながら気づかされる。

韓国・朝鮮の陶磁を紹介する一般書においても従来、歴史叙述は朝鮮王朝時代の白磁で終るのが普通だった。それに比べて日本の陶磁史の場合は、前近代の江戸時代から、それ以降の近代へと比較的連続して叙述されるのが通常である。たとえば『カラー版 日本やきもの史』では、終わりの三章が、近代以降の歴史を描いている（ただし、巻末の「日本陶磁技術・様式系統図」は江戸時代で終っており、それを補うように「近・現代やきもの関連年表」が別に付されているところに、両者の接続の微妙さが示されているのではあるが）。

柳宗悦たちは、いわば、『日本やきもの史』と『世界やきもの史』が描く二つの歴史の交差する地点――かたや、基本的に連続する歴史であり、かたや、半ば断絶する歴史であるわけだが――において活動していた。おそらく日本においては、これら二つのうち、前者の、連続の歴史の中に柳を位置づけて論じる傾向があり、他方、韓国において柳が批判されるさいには、後者の、断絶の歴史の中に柳が位置づけられた上で批判されてきたように思われる。したがって、両者の評価のすれ違いは、個々の評価の高低の問題ではなく、構造的なものだといえる。これら二つの歴史を、単なる折衷ではなくて、有機的に組み合わせた上で柳たちを位置づけ直すことこそが、今後の柳宗悦・民藝研究にとっても、「韓国」近代陶磁の歴史を考える上でも、必要なのではないだろうか。

〔参考文献〕
이도형「第4編　近現代陶磁文化」、『土から生まれる未来／再び書く京畿陶磁史』、京畿文化財団、二〇〇一年（이도형「제4편／근・현대　도자문화」、김재열／이도형／임상택／최종택共著『흙으로　빚는　미래／다시　쓰는　경기도자사』、경기문화재단、二〇〇一）。

李亀烈著／南永昌訳『新装　失われた朝鮮文化――日本侵略下の韓国文化財秘話』、新泉社、二〇〇六年。

尾久彰三「李朝の美」、尾久彰三監修『別冊太陽　柳宗悦の世界』、平凡社、二〇〇六年。

厳升晞「日帝侵略期（1910–1945年）의韓國近代陶磁研究」、淑明女子大学校大学院碩士学位論文、二〇〇〇年。

梶谷崇「朝鮮における柳宗悦とその報道をめぐって」、『日本近代文学会北海道支部会報』七号、日本近代文学会北海道支部事務局、二〇〇四年。

片山まび「第3章　韓国陶磁」、出川哲朗・中ノ堂一信・弓場紀知編『アジア陶芸史』、昭和堂、二〇〇一年。

加藤利枝「韓国人による柳宗悦論の研究――柳の朝鮮芸術論への評価・批判の概況」、『言葉と文化』創刊号、名古屋大学大学院国際言語文化研究科日本言語文化専攻、二〇〇〇年。

金希貞「朝鮮における柳宗悦の受容――柳兼子の独唱会をめぐって」、『社会環境研究』金沢大学大学院社会環境科学研究科、二〇〇三年。

金惠信『韓国近代美術研究――植民地期「朝鮮美術展覧会」にみる異文化支配と文化表象』、ブリュッケ、二〇〇五年。

宋기쁨「韓国近代陶磁研究」、弘益大学校大学院碩士学位論文、一九九九年（송기쁨「한국　근대도자　연구」홍익대학교　석사학위논문、一九九九）。

宋在璇『わが国の陶磁器と窯場』、東文選、二〇〇三年（宋在璇『우리나라　도자기와　가마터』、東文選、二〇〇三）。

Choi Kun, "An Introduction to Modern Korean Ceramics", Hong Sunghee (eds.), *The Story of Korean Ceramics*, the World Ceramic Exposition Foundation, 2004.

長谷部楽爾監修『カラー版　世界やきもの史』、美術出版社、一九九九年。

矢部良明監修『カラー版　日本やきもの史』、美術出版社、一九九八年。

台湾における民芸運動の受容——柳宗悦と顔水龍——

林　承緯

はじめに

ウィリアム・モリス（1834–1896）が主導した「アーツ・アンド・クラフツ運動」は、十九世紀後半から二十世紀初頭にかけてイギリスを中心に繰り広げられた。この運動はジョン・ラスキン（1819–1900）らの思想にもとづいており、ヨーロッパ大陸で「アール・ヌーヴォー」「ウィーン分離派」「ユーゲントシュティール」「バウハウス」などの新たな動きを誘発しながら、西洋世界全体に広がり、その影響は遠く日本にまでおよんだ[1]。このような動きについて藤田治彦は「アーツ・アンド・クラフツ運動とは何か」のなかで、「アーツ・アンド・クラフツ運動は国際運動としてとらえることもできる[2]」と述べている。しかし、この運動は「欧米——おもに北米への影響を二十世紀の近代デザイン運動等と結び付けるかたちで内容に取り入れているが、その内容の選択は未だ恣意的な段階にとどまり、日本の民芸運動をはじめ、世界各地の関連運動をあたかもその支流あるいは亜流でもあるかのように扱う危険性をはらんでいる[3]」とも指摘している。

アーツ・アンド・クラフツ運動と二十世紀初頭の柳宗悦（1889–1961）を中心とした民芸運動は、それぞれ西洋・東洋の工芸運動を代表する。戦前から今にいたるまで、この二つの運動は違う立場や観点からさまざまに解釈されてきた。たとえば、小野二郎『ウィリアム・モリス』では、モリスと柳宗悦の関係について「影響関係というよりはむしろ深い血縁関係ともいうべきものである[4]」と分析している。他方で、寿岳文章《じゅがくぶんしょう》（1900–1992）や外《との》村吉《むらきち》之介《のすけ》（1898–1993）などの民芸運動の関係者は、柳宗悦の民芸運動は実践と理論の部分において独自性を持っていると主張している。本稿は、民芸運動によるアーツ・アンド・クラフツ運動の受容の如何を検討するものではない。日本と同じく東アジアに属し、しかも戦前は日本の一部分であった台湾の工芸を例に取り、柳と台湾工芸の先駆者顔水龍《がんすいりゅう》（1903-1997）との間に存在した接点を通して、二人の工芸に対する思想と実践を比較し、近代工芸運動の潮流の中で日本の民芸運動がアジアに与えた影響を考察するものである。以下、二人の生涯や思想、実践の三つの面を考察し、論を展開する。また台湾工芸における日本の民芸運動の意義をも明らかにする。

柳宗悦と顔水龍の接点

柳宗悦と顔水龍の初めての出会いは、文献から推察すると、おそらく柳が台湾で生活工芸を調査した一九四三年（昭18）三月であろう。この年に顔水龍は日本での生活を終え台湾に帰り、工芸の調査と振興に専念し始めた。柳は金関丈夫（1897-1983）や立石鉄臣（1905-1980）などの案内により、台湾の北端から出発し全島を回って生活工芸を調査した。柳らの一行は台南に到着すると、ちょうどこの地区で工芸指導をおこなっていた顔水龍の協力を得て、現地の工芸の状況と製作環境を調査するとともに顔水龍の家を訪問し、収集されている各国の民芸品を見学した。そこで柳は収集品であるタイ国の藤製の蹴毬《けまり》について次の言葉を残した。「うまいものだ。これは驚くべきものだね。しつかりしてゐるな。実に強い力だ。完全で直しようがない(5)」。また、台南産業館を参観し、顔水龍の指導のもとに作られた工芸品を見て、「もつと先きのところを膨らますといゝね。しかし大たいいゝぢやありませんか(6)」と率直な意見を述べた。台南地区に滞在中、柳と顔水龍は工芸に対する情熱をもって互いにさまざまな意見を交わし交流したのだろう。高名な柳宗悦との出会いは、当時無名であった顔水龍に大きな自信を与え、この機会が以後の台湾工芸の振興に弾みがついたことは疑う余地はない。柳が調査を終えると、顔水龍は台湾の民芸品を柳に贈った。

約一か月後、顔水龍は東京に行く機会を得て柳の家を訪ねた。柳は一九四三年五月十三日に書いた金関丈夫への書簡の中でその訪問について次のように触れている。「泉君無事帰つてきました、顔君も昨日来て、三人集まり台湾話で花を咲かせました(7)」。この柳の書簡には二人の間の親しみが表れている。顔水龍の二度の日本滞在期間は、まさに柳が民芸運動を展開する重要な時期であったことから、工芸に関心を持つ顔水龍にとって民芸運動を肌で感じ取る貴重な時間であった。顔水龍は柳が民芸運動を起こしてから数年ののち、故郷台湾に帰り工芸の振興に着手した。

生い立ちと思想形成

柳宗悦と顔水龍が生まれ育った時代と工芸に対する理念は、一見したところ多くの共通点が見られるが、家庭環境や人格の特質などについてははっきりとした相違がある。一八九九年（明22）三月、柳宗悦は東京の二千五百坪あまりの大邸宅に住む富裕な家庭に生まれた。父柳楢悦《ならよし》は近代日本海軍の基礎を築いた重要人物であったが、柳が幼少の頃すでに亡くなっている。だが、父楢悦が残した家庭環境によって柳は何ら憂うことなく成長していった。学齢に達すると、柳は華族の子弟を教育するために創立された学習院初等科に入学した。学習院は優秀な教師陣を配し、柳は恵まれた学習環境で学生時代を過ごした。初等科から高等科までの間、柳は学習面で優れた資質を現すだけでなく外国語にも秀でていた。

このほか、しばしば授業の余暇を利用して新たな知識を吸収した。学習院での学生生活の中で柳は志賀直哉や武者小路実篤・有島武郎など多くの学友を得た。高等科を卒業した柳は東京帝国大学で心理学を専攻し、芸術や宗教・哲学・科学などの分野においても頭角を現した。この時期で特に注目すべきは雑誌『白樺』での活動である。『白樺』を舞台として柳は積極的に自分の研究成果を発表した。特に西洋の文芸と芸術についての紹介は、当時の日本においては『白樺』が抜きん出ており、次から次へと西洋の新しい知識を日本社会に送り出した。柳は意欲的に『白樺』の活動に参加し芸術や宗教・哲学などの分野での研究をおこない、多忙な大学生活を送った。

柳宗悦と同様に明治生まれの世代である顔水龍は、一九〇三年（明36）六月、日本統治下の台湾台南州の貧しい村に生まれた。両親はともに早くに世を去り、幼年期の顔水龍は祖母と姉の養育の下に育った。長じて公学校を卒業後、顔水龍は就職を考慮し台南州立教員養成所に進んだ。養成所の在学時に祖母が亡くなり、姉は嫁に行き、青春期の顔水龍は人より早く独力で人生を歩んでいかねばならなかった。

教員養成所を出た顔水龍は公学校の教員になり、この時期、顔水龍は美術に対する興味と才能に目覚め、同僚の激励の下、美術を学ぶため日本に赴いた。一九二〇年（大9）春、顔水龍は東京の正則高校に編入し、三年目に東京美術学校の西洋画科に入学した。顔水龍は念願であった名門東京美術学校に入学したものの、貧しさに喘《あえ》ぐ経済状況であったために働きながら勉強するしか手立てがなかった。

東京美術学校での七年にわたる在学期間中、顔水龍は主に西洋画の創作に専念した。中でも教師藤島武二と岡田三郎助の二人から受けた影響は特に強かった。藤島武二は顔水龍に絵画創作の観念と技法を教え、美術と工芸の分野で活躍する芸術家でもあった岡田三郎助と顔水龍との間には公私にわたる往来があった。

顔水龍が東京で勉学に励んでいた頃は、ちょうど雑誌『白樺』が文芸界や学術界で最も影響力が強かった時期に当たる。当時、顔水龍が『白樺』に直接触れたか否かは定かではないが、当時芸術に浸っていた顔水龍が『白樺』に目を通した可能性は高いのではないだろうか。

一九二九年（昭4）、顔水龍は東京美術学校油絵研究科を卒業し、シベリア鉄道を経由してフランスに美術留学した。顔水龍はフランス留学期間に、絵画創作の技法を学ぶだけでなくこの時期から工芸品に注目し始め、各地を訪ね歩き収集した。

顔水龍と同じくフランスに留学していた陳清汾は「フランス留学時、顔水龍は絵画の研修以外に、各時代の工芸品を調査した。また、しばしばパリの織物工場やセーヴルの陶器工場、リヨンの染物工場などを見学したり、工芸品を扱っている店を訪問したりしていた(8)」と証言している。

では、一途に画家を志していた顔水龍は、如何なる理由から芸術家が軽視していた工芸の領域に転換したのだろうか。その答えは顔水龍が発表した二篇の文章から幾らかの手がかりをつかみとることができる。

一九四二年（昭17）、顔水龍が初めて工芸をとりあげた論文「台湾に於ける『工芸産業』の必要性」の中で、フランスに留学していた頃の見聞を紹介し、間接的に工芸研究を始めた動機を語っている。

私は曾つて欧州に絵画研究のとき、各都市の百貨店で日本製品の陳列あるを目撃した。夫は、けばけばしい色の日傘とベチベチなハツピーコート、提灯、富士山を描いた漆器類、趣味のよくない陶器等で、余りにも貧相な現状を見て、聊か冷汗をかいたことを記憶してゐる之が私に輸出工芸を研究さす刺激であり、動機であつた(9)。

顔水龍は留学中にたまたま海外に輸出された日本の工芸製品に遭遇し、過度に海外の好みに合わせた工芸品は結局本来の美を損なっていると感じた。この体験が顔水龍の関心を工芸に向かわせることになったと考えられる。

この論文発表の三十年余りののち、政治環境や社会背景の変化にともない、顔水龍の工芸研究を始めた動機と工芸に対する思いも変化している。四十年におよぶ工芸研究について一九七八年（昭53）に発表した「我与台湾工芸」の中で顔水龍は上記について詳しく述べている。

最初に着目したのは台湾がもつ文化資源である。

台湾は一つの美しく愛らしい宝島である。それは固有の文化を有している。山地に住む原住民が持つ原始芸術と数百年前に大陸の閩南地域からの移民が確立した台湾の文化の基礎、また、漢人や原住民、日本人が残した豊かな地方色に富んだ技芸、この三つが台湾の造形文化を形成する基本的要素である。(10)

顔水龍は、台湾の造形文化は優れた先天的な文化資源を具えているが、後天的な面を見てみると生活文化が立ち遅れ、人々は物質生活に過度に偏っていると指摘し、その上宗教活動や祖先祭祀での造形表現にいたっては何ら重視されていないことに深く憂慮した。この現状について「台湾区造型文化」の中でも、「山地、漢民族、西洋、日本などの影響を受けた固有の造形文化は、生活工芸品産業の発展に深く関係しているが、一般社会の人々はこのことを十分理解していない(11)」と語った。

このような社会背景の下で純粋美術を理解するのは非常に困難であった。顔水龍はこの状況の改善方法を次のように提言している。

私は台湾の純粋美術が発展していくのはまだまだ先のことであると考える。純粋美術を発展させるために先ず生活に関する芸術から始めなければならない。すなわち、生活用具や居住空間の美化について素朴で上品な趣味を培って初めて純粋美術を理解することができる。(12)

戦前に発表した論文の内容と比較すると、一九七八年に発表した論文の中で顔水龍は、工芸研究に従事することになった動機を二つあげている。一つは台湾が豊富な文化資源を持っているからで、もちろん顔水龍はふるさとに対する愛着も感じていただろう。二つには純粋美術に対して大きな期待を抱いていたことである。

顔水龍は、日常生活に関する芸術を推進することが、社会が純粋美術を受け入れる環境を作る近道になると考えた。前記の顔水龍自身があげた二つの動機以外に、次の二人の人物から受けた影響も関係しているのではないだろうか。

まず一人目は東京美術学校時代の恩師である岡田三郎助で、顔水龍に工芸についての知識を教え授けた。二人目は民芸運動の主導者柳宗悦である。顔水龍が東京で学んでいた時期は、ちょうど民芸運動が活発に全国展開を繰り広げていた時に重なる。したがって、柳宗悦の民芸理論が顔水龍に与えた影響は強かったであろう。

顔水龍はフランスでの絵画の研修を開始してから三年後、経済的、健康上の理由でパリから東京に戻った。翌年、生活のために大阪スモカ歯磨株式会社の広告図案部門に入社し、ポスターの設計を担当した。画家の腕を持つ顔水龍は、この種の仕事をうまくこなすことができた。

生活が落ち着くと、念願の夢を実現するために台湾での工芸運動を計画し、それに向けて準備を始めた。顔水龍が最初に着眼したのは人材養成の課題である。この時期について顔水龍は以下のように回想している。

私は関係資料を収集した。それから日本の美術、工芸学校を見学した。例えば日本国立美術専科学校の工芸科、高等工芸専科、市立工芸職業学校などである。このほかにドイツのバウハウスなどを参考にした。また、運動にかかる予算について奔走もした。(13)

以上、柳宗悦と顔水龍の工芸運動に従事するまでの軌跡を検討した。二人は人生の背景や環境が天と地ほど違っているが、工芸に対する思いでは共通点が多々見受けられる。柳宗悦は宗教と芸術研究から始まり、顔水龍は画家から始まった。二人は西洋芸術の洗礼を受け、最終的には東洋の民芸品に回帰した。しかも二人とも最高学府出身で、優れた外国語能力と豊富な海外経験を持っていた。

一九二九年(昭4)五月、柳宗悦がシベリア鉄道を経由してヨーロッパを訪問した三か月後に顔水龍が同様のルートを経てヨーロッパに到着した。当時の二人は面識こそなかったが、二人の目に触れるヨーロッパの工芸の現状はさして変わらなかっただろう。このときの体験が将来に各々が展開した工芸運動の伏線であったかもしれない。

顔水龍の柳宗悦に対する認識

顔水龍と柳宗悦の最初の出会いは、一九四三年（昭18）三月に柳宗悦が生活用具の調査をするために台湾を訪問したさいで、面識を得た二人は交友関係を結んだ。

この時期の顔水龍は、柳宗悦の民芸に関する著作について、すでに関心を寄せていたはずである。なぜならば柳が一九四二年に出版した『工芸文化』[14]は、出版して二、三年もたたない時期に当時台南高等工業専門学校（現国立成功大学）建築工程科で教鞭をとっていた顔水龍が、この書を工芸史の授業での参考書籍に指定しているからである。これは顔水龍が民芸理論に関心を持っていたことを証明している。

二人の交流は、戦前から戦後へと時代背景が移り変わっても途絶えることはなかった。一九五二年に顔水龍が著した『台湾工芸』で初めて柳の民芸運動をとりあげ、柳宗悦の台湾民芸に対する意見を引用し、自国の工芸振興の必要性を訴えた。

一九六〇年（昭35）、顔水龍は台湾民芸展覧会を日本で開催するために、何度も柳宗悦と書簡を往復しこの展覧会について相談した。この時期、柳は病床についていたが、台湾に対する愛着と顔水龍との友誼から、病身を顧みず親身になって助言した。しかし諸々の理由により、顔水龍が計画した展覧会は結局実現することはなかった。柳は翌年この世を去った。おそらくこの書簡の往来が、二人の最後の交流であったのだろう。

顔水龍が私生活と学問において柳宗悦を熟知していたことに疑いをさしはさむ余地はない。顔水龍はかつてある座談会で、「私と柳先生は親しく、私は彼が書いた本はすべて読みました。柳宗悦が論じる民芸の意義はもちろん熟知している[15]」と語っている。顔水龍が初めて公開座談会にて柳宗悦をとりあげたのは、一九七七年（昭52）に開かれた「台湾民芸と台湾原始芸術座談会」においてであった。

座談会で次のように柳宗悦像を論じた。

柳宗悦は宗教哲学家である。物の美醜判断が非常に正確で、直観が鋭い人である。そして審美的修養も高い。彼は早くに朝鮮と中国に行ったことがあり、日本各地の骨董店や雑貨店、古物店で一般人が気付かない品物を見つけた。彼の審美眼で見つけた各種の品物は、染織物や陶器、絵画および版画である。整理ならびに分類を通して新たな価値を見出した。それらは多数の高貴で豪華な『貴族工芸』あるいは『上層工芸品』と比べて、さらに純正で健康な美を具えている。(16)

柳の民芸思想については、

「民芸」という言葉は一般人に「民間工芸」または「民族工芸」、「民族芸術」、「民衆芸術」、「郷土芸術」などと呼ばれている。字典に載っている語源は、すなわち常民生活で生産された郷土工芸品で、実用性と素朴な美を持っているからこそ人々から愛されるのである。だが、「民芸」という言葉が民衆的工芸の意味に定められることになったのは約五十年前に日本民芸館館長であった柳宗悦先生によってである。(17)

と語っている。

工芸やデザインなどの研究環境が未だ整っていなかった時代に、顔水龍はいち早く柳宗悦と日本民芸運動を台湾に紹介した。顔水龍が柳の人物像や民芸思想について述べるとき、柳宗悦と民芸運動を完全に把握していたことがうかがえ、しかも顔水龍の柳宗悦の思想と実践に対する評価が現れている。この台湾民芸をテーマとした座談会で、顔水龍は自分の民芸に対する思いを柳宗悦と民芸思想を通して紹介した。このような姿勢に顔水龍が民芸思想と実践上でとる態度が表れている。以上の言動はおそらく柳宗悦の民芸思想への共感から生まれているのだろう。

民芸運動と台湾の工芸運動

一九二六年(大15/昭元)に「日本民芸美術館設立趣意書」が起草され、戦前から半世紀以上にわたり日本の近代工芸と造形文化に影響をおよぼした民芸運動が発足した。民芸運動実践の具体的な手順について「民芸運動は何を寄与したか」の中で、柳宗悦は以下の四つの手順を記している。

第一は、日本民芸館の設立とその公開とである。第二は、日本に於ける地方的な伝統工芸の現状に関する調査と、実物の収集とである。第三は、現存する地方民芸の振興と発展とに対する援助である。併びに個人作家と工人達との協作である。第四は、言論の面であつて、機関誌を通じ単行本を通じ、この運動の意義を説いた。[18]

実際、柳宗悦があげたこの四つの民芸運動実践の手順は相互に関連しており、一つ一つはっきりと分けることは難しい。なぜなら民芸を収集すると同時に演説と文字を通して世に発表するからである。確信できるのは、民芸運動の展開は多様な実践手順を表しているが、民芸思想の下その運動に緊密な一体感を持たせているということである。

柳宗悦の民芸運動実践の手順を見てみると、地方の民芸収集に着手したのが最も早く、若い頃に木喰仏《もくじきぶつ》の調査を始めた。柳はこの時から地方各地で使われている民芸品に注目し始めた。民芸品がもつ美と特質に魅了され、次第に研究課題とするようになった。

木喰仏の研究が一段落すると、柳はすべての関心を民芸に集中させ、地方民芸品の収集と調査の基礎的な作業を研究の第一歩とした。当時の民芸収集の活動について、柳は以下のような言葉を残している。

蒐集は全国にわたって間断なく行なわれ、新古の美しい品々が無数に集められて行った。もとより自身の楽しみのためではない。いずれ建てられるであろう日本民芸美術館の蔵品とすべく、みずからの収入と有志の寄金とを悉く注込んだのである。[19]

この民芸運動展開以前の民芸収集活動は、それまで前例がなかったことから困難を極めたが、柳は理念と情熱をもって徐々に困難を克服していった。前記の柳の言葉のように、民芸収集の動機は個人の興味を満足させるためではなく、地道な活動が民芸運動を継続させる原動力になると深く信じていた。また、この活動が一種の芸術創作に相当するとも見ていた。厖大な収集成果を得る反面、収集によって新しい課題が発生した。それは民芸品が持つ価値を、どのような方法を用いて世に紹介できるのかということである。

柳は美術館のような展示場を設置し、苦心して収集した民芸品を公開した。柳によれば民芸思想の提唱と啓蒙に最適な方法は、すなわち直接的に民芸品を通して民芸の美を大衆に知らしめることであった。柳が理想とした民芸の展示空間は、のちの日本民芸館である。人々はこの民芸思想の活きた教材に接し、民芸品の正しい美を体感した。民芸館の創設は民芸運動の発展に対し重要な役割を担ったが、最初の構想から実現までの間にはさまざまな紆余曲折があった。

美術館となると実際はさう簡単にはいかない。建物も要るし地所も要る。備品什器その他運営上の費用一切等々。一個人の学究には負ひ切れぬ多額の費用と煩瑣な事務、考へると躊躇すべき事のみ多く、なかなか実現されそうになかつた。それで私の著書『日本民芸館』にも記して置いたが、当時新築中の帝国博物館に、吾々の収集品の一切を無償で寄付する考へを立て、時の館長に申入れたが、当時は民芸品などに理解があるどころか、寧ろ専門家から馬鹿にされてゐた時期とて、結局私共の申入れは価値のないものとして受入れられなかつた(20)。

この柳宗悦の回想によると、柳は民芸館の草創期に多くの問題にぶつかり、一時期自力による創設計画を諦め、政府の帝国博物館に委ねようとした。しかし、帝国博物館との交渉が頓挫し、このことが民芸運動の将来に大きな影響を与えた。顕わになったのは民芸運動と政府との距離で、民芸館の創立だけでなく民芸雑誌や書物の発行、民芸運動の事業にいたるまで政府の力を借りず、すべて柳と友人たちだけで力を合わせて実現したのである。

柳宗悦と政府の関係を見るとき、柳の育った環境と性格を無視することはできない。特に学習院時代および雑誌『白樺』を通じて付き合った友人たちは、柳が主導した民芸運動の中で尽力や財力などの面で助力を惜しまず、柳が何ものも恐れずに堂々と民芸運動を主導していけるようにした。このような友人たちの協力の下、柳は終始政府との距離を保ちつつ民芸運動を思い通りに実践していった。

顔水龍は柳宗悦より約十年遅れて正式に工芸の道を歩み始めた。一九三七年(昭12)一月、顔水龍は立案した美術工芸学校の創立計画を台湾に持って行き、友人や先輩、地方の人士に協力を求めたが、誰もこの計画に興味を示す者はいなかった。柳宗悦が持つ華麗な人脈に比べ、顔水龍には民間の協力者がいず、最終的に一縷《いちる》の望みを政府に託すしか術がなくなった。

そこで顔水龍が当時工芸産業を管轄していた台湾総督府文教局と殖産局の二部門に、「美術工芸学校創立計画書」を提出したところ、意外にも殖産局から嘱託の任命を受けた。だが、美術工芸学校の設立にかかわる問題が生じ、顔水龍は殖産局の命を受けてまず台湾全島の工芸の基礎的な調査にとりかかった。三百円の経費と交通機関の無料乗車券を携えて北部の基隆《キールン》を出発し、五か月の時間を費やして各地の工芸調査を行うとともに民芸品を収集した。

この調査を通し、顔水龍は島内の工芸の現状を把握した。調査を終えた顔水龍は収集したすべての資料を東京に持ち帰り、また、台湾総督府殖産局で得た紹介状により通産省直属の工芸指導所で研究に従事することになった。顔水龍は台湾での調査で得た結果を分析し、台湾工芸が直面している問題の解決策を検討した。

顔水龍は教育施設を創設することが工芸の発展と生活文化の改善にとって重要な手段だと考えていたが、当時の時代背景と環境を鑑《かんが》みればその実現は不可能に近いものであった。したがって顔水龍は実践方式を採用し、現存する工芸産業の製作と設計上の問題を研究した。

この時期の私は「如何にして特有の工芸基礎を復興させられるか」という研究に没頭していた。とりわけ台湾の地理的環境において生み出される豊饒且つ地方色豊かな工芸材料は皆利用できる。また固有の伝統技術と造形を有している。これらの基礎を現代生活に合わせ、改めて設計を加え、生産の科学化と合理化を実施すれば、経済を発展させることができる。そこで私はこれを台湾工芸復興の目標とした(21)。

二年の研究生活を経て顔水龍は台湾に戻り、総督府殖産局に報告書を提出した。この時ちょうど通産省工芸指導所の分室を台湾に設立する計画があり、顔水龍は東南アジアおよび中東の工芸の現状視察に派遣されることとなった。しかし、工芸指導所台湾分室設立と海外視察計画の案は戦局の悪化により実現することはなかった。

政府のパイプを通しての工芸振興事業を阻まれた顔水龍は、自力での活動に転換せざるを得なかった。顔水龍は、過去の工芸研究と調査で収穫した成果を基礎に、新作民芸の設計と製作を開始した。画家や広告デザインの経験を持つ顔水龍は、新作民芸の設計製作に身を投じて間もなく、一九三九年に「塩草《しおくさ》手提《てさ》籠《げかご》」という作品が通産省主催の戦時生活用具展覧会で入賞した。

翌年、なお台湾工芸振興事業の今後の展開を心配した顔水龍は台湾総督府殖産局に相談した。殖産局から色好い返事はもらえなかったものの、補助金を受けて自力で工芸振興事業を展開していった。顔水龍は台南の学甲や北門などの良質な材料と人材を選定し、工芸製作組合「南亜工芸社」を設立、塩草（三角藺《さんかくい》）で編んだ帽子や靴、スリッパなどの工芸品を生産した。これらの工芸品はよく売れ、二、三年で百八十万円の売り上げに達した(22)。このような成果は当地の伝統工芸を復興させるだけでなく、地方の経済をも復興させた。この新作民芸の成功体験は、初めて工芸製作組織を主導した顔水龍に大きな自信を持たせ、台南州工商課の求めにより民間の人士と共同で「台南州《たいなんしゅう》藺草《いぐさ》産品《さんぴん》産銷《さんしょう》合作社《がっさくしゃ》」を設立した。

南亜工芸社と台南州藺草産品産銷合作社などの新作民芸事業での成功をおさめたのち、顔水龍は台湾南部の竹細工工芸に目を付けた。

> 台湾の竹の加工技術は世界に比類なき特色を持ち、開発すればその発展は無限である。私は半年の時間をかけて竹の加工技術を学んだ。それから台南の関廟《かんびょう》を中心に調査し、関廟の人士と共同で「竹細工産銷合作社」を設立し、新しい設計を社員に提供し新しいサンプルを作った(23)。

関廟地区の竹細工の工芸振興は柳宗悦の訪台の一年前のことであった。一九四三年（昭18）、柳の一行は台湾で民芸の考察をおこない、顔水龍の案内により台南地区に入った。柳は関廟地区の竹細工産業に深い興味を示した。当時の詳細な状況を顔水龍は手稿に残している。

> 私は柳先生と同行したのは主に南部で、特に台南市、関廟郷あたりは御一緒でした。（中略）先生が関廟での感激の声が屢々私の耳もとに響いて来たやうな気がして、関廟の竹細工の伝統や産品を見て絶賛してやまない(24)。

柳宗悦は称賛する一方、遠慮せずに顔水龍が指導する工芸運動と新作民芸品に具体的な提言と批判を述べた。柳宗悦が台湾での考察を終えてしばらくしたのち、台湾総督府文教局は台湾在住の美術家や工芸家・建築家などを招き集め、「台湾生活文化振興会」を設立し「台湾造形文化運動」を推進した。顔水龍は工芸指導家の肩書でこの振興会の理事に任命され、台湾生活文化振興会と日本内地の商工省工芸指導所・興亜造形文化連盟などの組織間の連絡役を務めた(25)。

この人事は顔水龍の工芸振興における経験と人脈を借りるものであったが、この組織の本部が北部にあることと、日増しに悪化する時局のために顔水龍は参加を阻まれた。当時、顔水龍は台南高等工業専門学校建築工程科に招聘されており、デッサンと美術工芸史の授業を担当し工芸教育に携わるという長年の願いをかなえた。

戦後、統治者の交代により台湾社会が激変し、工芸産業にとっても振興政策の存続問題に明らかな変化が起こった。戦前に台湾総督府が主導した工芸振興事業は中断の憂き目にあった。同時に戦後初期の社会が不意に知識体系や言語を転換させられたことで、戦前に定められた基礎や成果を受け継ぐことができなくなった。顔水龍はこの過渡期に在野の研究者として個人で工芸運動を続けた。

過渡期が終わると、顔水龍の才能と経歴が国民党政府に注目された。一九四九年（昭24）から十年あまりの時間、台湾省工芸品生産推行委員会委員や設計組長、台湾省政府建設庁技術顧問、台湾省手工業推広委員会委員、農復会農業経済組顧問などの職務を兼任し、政府の工芸振興と研究の任務に就いた。また、南投県工芸研究班と台湾手工業推広中心を創設した。この二つの機関は現在でも台湾工芸研究と生産販売に最も影響力を持っている。

この時期の顔水龍は工芸振興に対する期待を政府に寄せ、政府の権力と行政力を利用して台湾の工芸産業の発展に力を注いだ。長年の努力により相当の成果を得たが、政府との理念の相違や官僚制度の束縛が原因で、顔水龍は次第に政府から離れていった。顔水龍は自分自身の工芸運動の原点すなわち教育に立ち戻り、人生最後の黄金期を教育に捧げた。五十七歳からの約二十年間、国立台湾芸術専科学校や私立台南家政専科学校、私立東方工芸専科学校、私立実践家政専科学校などの美術工芸科で教員を勤め、数多くの人材を育成した。

おわりに

以上の柳宗悦と顔水龍がそれぞれ主導した工芸運動を中心として実践の内容を比較し、二つの工芸運動の相違点を具体的に以下に説明する。生まれた家柄が良く豊富な人脈を持つ柳宗悦には、民芸運動発足期から志を同じくした友人たちが周りにいて、柳の民芸運動を支えた。民芸運動初期、柳は収集した民芸品を政府の帝国博物館に委ねようとしたが拒絶された。

このことにより、柳の民芸運動が民間の色彩を帯びることとなった。この転換には、柳の性格以外に友人と支持者の力が大きくかかわっている。友人と支持者の協力により、柳は民芸運動を着実に展開していった。これに対し、顔水龍の生い立ちと性格は柳と正反対である。工芸運動の活動は、公私の両面を行ったり来たりした。柳のように友人や支持者が周りにいることはなく、自力で活動するしかなかった。顔水龍の工芸運動の全貌を見ると、乏しい人材と財力などの条件のために、政府の機関で勤めていた時期を除き、大部分は工芸品の設計製作や新作民芸合作社での指導、小規模な展覧会の主催および教育機関での教員などが主であった。

柳宗悦の民芸運動に比べると、顔水龍の工芸運動は規模や影響力が格段に小さかった。理論面の業績については、著作が非常に多い柳に比べ、顔水龍が残した著作は極めて少なく、実際の設計製作をもって工芸振興事業を展開した。柳の民芸運動の主な実践方式は民芸品収集と研究から始まり、次第に民芸理論を構築し、民芸館の創立と著書の出版を主に民芸思想を広めた。柳宗悦と顔水龍の工芸実践の特徴を検討すると、柳は思想と観念の啓発に重きを置き、顔水龍は実際の設計製作に力を入れており、これはまさに思想家と画家の性格特徴に符合する。

一方、「民芸館」[26]と「工芸学校」、この柳宗悦と顔水龍がそれぞれ理想的とした運動の実現策から二人の人格特徴がうかがえる。柳が創設した日本民芸館は民芸品に大衆が直接触れる機会を提供し、大衆に自己の感性で体得した民芸の美を生活の中に持ち帰らせることで、最終的に社会全体に正しい美の認識が広がるようにした。顔水龍は工芸学校を設立し、人材を育成することを重要課題とし、国家あるいは地域の生活の中の美感を改善するには、工芸の専門家を育成することが近道だと考えた。工芸学校の設立は夢に終わったが、顔水龍の教育を中心とした主動的な実践策と、柳宗悦の受動的な民芸館形式の実践策は明確な対照をなしている。

(1) 藤田治彦「序文　アーツ・アンド・クラフツ運動と日本」『アーツ・アンド・クラフツと日本』思文閣出版、二〇〇四年、一頁。
(2) 藤田治彦「アーツ・アンド・クラフツ運動とは何か」『ウィリアム・モリスとアーツ&クラフツ』梧桐書院、二〇〇四年、五頁。
(3) 同右。
(4) 小野二郎『ウィリアム・モリス』中央公論社、一九七三年、一二頁。
(5) 柳宗悦「台湾の民芸に就いて」『柳宗悦全集』第十五巻、筑摩書房、一九八一年、六〇七頁。
(6) 同右、六〇四頁。
(7) 柳宗悦「昭和十八年（一九四三年）書簡」（『柳宗悦全集』第二十一巻中、筑摩書房、一九八九年、二九〇－二九一頁）。
(8) 陳清汾「序三」『台湾工芸』光華印書館、一九五二年、五頁。

(9) 顔水龍「台湾に於ける「工芸産業」の必要性」『台湾公論』一九四二年二月、二頁。
(10) 顔水龍「我与台湾工芸」『芸術家』三十三期、一九七八年、八頁。
(11) 顔水龍「台湾区造型文化」『国立歴史博物館館刊』七巻九号、一九九七年、五〇頁。
(12) 顔水龍「我与台湾工芸」『芸術家』三十三期、一九七八年、八頁。
(13) 同右。
(14) 顔水龍の推薦により学校が購入した柳宗悦の著書『工芸文化』(文藝春秋、一九四二年)は、現在でも国立成功大学総図書館に収蔵されている(陳凱劭「顔水龍的一九四〇年代」『工芸水龍頭：顔水龍的故事』国立台湾工芸研究所、二〇〇六年、二八頁)。
(15) 顔水龍・陳奇禄「台湾民芸及台湾原始芸術」『歴史、文化与台湾』台湾風物、一九八八年、六九頁。
(16) 同右、五五－五六頁。
(17) 同右、五五－五六頁。
(18) 柳宗悦「民芸運動は何を寄与したか」『柳宗悦全集』第十巻、筑摩書房、一九八二年、六頁。
(19) 水尾比呂志「解説　民芸運動の展開」『柳宗悦全集』第九巻、筑摩書房、一九八〇年、五八二頁。
(20) 柳宗悦「四十年の回想」『柳宗悦全集』第十巻、筑摩書房、一九八二年、二一〇頁。
(21) 顔水龍「我与台湾工芸」『芸術家』三十三期、一九七八年、九頁。
(22) 莊伯和「建立台湾芸術風貌的顔水龍」『顔水龍工芸特展』国立台湾美術館、二〇〇五年、一一頁。
(23) 顔水龍「我与台湾工芸」『芸術家』三十三期、一九七八年、一〇頁。
(24) 顔水龍「顔水龍日文手稿」『顔水龍的故事』国立台湾工芸研究所、二〇〇六年、一一五頁。
(25) 商工省工芸指導所『工芸ニュース』第十二巻第五号、一九四三年、一八四頁。
(26) 水尾比呂志は柳宗悦と日本民芸館の関係を次のように形容している。「日本民芸館は、工芸に関する柳宗悦の理念のすべてを具現した、世界にも稀有な館であるが、その展示における宗悦の技倆の卓越性も、他館や他者の比肩を許さぬものとして特筆しておきたい」(水尾比呂志『評伝　柳宗悦』筑摩書房、二〇〇四年、二七九頁)。

インドの手工芸と振興活動——ラバーリー社会を事例に——

上羽陽子

はじめに

インド西部、カッチ県では、染色・織物・刺繍・陶芸・金工・革細工・木工など多様な手工芸が盛んに行われている。カッチ県に居住し、ラクダやヤギなどの牧畜を主な生業とするラバーリー（Rabārī）の女性は自家用に刺繍技術を用いて衣裳や調度品などを制作している。

本稿では、ラバーリー社会に焦点をあて、彼らの社会における刺繍布の扱われ方とインドおよびカッチ県の手工芸振興活動とを照らし合わせながら、現代インドの手工芸の様相について考察を試みたい。

ラバーリーがつくる刺繍布

現在、インドを訪れると、土産物店やホテルなどで多くの刺繍布と出合う機会がある。それらは、実際に生活の中で使い古され骨董品として扱われているものや、販売を目的としてつくられているものなどさまざまである。これらの刺繍布に施される多くの刺繍技術の中に、ミラー刺繍という技術がある。ミラー刺繍とは、吹きガラスの内側に溶かした錫《すず》を注ぎ込んだガラスミラーを破片にして、布に縫い付ける技術である（図１・２）。この技術はかつてインド宮廷内の刺繍職人が雲母《うんも》を用いて行っていた。しかし、十七世紀のムガル王朝時代にガラスをつくる技術が発達したため、雲母の代用品としてこの鏡片が使用されるようになり、近代では一般の人々へも広く普及している（MORRELL, 1992, pp.75–77）。

現在、このミラー刺繍は土産品として売られている刺繍布にもよく見かける技術であり、インド西部のカッチ県では女性たちによって盛んにつくられている。そして、この地方の中でも、特にミラー刺繍を得意として知ら

図1　素焼きの瓦に擦り付けて鏡片を形作るラバーリー女性

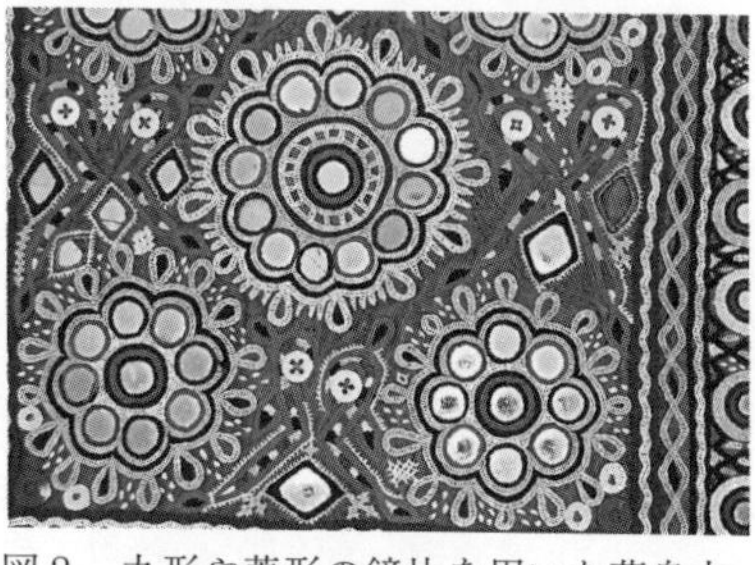

図2　丸形や菱形の鏡片を用いた花鳥文様のミラー刺繍。よく見ると鳥の向き合っている角度や大きさが異なっている。

れているのが、主にラクダやヤギ・ヒツジなどの牧畜を行っているラバーリーの女性たちである（図3）。

現在、カッチ県に居住する民族集団の多くの女性たちは、形を整える作業や布地に縫い付けることが簡単な丸い形をした鏡片のみを用いてミラーワークを行っている。これに対してラバーリーの女性たちは、素焼きの屋根瓦に鏡片を擦り付けて、鏡片をさまざまな形へと整えることを得意としている。彼女たちは、丸形・三角形・四角形・菱形・涙形・長方形など多種類の形を生みだして、この多種類の鏡片を用いて文様表現を行っている。

ラバーリーは刺繍作業のさいに下絵を描かず、最初に鎖《くさり》縫い技法で大まかなアウトラインを布に直接施し、その後、鏡片を布に縫い付けてからその周囲の空間を徐々に多様な刺繍技術で埋めていく。したがって、さまざまな形をした鏡片を布上で再構成するデザイン力が必要となるが、彼女たちは何ら手本となる図案もなく、布の上で多種類の鏡片とその周囲に施すさまざまなモチーフを組み合わせ、まるで楽しんでいるかのように刺繍作業を進めるのである。そして、ラバーリーの刺繍布は、このような多種類の形をした鏡片を用いることから、鏡片の組み合わせによって変化に富んだデザインとなっている。

また、ラバーリーの刺繍布は、各自の女性の蓄えている限られた糸の中から刺繍を行うため、一つのデザインの左右の色が異なっていたり、一つの模様の中で途中から糸の色が変わっていたりすることもある。一見すると、ちぐはぐしているようなデザインや配色ではあるが、じっくりみると全体的に伸び伸びとした大らかな魅力ある刺繍布となっている。

彼女たちが現在のように多様な刺繍技術による文様表現を盛んに行うようになった根底には、もともと彼女たちが伝承してきた文様の存在がある。ラバーリー社会は文字を持たない無文字社会である。そのような状況において、ラバーリーにとって文様は文字のかわりになる重要な存在となる。母から娘へと伝えられた文様にはそれぞれの深い意味を含んでいるのである。

彼女たちは住居の内壁に、土と家畜の糞を混ぜた泥と鏡片を用いた壁面装飾を施している。この壁面装飾にはラバーリー独特の文様が数多く描かれている。また、彼女たちは身体に入れ墨を施し、その文様もラバーリー独自のものである。つまり、女性たちは確固たる自分たちの文様をもっているため、一度刺繍技術を習得してしまえば、描きたい文様はすでに決まっているため、今まで壁面に描いていたものを布の上に移し替えて描き、さらにアレンジを加えていくことを容易に行うことができる。

図3　ラバーリー女性の刺繍作業風景

また、このようなラバーリーの刺繍布や刺繍技術による衣裳は、命名儀礼や婚約儀礼、結婚儀礼などの通過儀礼において登場し、結婚儀礼では婚礼衣裳と持参財としての重要な役割を持っている。

ラバーリーはかつて幼児婚の風習で知られる民族集団であったが、現在では二〇歳前後に結婚を行っている。しかし、今でも男・女児とも三歳から七歳頃になると結婚相手を双方の親同士が決めて婚約を成立させる。また、一度婚約が結ばれると、双方に何事が起きても解消されることはない。婚約が調うと、花嫁と花嫁の母親は嫁ぎ先に持参する衣裳や刺繍品の制作を始め、結婚するまでに一〇枚から二〇枚の刺繍を施した上衣を準備する。

そして、ラバーリーの女性が生涯の中で最も華やかな刺繍を施した衣裳を身に着けるのは婚礼時である。このときに着用する花嫁用の上衣は、全面にミラー刺繍が施され、花嫁側が用意した上衣とは区別されている。この全面ミラー刺繍の花嫁衣裳は慣習として花婿の親戚者が制作するため、用いられている布や糸の素材、刺繍技術やデザインの善し悪しによって、花嫁側の女性たちは花婿側の女性たちの技量や経済力などを評価するのである。さらに、このミラー刺繍はただの装飾ではなく、ラバーリー社会では、鏡片には邪視から身を守る力があると信じられているため、花嫁を邪視から守るための意味も持っている。

さて、カッチ県を周遊すると、村々で女性たちが刺繍を行っている場面に出くわすことがある。彼女たちの多くは、手工芸振興活動の名のもとに販売用として製作し、それらの刺繍布は業者を通じて、カッチ県をはじめグジャラート州の都市、デリー、諸外国へと販売されている。

何故、このような刺繍布が多く販売されているのか。そこにはインドにおける手工芸振興活動の歴史がある。

インドにおける手工芸振興活動

ラバーリーが行っているような刺繍や、インドにおける染色や織物・革細工・木工などといった手仕事が一般的に総称として「手工芸（handicrafts）」と呼ばれるようになったのはいつ頃であろうか。そして、いつ頃からこのような「手工芸」といった概念がインドにおいて生まれたのであろうか。インドの「手工芸」の概念の成立について金谷は明快に論じている。

インドにおいて「手工芸」という領域と概念は、皮肉なことに、インド各地で手織機で織られていた布が、英国の輸出する機械織の布との競争にすでに敗れつつあった英国植民地期に誕生した。博覧会に出品されたインドの産品をみたモリスたち英国の知識人たちは、インドの手仕事による産品に対して、英国中世期の工芸の姿を見いだし、高く評価した。モリスに影響をうけたセイロン出身のクーマラスワーミによって、インドの手仕事による造形物は、「手工芸」として論じられ、彼のインド手工芸に関する論考は独立後のインド国家による手工芸開発に用いられる言説となったのである（金谷：二〇〇七、四六－四七頁）。

このような「手工芸」という概念のもと、インド独立後、初代首相であるネルー首相（在職1947-64）は、手工芸と手織産業の育成を実施した。そして、一九五二年に全インド手工芸委員会（All India Handicrafuts Board）を設立し、手工芸の振興にたいしてインド政府をあげてさまざまな活動を行うようになった（PAL, 1978, p.299）。

その代表的な存在として、一九五六年、デリーにインドの手工芸品や伝統的な手織物などを収集展示した国立手工芸・手織博物館（National Handicrafts and Handlooms Museum）が設立された。ここでは、インドの各州から集めた数多くの収集品を展示するとともに、博物館の中庭を利用して、常時インドの各州から伝統的な手工芸品の職人たちを招いて実演販売を行い、インドでの手工芸品の存在をアピールした。

その後、一九六一年にはグジャラート州の中心都市・アフマダーバードに国立デザイン研究所（National Institute of Design）が設立された。この研究所は産業界におけるデザイン指導者の育成を目指し、産業界と政府への情報提供機関として活動している。特に学生は実技トレーニングを通じて理論を学び、学生自らがプロジェクトを組んで各産地に入って現地調査を自ら行い、そのレポートをもとに教師であるデザイナーと議論を交わすシステムがとられている。学生は五年間この研究所で教育を受けた後は、インドの各地にある国立のデザイン施設に入り、デザイナーとして働くことができる。またこの研究所の特徴は、最先端のデザイナーと職人との双方を指導者として招き、学生はこの研究所の中でアート性の高いデザイン教育と職人的技術との両方を学ぶことができるようになっていることである。

また、この国立デザイン研究所が設立された一九六一年には、インド全国において手工芸の実態を把握するための手工芸調査（Census of Handcrafts）が実施された。さらに、インド政府は人間国宝認定制度（National Award）を制定した。職人は人間国宝に認定されると賞金や年金、海外を含めた手工芸祭への参加資格、国が出資する手工芸の技術訓練教室を開くことができる。そのため、人間国宝に認定された職人の中には技術訓練教室で職人を育成し、その職人を下請けに使い、国から融資を受けて仕事を拡大し、経済的に成功するものもいた（PAL, 1978, pp.304-305）。

このような動きの中で、カッチの手工芸開発の基礎を作ったのは一九七二年に設置されたグジャラート州手工芸公社であった（金谷：二〇〇七、三七－三八頁）。同公社は、グルジャリー（Gurjari）という名の直売店を持ち、多くの生産者に仕事を継続させ、生計を維持させることを目的として手工芸開発の礎を築いた（同前三七－四二頁）。その後、一九七六年にカッチ県の首都ブジ（Bhuj）に手工芸宣伝広告・事業拡大センターも設立され、これらを契機にカッチ県の手工芸振興活動が盛んになっていったのである。

また、一方で一九六九年にカッチ県を襲った大旱魃の飢餓救済活動事業によって、この地方の女性による刺繍技術が注目され、女性たちの刺繍の継承を目的とした振興活動が活発になった。カッチ県における手工芸振興活動の中で、ラバーリーの刺繍布は、前述した特徴あるミラー刺繍によって、周囲の人びとから美的価値を見いだされ、注目されるようになった。そして、一九八九年にはデリーの国立手工芸・手織博物館において、はじめて、ラバーリーの刺繍布の実演販売も行われ、彼らの刺繍布が徐々に有名になっていったのである。

近年の変化

しかし近年、ラバーリーの族長は「刺繍禁止令」を発令した[1]。この禁止令は、刺繍技術による婚礼衣裳をはじめとするすべての衣裳と持参財としての刺繍布の制作を禁止するものであった。この「刺繍禁止令」の背景には、ラバーリーの刺繍布が観光客へ高値で販売されることが一つの要因として考えられる。以前は、親戚内で協力しながら準備をしてきた持参財としての刺繍布を他者へ販売してしまうことで、持参財の不足といった事態をまねき、結婚の延期や中止といったことがラバーリー社会において問題になった。

また、もう一つの要因としてラバーリーの婚姻形態の変化があげられる。ラバーリーでは一九七〇年頃まで幼児婚が行われていた。しかし、近年になり、彼らの生活が移牧から定住へと移り変わるとともに、幼児から十八歳前後に行う結婚儀礼へと変化した。そして、この変化の中で婚礼衣裳が幼児の体の寸法から成人と変わらない寸法へと大きさが変化し、それに伴って婚礼衣裳用に準備する布地の量も、刺繍を施す量も増加し、経済的負担や刺繍を行う女性たちの時間的負担が増加した。そして、婚礼衣裳はラバーリーにとって婚資であるために、婚資の増加に伴って刺繍布による持参財も増加してきたと考えられる。つまり、「刺繍禁止令」の背景には、観光客からの影響に加えて、必要以上に負担となった婚資や持参財を懸念した族長が、ラバーリー本来の婚姻形態であった負担にならない程度の婚資や持参財といった姿に戻すべきであるという意味も含まれているのではないかと考えられる。

そして、ラバーリーの女性たちは、禁止令からはずれている運針技法とアップリケ技法によって文様表現を行うとともに、これらの技法以外にも、プラスチックやセロハンなどの素材によるレースやモール、スパンコールなどを布に縫い付ける、またはジグザグミシンによって刺繍に代わる新しい文様表現を行い続けている。さらに、このような動きの中で、カッチ県の布商人たちは、ラバーリー女性に内職を頼み、新しい素材をミシンで縫い付けたラバーリー用の既製品の衣裳を販売するようになった。そして、今まで自分自身で衣裳をつくっていたラバーリー女性が、同形態の既製品の衣裳を購入するという動きもある（図4）。

図4　商店で既製品の娘の衣裳を選ぶラバーリー女性

ただし、ラバーリーの「刺繍禁止令」では特例として、手工芸振興活動による販売を目的とした刺繍布の制作は許されているのである。しかし、多くのカッチ県の女性が積極的に振興活動に参加していることに対して、ラバーリーの女性は明らかにこの活動へは消極的である。この理由には外部の人が主導となってアレンジしたデザインを指定された布・色糸によって制作することや、自ら工夫をすることのできない商品としての刺繍布を制作することに対する抵抗があげられる。また、委託側も伝統的な文様を継承せず、こだわりを持っていない人びとに制作を依頼するほうが簡単であるとも考えていた（図5）。

つまり、持参財としての役割を持っていた刺繍布がラバーリー以外の他者からの評価の高さによって、その動きとは逆にラバーリー社会の中で禁止してしまう、また、

図５　委託されたサリーへ刺繍を行うアヒールの女性

現在では禁止令が出たために、さらに昔のラバーリーの刺繍布が高い評価をうけ、商品としてラバーリーの文様が多く使われるようになり、それをラバーリー以外の女性が制作するという新たな動きが起きている。

　二〇〇一年のカッチ県を震源地としたインド西部大地震後、インド国内外の政府やＮＧＯがこの地域において手工芸復興活動を活発に行い、この活動の一つにラバーリーの女性たちにミシンを配付するというものがあった。その結果、現在、唯一、カッチ県の三集団のラバーリーの中で「刺繍禁止令」の出ていない一集団において、他の二集団同様にジグザグミシンによる文様表現が盛んに行われるようになってきている。また、彼らの制作する壁面装飾もこの震災により崩れ落ち、震災後、これらを小片にして販売するという新しい動きもある。

　このような外部の人々の認識によってそれまで継承されてきた手工芸に影響を与えるという事例は他の民族集団でも見ることができ、ラバーリーの動きは一つの事例として捉えることができる。ラバーリーは自分たちの制作する刺繍布がインド国内外において、カッチ県の他の民族集団の制作する刺繍布よりも高く評価されていることをはっきりと認識している。しかし現在、彼らは高く評価されている刺繍布の制作を止めている。この彼らの選択こそが、今日まで彼ら独自の手工芸技術を継承することのできた要因であり、ラバーリー自らの手工芸に対する確固たる意識であると考えている。

（１）　この刺繍禁止令は、一九九四年にデバラヤラバーリー、一九九八年にヴァガディヤラバーリーの族長が婚礼衣裳をはじめとするすべての衣裳に刺繍を施すこと、また持参財としての刺繍布の制作をすべて禁止するというものであった（上羽、二〇〇六、一八〇頁）。

〔参考文献〕

金谷美和『布がつくる社会関係——インド絞り染め布とムスリム職人の民族誌』（思文閣出版、二〇〇七年）。

MORRELL, Anne, *The Techniques of Indian Embroidery*, B.T.Batsford Ltd, London, 1994.

PAL, M. K., *Crafts&Craftsmen in Traditional India*, Jayant Baxi for Kanak Publications, New Delhi, 1978.

上羽陽子『インド・ラバーリー社会の染織と儀礼——ラクダとともに生きる人びと』（昭和堂、二〇〇六年）。

国際デザイン史　日本の意匠と東西交流　デザイン史フォーラム編

デザイン史上における「影響関係」「交流」を国別に比較通覧した国際交流史

【内容】イギリス イギリスとのデザイン交流／江戸時代の絵画と版画の国際的伝播／芸術論における日英交流／日本美術―ヴィクトリアン・デザインの触媒／ウィリアム・モリスの日本における受容／マッキントッシュにとっての日本／武田五一とアール・ヌーヴォー／レイナー・バナムと堀江悟郎 **アメリカ** アメリカとのデザイン交流／フランク・ロイド・ライトと日本建築／フランク・ロイド・ライトと日本美術／ウィリアム・メレル・ヴォーリズの住宅観／戦後復興期における新しい生活モデルの成立と普及 **ドイツ** ドイツとのデザイン交流／エンデ&ベックマンを巡る洋風と和風／日本における「ドイツ工作連盟」の受容／1930年代の国産鋼管椅子とバウハウス周辺／ブルーノ・タウトの空間思想と日本文化／エーゴン・アイアマン―ドイツに建てられた日本の家／エコロジカル・デザインと日本 **オーストリア** オーストリアとのデザイン交流／ウィーン万国博覧会プログラムと日本語「美術」／1873年ウィーン博と近代日本デザイン史／上野伊三郎とリッチ・リックス・上野 **イタリア** イタリアとのデザイン交流／工部美術学校と明治のイタリア留学生／モダニズムとファシズムと／ミラノ＝トーキョー・コネクション **フランス** フランスとのデザイン交流／フランスのポスター芸術と日本／ファッション・プレートがとどけるパリの香り／アイリーン・グレイと日本／ル・コルビュジエと日本の近代建築／シャルロット・ペリアンと日本 **ベルギー** ベルギーとのデザイン交流／ヴァン・ド・ヴェルドと日本／ブリュッセルの「日本の塔」／リエージュ万国博覧会における日本館の家具／ベルギーの現代デザインと日本 **オランダ** オランダとのデザイン交流／オランダ新興建築と日本／オランダのグラフィック・デザインと日本 **ロシア** ロシアとのデザイン交流／構成主義／ウクライナ劇場国際設計競技と日本からの応募案／ペレストロイカ以後 **スイス** スイスとのデザイン交流／ギーディオンの書簡に読む近代建築交流史／スイス・タイポグラフィと日本 **東欧諸国** 東欧とのデザイン交流／東欧の日本美術館／ヤン・レツルと原爆ドーム **北欧諸国** スカンジナヴィアとのデザイン交流／日本とフィンランドにおける類似点／「スウェディッシュ・グレイス」と「スウェディッシュ・モダン」／デンマーク家具に学ぶ

▶ A5判・312頁／**定価3,045円**　ISBN4-7842-1079-2

アーツ・アンド・クラフツと日本
藤田治彦責任編集・デザイン史フォーラム編

【内容】 アーツ・アンド・クラフツ運動と日本(藤田治彦) ウィリアム・モリスと明治の日本(藤田治彦) 大槻憲二とモリス誕生百年祭(川端康雄) モリス生誕百年記念協会と『モリス記念論集』(西村美香) 日本から見たアーツ・アンド・クラフツ運動とドイツ工作連盟(藪亨) 柳宗悦の二つの関心(竹中均) 青田五良と上加茂民藝協団(小谷二郎) 柳宗悦と日本民藝館(三村京子) 富本憲吉の小藝術(樋田豊次郎) アーツ・アンド・クラフツ運動から民芸運動へ(鈴木禎宏) 濱田庄司と地域社会(濱田琢司) 壽岳文章の書物工芸(西村美香)「自邸」の変容(水沢勉) 森谷延雄におけるアーツ・アンド・クラフツ的志向の背景(神野由紀) 宮沢賢治と羅須地人協会(川端康雄) コラム　W・M・ヴォーリズのミッション・ユートピア(山形政昭) セツルメント運動と日本(藤田治彦) ギルド社会主義と日本(中見真理) コラム　ハル・ハウス労働博物館(ペギー・グロワーキー) 東京美術学校と日本美術院(藤田治彦) 京都高等工芸学校(橋本優子) 東京高等工芸学校とアーツ・アンド・クラフツ(森仁史) 大正の自由主義教育：文化学院の「アーツ・アンド・クラフツ」運動(植野比佐見) 大正の自由主義教育：自由学園(塚田耕一)

▶ A5判・304頁／**定価3,045円**　ISBN4-7842-1207-8

バーナード・リーチ再考　スタジオ・ポタリーと陶芸の現代
エドモンド・ドゥ・ヴァール著／金子賢治・鈴木禎宏解説／北村仁美・外舘和子訳

ロンドンで活躍する気鋭の陶芸家による批判的バーナード・リーチ論を通じて、陶芸史におけるリーチの位置、現代陶芸の意味を探る。

▶ A5判・口絵４頁、本文294頁／**定価5,040円**　ISBN978-4-7842-1359-7

(表示価格は税５％込)

近代工芸運動《きんだいこうげいうんどう》とデザイン史《し》

2008（平成20）年９月20日発行　　定価：本体2,900円（税別）

編　者　　デザイン史フォーラム
　　　　　（藤田治彦責任編集）

発行者　　田　中　周　二

発行所　　株式会社　思文閣出版
　　　　　京都市左京区田中関田町2-7
　　　　　〒606-8203　TEL 075-751-1781

印刷所
製本所　　株式会社図書印刷同朋舎

ISBN978-4-7842-1438-9　C1072

執筆者一覧（執筆順）

藤田治彦（FUJITA Haruhiko）
大阪大学大学院文学研究科教授。1951年生。大阪市立大学大学院生活科学研究科博士後期課程修了（生活環境学専攻）。著書に『ターナー――近代絵画に先駆けたイギリス風景画の巨匠の世界』『天体の図像学――西洋美術に描かれた宇宙』『アーツ・アンド・クラフツと日本』（責任編集）など。

川端康雄（KAWABATA Yasuo）
日本女子大学文学部教授。1955年生。明治大学大学院文学研究科博士後期課程単位取得退学（英文学）。著書に『オーウェルのマザー・グース』『「動物農場」ことば・政治・歌』、共編著書に『愛と戦いのイギリス文化史1990-1950』など。

鶴岡真弓（TSURUOKA Mayumi）
多摩美術大学教授。1952年生。早稲田大学大学院文学研究科修士課程修了、ダブリン大学トリニティ・カレッジ留学。著書に『ケルト／装飾的思考』『ケルトの歴史』『装飾する魂』など。

要真理子（KANAME Mariko）
大阪大学コミュニケーションデザイン・センター講師。1966年生。大阪大学大学院文学研究科博士後期課程芸術学専攻修了。博士（文学）。著書に『ロジャー・フライの批評理論――知性と感受性の間で――』、共訳書にウォーレン・バックランド『フィルムスタディーズ入門』、共著に『現代芸術論』ほか。

高木陽子（TAKAGI Yoko）
文化女子大学文化ファッション研究機構教授。ブリュッセル自由大学文学部博士課程修了。博士（考古学芸術学）。著書に *Japonisme in Fin de Siècle Art in Belgium,* 論文に“Wallpapers Designed by Walter Crane at the Musées royaux d'Art et d'Histoire in Brussels: A Source of Belgian Art Nouveau”“Le japonisme et les livres ornementés à la fin du dix-neuvième siècle en Belgique. Découverte de l'art du livre japonais et Max Elskamp”“Le japonisme et les livres ornementés à la fin du dix-neuvième siècle en Belgique. Réaction artistique de H. Van de Velde, G. Lemmen, F. Khnopff et Th. Van Rysselberghe”など。

西村美香（NISHIMURA Mika）
明星大学造形芸術学部准教授。1960年生。京都工芸繊維大学大学院工芸学研究科意匠工芸学専攻修了。著書に『モダニズム出版社の光芒　プラトン社の1920年代』『アーツ・アンド・クラフツと日本』、論文に「羽原肅郎のエディトリアル・デザイン――そのモダニズム思想と国際タイポグラフィック様式の実践」など。

今井美樹（IMAI Miki）
大阪工業大学工学部空間デザイン学科准教授。1965年生。京都工芸繊維大学大学院工芸学研究科修士課程意匠工芸学専攻修了。共著に『近代デザイン史』、『ウィリアム・モリスとアーツ＆クラフツ』、『国際デザイン史――日本の意匠と東西交流――』など。

川上比奈子（KAWAKAMI Hinako）
夙川学院短期大学美術・デザイン学科准教授。1963年生。京都工芸繊維大学大学院工芸科学研究科博士後期課程機能科学専攻修了。学術博士。共著に『国際デザイン史――日本の意匠と東西交流――』『作家たちのモダニズム　建築・インテリアとその背景』、論文に「菅原精造の履歴に関する調査・資料」など。

末永　航（SUENAGA Koh）
広島女学院大学生活科学部教授。1955年生。学習院大学大学院博士後期課程退学（美術史）。著書に『イタリア、旅する心――大正教養世代のみた都市と美術』『カラー版西洋建築様式史』、論文に「沖縄とシーサー」など。

川北健雄（KAWAKITA Takeo）
神戸芸術工科大学デザイン学部環境・建築デザイン学科教授。1959年生。大阪大学大学院工学研究科環

境工学専攻博士後期課程単位取得満期退学。博士（工学）。著書に『環境デザインへの招待』『国際デザイン史——日本の意匠と東西交流——』、論文に「独立住宅における外部空間の限定形式に関する研究」など。

池田祐子（IKEDA Yuko）
京都国立近代美術館主任研究員。1965年生。大阪大学大学院文学研究科芸術学専攻博士課程後期修了。企画および図録編集に、『クッションから都市計画まで——ヘルマン・ムテジウスとドイツ工作連盟：ドイツ近代デザインの諸相 1800-1927』展、『ドイツ表現主義の彫刻家——エルンスト・バルラハ』展、『ドイツ・ポスター 1895-1933』展など。

針貝　綾（HARIKAI Aya）
長崎大学教育学部准教授。1971年生。筑波大学博士課程芸術学研究科芸術学専攻単位取得退学。主要論文に「ミュンヘン手工芸連合工房の活動方針と運営形態——二〇世紀ドイツ美術工芸における先駆的な活動内容について——」「ハンブルク美術工芸博物館史——ブリンクマン館長時代のコレクションと工芸振興」「ペーター・ベーレンス邸のデザイン・モチーフについての一考察——ダルムシュタット芸術家コロニー研究」など。

田所辰之助（TADOKORO Shinnosuke）
日本大学准教授。1962年生。日本大学大学院理工学研究科建築学専攻博士課程後期修了。共著に『材料・生産の近代』『マトリクスで読む20世紀の空間デザイン』『建築モダニズム——近代生活の夢とかたち』など。

天貝義教（AMAGAI Yoshinori）
秋田公立美術工芸短期大学教授。1958年生。筑波大学大学院博士課程芸術学研究科中退。学術博士。論文に “The Kobu Bijutsu Gakko and the Beginning of Design Education in Modern Japan”,「明治二十一年意匠条例と応用美術思想について」など。

井口壽乃（IGUCHI Toshino）
埼玉大学教養学部教授。1959年生。筑波大学大学院博士課程芸術学研究科修了。著書に『ハンガリー・アヴァンギャルド：MAとモホイ＝ナジ』、共編著書に『アヴァンギャルド宣言：中東欧のモダニズム』、共訳書に『ポーランドの建築・デザイン史——工芸復興からモダニズムへ』など。

塚田耕一（TSUKADA Koichi）
杉野服飾大学教授。1946年生。京都工芸繊維大学卒、筑波大学大学院芸術研究科修了。共著に『建築大辞典第２版』『国際デザイン史』『アーツ・アンド・クラフツと日本』など。

前崎信也（MAEZAKI Shinya）
ロンドン大学博士課程三年（日本美術史）。1976年生。ロンドン大学修士課程修了（中国美術史）。
著書に *Genesis of a Genius: The early ceramics of Fukami Sueharu Hanford,* 論文に “Beyond the Oceans Horizon: the work of Fukami Sueharu Orientations” “Fukami Sueharu: Ceramic Sculptor, Ceramics” など。

猪谷　聡（INOTANI Satoshi）
夙川学院短期大学非常勤講師。1976年生。大阪大学大学院文学研究科文化表現論専攻博士後期課程単位取得退学。共著に『アーツ・アンド・クラフツと日本』、論文に「土地と工芸との関係についての試論」など。

竹中　均（TAKENAKA Hitoshi）
神戸市外国語大学准教授。1958年生。大阪大学人間科学研究科博士後期課程修了（社会学）。著書に『柳宗悦・民藝・社会理論』『精神分析と社会学』、論文に「柳宗悦の二つの関心——美と社会、そして朝鮮」など。

林　承緯（LIN Cheng-Wei）
1977年生。大阪大学大学院文学研究科博士後期課程修了。博士（文学）。著書に『民芸運動の理論と実

践――柳宗悦の台湾観と沖縄観を中心に』（博士論文）、論文に「台湾の民芸と柳宗悦」「芸術、風土、地方――柳宗悦初期民芸思想的形成与実践」など。

上羽陽子（UEBA Yoko）
国立民族学博物館文化資源研究センター助教。1974年生。大阪芸術大学大学院芸術文化研究科博士課程後期修了。博士（芸術文化学）。著書に『インド・ラバーリー社会の染織と儀礼――ラクダとともに生きる人びと』、論文に「ラバリの刺繍禁止令と新しい衣装――婚資と幼児婚をめぐって」など。

人名索引

あ

アーノルド、マシュー(Arnold, Matthew 1822-88) ……38
アールト、アルヴァ(Aalto, Alvar 1898-1976) ……207
アイテルベルガー、ルドルフ・フォン(Eitelberger, Rudolf von 1817-1885) ……178-181, 187
アヴェナリウス、フェルディナンド(Avenarius, Ferdinand 1856-1923) ……149
芥川龍之介(1892-1927) ……49
浅井忠(1856-1907)……224
浅川巧(1891-1931) ……245, 272, 275
浅川伯教(1884-1964) ……245, 272, 275
アシュビー、チャールズ・ロバート(Ashbee, Chales Robert 1863-1942) ……216
アストリュク、ザカリ(Astruc, Zacharie 1833-1907)……93
アスプルンド、グンナー(Asplund, Erik Gunnar 1885-1940)……204
アダムズ、ジェイン(Addams, Jane 1860-1935) ……216
アディ・エンドレ ……194, 199
有島武郎(1878-1923)……279
アルバース、ヨーゼフ(Albers, Josef 1888-1976)……173
アルバート公(Albert von Sachsen-Coburg und Gotha, 1819-1861) ……141, 180
アルマ=タデマ、ローレンス(Alma-Tadema, Lawrence 1836-1912) ……55
アンカー、ポール(Hankar, Paul 1859-1901) ……72
アンジェルマン(Engelmann, Godefroi 1788-1839) ……96
アンソール、ジェームス(Ensor, James 1860-1949) ……97
アンドレ、エミール(André, Émille 1871-1933)……95
アンリ(ヘンリー)、フランソワーズ(Henry, Françoise 1902-82) ……43
アンリオ、アレクサンドル(Henriot, Alexandre) ……98

い

イェイツ、ウィリアム・バトラー(Yeats, William Butler 1865-1939)……38
イェッセン、ペーター(Jessen, Peter 1858-1925) ……139
イエネー、ラディシチ(Jenő, Radisics) ……194
石井柏亭(1882-1958) ……244, 247, 248
イシュトヴァーン、メジャサイ(István, Medgyaszay 1877-1959)……196
イッテン、ヨハネス(Itten, Johannes 1888-1967) ……173
伊東陶山(初代)(1846-1920)……231
イベルス、アンリ=ガブリエル(Ibels, Henri-Gabriel 1867-1936) ……97

う

ヴァグナー、オットー(Wagner, Otto 1841-1918) ……178, 182-187, 196
ヴァラン、ウジェーヌ(Vallin, Eugène 1956-1925) ……95
ヴァルター、エルンスト・ヘルマン(Walther, Ernst Hermann) ……149
ヴァロットン、フェリックス(Vallotton, Félix 1865-1925) ……95
ヴァン・ド・ヴェルド、アンリ(Van de Velde, Henry 1863-1957)……17, 67, 73, 137
ヴィオレ=ル=デュク、ウジェーヌ・エマニュエル(Viollet-le-Duc, Eugène Emmanuel 1814-1879)
……93, 117, 118
ヴィクトリア皇太子妃(Victoria von Sachsen-Coburg und Gotha, 1840-1901) ……141

ヴィクトリア女王(Queen Victoria, 1819-1901) ……17, 39, 141, 180, 193
ヴィックホフ、フランツ(Wickhoff, Franz 1853-1909) ……185
ウィドナス、カリン(Widnäs Karin) ……205, 209
ヴィルタネン、カリ(Virtanen Kari) ……205, 207, 209
ヴィルヘルム、マックス(Wilhelm Max) ……149
ヴィレット、アドルフ・レオン(Willete, Adolphe Léon 1857-1926) ……97
ウールナー、トマス(Woolner, Thomas 1825-1992) ……7
上田敏(1874-1916)……247
ヴェットシュタイン、アルベルト(Wettstein, Albert 1968-1984) ……130
ウェッブ、フィリップ(Webb, Philip Speakman 1831-1915) ……11
ヴェブレン、ソースタイン(Veblen, Thorstein Bunde 1857-1929) ……219, 220, 221
ヴォイジー、C. F. A.(Voysey, Charles F. Annesley 1857-1941) ……14
ウォーリス、ヘンリー(Wallis, Henry 1830-1916) ……9, 10
ヴォリンガー、ヴィルヘルム(Worringer, Wilhelm 1881-1965) ……41, 44, 49
ウォルェース、フィリップ(Wolfers, Philippe 1858-1929) ……73
ヴュイヤール、エドゥアール(Vuillard, Edouard 1868-1940) ……97
ウルフ、ヴァージニア(Woolf, Adeline Virginia 1882-1941) ……54, 60
ウルフ、レナード……54

え

エーコ、ウンベルト(Eco, Umberto 1932-) ……34
エストランデル(Estlamder, C.G.) ……203
エチェルズ、フレデリック……61
エデン、レヒネル(Ödön, Lechner 1845-1914) ……193
エムリック=ダヴィッド(Emeric-David, Toussaint-Bernard 1755-1839) ……77
エルブスト、ルネ(Herbst, René 1891-1892)……105
エンチェル、ジョルジュ(Hoentschel, Georges 1855-1915)……94
エンデル、アウグスト(Endell, August1871-1925) ……148, 149

お

太田直行(1890-1984)……252
岡倉天心 (1862-1913) ……227
岡田三郎助(1869-1939) ……280, 282
オストハウス、カール・エルンスト(Osthaus, Karl Ernst 1874-1921)……140
オルタ、ヴィクトール(Horta, Victor 1861-1947) ……67, 73, 88, 93, 102, 118
オルブリヒ、ヨーゼフ・マリア(Olbrich, Josef Maria 1867-1908) ……118, 183

か

カーデュー、マイケル(Cardew, Michael 1900-1983) ……234, 235, 236, 237, 238, 239
ガイヤール、ウジェーヌ(Gaillard, Eugène 1862-1933) ……94, 102
カヴァッツァ、フランチェスコ(Cavazza, Francesco)……117
ガタリ、ピエール=フェリックス(Guattar, Pierre-Félix 1930-92) ……34
カッサンドル(Cassandre 1901-1968) ……109
金関丈夫(1897-1983)……278
カリエール、ウジェーヌ(Carrière, Eugène 1849-1906) ……97
カリエス、ジャン(Carriès Jean, 1855-1894) ……94
ガルニエ、シャルル(Garnier, Charles 1825-1898)……89
ガレ、エミール(Gallé, Emile 1846-1904) ……90, 95, 98

河井寛次郎(1890-1966) ……232, 239, 251, 254
幹山伝七(1821-1890) ……231
顔水龍(1903-1997) ……277-284, 286-290
カンテッリ、アントニッラ(Cantelli, Antonilla) ……117

き

ギシャール、エルネスト(Guichard, Ernest 1815-1889) ……78, 79
北原白秋(1885-1942) ……247
木下杢太郎(1885-1945) ……247
ギマール、エクトル(エクトール)(Guimard, Hector 1867-1942) ……90, 93, 102, 118
ギメ、エミール(Guimet, Emile 1836-1918) ……92
キャンプフィールド、ジョージ(Campfield, George 1836-1918) ……11
錦光山宗兵衛(1823-1884) ……231
錦光山宗兵衛(七代)(1868-1928) ……231

く

クーデル、アメデ(Couder, Amédée) ……77
グスマン、オットー(Gußmann, Otto 1869-1926) ……149
クニュッセル、アドリアン(Knüsel, Adrian) ……126, 129
グラウル、リヒャルト(Graul, Richard 1862-1944) ……153
クラグマン、ジュール(Klagmann, Jules 1810-1867) ……78
倉田白羊(1881-1938) ……247
グラッセ、ウジェーヌ(Grasset, Eugène 1841-1917) ……90, 96
グラント、ダンカン(Grant, Duncan 1885-1978) ……54-57, 61-63
グリッテル、エミール(Grittel, Emile 1870-1953) ……94
クリムト、グスタフ(Klimt, Gustav 1862-1918) ……183, 184
クリューガー、エドゥアード ……153
クルヴィク、バルブロ(Kulvik, Barbro) ……206, 207
グレイ、アイリーン(Gray, Eileen 1878-1976) ……105, 107
グレイ、アンリ(Gray, Henri 1858-1924) ……97
クレイン、ウォルター(Crane, Walter 1845-1915) ……13, 15, 16, 18, 72, 185, 194, 195
クレスパン、アドルフ(Crespin, Adolphe 1859-1949) ……73
グロース、カール(Groß, Karl 1869-1934) ……149
クローゼン、ジョージ(Clausen, George 1852-1944) ……15
黒木安雄(1865-1926) ……223
グロピウス、ヴァルター(Gropius, Walter 1883-1969) ……1, 106, 122, 173, 174
グロピウス、マルティン(Gropius, Martin 1824-1880) ……142, 143

け

ケインズ、メイナード(Keynes, John Meynard 1883-1946) ……54, 61, 62
ケスラー伯爵(Graf von Kessler, 1868-1937) ……153
ゲゼリウス、ヘルマン(Gesellius, Herman 1874-1916) ……204
ケレシュフェーイ=クリシュ・アラダール(Körösfői-Kriesch Aladár 1863-1920) ……192, 195-199
ゲロエ=トブラー、マリア (Geroe-Tobler, Maria 1941-1969) ……132

こ

ゴーガン、ポール(Gaugain, Paul 1848-1903) ……73
コール、ヘンリー(Cole, Henry 1808-1882) ……161
児島喜久雄(1887-1950) ……247

小杉未醒(放庵)(1881-1964)……247
ゴチャール、ヨーゼフ(Goćár, Josef 1880-1945)……102
ゴッテルフ、ジェレミアス(Gotthelf, Jeremias 1797-1855)……26
コッペデ、ジーノ(Coppedé, Gino 1866-1927)……118
小林秀晴(1901-1979)……253
コブデン=サンダーソン、T. J.(Cobden-Sanders, Thomas James 1840-1922)……16, 18, 216
コリンソン、ジェイムズ(Cllinson, James c.1825-1881)……7
コロンナ、エドワール(Colonna, Edouard 1862-1948)……95
ゴンクール、エドモンド・ド(Goncourt, Edmond de 1822-1896)……92
ゴンス、ルイ(Gonse, Louis 1846-1921)……92
コンバス、ジズベール(Combaz, Gisbert 1869-1941)……73
ゴンブリッチ、エルネスト(Gombrich, Ernest H. 1909-2001)……42

さ

サーリネン、エリエル(Saarinen, Eliel 1873-0950)……204
サイニオ、アンネリ(Sainio, Anneli)……209
坂本繁二郎(1882-1969)……247
サゴ、エドモン(Sagot, Edmond)……98
サッシ、リーナ(Sassi, Leena)……208
里見弴(1888-1983)……247
サンド、ジェラール(Sandoz, Gérard 1902-)……105

し

シェレ、ジュール(Chéret, Jules 1836-1932)……72, 96
志賀直哉(1883-1971)……247, 279
シザルツ、ヨハン・ヴィンセンツ(Cissarz, Johann Vincenz 1873-1942)……149
シスタヴォリ、アンティ……206, 207
清水六兵衛(四代)(1848-1920)……231
シモンズ、ジョージ(Simonds, George 1843-1929)……13-15
シャネル(Chanel, Gabrielle 1883-1971)……103
シャプレ、エルネスト(Chaplet, Ernest 1835-1909)……94
シャルパンティエ、アレクサンドル(Charpentier, Alexander 1856-1909)……93
シャロー、ピエール(Chareau, Pierre 1883-1950)……104
ジャンヌレ、ピエール(Janneret, Pierre 1896-1967)……105
シャンフルーリ(Champfleury 1821-1889)……92
シュヴァーベ、ヘルマン(Schwabe, Hermann)……141
ジュールダン、フランシス(Jourdain, Francis 1876-1958)……105
寿岳文章(1900-0992)……277
シュタイナー、ルドルフ(Steiner, Rudolf 1861-1925)……33
シュトュッスィ、マーティン(Stüssi, Martin 1983-)……126, 129, 130
シュミット、カール(Schmidt, Karl 1873-1948)……148-150, 152, 156
シュリヒト、ハンス(Schlicht, Hanns 1875-)……149
シュルツェ=ナウムブルク、パウル(Schulze-Naumburg, Paul 1869-1949)……147
シュレーダー、ヨハン・ゴットフリード……154
シュワーブ、カルロス(Schwabe, Carlos 1877-1926)……97
ジョイス、ジェイムズ(Joyce, James Augustine Aloysius 1882-1941)……33, 34
ショー、リチャード・ノーマン(Shaw, Richard Norman 1831-1912)……13

ジョンストン、エドワード(Johnston, Edward 1872-1944) ……18
ジロー、シャルル(Girault, Charles 1851-1932) ……89
シンケル、フリードリヒ(Schinkel, Karl Friedrich 1781-1841) ……135

す

スウィンバーン、A. C.(Swinburne, A.C. 1837-1909) ……10
スウォン、ヘンリー(Swan, Henry 1825-1889) ……26
菅原精造(1884-1937) ……107
スカラ、アルトゥール・フォン(Scala, Arthur von 1845-1909) ……185
スコット、W. B.(Scott, William Bell 1811-1890) ……9
スター、エレン・ゲイツ(Starr, Ellen Gates 1859-1940) ……216
スタナス、ヒュー(Stannus, Hugh 1840-1908) ……13
スタナプ、J. S.(Stanhope, John Spencer 1829-1908) ……9
スタム、マルト(Stam, Mart 1899-1986) ……106
スタンラン、テオフィール・アレクサンドル(Steinlen, Theophile Alexandre 1859-1923) ……97
スティーヴンズ、F. G.(Stephens, F.G. 1828-1907) ……7, 9
スティックリー、グスタヴ(Stickley, Gustav 1858-1942) ……218
ステンルース、アンネ ……211
ストリート、G. E.(Street, George Edmund 1824-1881) ……9
ストルク、ヨーゼフ(Storck, Josef 1830-1902) ……181, 184
ストレイチー、リトン ……54

せ

清風與平(三代)(1851-1914) ……231
セディング、J. D.(Sedding, John Dando 1838-1891) ……13, 14
ゼネフィルダー(Senefelder, Aloys 1771-1834) ……96
セリュリエ=ボヴィ、ギュスターヴ(Serrurier-Bovy, Gustave 1858-1910) ……72
ゼンパー、ゴットフリート(Semper, Gottfried 1803-1879) ……135, 138, 161, 180, 183, 187, 188

そ

ソットサス、エットーレ(Sottsass, Ettore 1917-2007) ……121

た

ターナー、J. M. W.(Turner, Joseph Mallord William 1775-1851) ……20
帯山與兵衛(1861-?) ……231
タウンゼンド、ハリソン(Townsend, Charles Harrison 1851-1928) ……14
高島北海(得三)(1850-1931) ……95
高橋道八(四代)(1845-1897) ……231
武田五一(1872-1938) ……224
立石鉄臣(1905-1980) ……278
丹山青海(1813-1887) ……231

ち

陳青汾 ……280

て

デイ、ルーイス. F.(Day, Lewis Foreman 1845-1910) ……13, 14, 16
ディヴィス、ハリー(Davies, Harry 1910-1986) ……237
ティファニー(Tiffany, Louis Comfort 1848-1933) ……118
ティリエ、アンリ(Thiriet, Henri) ……97
デュナン、ジャン(Dunand, Jan 1877-1942) ……107, 108

デュフィ、ラウル(Dufy, Raoul 1877-1953)……57
デュフレーヌ、モーリス(Dufrène, Maurice 1876-1955)……102, 104
デュルファー、カール(Dülfer, Karl)……153
デリダ、ジャック(Derrida, Jacques 1930-2004)……32, 33

と

ド・シュニュヴィエール、フィリップ(de Chennevières-Pointel, Charles-Philippe 1820-1899)……80
ド・ヌフシャトー、フランソワ(de Neufcâteau, Nicolas François 1750-1828)……77
ド・フール、ジョルジュ(George de Feure 1868-1943)……94, 97
ドゥーセ、アンリ……61
トゥールーズ=ロートレック、アンリ・ド(Toulouse-Lautrec, Henri de 1864-1901)……73, 97
ドゥルーズ、ジル(Deleuze, Gilles 1925-95)……34
トゥワイマン、ジョゼフ(Twyman, Joseph 1842-1904)……218, 219
ドーム、アントナン(Daum, Antonin 1864-1930)……95
ドーム、オーギュスト(Daum, Auguste 1853-1909)……95
トールボット、G. T.(Talbot, G.T. 1824-1916)……25
ドニ、モーリス(Denis, Maurice 1870-1943)……56, 97
富本憲吉(1886-1963)……224, 239, 251
外村吉之助(1898-1993)……277
ドラエルシュ、オーギュスト(Delaherche, Auguste 1857-1940)……73, 94
トリッグズ、オスカー・ロヴェル(Triggs, Oscar Lovell 1865-1930)……218, 219
ドローネー、ソニア(Delaunay, Sonia 1885-1979)……105
トロツカイ・ヴィガント・エデ(Thoroczkai Wigand Ede 1870-1945)……196

な

中沢岩太(1858-1943)……231
ナジ・シャーンドル(Nagy Sándor 1869-1950)……195-197, 199
ナポレオン三世(Napoléon III 1808-1873)……78, 80, 89

に

ニーマイヤー、アーデルベルト(Niemeyer, Adelbert 1867-1932)……147, 149
ニュートン、アーネスト(Newton, Ernest 1856-1922)……14

ね

ネイラー、ギリアン(Naylor, Gillian)……63
ネルー(Nehru, Pandit Jawaharal 1889-1964)……296

の

納富介次郎(1844-1918)……223, 225
乃木希典(1849-1912)……223
ノックス、アーチボールド(Knox, Archibald 1864-4933)……36

は

バーク、エドワード(Burke, Edward 1905-?)……237
ハース、フィリップ……181
バーン=ジョーンズ、エドワード(Burne-Jones, Edward 1833-1898)……7-11, 115
パウリク、フェルディナンド……181
パウル、ブルーノ(Paul, Bruno 1874-1968)……137, 147, 153, 172
パウルソン、グレゴール(Paulsson, Gregor 1889-?)……204
バジーレ、エルネスト(Basile, Ernesto 1857-1932)……118
ハヌシュ、アロイス……181

バビッチ・ミハーイ……194
濱田庄司(1894-1978)……230, 232, 233, 237, 239, 251, 259
ハミルトン、カスバート……61
林忠正(1851-1906)……91
パンコック……153
ハント、ウィリアム・ホールマン(Hunt, William Holman 1827-1910)……7-9, 15
バンハム、レイナー(Banham, Reyner 1922-88)……159

ひ

ピエルフォール(Pierrefort)……98
ピカール、エドモン(Picard, Edmond 1836-1924)……67
ビゴ、アレクサンドル(Bigot, Alexandre 1862-1927)……94
ピュイフォルカ、ジャン(Puiforcat, Jean 1897-1945)……105, 109
ピュヴィス・ド・シャヴァンヌ、ピエール(Puvis de Chavannes, Pierre 1824-1898)……97
ヒューズ、アーサー(Hughes, Arthur 1832-1915)……9, 11
ビュルティ、フィリップ(Burty, Philippe 1830-1890)……92
平福百穂(1877-1933)……247
ヒル、オクタヴィア(Hill, Octavia 1838-1912)……29
ヒルト、アロイス(Hirt, Aloys 1759-1837)……136
ビング、ジークフリート(Bing, Siegfried 1838-1905)……92

ふ

ファルケ、オットー・ファン(Falke, Otto von 1862-1942)……145
ファルケ、ヤーコプ(Falke, Jacob von 1825-1897)……180, 181
ファンタン=ラトゥール、アンリ・ジャン=テオドール(Fantin-Latour, Henri Jean-Théodore 1836-1904)……93
フィッシャー、オットー(Fischer, Otto 1870-1947)……149, 152
フィッシャー、テオドール(Fischer, Theodor 1862-1938)……147
フィンチ、アルフレッド(Finch, Alfred W. 1854-1930)……73
フーケ、ジャン(Fouquet, Jean 1899-1984)……105
フーケ、ジョルジュ(Fouquet, Georges 1862-1957)……94
フォークナー、チャールズ(Faulkner, Charles James 1834-0892)……11
フォースター、E. M.(Forster, E.M. 1879-1970)……116
フォション、アンリ(Focillon, Henri 1881-1943)……43
フォラン、ジャン・ルイ(Forain, Jean Louis 1852-1931)……97
フォロ、ポール(Follot, Paul 1877-1941)……102, 104
藤江永孝(1865-1915)……231
藤島武二(1867-1943)……280
フスカ・ヨージェフ(Fuska Jósef)……191
フライ・ヴィルマ(Frey Vilma 1886-1973)……197
フライ・ロージャ(Frey Rózsa 1887-1975)……197
フライ、ロジャー(Fry, Roger Eliot 1866-1934)……55-61
プライアー、E. S.(Prior, Edward Schroeder 1857-1932)……14
ブラウン、マドックス・フォード(Brown, Madox Ford 1821-1893)……8-11
ブラックモン、フェリックス(Bracquemond, Félix 1833-1914)……93, 94
フランク、カイ(Franck, Kaj 1911-1989)……207, 209
ブラント、ウィルフレッド……56

フリードリヒ三世(Friedrich III., 1831-1888) ……141
ブリュナメール、イヴォンヌ(Brunhammer, Yvonne) ……107
ブリンクマン、ユストゥス(Brinckmann, Justus 1843-1915) ……133
プリンセプ、ヴァランタイン(Prinsep, Valentaine 1838-1904) ……9
プルーヴェ、ジャン(Prouvé, Jean 1901-1984) ……105
プルースト、アントナン(Proust, Antonin 1832-1905) ……81
ブルジョワ、ジョ(Bourgeois, Dio) ……105
ブルス、シャルル(Buls, Charles 1837-1914) ……71
ブルトン、アンドレ(Breton, André 1896-1966) ……41, 42, 49
プレイデル＝ブーヴェリー、キャサリン(Pleydell-Bouverie, Kathrine 1895-1985) ……234, 237
ブレーガ、ジュゼッペ(Brega Giuseppe 1878-1958) ……118
ブロイヤー、マルセル(Breuer, Marcel 1902-1981) ……106

へ

ペアン、ルネ(Péan, René 1875-1955) ……96
ペヴスナー、ニコラウス(Pevsner, Nicolaus 1902-1983) ……1, 166, 173
ベーカー・ジョセフィン(Baker, Josephine 1906-1975) ……103
ベーレンス、ペーター(Behrens, Peter 1868-1940) ……118, 172
ベッケラス、ヴィリー・フォン(Beckerath, Willy von 1868-1938) ……149
ペトロヴィチ・エレク(Petrovics Elek) ……197
ペリアイネン、タピオ(Periäinen, Tapio) ……205
ペリアン、シャルロット(Perriand, Charlotte 1903-1999) ……105, 105
ベル、ヴァネッサ(Bell, Vanessa 1879-1961) ……55-58, 61-63
ベル、クライヴ(Bell, Clive 1881-1964) ……54, 55, 57, 61-63
ベルジェ、ジョルジュ(Berger, Georges 1834-1910) ……81, 84
ベルチュ、カール(Bertsch, Karl 1873-1933) ……149
ペルツィヒ、ハンス(Poelzig, Hans 1869-1936) ……172
ペルトネン、リーナ(Peltonen, Leena) ……205
ベルトン、ポール(Berthon, Paul 1872-1909) ……97
ベルラーヘ(Berlage, Hendrick Petrus 1855-1934) ……118
ベンソン、W. A. S.(Benson, William Arthur Smith 1854-1924) ……16

ほ

ボイス、ジョージ. P.(Boyce, George Price 1826-1897) ……9, 10
ホイッスラー、J. M.(Whistler, James McNeill 1834-1903) ……22
ボイト、カミッロ(1836-1914) ……116, 118
ボイト、クリスティアン(Beuth, Christian 1781-1853) ……135
ポインター、エドワード(Poynter, Edward 1836-1919) ……17
ボーデ、ヴィルヘルム(Bode, Wilhelm 1845-1929) ……153
ボードレール(Baudelaire, Pierre-Charles 1821-1867) ……93
ポーレン、J. H.(Pollen, John Hungerford 1820-1902) ……10
ホガース、ウィリアム(Hogarth, William 1697-1764) ……10
ホッシュ、パウル(Hosch, Paul) ……130
ボドリー、G. F.(Bodley, G.F. 1827-1907) ……10
ボナール、ピエール(Bonnard, Pierre 1867-1947) ……97
ホフマン、ヨーゼフ(Hoffmann, Josef 1870-1956) ……147, 183-186
ホフマン２世、ユストゥス(Hoffmann jun., Justus) ……153

堀辰雄(1904-1953) ……49
ホリデー、ヘンリー(Holiday, Henry 1839-1927) ……13
ホワール、クリストファー(Whall, Christopher 1849-1924) ……18
ポワレ、ポール……57
ポンティ、ジオ(Ponti, Gio 1891-1979) ……102

ま

マーシャル、P. P.(Marshall, Peter Paul 1830-1900) ……11
マイケル・ロセッティ、ウィリアム(Rossetti, William Michael 1829-1919) ……7, 9, 10, 11
マカートニー、マーヴィン(Macartney, Marvyn 1853-1932) ……14, 16
マクマードゥ、アーサー・H(Mackmurdo, Arthur Heygate 1851-1942) ……88
マジョレル、ルイ(Majorelle, Louis 1859-1926) ……95
マッカーシー、ディズモンド ……54, 56
マッキントッシュ、チャールズ・レニー(Mackintosh, Charles Rennie 1868-1928) ……118, 215
松林昇斎(1865-1932)……232
松林鶴之助(1894-1932)……230-238, 240
松村みね子(1878-1957) ……49
マリー、フェアファクス(Murray, Fairfax 1849-1919) ……26
マルロー、アンドレ(Malraux, André 1901-1976) ……41
マレ=ステヴァン、ロベール(Mallet-Stevens, Robert 1886-1945) ……104, 105
マンデルグレン(Mndelgren, Nils) ……203

み

ミース・ファン・デル・ローエ、ルートヴィヒ(Mies van der Rehe, Ludwig 1886-1969) ……106, 122
ミューレール、ウジェーヌ……97
ミュシャ、アルフォンス・マリア(Mucha, Alfons Maria 1860-0939) ……35, 90, 96
ミュラー、ユリウス(Müller, Julius) ……148
ミルバッハ、フェリシアン・フォン(Myrbach, Felician Von 1853-1940) ……184, 185
ミレイ、ジョン・エヴァレット(Millais, John Everett 1829-1896) ……7-9

む

武者小路実篤(1885-1976) ……244, 247, 279
ムテジウス、ヘルマン(Muthesius, Hermann 1861-1927)
……103, 137, 147, 156, 159-163, 165-168, 170, 172, 173, 182
ムニエ、ジョルジュ(Meunier, Georges 1869-1934) ……96
ムント、バーバラ(Mundt, Barbara) ……133, 136, 137

め

メルニコフ、コンスタン(Melnikov, Konstantin 1890-1974) ……102

も

モーザー、コロマン(Moser, Koloman 1868-1918) ……185
モーリツ・ジグモンド ……199
モベルグ、カミラ(Moberg, Camilla) ……205
モホイ=ナジ、ラースロー(Moholy-Nagy, László 1895-1946) ……173
モリス、ウィリアム(Morris, William 1834-96)
……1, 7, 9, 11, 12, 15, 21, 49, 63, 85, 116, 185, 190, 215, 216, 218-221, 224, 236, 277, 295
森田恒友(1881-1933) ……244, 247, 248

や

柳楢悦(1832-1891)……279

柳宗悦(1889-1961)……235, 237-239, 243-252, 254, 256, 257, 259, 260, 265, 266, 270-273, 274, 275, 277-279, 282-286, 288-290
山本鼎(1882-1846)……243-250

よ

吉田璋也(1898-0972)……251, 253-262

ら

ライト、フランク・ロイド(Wright, Frank Lloyd 1867-1959)……34, 44-49, 122, 159, 216, 217, 220-227
ラウアー、アグネス(Lauer, Agnes 1941-1969)……126
ラウアー、エルンスト(Lauer, Ernst 1936-1968)……126, 130
ラウラ、クリシュ(Laura, Kriesch 1879-1966)……195, 199
ラスキン、ジョン(1819-1900)……8, 9, 12, 20-28, 58, 115, 116, 196, 197, 218, 220, 277
ラッチェンズ、エドウィン(Lutyens, Edwin Landseer 1869-1944)……14
ラリック、ルネ(Lalique, Runé 1860-1945)……94, 109

り

リーグル、アロイス(Riegl, Alois 1858-1905)……40, 41
リーチ、バーナード(Leach, Bernard Howell 1887-1979)……230, 233-239, 244, 259
リーマーシュミート、リヒャルト(Riemerschmid, Richard 1868-1957)……147, 151, 152, 172
リバティ、アーサー(Liberty, Arthur Lasenby 1843-1917)……12, 36
リヒトヴァーグ、アルフレート(Lichtwark, Alfred 1852-1914)……153
リュエグ、アルトゥール(Rüegg, Arthur)……130
リュルマン、エミール=ジャック(Rhulman, Emile-Jaques 1879-1933)……104
リンドグレン、アルマス(Lindgren, Armas 1847-1929)……204

る

ル・コルビジュジエ(Le Corbusier 1887-1965)……104, 105, 122
ルイス、ウィンダム(Lewis, Percy Windham 1882-1957)……56, 59, 61
ルーク(ルック)、T. M.(Rooke, Thomas Matthew 1842-1942)……13, 26
ルソー、ウジェーヌ(Rousseau, François-Eugène 1827-1891)……94
ルッビアーニ、アルフォンソ(Rubbiani, Alforso 1848-1913)……117, 118
ルフェーヴル、ルシアン(Lefèvre, Lucien 1850-?)……96

れ

レイトン、フレデリック(Leighton, Frederick 1830-0896)……10, 55
レオー・ベルモンテ(Leó Belmonte 1875-1959)……195-197
レガメ、フェリックス(Regamey, Félix 1844-1907)……92
レサビー、ウィリアム(Lethaby, William Richard 1857-1931)……14, 18, 162
レッシング、ユリウス(Lessing, Julius 1843-1908)……142-145
レナルズ、ジョシュア(Reynolds, Joshua 1723-1792)……10
レメン、ジョルジュ(Lemmen, Georges 1865-1916)……67, 73
レンピッカ、タマラ・ド(Lenpicka, Tamara de 1898-1980)……109

ろ

ロース、アドルフ(Loos, Adolf 1870-1933)……104, 185, 185, 186
ローゼ、マックス(Rose, Max)……149
ローラー、アルフレッド(Roller, Alfred 1864-1935)……185
ローリア、P. M.(Loria, P.M. 1814-1892)……120
ロジェ、シャルル(Rogier, Charles 1800-1885)……70
ロセッティ、ダンテ・ゲイブリエル(Rossetti, Dante Gabriel 1828-1882)……7, 8, 20

わ

ワイルド、オスカー（Wilde, Oscar Fingal O'Flahertie Wills 1854-1900） ……38
ワグネル、ゴットフリート（Wagener, Gottfried 1831-1892） ……231, 232
ワッズワース、エドワード……61

Modern Craft and Design Movements

Edited by Fujita Haruhiko, DESIGN HISTORY FORUM

The modern design movement of the 20th century evolved from earlier modern craft movements in the 19th and early 20th centuries. It was fueled by the need for innovation in the craft medium, for example, *l'art décoratif* or *l'art industriel* in France, *Kunstgewerbe* or *Kunsthandwerk* in Germany. In design history, these movements are often neglected and the various endeavors made in each country during the past centuries have been almost forgotten. The modern design movement as we know today, however, would not have developed in the 1920s had it not been for these modernising craft movements. It was, in a sense, not in the 1920s but in 1949 and in New York rather than Weimar/Dessau or Paris that the modern design movement started. Nikolaus Pevsner's *Pioneers of the Modern Movement* (1936) was republished under the new title, *Pioneers of Modern Design*, by MoMA in 1949. Before 1949, it was just called the 'modern movement,' at least by the pioneering design historian. Though not still universally accepted, this is the viewpoint of this current volume, *Modern Craft and Design Movements*. William Morris, as well as the non-native English speaking Walter Gropius and Le Corbusier, did not employ the term 'Modern Design Movement'.

PART I: MODERN CRAFT MOVEMENTS IN EUROPE

From the Pre-Raphaelite Brotherhood to the Arts and Crafts Movement

Fujita Haruhiko, Osaka University

In Paris, non/anti-academy exhibitions paved the way for modern painting. They were the *Salon des Refusés* in 1863, the Impressionists' exhibitions started by the *Société Anonyme des Artistes Peintres, Sculpteurs, Graveurs,* etc. in 1874, and that of the *Salon des Artistes Indépendants* in 1884 onwards. Although less well known, anti-academy exhibitions started in Britain even earlier than in France. Both the Pre-Raphaelite Brotherhood organised in 1848, and the Hogarth Club formed in 1858, held exhibitions in London. In addition to non-academic paintings, design for stained glass and painted furniture were displayed at the latter club's exhibitions. It was continued by Morris, Marshall, Faulkner and Co. The Arts and Crafts Exhibition Society organised in 1887 was a revival of the Hogarth Club, which was a large, anti-academic society but was dissolved in 1861 when Morris, Marshall, Faulkner and Co. was founded. A British revolution on the framework of the arts and a French revolution within the framework of an art, connected at the turn of the century and laid the foundation for 20th century art and design (figs. 1, 2, 3, 4, 5).

John Ruskin and the Guild of St George

Kawabata Yasuo, Japan Women's University

In the 1870s, while giving lectures as the Slade Professor of Fine Art at Oxford, John Ruskin (1819-1900) wrote *Fors Clavigera,* a monthly 'Letters to the Workmen and Labourers of Great Britain'. These letters include his early ideas on the Guild of St George, a reconstructed society in which every member could live and work without any sense of alienation through cooperating with each other in the rural surroundings of 'Pure Air, Water, and Earth'. He took

the initiative to carry out this plan, offering a tithe from his income. Although it has generally been considered a failure, his experiment for an utopian community is important in that his ideas inspired, among other things, the Arts and Crafts movement that soon followed. It should be noted, too, that the Guild of St George still exists as a charitable trust, with the St George's Museum in Sheffield, which contains Ruskin'a collection, formed from the principles he first proposed (figs. 1, 2, 3, 4, 5).

Organicism of Celtic Design and Inspired Modernists — A. Breton, W. Worringer and F. L. Wright —

Tsuruoka Mayumi, Tama Art University

The ebb and flow of the Celtic tide for more than 2,500 years in European art and civilization punctuate the revival highlights of design history, reflecting not only the medieval Hiberno-Saxon book illumination such as the masterpiece, of *The Book of Kells*, but also the modern revival of it, stimulating international modernists, on account of its formal ideas on *Organicism.*

This paper aims to initiate a new discussion on the importance of Celtic design, a concept which inspired modern designers and philosophers such as André Breton, Wilhelm Worringer and Frank Lloyd Wright. Especially in the latter part of this paper, the focus will be given to Wright's key idea of *Organic Architecture* in order to analyse the spiritual association of his life-long work *Taliesin* (1st, 2nd, 3rd), named after a Celtic god , with so called *Celtic consciousness, which* derived from his Welsh lineage, noted in his often criticised autobiography (figs. 1, 2, 3, 4, 5, 6, 7, 8, 9).

Bloomsbury Group: A Study of the Relationship between Artists and Society in early 20th century England

Kaname Mariko, Osaka University

An intellectual circle which later came to be called the 'Bloomsburys' emerged in the West Central district of London in 1904. The Bloomsbury Group came from mostly upper middle-class professional families. Most male members of the Group were educated at Trinity College or King's College of Cambridge. They engaged in diverse interchanges, involving multiple social and cultural groups. In this paper, I will consider the historical role of the Group both with respect to the artists and society, focusing on the post-impressionist exhibitions, the Omega Workshops and the activities of the Charleston farmhouse (figs. 1, 2, 3).

Modern Craft Movements in Belgium

Takagi Yoko, Bunka Women's University

Belgium, the cradle of the Art Nouveau, was the first country on the continent to undergo an industrial revolution. Just as in England, the industrial revolution resulted in a clear distinction in regards to the quality of design between traditional decorative arts and industrial arts. To address this issue, *Le Conseil de perfectionnement de l'enseignement des arts du dessin* was founded in 1859 and discussions took place about establishing a new educational system. The *Musée des arts décoratifs et industriels* (today's *Musées royaux d'Art et d'Histoire/ Koninklijke Musea voor Kunst en Geschiedenis*) opened in the Cinquantenaire Park in 1889.

Well known artists of Art Nouveau such as Victor Horta, Henry Van de Velde, Gustave Serrurier-Bovy, and Georges Lemmen all graduated from the academies of fine arts and not from the new industrial art schools. *Les XX* associated with radical socialist movements and promoted decorative art. In fact, members of *Les XX* created decorative art as a resistance to the

traditional hierarchy of art and therefore developed an avant-garde attitude. Investigation on the artists trained in the schools of industrial art also started to be published at this period.

The Beginning of French Modern Craft: Two Promotional Movements — Industrial Art and Decorative Art —

Nishimura Mika, Meisei University

19th-century French craft developed through a series of national expositions promoting products of French industry and a few international expositions, which aimed at 'the beauty in the useful'. But design was continuously going back and forth between conventional art and machine production. Around the 1880s, however, the focus started moving towards the decorative arts, which showed appreciation for craft in the tradition of 'good taste', neglecting industrial demand.

Art Nouveau and French Decorative Design Movement

Imai Miki, Osaka Institute of Technology

In design history, *Art Nouveau* is interpreted as one of the styles/movements that spread all over the world from France and Belgium around the turn of the 19th and 20th centuries. However, it also reflected a new lifestyle/custom of the modern French. Each Art Nouveau design is similar and tends to be extremely worldly, because of its quotations from historical styles, imitations of art works/craft goods from foreign countries, references to various cultures, figures, and sexual metaphors, etc. While the Arts and Crafts Movement was an activity based on 'the idea for design', Art Nouveau was a current concerned with 'the form for design-language', and its rapid spread ended rather quickly. After it reached the peak of its vogue in 1900, enthusiasm for Art Nouveau started to decline and became regarded as detestable decoration during the war time period. The definition of what is Art Nouveau varies according to researchers and critics. But it is correct that Art Nouveau presented an answer in its form to what was adaptable to an urbanising and industrially developing new generation (figs. 1, 2, 3, 4, 5, 6).

The Diversity of Art Deco: UAM's separation from SAD

Kawakami Hinako, Shukugawa Gakuin College

The conflict between the *Société des Artistes Décorateurs* (SAD) and the *Union des artistes modernes* (UAM) demonstrates that there are various interpretations to what is labelled 'Art Deco' style. The works of the SAD displayed at the Paris *Exposition international des Arts Décoratifs et Industriels Modernes* of 1925 still harked back to traditional taste even though the principal theme of this exposition was based on a new concept: a fusion of decoration and industry.

Inspired by tubular steel furniture of the *Deutscher Werkbund* (DWB), the opposition group of SAD founded UAM and started their own new movement. Although they adopted functionalism, new material, and anti-traditional methods for mass production as the DWB did, their products are slightly different in line with French taste fused with decorative esprit. Even UAM did not give up the concept of decoration in their works. In other words, 'Art Deco' style is a phenomenon that broadened the framework of decorative arts (figs. 1, 2, 3, 4, 5, 6, 7).

Modern Craft Movements in Italy Suenaga Koh, Hiroshima Jogakuin University

Italy, a newly created nation in the late nineteenth century, attempted to catch up with other industrialized nations and especially with Great Britain. Therefore, most Italians only focused on the positive aspects of the industrial revolution. They, in due course, created a unique combination of traditional medieval craftsmanship with some of the most advanced industrial design in the twentieth century. But I would like to point out a few modernisation movements in the crafts field, including the introduction of architectural faculties in universities, several attempts to open artisan schools like the *Societa Umanitaria* in Milan, the promotion of an Italianised Art Nouveau design style, like the many works by the Coppedé family, and efforts though infrequent by the Italian Arts and Crafts groups such as *Aemilia Ars* in Bologna (figs. 1, 2, 3, 4).

The Swiss Crafts Movement of Schweizer Heimatwerk Kawakita Takeo, Kobe Design University

The *Schweizer Heimatwerk* is a public organisation founded in 1930 with the aim to foster and develop Swiss folk art and crafts. The subject matter ranges over textile, embroidery, sewing, pottery, metalwork, woodwork, furniture, and architecture. This paper illustrates the activities and conditions of the *Schweizer Heimatwerk* since its establishment until recent years.

In the beginning, the main objective of the *Schweizer Heimatwerk* was to help economically suffering Swiss farmers. On the one hand, they taught farmers how to make good craft products through lectures and workshops. A school for this purpose was also established in 1948 by Lake Zurich. On the other hand, they opened their own shops in several cities and tried to establish the market for the products. Journals to promote and support their activities were also published.

Although the *Schweizer Heimatwerk* stimulated production and tried to improve the quality of local crafts, the initial objective seems to have been only partly achieved. In fact, the products accepted by the market were mostly made by professional people, not by farmers (figs.).

Kunstgewerbemuseen in Germany — Concept of Establishment and Process of Development —

Ikeda Yuko, The National Museum of Modern Art, Kyoto

In the 1870s, numerous *Kunstgewerbemuseen* (museums of arts and crafts) were founded in Germany, which had just been unified as a nation in 1871. *Kunstgewerbemuseen* were established to educate those involved in the world of applied arts in order to heighten the quality of German products. At the same time, enlightenment of the general public was thought necessary for the betterment of taste and to ensure the populace's ability to select high-quality products. For these purposes, the following four sections were thought to be necessary for the museums: (1) a school of applied arts; (2) a *Vorbilder- und Mustersammlung* (model collections); (3) library, workshop, etc.; and (4) patent office, etc. The museum itself was involved in developing the second section by collecting not only historical objects as models but contemporary products as well. This essay aims to provide an overview of the concept behind the founding of German *Kunstgewerbemuseen* and the process of development thereof, and discusses the specific case of the *Kunstgewerbemuseum* in Berlin, the first institution in Germany and the third in Europe of this type (figs. 1, 2, 3, 4, 5).

Modern Crafts Workshops in Germany
— From alliance and rupture of a 'studio' to the formation of German Werkbund —

Harikai Aya, Nagasaki University

This paper begins by first addressing the point that more than half of the foundation companies of the German Werkbund were occupied by companies named 'workshop (werkstatt)'. So a company acts as the main stakeholder in the werkbund. Moreover, many of the German Werkbund foundation members were concerned with the exhibition activities of these 'workshops' from around the end of the 19th century, and supported the German modern crafts movement. The second focus of this paper is on two specific 'workshops' — Deutsche Werksätten (German Workshops) and Vereinigte Werkstätten für Kunst im Handwerk (United Workshops for Art in Craftwork) — that formed the core of modern crafts movement, and examines the problems in the movement that helped to establish the German Werkbund. Finally, this paper discusses the following two points as a problem in the activities of the two studios: 1) The merger of studios, business tie-ups, and expansion of studios, which Schmidt's advance was particularly radical. It was thought to be one of the causes that brought dissatisfaction to the German crafts industry. 2) The concentration in manufacturing and sales rather than education, though at the time the decisions were regarded as a modern step forward by the Vereinigte Werkstätten and Deutsche Werkstätten. However, this was the root cause of the problems, which resulted in the divergence of studio education from craft schools (figs. 1, 2, 3, 4, 5).

Another Way to the Bauhaus: Hermann Muthesius and the Reform of the Kunstgewerbeschulen in Germany

Tadokoro Shinnosuke, Nihon University

Hermann Muthesius, who is known as the author of *The English House* and one of the founders of the *Deutscher Werkbund*, was called on by the Prussian Department of Commerce, when he left England in 1903. He belonged to the Landesgewerbeamt, which was established in 1905, and was engaged in the reform of the Kunstgewerbeschulen, schools for arts, crafts and trades in Germany.

He introduced new two educational methods into school curricula, workshops and drawing classes. By setting up educational workshops, he aimed to confer the technical and practical abilities to operate machines on the schools. On the other hand, drawing classes were instituted to develop new ways to design, which was fundamentally different to the historical ornament.

These two means were just the trigger that helped to change the design of not only manufactures, but also architecture, reflecting the new notion of design that is objective, practical and economical. We can see in this process of the reform of schools, another way to modern functional design in the beginning of the 20th century, like the Bauhaus (figs. 1, 2, 3, 4, 5, 6, 7).

The Industrial Art Movement of Austria in the latter half of the 19th Century

Amagai Yoshinori, Akita Municipal College of Arts and Crafts

The Industrial Art Movement (*Kunstgewerbebewegung*) of Austria from the 1860s to the 1890s was based on the idea of applying art to industry.

Rudolf von Eitelberger, professor of art history at Vienna University, established the Applied Art Museum and School to promote and improve Austrian industrial products through the

application of historical art to industry in Vienna in the 1860s, and he founded many crafts schools (*die Kunstgewerbliche Fachschule*) in Austria in the 1870s. Jacob von Falke, a colleague of Eitelberger, organised the Society of Industrial Art (*Kunstgewerbeverein*) in Vienna in the 1880s. In his book entitled *Moderne Architektur* published in 1896, Otto Wagner criticised the historicist approach as eclecticism, and he encouraged applied artists, especially with his pupils Josef Hoffmann and Koloman Moser, who founded the Vienna Workshop (*Wiener Werkstätte*) in 1903, in order to create modern style. Both historicists and modernists in Vienna made efforts to elevate their products to the level of artistic works by giving aesthetic qualities to the technical developments.

The Arts and Crafts Movement in Hungary: the Workshop of Gödöllő

Iguchi Toshino, Saitama University

This study examines the meaning of the workshop of Gödöllő, which was one of the bases of the arts and crafts movement in Hungary in the beginning of the 20th century. By the end of the 19th century, the condition of modern crafts had already been set in Budapest, chiefly with the opening of the Museum of Applied Arts and their affiliated schools, and the establishment of the Society of Applied Arts and publication of their journal.

The founder, Körösfői-Kriesch Aladár (1863-1920), was influenced by the philosophies of John Ruskin of Britain and later founded the workshop as a 'Gesamtkunstwerk'. He also paid attention to Transilvanian folk art and adopted their pattern in his works. That is to say, he interpreted an ethnic style as Hungarian national style.

To analyse Hungarian modernism in the arts and crafts, I focus on certain key ideas involving nationalism and national style, and the influence of Britain and westernization. It can be said that the arts and crafts in Hungary developed balancing internationalism and regionalism (figs. 1, 2, 3, 4, 5).

Modern Craft and Design Movements in Scandinavia

Tsukada Koichi, Sugino Fashion College

In Scandinavia, an early craft movement was started in Sweden in 1844 when Nils Mandelgren established a small craft school (Söndags-Rit-Skora för Hantverkare) in Stockholm. The following year he founded the Swedish Association of Handicrafts (Svenska Slöjdföreningen). The Swedish Education-Association system influenced the other Nordic countries and made important foundations of Scandinavian modern craft and design. Today, one of the most active contries in craft and design in Finland. For example, Fiskars Village, located 85 km far from Helsinki, founded in 1649 for iron industry complex, has been renewed as a centre for excellent contemporary craft and design (figs. 1, 2, 3, 4, 5, 6).

PART II: MODERN CRAFT MOVEMENTS AND ASIA

The Arts & Crafts, Frank Lloyd Wright and Modern Craft of Japan

Fujita Haruhiko, Osaka University

The ideals of the Arts and Crafts Movement rapidly spread in the United Sates in the late 1890s. Frank Lloyd Wright revolutionised it through his 1901 lecture 'The Art and Craft of the

Machine' in which he asserted 'in the Machine lies the only future of art and craft.' For him, the Machine is neither a forger nor an abuser but an emancipator of the people and beauties of nature. He found that art and craft still coexisted in Japan when he visited a local Japanese craft school in 1905. Wright wrote: 'I was glad to know that such integrity existed, fighting though it is for the existence against fearful odds, and I was ashamed to realise that we of the West in the arts stand for its fatal enemy.' He also observed, however, 'whoever has noted the change that has come over the Japanese arts and crafts in the past four year…has witnessed the beginning of the end.' There was a considerable difference in Japan's exhibits between the 1893 Chicago and 1904 St Louis expositions.

Bridging Over Science and Studio Pottery: Matsubayashi Tsurunosuke in St Ives in 1923–24

Maezaki Shinya, SOAS

Matsubayashi Tsurunosuke (1894–1932) is a ceramicist and ceramic engineer from Kyoto, who contributed to improving the production of the early Leach Pottery in St Ives. Matsubayashi played an important role in introducing a scientific approach to developing ceramic art. When studying the *Mingei* movement, however, the understanding of the relationship between the arts and science is still an unresolved issue. This paper explores the ways in which the artists around the *Mingei* movement have accepted and interpreted recent scientific knowledge into their artistic creations in both the UK and Japan (figs. 1, 2, 3, 4, 5).

Yanagi Muneyoshi and Yamamoto Kanae Fujita Haruhiko, Osaka University

To reassess the impact of the modern craft movements in Japan, I would like to compare the *Mingei* 'Folk Crafts' of Yanagi Muneyoshi (1889–1961) with the *Nomin-Bijutsu* 'Farmers' Art' of Yamamoto Kanae (1882–1946). Though criticised by Yanagi, Yamamoto was his precursor. They are rarely compared with each other, partly because of the different periods when the two movements were started. There is more than a six-year gap between the publication of Yamamoto's *Report on the Starting of Farmer's Art in Japan* and Yanagi's *Report on the Founding the Japan Folk-Crafts Museum*. But, if we compare the former with Yanagi's *On Founding the Choson National Museum*, there is only a one-year time lapse; they were published in November 1919 and January 1921 respectively. As two art specialists based in Tokyo, Yamamoto and Yanagi, each started 'reconstruction through art' projects one after another in the mountainous Nagano prefecture and far-off in Seoul.

Yoshida Shoya, a Producer of the *Mingei* (Folk-Crafts) Movement

Inotani Satoshi, Osaka University

The Japan Folk-Crafts Museum (*Nihon Mingeikan*) was established in Tokyo in 1936. Yanagi Soetsu (Muneyoshi, 1889–1961), the leader of the Folk-Crafts Movement, thought that the major purpose of its establishment was to activate the production of new folk-crafts. In those days, the members of the movement regarded production and adapting new life-styles as their important activity. Yoshida Shoya (1898–1972) was concerned with these activities from its early days. Yoshida promoted the new crafts mainly in Tottori prefecture, but he came to play an active part in the whole movement.

The new *Mingei* production in a sense contradicts *Mingei* theory. However, it is said that most

of the members were aware of these contradictions. Therefore, when producing crafts, they brought in their own attitudes toward the contradiction. To investigate their activities, we must pay attention to each productive process.

The Influence of the *Mingei* Movement in Taiwan — YANAGI Muneyoshi and YEN Shui-Long —

Lin Cheng-Wei, Osaka University

Yen Shui-Long (1903-1997) is a pioneer of the Taiwanese crafts movement. Yanagi Muneyoshi first visited Taiwan in 1943 for his folk-crafts research, and it was the time when he met Yen Shui-Long. Yen used Yanagi's book, *Kogei Bunka* (Craft Culture, 1942) for his craft history class at the Tainan Higher School of Technology (present day National Cheng Kung University). Their friendship continued despite the world war. The Taiwanese Crafts Movement was thus very much influenced by Yanagi and his *Mingei* Movement. The Taiwanese movement is now revived as the Taiwanese Life and Crafts Movement supported by the Taiwanese government (Council for Cultural Affairs). If one is to name an artist or a crafts artist who had the greatest influence on Taiwanese Crafts development in the twentieth century, Yen Shui-Long will undoubtedly be the first to come to mind.

20th Century Korean Ceramics and Yanagi Sōetsu

Takenaka Hitoshi, Kobe City University of Foreign Studies

After 1876, Korea began to import porcelain from Japan. It was a major threat to the Korean ceramics industry. Korea was colonised by Japan in 1910. In the 1910s, a Koryo celadon boom took place. Japanese management companies played an active role in imitating Koryo celadon in order to meet the market demand. The Korean ceramics industry was deprived of their autonomous development and forced to modernise according to fixed images held by the Japanese. After that, the local tradition of white porcelain faced a critical situation. Meanwhile, the debate surrounding the role of Koryo celadon imitation rose to the surface. In 1945, the colonial period ended. However, this did not entirely put an end to the above difficulties. Yanagi Sōetsu's contribution in Korea has been criticized as having deeply affected these unresolved problems concerning tradition and modernisation.

Handicrafts and its Promotion Efforts in India: The Case of Rabari Society

Ueba Yoko, The National Museum of Ethnology

Diverse handicrafts such as dyeing, textiles, stitch work, ceramics, metalwork, leather craft and woodwork are well-practiced in the Kutch district of Western India. Women of the Rabari people, living in Kutch, are engaged mainly in raising livestock such as camels and goats, and applying their expert knowledge on stitch work techniques to create costumes and furnishings for commercial use.

This study, while focusing on the Rabari society, attempts to analyse the aspects of handicrafts in contemporary India by crosschecking the way stitch work fabrics are treated in the Rabari society with the handicraft promotion efforts found in India as well as the Kutch district (figs. 1, 2, 3, 4, 5).

「近代工芸運動とデザイン史」関連年表

※この年表はおもに本書掲載論文の関連事項を整理したものである。
※事項末の(　)内におもな国名・地域名を以下のように略記する。
英、仏、独、伊、日、韓、中、米、愛(アイルランド)、白(ベルギー)、端(スイス)、墺(オーストリア)、洪(ハンガリー)、典(スウェーデン)、台(台湾)、印(インド)

年号　　　　事　項

1802・プロイセンに産業研究所設立(独)
1806・フランスで意匠法制定(仏)
1814・イギリスで彫刻著作権法制定(英)
1821・ボイト、シンケル『事業主ならびに職人のための模範作品集』(独)
1830・シンケル、ベルリンのアルテスムゼウム竣工(独)
1831・ベルギー独立(白)
1834・ピュージン『対照』(英)
1835・ウィーンで中央産業製品展覧会(墺)
1836・アメリカ合衆国特許局設立(米)
1837・ロンドンのサマセット・ハウスに官立デザイン学校設立(英)
1839・銀板写真術の発明(仏)
1840・イギリス中国間で阿片戦争(1842年に不平等条約締結)
1841・ピュージン『真の原理』(英)
1843・バーミンガム・デザイン学校設立(英)
・ジョン・ラスキン『現代画家論』第1巻(全5巻-1860年)
1845・産業芸術協会設立(仏)
・ウィーンでオーストリア総合産業製品展覧会(墺)
・スウェーデン工芸協会設立(典)
1846・ケルト第1鉄器文明ハルシュタット遺跡発掘(墺)
1847・サマリー美術製造商会設立(英)
1848・ラファエル前派結成(英)
・マルクス、エンゲルス『共産党宣言』(独)
・第一次デンマーク戦争(-52年、第二次1864年)
1849・ラスキン『建築の七灯』(英)
・『ジャーナル・オブ・デザイン・アンド・マニファクチュア』創刊(英)
・第11回内国博覧会(1794年-、計11回開催)(仏)
1850・ラファエル前派の機関誌『ザ・ジャーム』創刊(英)
1851・第1回ロンドン万国博覧会(英)
・ラスキン『ヴェネツィアの石』第1巻(第2・3巻1853年)(英)
1852・実用美術局設立(局長ヘンリー・コール、1853年科学美術局に改称)(英)
・製品美術館(装飾美術館)開館(英)
・ベルギー産業芸術奨励協会設立(白)
・シャルル・ロジェによる芸術教育委員会設立(白)
・ヴィシェールによる産業教育委員会設立(白)

・ゼンパー『科学・産業・芸術』(独)
1853・アイルランド大工業博覧会(愛)
・セーヌ県知事オスマンによるパリ改造(-1870年)(仏)
・クリミア戦争(-56年)
1854・パディントン駅完成(I・K・ブルーネル設計)(英)
1855・第1回パリ万国博覧会(仏)
1856・ジョーンズ『装飾の文法』(英)
・ケルト第2鉄器文明ラ・テーヌ遺跡発掘(瑞)
1857・マンチェスターでイギリス美術名宝博覧会(英)
・製品(装飾)美術館が移転し、サウス・ケンジントン博物館設立(英)
・フランスで商標登録に関する総合的法律を制定(仏)
・ウィーンでリンクシュトラーセの建設開始(1865年開通)(墺)
1858・ホガース・クラブ結成(英)
・イギリスのインド直接統治開始(英)
・産業芸術進展協会設立(仏)
1859・モリス、レッド・ハウス建設(ウェッブ設計)(英)
・図案教育改善会議設立(白)
1861・モリス・マーシャル・フォークナー商会設立(英)
・イタリア王国成立
・アメリカ南北戦争(-65年)
1862・第2回ロンドン万国博覧会(英)
・イギリスで商標法制定(英)
・ラスキン『この最後の者にも』(英)
・ゲントに聖ルカ校設立(白)
1863・ロンドン地下鉄開通(英)
1864・第1インターナショナル、ロンドンで結成(英)
・産業応用美術中央連合結成(仏)
・オーストリア美術工業博物館(現オーストリア応用美術博物館)設立(墺)
1865・サウス・ケンジントン博物館、日本部門を開設(英)
1867・第2回パリ万国博覧会(仏)
・ドイツ産業博物館(現ベルリン工芸博物館)創設(1868年開館、同付属工芸学校開校)(独)
・ウィーン工芸学校設立(1868年開校)(墺)
・オーストリア=ハンガリー帝国成立
1868・アイルランドのリムリック地方で「アーダーの聖杯」(8世紀頃)発見(愛)
・ライプツィヒ模範作品コレクション(ライプツィヒ工芸博物館の前身)開設(独)
・ドイツ産業博物館開館、同付属工芸学校開校(独)
・ミュンヘン工芸学校開校(独)
・ゴットフリート・ワグネル来日(日)
1869・ハンブルク工芸博物館設立(1874年開館)(独)
1870・イギリス国会議事堂完成(英)
・ラスキン、オクスフォード大学スレイド美術講座教授就任(-78年、83-85年)(英)
・工部省設置(日)
・ボストン美術館設立(1876年開館)(米)
・普仏戦争(-71年)
1871・ラスキン、96通の公開書簡『フォルス・クラヴィゲラ』(-78年、80-84年)(英)

・王立刺繍学校設立(英)
・ドイツ帝国(正式にはドイツ国)成立
1872・ユリウス・レッシング、ドイツ産業博物館初代館長に着任(独)
1873・ライプツィヒ工芸学校開校(独)
・ウィーン万国博覧会開催、明治政府万博初参加(墺・日)
1874・平山英三ウィーン工芸学校に学ぶ(-78年)(墺・日)
・ブリュッセルで装飾・産業芸術展(白)
・ライプツィヒ工芸博物館(現グラッシ応用美術館)設立・開館(独)
・起立工商会社設立(-90年)(日)
1875・モリス・マーシャル・フォークナー商会、モリス商会に改称(英)
・リバティ商会設立(英)
・セント・ジョージのギルド結成、セント・ジョージ博物館を併設(ラスキン)(英)
・ドレスデン工芸博物館設立(1876年開館)(独)
・香蘭社(有田)設立(日)
1876・クリストファー・ドレッサー来日(英・日)
・エミール・ギメ来日(仏・日)
・工部美術学校創設(-83年)(日)
・フィラデルフィア万国博覧会開催(米)
・ペンシルベニア・インダストリアル・アート博物館(現フィラデルフィア美術館)および同付属学校(現フィラデルフィア芸術大学)開設(米)
1877・古建築物保護協会(SPAB)設立(英)
・モリス、「装飾芸術」の最初の公開講演(英)
・パリの王立素描学校(1766年創設)幾度かの校名変更を経て国立装飾美術学校となる(仏)
・装飾美術館協会設立(初代会長フィリップ・ド・シュヌヴィエール侯爵)(仏)
・フランクフルト工芸博物館(現フランクフルト応用美術館)創設・開館(独)
・工部大学校設立、ジョサイア・コンドル、工部大学校教授として来日(日)
・江戸川製陶所設立(日)
・エドワード・モース来日(米・日)
・第1回内国勧業博覧会(-1903年まで計5回開催)(日)
1878・オールコック『日本の美術と美術産業』(英)
・第3回パリ万国博覧会(仏)
・アーネスト・F・フェノロサ来日(米・日)
1879・アーサー・シルヴァーがハマスミスにシルヴァー・スタジオ設立(英)
・ドイツ産業博物館からベルリン工芸博物館へ改称(独)
・竜池会結成(日)
・ニューヨーク、ルイス・C・ティファニー&アソシエーティッド・アーティスツ設立(米)
1880・ベルギー王立装飾産業美術館(現王立美術歴史博物館)開館(白)
・京都府画学校設立(日)
1881・モリス商会マートン・アビー工房開設(英)
・ベルリン工芸博物館新館(現マルティン・グロピウス・バウ)開館(独)
・東京職工学校(のちの東京工業学校・東京高等工業学校)創設(日)
・陶磁器工芸学校、勉脩学舎、有田に開校(日)
1882・産業応用美術中央連合と装飾美術館協会が合併し装飾美術中央連合設立(仏)
・マクマードゥ、センチュリー・ギルド設立(-88年)(英)
・ドレッサー『日本、その建築、美術、美術産業』(英)

・H・H・リチャードソン、マートン・アビーにモリス訪問(英・米)
・フェノロサ、竜池会で講演(日)
・上野に国立中央博物館(現東京国立博物館)設立(日)
1883・マクマードゥ『レンのシティ・チャーチ』(英)
・特許・意匠・商標法制定(英)
・デュッセルドルフ工芸学校開校(独)
・ブレスラウ工芸学校開校(独)
・レ・ヴァン(二十人会)結成(白)
・工部美術学校廃止(日)
1884・アート・ワーカーズ・ギルド設立(英)
・センチュリー・ギルド『ホビー・ホース』創刊(英)
・ロンドンのイースト・エンドにトインビー・ホール開設(英)
・ローンズリー夫妻、ケジック・スクール・オブ・インダストリアル・アート設立(英)
・ウィーン工芸協会設立(墺)
・高島北海、渡欧。フランスのナンシーに滞在(85-87年)(仏・日)
・商標条例公布(日)
1885・ベルギー社会党設立(白)
・ベルリン工芸博物館の管轄が商務省から文部省へ移行、王立博物館美術館群の一員になる(独)
・フスカ・ヨージェフ『ハンガリーの装飾様式』『セーケイの家』(洪)
・ハンガリー応用美術協会設立、機関誌『応用美術』創刊(洪)
・工部省廃止(日)
・東京大学工芸学部設置(日)
・ワグネル、竜池会で講演(日)
1886・シャルル・ブルスによりベルギー最初の装飾芸術学校創設(白)
・エミール・ガレ、ナンシーの家具工房で制作開始(仏)
・帝国大学工科大学創設(日)
1887・アーツ・アンド・クラフツ展覧会協会設立(英)
・ケルン工芸博物館(現ケルン応用美術館)設立(1887年開館)(独)
・竜池会、日本美術協会と改称(日)
・金沢工業学校開校(日)
・東京美術学校設置(1889年開校)(日)
1888・アーツ・アンド・クラフツ展覧会協会第1回展(英)
・アシュビー、ギルド・アンド・スクール・オブ・ハンディクラフト(手工作ギルド学校)設立(英)
・技術教育法制定(英)
・第2インターナショナル、パリで結成(仏)
・ビング英独仏3ヶ国語で『芸術の日本』創刊(-1891)(仏)
・意匠条例制定(日)
1889・レイゼンビー・リバティ来日、日本美術協会で講演(英・日)
・装飾芸術産業芸術博物館(現王立美術歴史博物館)創設、サンカントネールにて開館(白)
・第4回パリ万国博覧会開催、エッフェル塔建設、ガレはガラス作品でグランプリ受賞(仏)
・パリに東洋美術のギメ美術館開設(仏)
1890・モリス「ユートピアだより」を『コモンウィール』に連載(英)
・ダブリンにアイルランド国立博物館開館(愛)
・ラフカディオ・ハーン来日(日)
・東京職工学校、東京工業学校と改称(日)

1891・モリス、ケルムスコット・プレス設立(英)
・ヴォイジー、ベッドフォード・パークの住宅を設計(英)
・ブリュッセルで「レ・ヴァン」第8回展(クレイン、シェレ招待出展)(英・白・仏)
・国民美術協会のサロンに装飾芸術部門が創設される(仏)
1892・ルイス・H・サリヴァン「建築における装飾」を『エンジニアリング・マガジン』に掲載(米)
1893・『ステューディオ』創刊(英)
・リーグル『様式論』(墺)
・シカゴ万国博覧会(米)
・エルバート・ハバート、ニューヨーク州イースト・オーロラにロイクロフターズ設立(米)
1894・ブリュッセルで「自由美学」第1回展(センチュリー・ギルドのメンバー出展)(英・白)
・パリで装飾美術会議(装飾美術中央連合主催)(仏)
・ヴァーグナー、ウィーン美術アカデミーの建築教授に就任(墺)
・エルバート・ハバード、ケルムスコット・プレス訪問(英・米)
・富山県工芸学校創設(日)
1895・ナショナル・トラスト設立(英)
・スコットランドのケルト復興誌『エヴァーグリーン』創刊
・日本美術商ビングがパリにギャラリー「アール・ヌーヴォー」を開店(-1904年)(仏)
・ギマール、パリ16区にカステル・ベランジェ着工(仏)
・ベルリンで『パン』創刊(-1900年)(独)
1896・グラスゴー派、アーツ・アンド・クラフツ展覧会に出品(英)
・セントラル・スクール・オブ・アーツ・アンド・クラフツ設立(英)
・ムテジウス、ドイツ大使館付技官としてロンドンに滞在(-03年)(英)
・モリス死去、W・A・S・ベンソン、商会を引き継ぐ(-40年)(英)
・ミュンヘンで『ユーゲント』(-1940)創刊(独)
・ヴァーグナー『近代建築』初版(墺)
・東京美術学校図案科設置(日)
・ハンガリー国立応用美術館開館、付属王立応用美術学校設立(洪)
・大阪工業学校設立(日)
・ハーン、帝国大学文科大学講師となり英詩論でモリスについて詳述(日)
・京都市立陶磁器試験場設立(初代所長藤江永孝)(日)
・アシュビー、シカゴ訪問(米)
1897・テート・ギャラリー開館(英)
・マッキントッシュ、グラスゴー美術学校建設(第1期工事-1899年)(英)
・ジーノ・コッペデ、ジェノバのイギリス人邸宅《マッケンジー城》設計(-1907年)(伊)
・ミュンヘン手工芸連合工房設立(独)
・ウィーン分離派結成(墺)
・機関誌『応用美術』から『ハンガリー応用美術』へと改称(洪)
・東京工業学校教員養成所工業図按科設置(日)
・ボストン・アーツ・アンド・クラフツ協会設立(以後米国内に類似の協会多数)(米)
1898・アシュビー、エセックス・ハウス・プレス設立(英)
・ボローニャで「アエミリア・アルス(エミリア地方の芸術)」活動(-1903年)(伊)
・カール・シュミット、ドレスデン手工芸工房(ドイツ工房の前身)を設立(独)
・ムテジウス、論文「イギリスにおける手工業者のための芸術教育」(独)
・第1回ウィーン分離派展(墺)
・オットー・ヴァーグナー「マジョリカ・ハウス」完成(墺)

・フスカ・ヨージェフ『ハンガリーの装飾』(洪)
・香川県工芸学校設立・開校(日)
・佐賀県工業学校設立(1899年開校)(日)
1899・サウス・ケンジントン博物館、ヴィクトリア・アンド・アルバート美術館と改称(英)
・リバティ商会の「ケルト・デザイナー」アーチボールド・ノックス活動開始(英)
・フロイト『夢判断』(独)
・ラーション『わたしの家』(典)
・東京工業学校、本科に工業図按科設置(日)
・佐賀県工業学校有田分校設立(1900年開校)(日)
・京都市立陶磁器試験場が若い人材育成を開始する(日)
・トリッグズ、シカゴを拠点にインダストリアル・アート連盟創設(米)
・ヴェブレン『有閑階級の理論』(米)
1900・クレイン『線と形』(英)
・第5回パリ万国博覧会(仏)
・女子美術学校創設(日)
・ハル・ハウス労働博物館創設(米)
1901・グラスゴー万国博覧会(英)
・装飾美術家協会設立(仏)
・ダルムシュタット芸術家コロニーにて第一回展開催(独)
・リーグル『末期ローマの美術工芸』(墺)
・ケレシュフェーイ=クリシュ、ゲデレー工房設立(洪)
・武田五一、イギリス留学(日)
・大日本図案協会『図案』創刊(-06年)(日)
・京都府画学校、京都市立美術工芸学校と改称(日)
・雑誌『レディス・ホーム・ジャーナル』(-05年)(米)
・ライト、ハル・ハウス講演「機械のアートとクラフト」(米)
・グスタヴ・スティックリー、雑誌『クラフツマン』創刊(-1916年)(米)
1902・アシュビーのギルド・オブ・ハンディクラフト、チッピング・カムデンへ移転(英)
・マッキントッシュ、ヒル・ハウス着工(-04年)(英)
・トリノで近代装飾美術博覧会開催(伊)
・ムテジウス『様式建築とバウクンスト』(独)
・ヴァン・ド・ヴェルド、ヴァイマールへ転居(独)
・京都高等工芸学校設置(日)
1903・労働者教育協会設立(英)
・ヘンリー・ウィルスン『銀細工と金属細工』(英)
・G・E・ムーア『プリンキピア・エティカ』(英)
・ローマ市の団体ソチエタ・ウマニターリアが「産業応用美術の実験室学校」を運営(伊)
・ベーレンスがデュッセルドルフ工芸学校校長に着任(独)
・ドレスデンで第3回ドイツ工芸展開催(独)
・ホフマン、ウィーン工房設立(墺)
・岡倉天心『東洋の理想』(マーガレット・ノーブル序文)(日)
・堺利彦訳『理想郷』(日)
・ヘンリー・フォード、フォード・モーター・カンパニー設立(米)
・ライト兄弟初飛行(米)
1904・カイザー・フリードリヒ美術館(現ボーデ美術館)開館(独)

・プロイセン商務省令「教育工房の設置に関する告示」(独)
・ムテジウス『英国の住宅』(-05年)(独)
・タウト『自然と建築芸術』(独)
・セントルイス博覧会(米)

1905・パリ装飾美術館創設(仏)
・アインシュタイン『相対性理論』(独)
・ハイマート保護協会発足(瑞)
・フランク・ロイド・ライト初来日(米・日)

1906・エドワード・ジョンストン『ライティング、イリュミネーティング、レタリング』(英)
・ロンドン、プリンセス画廊でドイツ芸術家連盟の展覧会開催(英)
・ヴァン・ド・ヴェルド、ロンドンを初めて訪れ、クレイン、メイ・モリスと会う(英)
・社会科学協会の機関誌『20世紀』創刊(-19年)(洪)

1907・マッキントッシュ、グラスゴー美術学校増築設計(第2期工事1908-09年)(英)
・ドレスデン手工芸工房、ドイツ手工芸工房と改称。アーデルベルト・ニーマイヤーらの「ミュンヘン家具調度工房」(1902年-)と合併(独)
・ミュンヘンで社団法人ドイツ工作連盟設立(独)
・ブルーノ・パウル、ベルリン工芸学校校長に着任(独)
・プロイセン商務省令「産業職業学校におけるデッサン授業導入の原則」(独)
・ペルツィヒがブレスラウ工芸学校校長に着任(独)
・東京府立工芸学校創設(日)
・東京勧業博覧会(日)
・山本鼎等『方寸』創刊(日)
・第1回文部省美術展覧会(文展)開催(日)

1908・オットー・フォン・ファルケ、ベルリン工芸博物館館長に着任(独)
・ヴォリンガー『抽象と感情移入』(独)
・シュミットら、有限会社田園都市ヘレラウを設立(独)
・アドルフ・ロース「装飾と犯罪」(墺)
・クンストシャウ結成(墺)
・富本憲吉ロンドン留学(-10年)一時セントラル・スクール・オブ・アーツ・アンド・クラフツに学ぶ(日)
・T型フォード生産開始(-27年)(米)

1909・オストハウス、ハーゲンに商工業芸術ドイツ博物館創設(-19年)(独)
・マリネッティ「未来派宣言」(伊)
・バーナード・リーチ来日(日)
・橋口信助「あめりか屋」開設(日)
・京都市立絵画専門学校設立(日)

1910・ロンドン、日英博覧会開催(英)
・ロンドンのグラフトン画廊で「マネとポスト印象派展たち」展(-11年)(英)
・A・N・ホワイトヘッド、バートランド・ラッセル『プリンキピア・マテマティカ』(-14年)(英)
・フォスター『眺めのいい部屋』(英)
・ドイツ工作連盟がサロン・ドートンヌに招待される(仏)
・戸田海市『工業経済』(日)
・安田禄造、ウィーン工芸学校に留学(-14年)(日)
・『白樺』創刊(日)

1912・「第2回ポスト印象派」展(英)

・A・ノックス、ノックス・ギルド・オブ・クラフト・アンド・デザイン結成(英)
・リーマーシュミットがミュンヘン工芸学校校長に着任(独)
1913・フライ、オメガ工房設立(-19年)(英)
・ウィンダム・ルイス、レベル・アート・センター設立(英)
・デイリー・メイル主催「アイディアル・ホーム(理想の住まい)」展(英)
・株式会社ドイツ工房設立(独)
・スイス工作連盟設立(瑞)
・第1回農商務省図案及応用作品展覧会(農展)(日)
1914・ケルト装飾写本『ケルズの書』復刻版刊行(英・米・仏)
・ケルンでドイツ工作連盟展(独)
・ドイツ工作連盟第7回年次総会を機に、ムテジウスとヴァン・ド・ヴェルドによる「規格論争(Typenstreit)」(独)
・ヴァーグナー『近代建築』第4版(書名を『我々の時代の建築芸術』に改変)(墺)
・京都市立陶磁器試験場へ濱田庄司着任、松林鶴之助入学(日)
・東京高等工業学校工業図按科廃止の決定(日)
・東京大正博覧会(日)
・市川数造『美術工業論』(日)
・第一次世界大戦勃発(-18年)
1915・デザイン・アンド・インダストリーズ協会(DIA)設立(英)
・ナショナル・ギルド連盟設立(英)
・ウルフ『船出』(英)
・ジーノ・コッペデ、ローマ旧市街《コッペデ地区》設計(伊)
・岩村透『美術と社会』(日)
1916・チューリヒでダダ始まる(瑞)
1917・ディッチリングにゴスペルズ工房設立(英)
・『デ・ステイル』創刊(-32年)(蘭)
・安田禄造『本邦工芸の現在及将来』(日)
・ロシア革命、ソヴィエト連邦樹立
1918・『ウェンディンヘン』創刊(-31年)(蘭)
・山本鼎、日本創作版画協会設立(日)
1919・ヴァイマルにバウハウス開校(初代校長グロピウス)(独)
・武者小路実篤、宮崎県木城町に「新しき村」建設(日)
・山本鼎「農民美術建業之趣意書」を長野県小県郡神川村内に配布(日)
・第1回帝国美術院美術展覧会(帝展)開催(文展廃止)(日)
・大原社会問題研究所設立(日)
・西村伊作『楽しき住家』(日)
1920・セント・アイヴスにリーチ・ポタリー設立(英)
・モスクワにヴフテマス(国立高等芸術技術工房)設立(露)
・濱田庄司、リーチとともに渡英(日)
・東京・日本橋三越にて農民美術品展示即売会(日)
・分離派建築会設立(石本喜久治、滝沢真弓、堀口捨己、森田慶一、山田守、矢田茂)(日)
1921・レッド・ローズ・ギルド・オブ・アート・ワーカーズ設立(英)
・ベルリン工芸博物館が宮殿博物館と改称し旧王宮内に移転(独)
・大阪北市民館創設(日)
・『新住宅』創刊(日)

・自由学園設立(日)
・文化学院設立(日)
・東京高等工芸学校設立(日)
1922・イギリス放送会社(BBC)設立、翌年ラジオ放送開始(英)
・ドイツ工作連盟、雑誌『ディ・フォルム』発刊(-1930年)(独)
・平和記念東京博覧会(日)
・権田保之助『美術工業論』(日)
・マヴォ結成(24年『マヴォ』創刊)(日)
・仲田定之助、石本喜久治、バウハウス訪問(日・独)
・日本建築協会(箕面桜ケ丘)住宅改造博(日)
1923・モンツァで建築・産業・装飾芸術展覧会開催(伊)
・堀口捨己、オランダ訪問(蘭)
・ライト、帝国ホテル完成(日)
・ヴォーリズ『吾家の設計』(日)
・日本農民美術研究所(滝沢真弓設計)長野県神川村大屋に竣工(日)
・同潤会発足(日)
・大阪市立工芸学校設立(日)
・東京帝国大学セツルメント創立(日)
・東京・銀座資生堂で農民美術展開催(日)
・関東大震災
1924・松林がリーチ・ポタリーのために三連房式登窯を建造(英)
・自由美術と応用美術のための国立総合学校(現ベルリン芸術大学)開校(初代校長：ブルーノ・パウル)(独)
・シュトゥットガルトでドイツ工作連盟により「フォルム」展開催(後一部改訂を加え、ドイツ各地を巡回)(独)
・リートフェルト、シュレーダー邸設計・建設(蘭)
・山本鼎、月刊雑誌『農民美術』発行(日)
・柳宗悦、京城(現：ソウル)に朝鮮民族美術館開設(韓)
・山本鼎、農商務省の委託で台湾の工芸品を調査(台)
1925・デヴォンにダーティントン・ホール設立(英)
・パリで現代産業装飾芸術国際博覧会(仏)
・ル・コルビュジエ『今日の装飾芸術』(仏)
・ミュンヘンにノイエ・ザンムルンク設立・開館(独)
・バウハウス、デッサウに移転(独)
・ライト「タリアセン第２」(米)
・日本農民美術研究所に農林省の副業奨励費補助金交付、以降国庫補助(日)
1926・ウィンチコム・ポタリー(マイケル・カーデュー)設立(英)
・「日本民芸美術館設立趣意書」起草(日)
・帝国工芸会結成、翌年『帝国工芸』創刊(日)
・日本工芸美術協会設立(日)
・宮沢賢治「農民芸術概要綱領」(日)
1927・パリの国立装飾美術学校、国立高等装飾美術学校(ENSAD)へ校名変更(仏)
・シュトゥットガルトでドイツ工作連盟「住居」展(ヴァイセンホーフ・ジードルンク建設)(独)
・上加茂民藝協団設立(日)
・帝展に美術工芸部門設置(日)

・日本インターナショナル建築会設立(-33年)(日)
1928・アメデ・オザンファン『芸術』(仏)
・マイヤー、バウハウス校長に着任(独)
・仙台に商工省工芸指導所設置、翌年『工芸指導』発刊(日)
形而工房結成(日)
・ワーナー・ブラザーズ社による初のトーキー映画(米)
1929・ペリアン、ル・コルビュジエ、ピエール・ジャンヌレらが鋼管家具等の住宅設備をサロン・ドートンヌに出展(仏)
・フランスの装飾芸術家協会から分裂し、現代芸術家連盟設立(仏)
・帝国美術学校設立(日)
・板垣鷹穂『機械と芸術の交流』(日)
・ニューヨーク近代美術館開館(米)
・世界大恐慌
1930・イギリスで産業美術家協会(SIA)設立(英)
・パリで現代芸術家連盟第1回展(仏)
・パリで第20回装飾芸術家協会展グロピウス指揮でドイツ工作連盟招待出品(仏・独)
・スイス・ハイマートヴェルク設立(初代運営責任者：エルンスト・ラウアー)(瑞)
・ミース、バウハウス校長に着任(独)
・大原美術館開館(日)
1931・東京に建築工芸研究所(のちの建築工芸学院)開設(日)
・『工藝』創刊(日)
1932・エリック・ギル『タイポグラフィ試論』(英)
・バウハウス、ベルリンへ移転(独)
・『工芸ニュース』創刊(日)
・「朝鮮美術展覧会」に工芸部新設(韓)
・ライト「タリアセン・フェローシップ」開始(米)
1933・ベック、ロンドン地下鉄路線図(英)
・第1回ミラノ・トリエンナーレ開催(伊)
・バウハウス閉校(独)
・ブルーノ・タウト来日(日)
・日本工房設立(日)
1934・リード『インダストリアル・デザイン(アート・アンド・インダストリー)』(英)
・カウンシル・フォー・アート・アンド・インダストリー設立(英)
・日本民藝協会設立(日)
・日本農民美術研究所への国庫補助打ち切り(日)
1935・帝国美術学校設立(日)
・WPAが公共プロジェクトのためアーティストを雇う(米)
1936・ペヴスナー『近代運動の先駆者たち(モダン・デザインの展開)』(英)
・機関誌『ハイマートヴェルク』創刊(瑞)
・日本民藝館創設(日)
1937・ライト「タリアセン・ウェスト」建設(-56年)(米)
・モホイ=ナジ、シカゴでニュー・バウハウス設立(-38年)(米)
・パリ万国博覧会「日本館」(板倉準三)グランプリ受賞(日)
1939・セントラル・インスティテュート・オブ・アート・アンド・デザイン設立(英)
・ジョイス『フェネガンズ・ウェイク』(愛)

・ニュー・バウハウスからスクール・オブ・デザイン(SD)へ改称しシカゴで開校(米)
・ニューヨーク万国博覧会(米)
・第2次世界大戦勃発(-45年)
1940・商工省工芸指導所、仙台から東京へ移転(日)
・シャルロット・ペリアン来日(日)
1941・富山県工学校、富山県立高岡工芸学校と改称(日)
1942・柳宗悦『工芸文化』(日)
・カリフォルニアにポンド・ファーム設立(米)
・顔水龍、「台湾に於ける『工芸産業』の必要性」を執筆(台)
1943・大日本工芸会創設後「日本美術及び工芸統制協会」発足(日)
・柳宗悦、台湾で顔水龍と出会う(台)
1944・シカゴのSD、インスティトゥート・オブ・デザイン(ID)と改称(米)
・京都と東京の両高等工芸学校は工業専門学校となり図案科廃止(日)
1945・ドイツ連邦共和国(西独)とドイツ民主共和国(東独)成立
・工芸学会結成(日)
1946・クラフツ・センター・オブ・グレート・ブリテン設立(英)
・朝鮮工芸家協会設立、第1回工芸美術展開催(韓)
・木浦でヘンナム社が産業陶磁工場を開業(韓)
・釜山で大韓陶磁器株式会社再開(前身：朝鮮硬質陶器株式会社)(韓)
1947・モホイ=ナジ『ヴィジョン・イン・モーション』(米)
・インド共和国成立
1948・リヒタースヴィールのハイマートヴェルク学校創設(-95年、現ハイマートヴェルク講習センター)(瑞)
・日本デザイナークラブ結成(日)
1949・国展発足(韓)
・仁川で「中央陶磁器」、清州で「忠北製陶社」(現：韓国陶磁器)開業(韓)
・シカゴのID、イリノイ工科大学の一部に編入(米)
1950・カーデュー、ナイジェリア政府に陶芸指導官として採用される。(英)
・戦災に遭った旧王宮(宮殿博物館)取り壊し(東独)
1951・日本宣伝美術会結成(-70年)(日)
1952・ダーティントン国際工芸家会議、濱田庄司、柳宗悦、カーデューら参加(英・日)
・工芸指導所、産業工芸試験所と改称(日)
・顔水龍『台湾工芸』(台)
・全インド手工芸委員会設立(印)
1953・第二回国展開催(韓)
・韓国造形文化研究所創設(-62年)(韓)
1955・ウルム造形大学創設(-69年)(独)
1956・インド国立手工芸・手織博物館創設(印)
・ニューヨークにアメリカン・クラフト・ミュージアム創設(米)
1957・インターバウ国際建築展(西独)
・プロイセン文化財団設立(西独)
・韓国美術品研究所発足(-58年)(韓)
1960・東京で世界デザイン会議開催(日)
1961・アーツ・アンド・クラフツ展覧会協会、デザイナー・クラフツメン協会と改称(英)
・第1回ミラノ・サローネ(伊)

・アフマダーバードに国立デザイン研究所創設(印)
1963・ケペニク城にベルリン工芸博物館開館(東独)
・シャルロッテンブルク城の一部にベルリン工芸博物館開館(西独)
1968・シュトゥットガルトで開校50周年記念バウハウス展(後に世界巡回)(西独)
1966・ロバート・ヴェンチューリ『建築の多様性と対立性』(米)
・文化大革命(-1977)(中)
1969・産業工芸試験所、製品科学研究所に改称(1979年に筑波に移転)(日)
・カーデュー『パイオニア・ポタリー』(米)
1972・グジャラート州手工芸公社設置(印)
1976・ブジに手工芸宣伝広告・事業拡大センター設置(印)
1977・メトロポリタン美術館で「アイルランドの至宝」展(米)
1978・第1回ミラノ・コレクション(伊)
・顔水龍、「我與台湾工藝」執筆(台)
・パレスチナ出身のE・サイード『オリエンタリズム』(米)
1980・ドゥルーズ、ガタリ『千のプラトー』(仏)
1985・セント・ジョージ博物館、シェフィールドへ移転(英)
・現在の文化フォーラムにベルリン工芸博物館新館開館(西独)
1987・ベルリン国際建築展(西独)
1989・大英博物館「天使の御業:ケルト金属工芸6-9世紀の傑作」展(英)
・ベルリンの壁崩壊(東西独)
1991・ドイツ再統一(独)
・デリダ『他の岬』(仏)
・湾岸戦争
・ソヴィエト連邦解体
1994・ケペニク城内ベルリン工芸博物館閉館、東西に分裂していた所蔵品を文化フォーラム内ベルリン工芸博物館に統合(独)
1996・バーレンベルクのハイマートヴェルク講習センター設立(スイス)
1998・スコットランド博物館(王立博物館+国立スコットランド博物館)開館(英)
2000・「ラスキン・トゥデイ」発足(英)
2002・ニューヨークのアメリカン・クラフト・ミュージアム、MAD(Museum of Art & Design)と改称(米)
2003・V&Aで「アール・デコ1910-1939」展、その後カナダとアメリカへ巡回(英)
・大英博物館で装飾写本「描かれた迷宮:リンディスファーン福音書の世界」展(英)
・王立美術歴史博物館で国際会議「芸術と産業:装飾芸術と19世紀ベルギー」展(白)
・ゲデレー市立美術館で「アート・コロニー・ゲデレー 1901-1920」展(洪)
2004・ベルリン工芸博物館ケペニク城分館開館(独)
2005・ヴィクトリア&アルバート美術館で「インターナショナル・アーツ・アンド・クラフツ」展(英)
・王立美術歴史博物館で「アール・ヌーヴォー&デザイン1830年から1958年万国博覧会までの装飾芸術」展開(白)
2006・ルーヴル美術館で「コルドバからサマルカンドまで——ドーハ、イスラム美術館誕生を記念して」展(仏)
2007・ピナコテーク・デァ・モデルネ(ミュンヘン)で「ドイツ工作連盟100年」展(後ベルリンに巡回)(独)
・セーブル、フランス国立陶磁美術館「SATSUMA(薩摩)——異国趣味からジャポニスムへ」展(仏)
2008・メトロポリタン美術館「モダン・デザインの傑作」展(米)